M. CARROLL-SPILLECKE u. a.

DER GARTEN VON DER ANTIKE BIS ZUM MITTELALTER

KULTURGESCHICHTE
DER ANTIKEN WELT

BAND 57

VERLAG PHILIPP VON ZABERN · MAINZ AM RHEIN

DER GARTEN VON DER ANTIKE BIS ZUM MITTELALTER

herausgegeben von
M. CARROLL-SPILLECKE

unter Mitarbeit von
L. Brubaker, J.-C. Hugonot, W. F. Jashemski,
V. Karageorghis, T. S. Kawami, A. R. Littlewood,
J.-C. Margueron, J. Schäfer und U. Willerding

VERLAG PHILIPP VON ZABERN · MAINZ AM RHEIN

293 Seiten mit 1 Farbabbildung, 95 Textabbildungen und 39 Farbtafeln

Umschlag: Wandmalerei aus Pompeji: Kirschbaum (aus: Antike Welt 4/1977)
Vorsatz: Wandmalerei im Grab des Sennedjem; Theben, 19. Dyn.,
um 1250 v. Chr.: Der Grabherr und seine Frau beim Pflügen und Säen
auf einer Insel im Jenseits. Getreide und Flachs wachsen hier,
am Kanal blüht eine Obstplantage mit Sykomoren, Dattelpalmen und Dumpalmen,
mit Mandragorabüschen und Kornblumen
(aus: P. u. D. Brothwell, Manna und Hirse, Mainz 1984)
Frontispiz: Wandmalerei im Grab des Sennefer; Theben, 18. Dyn., Ende 13. Jh. v. Chr.:
Der Grabherr vor einer Sykomore (aus: Sennefer. Die Grabkammer
des Bürgermeisters von Theben, Mainz [5]1991)
Umschlag Rückseite: Das Paradiesgärtlein des Oberrheinischen Meisters (um 1420)
mit christlichen Symbolpflanzen. Ausschnitt aus Taf. 37

Die Deutsche Bibliothek – CIP-Einheitsaufnahme

Der Garten von der Antike bis zum Mittelalter /
hrsg. von M. Carroll-Spillecke. Unter Mitarb. von L. Brubaker ... –
Mainz am Rhein : von Zabern, 1992
(Kulturgeschichte der antiken Welt ; Bd. 57)
ISBN 3-8053-1355-1
NE: Carroll-Spillecke, Maureen [Hrsg.]; Brubaker, L.; GT

Inhaltsverzeichnis

Vorwort der Herausgeberin

Gärten wuchsen einst in vielen Ländern der Alten Welt und bildeten jahrtausendelang eine vielseitige Grundlage für die Existenz der Menschen. Die Gärten selbst sind längst vergangen, aber das überlieferte Quellenmaterial über sie ist sehr reich. Die Quellen sind allerdings so vielfältig, von so unterschiedlicher Natur und nur unter so diversen kulturhistorischen Aspekten zu betrachten, daß eine kompetente Behandlung dieses breitangelegten Themas nur dann Aussicht auf Erfolg hat, wenn in einer gemeinsamen Forschungsarbeit Altertumswissenschaftler mehrerer Fachrichtungen auf die einzelnen Fragestellungen eingehen. Ein solcher Arbeitskreis bildete sich 1985/86, als ich die Autoren der vorliegenden Publikation anregte, die Geschichte des Gartenbaus in ihren jeweiligen, auf Kulturen und Zeitepochen bezogenen Spezialgebieten zu untersuchen und anschaulich darzustellen. Aus der Kooperation der letzten Jahre ist nun eine einmalig aktuelle, vielseitige und thematisch erschöpfende Studie entstanden, die die Gärten der Vergangenheit wieder lebendig werden läßt.

Ich bin natürlich bei einem Unterfangen dieses Ausmaßes vielen Kollegen und Institutionen zu Dank verpflichtet. Allen voran danke ich den Autoren, ohne deren tatkräftige Unterstützung das Projekt nicht hätte realisiert werden können. Sehr verbunden fühle ich mich Franz Rutzen für die Aufnahme dieser Publikation in die Reihe ›Kulturgeschichte der antiken Welt‹. Seinen Mitarbeitern sei für die sorgsame verlegerische Betreuung herzlich gedankt. Dank gebührt auch M. Alte, Berlin, die die Übersetzung der französischen Beiträge übernahm, und D. Mißlbeck, der meine Übersetzungen der englischen Beiträge wesentlich verbesserte.

Viele Personen, Museen und Institutionen haben freundlicherweise Fotos, Zeichnungen und Pläne zur Verfügung gestellt. Hervorheben möchte ich H. Vögele und B. Kaiser, Heidelberg, sowie J. C. Waldbaum, Milwaukee, die bei der Beschaffung von Abbildungsmaterialien wertvolle Hilfe leisteten. Für Erläuterungen zu botanischen Namen schulde ich schließlich E. Grüger, Göttingen, Dank.

Mein Mann hat über die Jahre mehr vom Arbeitsaufwand, den Sorgen und Problemen dieser Studie miterlebt, als es ihm manchmal lieb war. Dafür, daß er trotzdem immer einen Rat wußte, danke ich ihm herzlich.

M. Carroll-Spillecke, Köln 1992

J.-C. Hugonot

Ägyptische Gärten

In der Agrargesellschaft des alten Ägypten spielt der Garten eine vielfältige Rolle. Zunächst einmal ist er, prosaisch gesehen, eine Nahrungsmittelquelle von nicht zu unterschätzender wirtschaftlicher Bedeutung in einem Land, das – wenn man das weite, fruchtbare Gebiet im Delta und die Uferareale des Nil unberücksichtigt läßt – von der Trockenheit seines Klimas und der Unwirtlichkeit seiner Taf. 1 Wüstenregionen geprägt wird. Erst die ständige Bewässerung des Bodens garantiert dessen Fruchtbarkeit, erlaubt den Anbau von Früchten und Gemüsen, mit denen ein Großteil der Bevölkerung in Subsistenzwirtschaft ihren Lebensmittelbedarf deckt, und in gewissem Ausmaß liefern die um die Häuser angelegten Wirtschaftsgärten auch die Rohstoffe für die Herstellung von Gebrauchsgegenständen. Grundbesitz stellt darüber hinaus eine beachtliche Quelle des Wohlstands dar. Davon künden die Darstellungen von tributentrichtenden unterworfenen Völkern, die dem Pharao Gartenmodelle überreichen, welche die Üppigkeit der heimatlichen Provinzen symbolisch illustrieren sollen. Noch die Listen der Stiftungen an die Tempel belegen eindrucksvoll die gesamtwirtschaftliche Bedeutung von Grundbesitz.

Jenseits dieser eher prosaischen Funktionen steht der Garten der begüterten Schichten für Luxus schlechthin. Unerreichbar für das einfache Volk, stellen kostspielige Lustgärten den gesellschaftlichen Status und den Reichtum ihrer Besitzer zur Schau. Bereits seit dem Alten Reich war der Garten für die privilegierten Schichten zu einem unverzichtbaren Bestandteil ihrer Wohnanlage, ihres Komforts und Sozialprestiges geworden – Annehmlichkeiten, die man erst recht im Jenseits nicht missen wollte, um sich ihrer auf ewig erfreuen zu können.

Der typische Garten erscheint nach dem, was die alten Ägypter uns über ihn mitgeteilt haben, wie eine geschlossene, wohlgeordnete Welt mit seinen symmetrisch angeordneten Baumreihen um ein an seinen Rändern mit Blumen geschmücktes Wasserbecken und mit einem Pavillon, der sich zu diesem Bassin hin öffnet – die gesamte Anlage folgt dabei dem Schema einander umschließender Rechtecke. Diese Idealvorstellung eines Gartens tritt uns in den Texten entge- Abb. 1

Abb. 1   Der Garten des Rekhmire mit seinem von Baum- und Palmenreihen umgebenen
Teich und seinem Pavillon

gen, ist auf den Wänden der Gräber abgebildet, nimmt aber auch in Form von
Modellen Gestalt an, wie z. B. im Grab von Meketre, und schließlich ist sie in der
Architektur verwirklicht. Aber dieser Vorstellung vom Garten entspricht letztlich
aus Platzmangel, wegen fehlender Mittel oder wegen der klimatischen Bedingungen relativ selten die Wirklichkeit, die sich bescheidener ausnahm.

Schließlich, doch nicht zuletzt, ist der Garten im alten Ägypten mit religiösen
Vorstellungen und Inhalten verknüpft. Gottheiten haben hier — für eine Agrargesellschaft naheliegend — als Garanten der Fruchtbarkeit und der Erneuerung des
jährlichen Kreislaufs der Natur ihren Sitz, Gewächse und vor allem Bäume sind
eng mit ihnen verbunden. Noch die Tempel der Götter verfügen stets über Gärten
mit Wasserbecken, und auch im Totenkult spielt der Garten eine tragende Rolle,
wenn er, häufig in der Gestalt einer Baumgöttin personalisiert, dem Verstorbenen die Wiedergeburt und die Gewißheit des ewigen Lebens in gleichsam para-
diesischen Gefilden sichert. Baum und Wasser als Symbole des Lebens — in
Ägypten vielleicht mehr noch als in anderen Kulturen — stehen in innigem
Zusammenhang. Das Abbild der Pflanze am Ufer des nährenden Flusses, sym-

bolisiert im Teich, dessen Wasserstand den Schwankungen der Jahreszeiten *Taf. 2* unterworfen ist, stellt nichts anderes dar als eine Allegorie auf die Wirklichkeit des Landes, das seine Fruchtbarkeit einzig den Wassern des Nil verdankt.

Der Gemüsegarten steht vermittels einer der dort kultivierten Pflanzen, dem Lattich, indirekt mit dem göttlichen Element in Verbindung. Der Lattich, den die alten Ägypter als Aphrodisiakum betrachteten, war seit dem Alten Reich ein Attribut des Fruchtbarkeitsgottes Min. Die Beziehung zwischem dem Gott und dem Lattich entstand aufgrund der Analogie zwischen dem Pflanzensaft und der Samenflüssigkeit des ithyphallischen Gottes. In der Erzählung vom Streit zwischen Horus und Seth besorgt sich Isis im Gemüsegarten einen Lattich, ein Symbol der Zeugungskraft, das der des Min gleichkommt.

Die Bäume stellen einen der bevorzugten Aufenthaltsorte der ägyptischen Götter dar, und die meisten Arten stehen in Beziehung zu einer oder mehreren Gottheiten. Die für den Garten typische Gottheit ist, wie wir schon sahen, die Baumgöttin. Die Anzahl der in Verbindung mit dem Obstgarten stehenden Gottheiten richtet sich nach der Vielfalt der dort kultivierten Arten.

Im Weingarten wird die Weinlese unter dem Patronat der Göttin Renenutet gehalten, aber auch unter dem des Gottes des Keltergeräts, Schesemu, wie des Genius Schai. Der Gott Osiris wird ebenfalls seit dem Alten Reich mit der Weinrebe in Verbindung gebracht.

Der religiöse Aspekt bezieht sich auch auf die Gestaltung des Gartens. Die Auffassung vom Garten mit seinem Eingangstor oder Pylon, seinem See und seiner gelegentlich mit Masten versehenen Kapelle macht aus ihm, auf privater Ebene, einen wahren Tempel in Kleinformat, in dem Opfergaben dargereicht wurden.

Die Zeugnisse, die die Wirklichkeit des antiken ägyptischen Gartens zu erfassen erlauben, sind dreifacher Natur. Es handelt sich um epigraphische, ikonographische und archäologische Quellen, deren größter Teil das Niltal betrifft. Chronologisch erstreckt sich die Mehrzahl dieser Quellen vom Alten Reich über das Neue Reich bis hin zur römischen Zeit. Die epigraphischen Quellen gehören im allgemeinen zu den mehr oder weniger stereotypisierten, auf den Wänden der Gräber oder auf Stelen festgehaltenen Grabinschriften. Hinzu kommen Stellen aus administrativen und literarischen Texten sowie königliche Mitteilungen verschiedener Art. Was die ikonographischen Quellen angeht, so gibt es im Alten und im Mittleren Reich praktisch nur Darstellungen des Wirtschaftsgartens, ein Thema, das aus dem Bildprogramm des Neuen Reichs nahezu verschwindet, um den schönen Darstellungen des Lustgartens Platz zu machen, die in der Mehrzahl aus der Mitte der 18. Dynastie stammen. Danach wird die Rolle des Gartens bescheidener und konzentriert sich auf den Bereich des Grabes. Schließlich kommen zu diesen Quellen die zahlreichen archäologischen Entdeckungen hinzu, insbesondere in Tell el-Amarna, wo viele Gärten freigelegt worden sind.

DER NUTZGARTEN

Der altägyptische Wirtschaftsgarten besteht aus drei verschiedenen, nebeneinandergesetzten Bestandteilen: dem Gemüse-, dem Obst- und dem Weingarten.

Der Gemüsegarten ist auf den Wänden der Gräber des Alten und des Mittleren Reiches relativ häufig dargestellt. Er tritt uns in Form von Parzellen entgegen, die in viereckige, durch eine Erdeinfassung voneinander abgegrenzte Beete aufgeteilt sind, in denen Gemüse angebaut wird. Diese Anordnung wird durch die wenigen Reste von ausgegrabenen Gemüsegärten bestätigt, die in der Tat aus viereckigen Beeten von etwa vierzig Zentimetern Seitenlänge bestehen. Die Ausdehnung dieser Gärten wechselte je nach dem verfügbaren Platz. So konnten sie weite Flächen bedecken, wie der große Wirtschaftsgarten zeigt, den man im Süden der *Abb. 2* Stadt Tell el-Amarna wiedergefunden hat, oder wie der aus Mirgissa im Sudan, mitunter drängten sie sich aber auch zu wenigen bescheidenen Parzellen in der Nähe der Häuser zusammen. Ein großer Wirtschaftsgarten wie der von Mirgissa besaß ein zentral gelegenes Wasserbecken, um das benötigte Gießwasser zu stauen, sowie einen Schuppen. Die Gemüsearten, die man anbaute, müssen ziemlich vielfältig gewesen sein, jedoch zeigen die ikonographischen Darstellungen von Gemüsegärten im allgemeinen nur zwei Arten, nämlich Lattich und Zwiebeln.

Der Obstgarten schließt sich gelegentlich dem Gemüsegarten direkt an, wie das beim großen Wirtschaftsgarten von Tell el-Amarna der Fall ist. Die Ikonographie zeigt manchmal eine Baumreihe am Rand des Gemüsegartens. Neben dem Obstgarten muß man den Palmenhain erwähnen. Diese beide Baumarten, wenngleich im Normalfall voneinander getrennt, vermischen sich oft in der Anordnung des Obstgartens in der Weise, daß Obstbäume und Palmen zwischen die anderen Gewächse eingefügt erscheinen. So sieht es zumindest bei der Mehrzahl der ikonographischen Darstellungen aus, insbesondere der Wiedergabe der Hausgärten. Diese Obstgärten waren von einer Umfassungsmauer umschlossen, die ihrerseits in mehrere Einfriedungen, den verschiedenen bestellten Arten entsprechend, aufgeteilt war (eine der Bezeichnungen für »Obstgarten« kann in der Tat mit »Baumeinfriedung« übersetzt werden). Die in den Gräbern im allgemeinen wiedergegebenen Arten sind die Sykomore, die Dattel- und die Dumpalme. Hinzu kommen einige eingeführte Arten, wie z.B. der Granatapfelbaum. In Wirklichkeit konnte die Gesamtheit der kultivierten Arten beträchtlich sein. In seinem Grab aus dem Beginn der 18. Dynastie zählt der hohe *Abb. 3* Beamte Ineni dreiundzwanzig verschiedene Arten auf, die sich zu etwa 370 Gewächsen summieren. Die Obsternte ist für den Speisetisch gedacht — die Sykomorenfrucht galt als Delikatesse —, ebenso aber auch für die Gewinnung von Wein aus Feigen, Datteln und Granatäpfeln.

Abb. 2   Gemüsegarten der Stadt Mirgissa im Sudan mit seiner in quadratische Beete ein-
geteilten Fläche

Auch der Lustgarten besitzt eine wirtschaftliche Bedeutung: Er liefert in der
Tat einen Teil der Nahrung, vor allem Früchte (Sykomorenfeigen und andere
Feigenarten, Datteln, Früchte der Dumpalme, Granatäpfel und mehr), aber auch
Wein aus Trauben, Datteln oder Granatäpfeln. Darüber hinaus bildet der Ernte-
überschuß, wie aus einem spätzeitlichen Papyrus hervorgeht, eine zusätzliche
Einnahmequelle. Dieser wirtschaftliche Aspekt des Gartens wird in den Grabin-
schriften sichtbar, die den Wunsch des Verstorbenen ausdrücken, sich an den
Erzeugnissen seines Gartens für immer zu erfreuen, aber auch in den ikonogra-   *Abb. 4*
phischen Darstellungen, in denen die Weinlese einen bevorzugten Platz findet.
Wein nimmt in der Tat einen bedeutenden Rang in der ägyptischen Zivilisation ein. Mit Sicherheit ist er die in den Gräbern, vor allem des Neuen Reichs, am

Abb. 3 Die Domäne des Ineni, in seinem thebanischen Grab dargestellt. Unten das
Wohnhaus und Silos hinter der Umfassungsmauer, oben der Garten

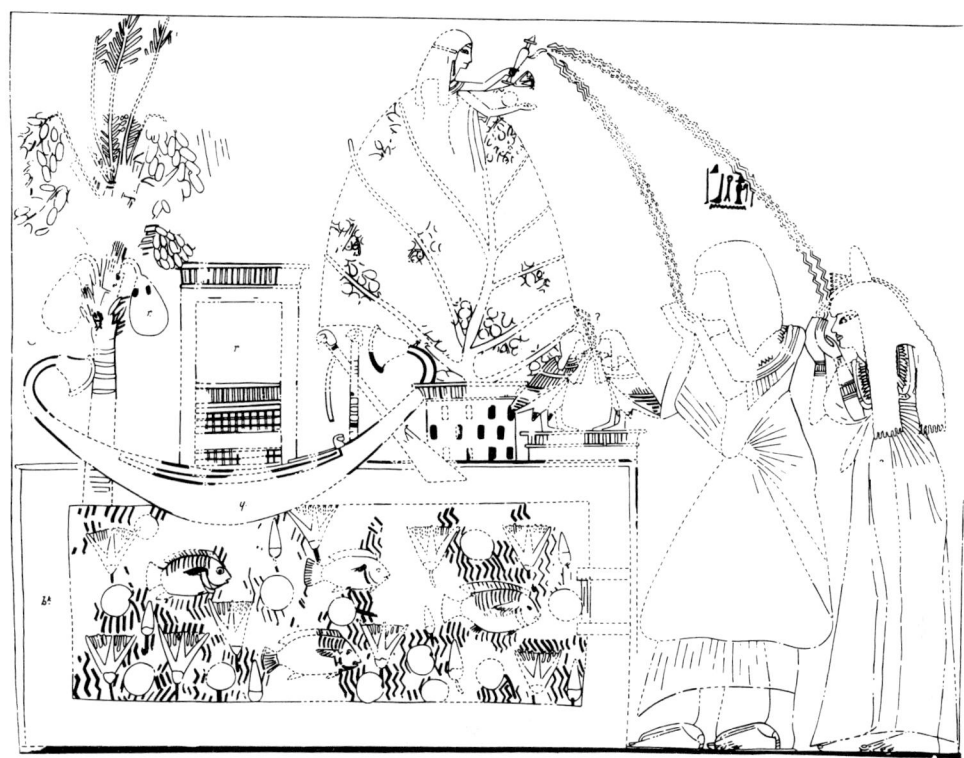

Abb. 4   Der Verstorbene und seine Gemahlin werden von ihrem Garten versorgt

häufigsten wiedergegebene Kulturpflanze, während das Motiv des Gemüsegartens völlig aufgegeben wird. Zu dieser Zeit, zumindest während der 18. Dynastie, erlangt der Obstgarten in der Form eines Lustgartens eine gewisse Beliebtheit.

Es ist schwierig, genau festzustellen, wie der altägyptische Weinbau eigentlich war. Die angesehenen Weingegenden, das nordöstliche Delta und die Oasen, waren für ihre Produktion besonders geschätzt. Die Weinkultur hat tatsächlich eine sehr lange Tradition im alten Ägypten, da sie bereits seit der vorgeschichtlichen Negade-Zeit existierte und schon die Könige der ersten Dynastie ihre eigenen Weingärten besaßen. Diese Weingärten konnten eine beträchtliche Ausdehnung aufweisen, da sie gelegentlich, wie man es für die Ramessidenzeit weiß, über hundert Arbeiter beschäftigten. Der Weinanbau erfolgte über Spaliere, wobei die Weinreben von langen horizontalen Stangen getragen wurden, die ihrerseits von an der oberen Spitze gegabelten Stäben gestützt wurden. Im Neuen Reich, im Garten der Villen und Paläste, wächst der Wein im allgemeinen auf der Pergola, die von papyrusförmigen Säulchen getragen wird.

Der altägyptische Weinbau darf wahrscheinlich nicht in dem engen Sinne von heute gesehen werden. Die alten Ägypter verstanden unter Weinbau alles, was mit Weinproduktion überhaupt zu tun hatte, sei er aus Weintrauben, Feigen, Datteln oder Granatäpfeln gewonnen worden. So erklärt sich die Schwierigkeit, manchmal in den Texten zwischen dem Weingarten, dem Obstgarten und dem Palmenhain zu unterscheiden.

Die Arbeit im Garten

Die Tätigkeit des Gärtners reichte vom einfachen Hilfsarbeiter, der unter der Kontrolle und der Fuchtel eines Vorarbeiters stand, bis zum Verwalter der Gärten. Es war dies ein gewichtiges Amt und gewährleistete einen relativ hohen Lebensstandard, der es sogar erlaubte, sich ein eigenes Grab anlegen zu lassen. Zu diesem Personal kamen Schreiber hinzu, die bei der Ernte über den Ertrag Buch führten. Schreiber wie Vorarbeiter bildeten eine mittlere Schicht innerhalb der Hierarchie der in den Gärten Beschäftigten. Sie dürften sich eines gewissen Wohlstands erfreut haben, wie es die Leibesfülle des Vorarbeiters und die Kleidung der Schreiber in den ikonographischen Darstellungen bezeugen.

Was die soziale Stellung des Gartenarbeiters anlangt, der dem Garten tatsächlich zum Glanz verhalf, so war sie mit der des Bauern vermutlich identisch. Die »Lehre des Cheti« aus der frühen 12. Dynastie schildert uns, wie aufreibend die Tätigkeit des Gartenarbeiters gewesen ist. Übrigens drückt sich die Geringschätzung, die die Zeitgenossen dem Gärtner entgegenbrachten, auch in der Karikatur eines Ostrakon aus Deir el-Medineh aus: Dort ist es ein Affe, der dabei ist, Blumenbeete mit an einem Schulterjoch hängenden Wasserkrügen zu begießen. Ein im Demotischen verfaßter Arbeitsvertrag belegt, daß der Arbeitstag des Gärtners in der Tat überlastet war und sich sogar bis spät in den Abend hinein mit Nebenarbeiten hinzog.

Die Tätigkeit im Garten bedeutete wie die auf den Feldern, der sie gleichkam, harte körperliche Arbeit. Die Trockenheit des Klimas verlangte eine regelmäßige Bewässerung durch Menschenkraft, da der Schaduf für die systematische Bewässerung der Einzelbeete nicht in Betracht kam. Der der prallen Sonne ausgesetzte Gärtner war genötigt, mit Hilfe eines Schulterjochs wassergefüllte Gefäße von einer mehr oder weniger entfernten Quelle bis zu den Beeten hin zu schleppen. In gebückter Haltung mußte er diese Beete außerdem jäten und schießlich auch ihre Erzeugnisse, wiederum auf seinen Schultern, transportieren. Die »Lehre des Cheti« schildert uns diese wenig verlockende Seite der Gartenarbeit: »Der Gärtner trägt das Joch; seine Schultern sind wie vom Alter gebeugt. Er hat so viele Geschwüre auf seinem Nacken, daß dieser einer eitrigen Wunde gleicht. Des

Morgens begießt er das Gemüse und am Abend die Schat-Pflanzen, wobei er den ganzen Tag im Obstgarten verbringt. Dann fällt er todmüde um, und das gilt für ihn mehr als in jedem anderen Beruf.«

Diese harte Arbeit wurde unter der Aufsicht eines mit einer Fuchtel ausgestatteten Vorarbeiters geleistet, und zwar von früh an, bis die Dunkelheit am Abend der Tätigkeit im Gelände ein Ende setzte. Darüber hinaus mußte er sein recht einfach beschaffenes Gartengerät instand halten bzw. reparieren, da es sich wohl rasch abnutzte.

So ist es nicht erstaunlich, auf den Wandmalereien der Gräber zu sehen, wie irgendein Gartenarbeiter, sobald der Vorarbeiter den Rücken wendet, die Gelegenheit wahrnimmt, sich im Schatten eines Baumes zu erholen!

So anstrengend diese Arbeit körperlich auch gewesen ist, so bestand sie doch aus einfachen, nach der Jahreszeit wechselnden Aufgaben, deren leichteste die Aussaat war. Reifte die Frucht aber heran, so mußte die Ernte vor manchen Vogelschwärmen geschützt werden, die über die Obstbäume und die Weingärten herfielen. Es war auch erforderlich, die Feigen der Sykomore auf eine bestimmte Weise einzuritzen, ein Vorgang, der die Süße der Früchte steigern sollte und der einen unglaublichen Arbeitsaufwand bedeutete, wenn man die Zahl der Früchte, die ein Feigenbaum trägt, bedenkt und dazu die Anzahl der Sykomoren, die in ägyptischen Gärten wuchsen.

Die Obsternte gestaltete sich einfach. Mehrere Leute pflückten die Früchte der unteren Äste, während andere auf den Baum kletterten, dort ihre Körbe füllten und diese dann an einem Seil herabließen. Die Verwendung einer Leiter, um auf einen Baum zu steigen, ist aus einer einzigen Darstellung bekannt, und zwar auf einem satirischen Papyrus aus der Ramessidenzeit. In den Palmenhainen erklomm der Arbeiter mit umgehängtem Korb den Stamm der Palme, um die Datteln abzupflücken. Auf einer Stele des Neuen Reichs sieht man auf einer ungewöhnlichen Darstellung einen gezähmten Affen, den eine junge Frau an der Leine hält, auf eine Palme klettern, um von dort die Datteln hinunterzuwerfen.

In den Weingärten wurden die Trauben mit der Hand gepflückt und die vollgefüllten Weinkörbe von Trägern zur Kelter gebracht. Im Alten Reich zog man es vor, die Trauben auszupressen, in den darauffolgenden Epochen trat man sie mit den Füßen aus. Die bei der Weinlese anfallenden Arbeiten werden meistens von Männern ausgeführt; jedoch kommt es vor, daß Frauen daran teilnehmen oder gar die Weinernte allein besorgen. Gelegentlich helfen auch Kinder mit. Die Gemüseernte war ebenfalls einfach. Der Gärtner arbeitete meist in der Hocke, ergriff mit der einen Hand die Pflanze und hebelte sie unter Zuhilfenahme eines Stockes mit der anderen heraus. Nach der Ikonographie sind die so geernteten Pflanzen Lattich und Zwiebel. Die eingesammelten Zwiebeln werden gebündelt und für den Weitertransport in Körben aufgeschichtet.

Der Gärtner ist auch mit der Blumenernte betraut; aus den Blumen fertigt er Girlanden und Stabsträuße. Das Pflücken von Blumen ist ein in den Gräbern selten dargestelltes Motiv; dort sieht man allenfalls Arbeiter beim Ausreißen von Lotus und Papyrusstauden. Im Neuen Reich findet sich das Thema erneut, und zwar in der Ausschmückung der Griffe von Schminklöffeln; und auf einem Kästchen aus dem Grab des Tutanchamun pflücken König und Königin Stockrosen und die Mandragora.

Schließlich sind in den Tempeln der »Gärtner der Blumenopfer für die Gottheit« und der »Träger der Blumenopfer« damit beauftragt, die Versorgung mit Gemüse und Pflanzen für den Opfertisch des Gottes zu gewährleisten. Letztgenannter nimmt an der Opferprozession für die Gottheit teil.

DER LUSTGARTEN

Der Lustgarten ist zunächst ein Luxus, ein Privileg der oberen Klassen, und sein Besitz dient der Zurschaustellung des eigenen Reichtums und der sozialen Position. Anlage und Unterhalt eines Gartens waren in der Tat ein kostspieliges Unternehmen. Es bedeutete nicht allein, über das dazu notwendige Grundstück zu verfügen, ein tiefes Wasserbecken ausheben zu lassen, die Anpflanzungen von Bäumen und Blumen (häufig von seltenen Arten) in speziell im dürren Boden angelegten Gruben zu veranlassen und die Kapelle zu errichten, sondern auch genügend Personal einstellen zu können, um den Unterhalt der gesamten Anlage zu gewährleisten.

Der reiche Ägypter weiß diesen Luxus zu würdigen, und er kann in aller Ruhe − man denke an die hohen Mauern, die den Garten von der Außenwelt abschirmen − im Grünen, dicht bei seinem Haus, sich an der Frische und Schönheit seines Gartens wie an einer nur ihm eigenen Oase inmitten der umgebenden Wüste erfreuen. Die Hoffnung auf eine ewig während Genugtuung kommt in den Grabinschriften klar zum Ausdruck: »Du lustwandelst nach Belieben an dem schönen Ufer deines Teiches; dein Herz erfreut sich an deinen Bäumen und *Frontispiz* erfrischt sich unter deinen Sykomoren; dein Herz ist zufrieden mit dem Wasser deines Brunnens, den du gemacht hast, damit er dauert ewiglich und für immer.« »Sein Herz erfreut sich auf seinem Gut daran, sich unter seinen Sykomoren zu erfrischen, unter seinen eigenen Bäumen zu lustwandeln, die *ihi*-Pflanzen und die Lotusblüten zu brechen, die *hnw*-Pflanzen und die Lotusknospen, die Datteln, die Feigen und die Trauben zu pflücken. Seine Sykomoren wiegen sich vor ihm (= dem Verstorbenen), sie geben ihm die Brote (= Nahrung), die in ihnen ist; ... sein Teich schenkt ihm Wasser, sein Herz labt sich ihrer Frische.«

In der Literatur ist der Garten der geeignete Ort für Begegnung und Tändelei der Liebenden. Minne, Liebesgenuß und Rausch vereinen sich im Wirkungsbereich der Hathor. Selbst wenn dieser Aspekt nur während der Ramessidenzeit in den Liebesliedern und dem Papyrus Anastasi I (I, 24, 4–5) deutlich wahrnehmbar wird, so klingt er schon im Märchen vom betrogenen Ehemann im Papyrus Westcar an, in dem die Frau des Uba-iner die Abwesenheit ihres Gatten dazu benutzt, ihren Liebhaber zu einem Stelldichein im Garten zu animieren, um dort »einen glücklichen Tag« mit ihm zu verbringen.

Grabungen zeigen aber auch, daß Alltagsarbeiten in den Gärten verrichtet werden konnten, z. B. das Brotbacken, wie die Entdeckung von Öfen in Amarna es nahelegt, in den größeren so gut wie in den bescheideneren Gärten. Das Vorhandensein eines Gartens bei privaten Anwesen ist bereits seit dem Alten Reich belegt. Er scheint seit jener Zeit ein unabdingbares Element der Wohnhausarchitektur der oberen Gesellschaftsschichten gewesen zu sein. Zu Beginn der 4. Dynastie hinterließ uns Metjen, hoher Beamter des Königs Snofru, in seinem Grab in Sakkara eine Beschreibung seines Gartens: Er war mit Bäumen und Wein, die sich um ein großes Wasserbecken reihten, bepflanzt. Spätere Inschriften, aber auch Grabmodelle wie die aus dem Grab des Meketre in Theben aus dem beginnenden Mittleren Reich bestätigen die Zugehörigkeit eines Gartens zu den Wohnstätten der Wohlhabenden. Doch erst seit der 18. Dynastie tritt uns der Garten selbst sichtbar entgegen, vor allem in Gräbern aus der Zeit Thutmosis' III., dann dank der zahlreichen archäologischen Entdeckungen in Tell el-Amarna. Diese Gärten von unterschiedlicher Ausdehnung bestätigen das aus den epigraphischen und ikonographischen Quellen bekannte Schema.

Die Größe des Gartens kann beträchtlich sein, sowohl was die wirklichen Proportionen anbelangt (die Gärten der Villen Q. 44.1 und Q. 46.1 in Tell el-Amarna maßen 74 m × 36 m bzw. 60 m × 30 m) wie auch im Verhältnis zur gesamten Fläche des Besitzes, von dem er unter Umständen ein Drittel oder sogar die Hälfte einnehmen kann. Die Einrichtung solcher Gärten hing selbstverständlich vom verfügbaren Platz und dem persönlichen Vermögen des Besitzers ab. Wenn die materiellen Möglichkeiten begrenzt sind, findet man den Garten nicht nur in seiner Größe, sondern auch in seiner Anlage beschränkt. Reicht der zur Verfügung stehende Platz nicht aus, so muß man die Gartenarchitektur derart abändern, daß man die einzelnen Bestandteile wiederum den materiellen Möglichkeiten entsprechend auswählt. In vielen Fällen muß auf einen Teil verzichtet und der Garten auf seine einfachste Formel gebracht werden: ein im Grünen stehender Kiosk.

Der Garten stellte innerhalb des Besitzes eine Einheit für sich dar. Er war von der Außenwelt durch die Umfassungsmauer des Anwesens und von dessen verbleibendem Teil durch eine weitere kleinere Mauer abgetrennt. Da Haus und

Abb. 5a–b

Abb. 3

a

b

20   J.-C. Hugonot

Garten aneinandergrenzten, umgab die Außenmauer den Garten von drei Seiten; diese Umfassungsmauer trug gerundete Zinnen und erreichte eine Höhe von drei oder mehr Metern. Der offizielle Zugang erfolgte durch ein monumentales Tor mit Pylon, das in Tell el-Amarna in Rücksicht auf den Sonnenkult einen besonderen, durchbrochenen Türsturz aufwies. Dieser Pylon, der den religiösen Charakter des Gartens betont, war von bedeutender Größe, und zwar maß der des Anwesens Q. 46.1 bei 1,80 m Durchmesser 14,25 m in der Länge, d. h. die halbe Länge der Gartenfassade, und war verkleidet mit Kalksteinquadern; der Pylon der Villa Q. 47.1 maß 14 m × 1,90 m mit einer Schwelle von allein 2,75 m Breite und schließlich der der Domäne M. 50.1 13,50 m × 1,80 m bei einer Eingangsbreite von 2,50 m. Gelegentlich wies der Pylon einen Vorhof auf, der den Zugang erlaubte und damit gleichzeitig eine Vermittlerrolle zwischen der geschlossenen *Abb. 5 a* Welt des Gartens und der Außenwelt spielte. Ein oder mehrere Nebeneingänge erlaubten den direkten Zutritt zum Garten vom Grundstück aus.

Der Teich bildet das Zentrum des Gartens, von dem aus die Anlage sich ausbreitet. Das kommt in den ikonographischen Darstellungen klar zum Ausdruck. *Abb. 1, Taf. 3* Im altägyptischen Wortschatz dient das Wort für Teich zugleich als Bezeichnung für die gesamte Gartenanlage. In der Ikonographie ist das Bassin — meist rechteckig, mitunter aber auch T-förmig — als Vertiefung dargestellt, deren schräg verlaufende Ränder mit Blumen bepflanzt sind. Das Wasser wird durch Wellenlinien wiedergegeben (die in der Tat das hieroglyphische Zeichen für das flüssige Element bilden), in dem Fische (Tilapia und Mugiliden) sich tummeln. Auf der Oberfläche treiben Wasserpflanzen wie blauer und weißer Lotus und Potamogeton lucens (glänzendes Laichkraut), zwischen denen Enten schwimmen. Diese *Abb. 6* drei Elemente, Lotus, Fische und Enten, sind von der Ikonographie des Gartenteichs nicht zu trennen.

In Wirklichkeit bot das Wasserbecken einen Anblick, der sich von dem schönen Teich der ikonographischen Darstellungen beträchtlich unterschied. In pharaonischer Zeit befand sich das Niveau des Nil deutlich unterhalb des heutigen, und auf den Grundwasserspiegel traf man erst in mehreren Metern Tiefe. Das galt vor allem für die Siedlungen draußen in der Wüste, jenseits der Anbaugebiete. Das Wasserbecken konnte also im Grunde nichts anderes als ein tiefer Brunnen sein, aus dem Wasser zur Unterhaltung der Kulturen geschöpft werden mußte. Die Grabungen in Tell el-Amarna haben dies bestätigt. Mehrere Becken, die vor dem Ersten Weltkrieg von den deutschen Ausgräbern geleert worden waren, erwiesen sich letztlich durchweg als Brunnen. Den Grundwasserspiegel

◁ Abb. 5   a — Der freigelegte Garten des Hauses Q. 46.1 in Tell el-Amarna mit Eingangspylon und Aton-Kapelle

b — Grundriß der Domäne Q. 46.1 in Tell el-Amarna mit Haus und Garten

Abb. 6 Thebanische Wandmalerei der 18. Dynastie. Die Ufer des Teiches sind mit Blumen und Papyrusdickicht verziert und von verschiedenen Baum- und Palmenarten umgeben. Oben rechts bietet die Baumgöttin in einer Sykomore die Erzeugnisse des Gartens an

trafen die Ausgräber je nach Nilstand in einer Tiefe von 2,5 bis 4 m an; sie schätzten, daß der antike Grundwasserspiegel noch 3,5 m tiefer lag.

Es ist dennoch möglich, das tatsächliche Aussehen des Bassins zu rekonstruieren. Das Becken im Haus Q. 46.1 in Tell el-Amarna bildete unterhalb des Gartenniveaus eine Terrasse, in deren Mitte sich ein Brunnen öffnete. Anscheinend ist diese Terrasse ebenso wie der Rand des »Bassins« bepflanzt gewesen. Dieser Bassin-Typ, bestehend aus einer Vertiefung mit ausgeschachtetem Brunnen, sym-
Abb. 7 bolisiert in dieser Gestalt die Vorstellung von einem Teich. Dies wird bestätigt durch die Überreste des Totentempels von Amenophis, Sohn des Hapu, und durch eine Darstellung im Grab des Merire in Amarna, wo ein Schaduf zum Wasserschöpfen dient. Die Anpflanzungen sind um das Wasserbecken angeord-
Abb. 8 net, das sie in parallelen Reihen umgeben, wie die gemalten oder in Relief ausge-

22   J.-C. Hugonot

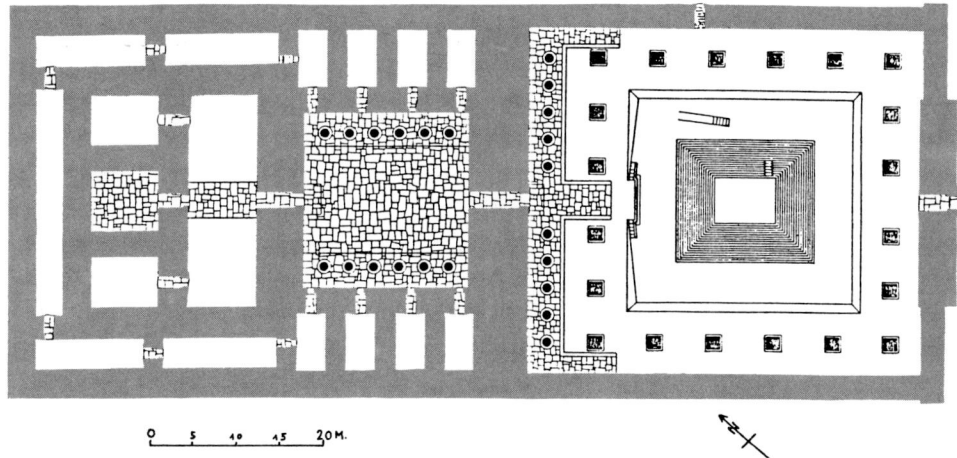

Abb. 7   Grundriß des Totentempels des Amenophis, Sohn des Hapu, in Theben. In dem großen Hof vor dem Tempel befindet sich ein tiefes Becken, umgeben von einer Reihe von zwanzig Sykomoren

führten Darstellungen auf den Wänden der Gräber es zeigen und die Ausgrabungen bestätigen.

In der dürren Wüste wurden, je nach Bodenbeschaffenheit, die Gewächse in mehr oder weniger tiefe Gruben gepflanzt, die mit Nilschlamm, aufgelockert durch Sand, gefüllt waren. Die Schößlinge wurden in Tonkrügen in den Boden gesetzt, ein Verfahren, das ihnen erlaubte, dank der Durchlässigkeit dieser Gefäße eine gewisse Feuchtigkeit für längere Zeit zu bewahren. Das Gefäß wurde von den wachsenden Wurzeln gesprengt, die sich so in der Muttererde weiterentwickeln konnten. Dadurch, daß sich die Tonscherben mit der Erde der Grube vermischten, trugen sie weiterhin zu einem längeren Feuchthalten des Humus bei. Am Fuß der Baumstämme war ein Rand aus getrocknetem Schlamm bis zu 60 cm Höhe angehäufelt, um das Gießwasser zurückzuhalten. Die jungen Pflanzen konnten aber auch von einer kleinen, viereckigen oder runden Schutzmauer umgeben sein.

Obwohl einige Pflanzenreste in Tell el-Amarna wiedergefunden wurden, ist uns die Gartenflora im Grunde nur durch die Texte und die Ikonographie der Gräber bekannt. Die Baumgattungen sind in erster Linie einheimisch, und die unter ihnen am meisten abgebildeten sind die Sykomore, die Dattel- und die Dumpalme als Grundelemente der Gartenflora. Hinzu kommen verschiedene einheimische und eingeführte Arten. In seinem thebanischen Grab (TT 81) zählt der hohe Beamte Ineni die verschiedenen botanischen Arten seines Gartens auf, der eine eindrucksvolle Fülle unterschiedlicher Gewächse enthielt; unter den identifizierbaren sind die Sykomore und andere Feigenarten, die Dattel- und die

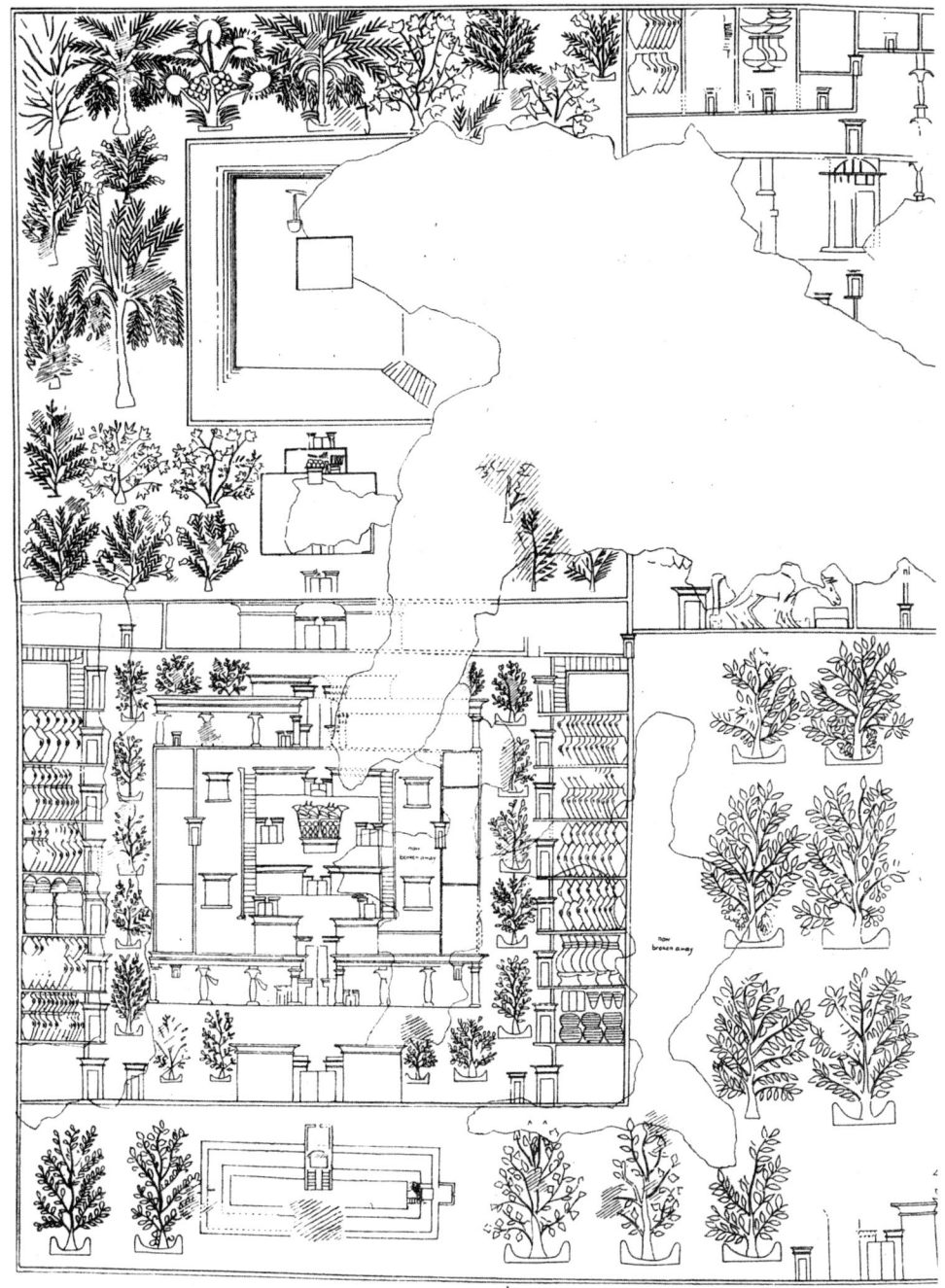

Abb. 8   Darstellung eines Tempels mit Garten in dem Grab des Merire in Tell el-Amarna

Abb. 9 Die üppige Bepflanzung eines in dem thebanischen Grab des Ipui dargestellten
Gartens

Dumpalme, die Persea, der Granatapfelbaum, die Weide, die Tamariske und der
Wein zu erkennen. Es ist dagegen schwierig, die Anordnung der Blumenbeete *Abb. 3*
zu bestimmen. Nach der Ikonographie scheinen die in der Farbe der fruchtbaren
Erde schwarz gemalten, geneigten Ufer des Wasserbeckens in Blüte gestanden
zu haben, und zwar könnte es sich um Wasserpflanzen wie den Papyrus sowie *Abb. 6.9*
im Erdreich wachsende eingeführte Pflanzen gehandelt haben, als da sind
Klatschmohn, Kornblume, Chrysantheme und Mandragora. Diese Verteilung
könnte in Wirklichkeit den Anpflanzungen einer Terrasse entsprechen, wie man
sie in Amarna in der Villa Q. 46.1 fand.

Der Pavillon, eigentlich ein wesentlicher Bestandteil der Gartenarchitektur,
wie die Entdeckungen in Tell el-Amarna belegen, ist indes nur recht selten in
den Gräbern dargestellt, vielleicht weil seine Funktion für das Weiterleben des
Verstorbenen im Jenseits nicht unbedingt erforderlich war. Gelegentlich ist der
Pavillon als leichter Kiosk wiedergegeben, von kleinen Säulen getragen und aus
Pflanzenstengeln oder Holz gefertigt. Aber der wirkliche Pavillon scheint, nach
den ikonographischen und vor allem archäologischen Quellen, die Kapelle gewe-
sen zu sein, die hinter dem Bassin in der Längsachse des Gartens errichtet war. *Abb. 1*
Diese Kapelle erscheint wie ein Gebäude aus ungebrannten Ziegeln oder aus-
nahmsweise aus Stein. Sie ist auf einem massiven Sockel gebaut, zu dem einige
Stufen führen, die von je einem Baum oder Papyrusgebüsch flankiert sind. Dieser
Bau nimmt nicht immer die ganze Fläche des Sockels ein, und es könnte sich
dabei, wie im thebanischen Grab 217 aus der 19. Dynastie dargestellt, um eine
Peripteros-Kapelle handeln. *Abb. 9*

Von außen war die Kapelle, vor deren Fassade gelegentlich Masten aufgerich-
tet waren, verputzt und weiß bemalt, wie ikonographische Darstellungen und
archäologische Überreste zeigen. Sie war mit der ägyptischen Hohlkehle bekrönt
und manchmal mit einem Vorbau versehen, dessen Decke mit dem Motiv einer
Weinlaube auf gelbem Grund ausgemalt und dessen Dachbalken mit Weintrauben aus glasierter Fritte geschmückt sein konnten. Im Inneren, den Blicken
durch eine kleine Mauer verborgen, war der Boden mit einem weißen Anstrich
überzogen. Die Wände waren mit religiösen Motiven bemalt, und eine Stele
schmückte die Rückwand. Etwa in der Mitte der Kapelle erhob sich ein Opfer-

Ägyptische Gärten 25

tisch. Die Kapelle besteht normalerweise aus einem einzigen, recht- oder viereckigen Raum, ausnahmsweise aus mehreren. Schließlich konnte sich davor
noch ein kleiner, baumbepflanzter Hof befinden.

Die Kapelle des Anwesens T. 34.1 in Amarna stellt einen besonderen Fall dar:
Auf der nördlichen wie auf der südlichen Seite verbirgt eine Trennmauer den
hinteren Teil der Kapelle, von wo aus eine Tür, anstelle der dort üblichen Stele,
zu einem kurzen, aus zwei Baumpaaren bestehenden Weg und anschließend zu
einer Gruppe von drei Altären führte. Die Kapellen aus Amarna waren hyp-
aithral aufgrund des Sonnenkultes und, dem Lauf der Sonne folgend, nach Osten
oder nach Westen orientiert.

DER PALASTGARTEN

Der Palast, zeitliche Residenz des Königs, war offizieller Regierungs- und
zugleich Wohnsitz des Herrschers. Da die Dauer der Benutzung der Regierungs-
zeit entsprach, waren die Gebäude nicht auf Dauer errichtet und daher aus
ungebrannten Ziegeln gebaut, so daß, wenn sie nicht mehr unterhalten wurden,
der Verfallsprozeß rasch und fast vollständig einsetzte. Von den wenigen Palästen, deren Überbleibsel erforscht worden sind, sind nur in dem Palast von Tell
el-Dab'a im Delta sowie in den Palästen von Tell el-Amarna die Überreste von
Gärten gefunden worden, die die königlichen Wohnstätten einst schmückten.
Abgesehen von diesen archäologischen Entdeckungen existiert nur eine sehr
knappe Dokumentation bezüglich der Existenz solcher Gärten. Da sie zur Intim-
sphäre des Pharaos gehörten, hatte vermutlich die Mehrzahl der Höflinge zu
ihnen keinen Zutritt. Einige Inschriften und gelegentliche ikonographische Darstellungen erlauben indes, sich eine Vorstellung von solchen Gärten zu machen.
In der Amarna-Zeit übrigens werden die Mitglieder der königlichen Familie mitunter in rituellen Posen in Gärten dargestellt.

In dem Ort Tell el-Dab'a, im östlichen Delta, ist ein Palast ausgegraben worden, der wahrscheinlich an den Anfang der 13. Dynastie zu setzen ist und dem
zwei Gärten angeschlossen waren. Auf der Ostseite des Palastes erstreckten sich,
durch Alleen getrennt, lange Beete, die in Quadrate von 50 cm Seitenlänge aufgeteilt waren und in denen man wahrscheinlich Blumen kultiviert hatte. Auf der
Südseite des Gebäudes befand sich ein Obstgarten mit einem System von Rinnen,
um die Bewässerung zu erleichtern. Schachbrettartig angeordnete Beete zeigen,
daß auch er mit Blumen verschönert war.

In Tell el-Amarna wurden in den Ruinen der verschiedenen Paläste mehrere
Gärten wiederentdeckt. Im großen königlichen Palast befand sich der Garten im
Nordteil des Harems in Verbindung mit den königlichen Gemächern; er setzte

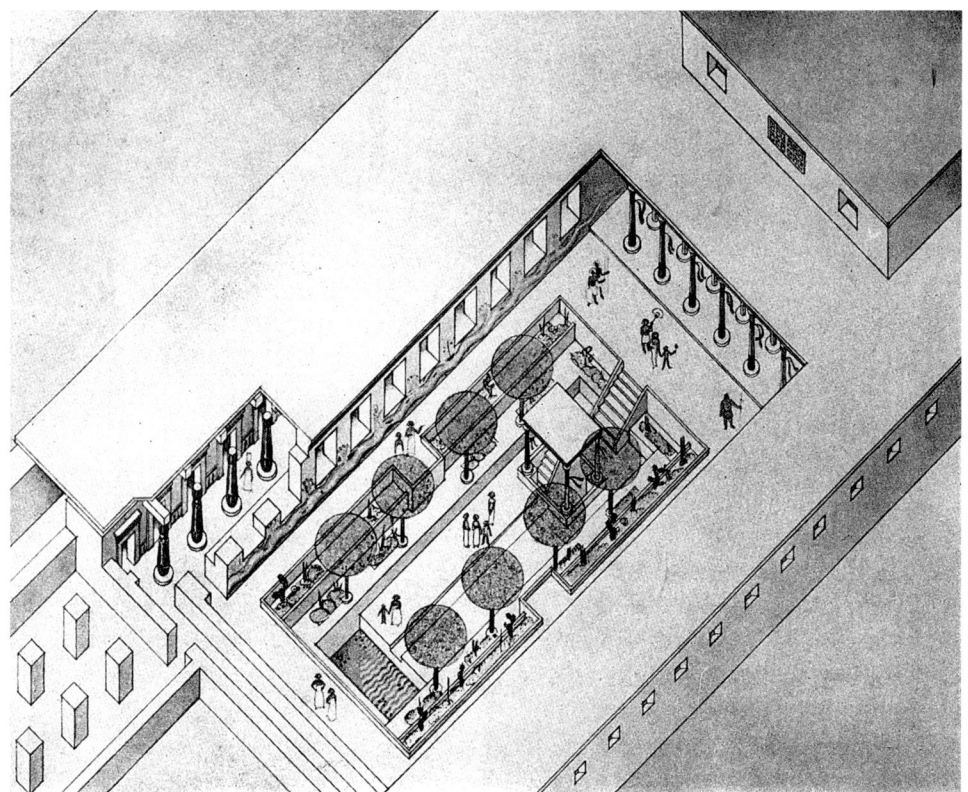

Abb. 10   Rekonstruktionszeichnung des Gartens im Nordteil des Harems im großen
königlichen Palast von Tell el-Amarna

sich durch die Ausschmückung der Zimmer, die zu den königlichen Räumen Abb. 10
führten, gewissermaßen in sie fort. Der Garten selbst bot das Bild einer terras-
senförmigen Vertiefung inmitten eines Hofes, dessen übriger frei gelassener Teil
als Promenade oberhalb des Gartens diente. Zu ihm stieg man über Treppen
hinab, die im Zentrum jeder Längsseite und in der Mitte der schmalen Südseite
gelegen waren. Am Ende der Vertiefung, im Norden, war ein rechteckiges Bassin
angelegt worden, das über eine in der Längsachse des Gartens verlaufende Rinne
mit Wasser gespeist wurde. Diese Rinne ging von einem südlich gelegenen Brunnen aus. Dieser 4,60 m tiefe Brunnen trug eine Einfassung, in deren oberem Teil
sich die Titulatur der Nofretete geschrieben fand. Über dem Brunnen war ein
von vier Papyrussäulen getragener Kiosk errichtet worden. Auf der unteren Terrassenstufe sollten rechteckige Gruben Pflanzen aufnehmen. Auf der oberen, mit
einem weißlichen Verputz bedeckten Terrassenstufe waren Blumenbeete angelegt worden. Im Osten und Westen war der Garten über seine ganze Länge beid-

Abb. 11   Ein als Garten bemalter Fußboden in dem großen königlichen Palast von Tell
el-Amarna

seits von einer Folge kleiner länglicher Räume umgeben, die wahrscheinlich als
Magazine benutzt wurden. Ihnen vorgelagert stand ein Portikus, getragen von
viereckigen Pfeilern, die auf einer niedrigen, dicken Mauer ruhten. Auf der Gar-
tenseite war diese Mauer mit einem Fries geschmückt, auf dem ein sich schlän-
gelnder Kanal mit Schiffen, Lotusblüten, Männern und Vieh dargestellt war.

Abb. 11   Am Südende des Gartens bildete ein großer Portikus aus zwei Reihen von je
sechs Säulen einen Übergang zwischen Garten und Wohnbereich. Die Räumlichkeiten im Anschluß an den Portikus waren überaus reich geschmückt mit bemalten Fußböden, die eine Gartenlandschaft nachahmten. Die Ausschmückung dieser Böden verteilte sich symmetrisch, der Achse der Zimmer folgend. Die Achse
selbst bildete einen Durchgang, dessen Boden mit Wiedergaben asiatischer und
nubischer Gefangener dekoriert war, die Kopf bei Fuß angeordnet und durch die
Abbildung von Kampfbögen voneinander getrennt waren. Diese Passage führte
zum königlichen Gemach über Zimmer, die nicht hintereinander, sondern wie in
Kultgebäuden gegeneinander versetzt, im Zickzack angeordnet waren. Im Zentrum jeder Hälfte dieser Säle war ein Wasserbecken abgebildet, in dem gewellte
Wasserlinien, Lotusblumen, Fische und aufflatternde Enten dargestellt waren,

von Säulen gleich riesigen Pflanzen umrahmt. Am Fuß dieser Säulen lief ein Fries mit Pflanzen- und Tiermotiven um das ganze Becken herum. Er war von einem gleichen Fries außerhalb der Säulen flankiert. Schließlich war die Gesamtheit der Darstellungen entlang der Wände der Räume von einem Fries mit Blumensträußen, die auf Gestellen ruhten, eingerahmt.

Die Darstellung der Pflanzen und der Tiere ist voller Leben und Bewegung: Kälber springen, Enten flattern auf, ebenso Insekten, Schmetterlinge und Libellen. Diese Art der Darstellung steht im Gegensatz zur strengen Aufreihung der Blumensträuße und der Schalen des äußeren Registers. Der Eindruck wird verstärkt durch einen Rest von Wandmalerei in einem der Räume, in dem man Diener erblickt, die vor der Ankunft des Herrn im Zimmer Ordnung schaffen. Dieser Kontrast versinnbildlicht den Gegensatz zwischen der bewegten und chaotischen Welt im Augenblick der Schöpfung und der geordneten irdischen Welt unter der Herrschaft des Pharaos. Das Thema der Dekoration erscheint wie eine gemalte Veranschaulichung der großen Aton-Hymne, insbesondere die folgende Passage:
»Alles Vieh befriedigt sich an seinen Kräutern,
Bäume und Pflanzen wachsen.
Die Vögel fliegen aus ihren Nestern,
ihre Flügel in Lobgebärden für deinen Ka.
Alles Wild tanzt auf seinen Füßen,
alles, was auffliegt und sich niederläßt,
sie leben, wenn du für sie aufgehst.
Die Schiffe fahren stromab
und stromauf in gleicher Weise.
Jeder Weg ist geöffnet durch dein Erscheinen.
Die Fische im Fluß
hüpfen vor deinem Angesicht;
deine Strahlen sind im Innern des Ozeans.«

Die darauffolgende Strophe dieser Hymne, die die Rolle des Sonnengottes für die Fruchtbarkeit des Menschen anspricht, stimmt mit den oben geschilderten Szenen und ihrer Interpretation überein, wenn man den Zweck der Räume berücksichtigt, die zum Harem des königlichen Palastes gehören. Ebenso wird der universelle Aspekt der ägyptischen Herrschaft, so wie er in der Hymne einige Verse weiter unten zum Ausdruck gebracht wird, durch den Fries der Gefangenen und der Kampfbögen wiedergegeben. Eine gleiche Anordnung, aber in viel bescheidenerem Ausmaß, fand sich auch im südlichen Teil des Harems.

Diese Gärten waren zweifelsohne nicht die einzigen, die im Bereich des großen Palastes angelegt worden sind, aber der Erhaltungszustand der Ruinen, die teilweise unter dem modernen Ackerbau verlorengegangen sind, erlaubt es nicht, sie genau zu identifizieren. Dank einer an der Wand eines Grabes in Relief ausgeführten Darstellung weiß man zumindest, daß das Nilufer zwischen dem Anlegeplatz der königlichen Flotte und dem Palast gärtnerisch gestaltet war. Die privaten Gemächer des Königs waren vom großen Palast durch die nordsüdliche Hauptachse der Stadt getrennt, jedoch wiederum durch eine Brücke miteinander verbunden, die diese Hauptstraße überquerte. In dem großen Hof vor den königlichen Gemächern waren Bäume gepflanzt worden, die untereinander durch Bewässerungskanäle verbunden waren. Der Nordpalast, genannt nach seiner geographischen Lage im Norden der Stadt Tell el-Amarna, ist ein großer rechteckiger Komplex, der in drei Bereiche, der Längsachse des Gebäudes folgend, unterteilt ist und zwei große, den königlichen Gemächern vorgelagerte Höfe umfaßt. Fast die Gesamtheit des großen mittleren Hofes nahm ein ausgedehntes Bassin ein (33 m × 44 m), dessen Ränder an beiden Längsseiten mit Bäumen bepflanzt waren. Die Tiefe des Beckens war beträchtlich. Bei den Ausgrabungen im Winter 1923/24 stieß man etwa vier Meter unterhalb des Hofniveaus auf den Grundwasserspiegel, ohne daß man den Boden des Bassins erreicht hätte. Da die Wände des Beckens zerstört sind, ist es nicht möglich, deren ursprüngliches Aussehen zu rekonstruieren. Man kann jedoch annehmen, daß es sich um ein großes, trichterförmiges Becken handelte, das in der Mitte einer unterhalb der Ufer angelegten Terrasse ausgehoben worden war, wie im Falle des Totentempels des

Abb. 7.8 Amenophis, Sohn des Hapu, oder der Wiedergabe im Grab des Merire.

Im nordöstlichen Teil der königlichen Gemächer dieses Palastes lag ein Lustgarten in der Mitte eines Hofes, der auf drei Seiten von aneinandergereihten länglichen Räumen umgeben war; vor diesen Räumen erhob sich ein Säulenumgang. Die rechteckige Fläche des Gartens war in quadratische Beete eingeteilt, die sich unterhalb des Hofniveaus befanden. Einige Stufen führten zu ihnen herab, während eine Brüstung das Ganze umgab. Die Räume, die den Garten umschlossen, schmückten Wandmalereien mit verschiedenen Arten von Vögeln; an der Decke war eine Weinlaube gemalt. Der mittlere Raum der nördlichen Seite, unter dem Namen »Grüner Raum« bekannt, erregt Aufmerksamkeit ebenso durch den architektonischen Entwurf wie durch seine Ausschmückung.

Dieser Raum war, im Gegensatz zu den anderen, nicht vom Säulengang her erreichbar, sondern nur über den ihm westlich benachbarten Raum. Die in Richtung auf den Hof liegende Mauer war über fast die gesamte Breite des Raumes zum Garten hin geöffnet. Die Wände zeigten faszinierende Szenen einer Sumpflandschaft, in der eine Vielzahl von Vögeln das Papyrusdickicht bevölkerte. Wenngleich das Thema der Ausschmückung klassisch genannt werden darf, so zeigt es doch eine besonders sorgfältige Ausführung, die das Übliche weit übertrifft. Die Wahl der benutzten Farbtöne, die Sorgfalt, mit der gewisse Einzelheiten wie das Gefieder der Vögel oder die Papyrusdolden ausgeführt wurden, verleihen dem eigentlich äußerst statischen Ganzen den Ausdruck von Leben und

Bewegung, wie man ihn in anderen vergleichbaren Szenen nicht wiederfindet. Eingefügt in diesen Dekor fanden sich rechteckige Mauernischen, darunter gemalte Miniatur-Wasserbecken. Die Funktion dieser Nischen bleibt rätselhaft, wenngleich allgemein angenommen wird, daß sie als Nistplätze für die im Papyrusdickicht dargestellten Vogelarten bestimmt waren. Unterhalb des gemalten Dickichts war ein schmaler Kanal abgebildet, dessen Oberfläche mit blauem Lotus bedeckt und dessen Ufer mit Blumen verziert waren. So steht diese Darstellung einer kultivierten Gartenlandschaft in bewußtem Gegensatz zu einer wilden, üppig wuchernden Natur, wie das Papyrusdickicht sie verkörpert. Dieser Kanal macht aus der Mitte des Raumes eine Art kleine Insel, verloren inmitten eines riesigen, undurchdringlichen Papyrusdickichts. Diese Ausschmückung als Sumpflandschaft findet sich, wenngleich in einer sehr fragmentarischen Form, in anderen Teilen des Palastes wieder, jedoch mit weniger Sorgfalt ausgeführt, was die Besonderheit des »Grünen Raums« unterstreicht.

Die Bedeutung dieses nordöstlichen Bereichs des Nordpalastes ist schwer auszumachen: Es könnte sich um Vogelhäuser gehandelt haben, die um den Garten angeordnet waren. Der »Grüne Raum« ist vielleicht den Sumpfvögeln vorbehalten gewesen, während die anderen Räume der Aufzucht von domestizierten Arten dienten, wie es die an den Wänden gemalten Darstellungen von Geflügel nahelegen.

Diese Anlage fügt sich indessen in den Gesamtentwurf des Palastes ein, in dem es auch, wie es scheint, einen Weingarten und einen zoologischen Garten gab. Der Nordpalast wäre auf diese Weise eine königliche Residenz und zugleich eine religiöse Einheit gemäß dem Ideal von Amarna gewesen. Sein Gesamtplan mit dem Pylon, dem zentral gelegenen, von Grün umgebenen See und dem Palast entspricht dem Plan des typischen Gartens. Das Vorkommen eines pflanzlichen Dekors, eines Vogelhauses und eines zoologischen Gartens ruft die in der großen Aton-Hymne zum Ausdruck kommende Vision wach. Stellt der Palast einen Ort für einen angenehmen Aufenthalt der königlichen Familie dar, so ist es doch vor allem ein mythischer Ort. Hier vollzieht sich eine Symbiose zwischen der schöpferischen Kraft der Sonne einerseits, die sich in der ständigen Erneuerung der Natur und damit des diesseitigen Lebens ausdrückt, und der Funktion des Königs andererseits als dem alleinigen Vermittler und Garanten göttlicher Ordnung.

Im äußersten Süden der Stadt Tell el-Amarna liegt der Maru-Aton, der aus zwei aneinandergefügten, rechteckigen und ummauerten Bezirken besteht. Im südlichen, kleineren Bezirk fand sich ein vor einem Palast gelegener, von Bäumen umsäumter rechteckiger See von 35 m × 25 m. Die Fassade dieses Palastes korrespondiert mit der Längsseite des Beckens. Bodenstichproben in der Mitte des Geländes haben gezeigt, daß er zum größten Teil Anpflanzungen enthielt.

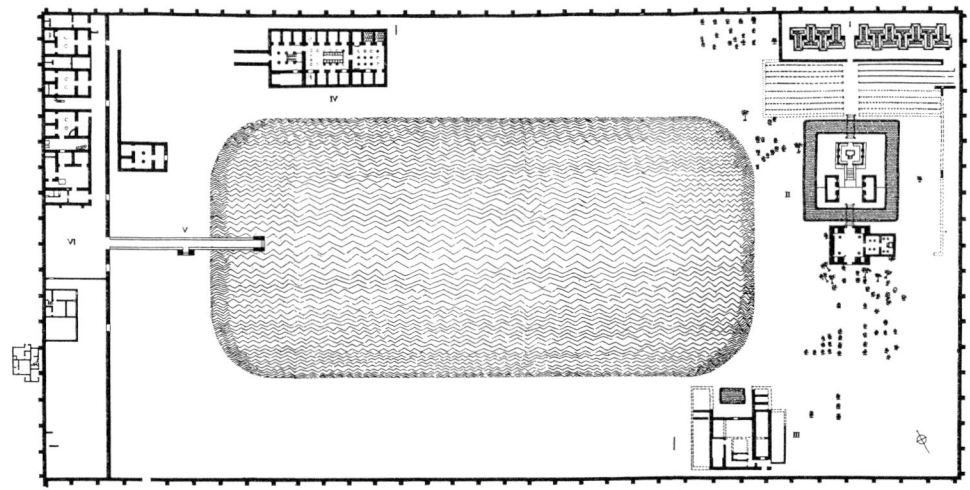

Abb. 12   Der Maru-Aton in Tell el-Amarna, nördlicher Bezirk

Abb. 12   Fast der gesamte nördliche Bezirk wurde von einem ausgedehnten künstlichen See von 130 m × 60 m eingenommen. Dieser See war mit einem Anlegeplatz versehen, obwohl seine Tiefe nicht einmal einen Meter übertraf. Mehrere voneinander unabhängige Bauten mit eigenen Anpflanzungen waren über den Park, der dieses weite Becken umgab, verstreut. Der östliche Bereich hinter dem See zeigte einen besonderen Charakter. Er bestand aus einem breiten Aufweg in Gestalt einer imponierenden Baumallee von etwa sechs Metern Breite, die von der Umfassungsmauer bis zu einem ersten Gebäude führte, nach dessen Durchquerung man zu einer künstlichen Insel gelangte. Auf ihr befanden sich Kultgebäude, von denen aus man, an Blumenbeeten vorbei, eine asymmetrische Einfriedung erreichte. Dort stieß man auf T-förmige Wasserbecken, umgeben von Fußböden, auf denen blühendes Buschwerk gemalt war mit springenden Kälbern und aufflatternden Enten – Motive, die jenen glichen, die schon auf den Fußböden des großen Palastes zu finden waren. Die Mauern waren ebenfalls mit Blumenmotiven geschmückt, und das Ganze sollte – wie im großen Palast und im Nordpalast – dem Betrachter ein Gefühl von der Üppigkeit der Flora vermitteln, ein Eindruck, der von außen durch die Anlage von Blumenbeeten verstärkt wurde. Beim gegenwärtigen Kenntnisstand ist es uns nicht möglich, die wirkliche Bedeutung dieses Teils von Maru-Aton zu klären. Es ist jedenfalls nicht zu leugnen, daß er von einer gewissen religiösen Aura durchdrungen ist, die in Beziehung zum Kult der Sonne und der Natur steht – ein gemeinsames Merkmal aller in Tell el-Amarna wiederentdeckten Paläste.

DER TEMPELGARTEN

Als Wohnstätten der Götter waren die Tempel reichlich mit Grünanlagen geschmückt, nicht nur, um ihnen eine angenehme Umgebung sicherzustellen, sondern auch um durch die Symbolik der Pflanzenwelt einen Ort zu schaffen, der ihnen angemessen ist. Neben ihrer kultischen Bedeutung stellten die Gärten eine Quelle ökonomischen Reichtums dar, der für den reibungslosen Betrieb der Tempel im Rahmen eines autarken Systems unerläßlich war, denn es ging nicht nur darum, die täglichen, an die Gottheit gerichteten Opfergaben an Blumen, Gemüse und Wein sicherzustellen, sondern auch um die Ernährung des Personals sowie um die Herstellung der erforderlichen Gebrauchsgegenstände wie Matten, Öl für die Lampen usw. Die Tempelgärten beschränken sich also nicht auf die unmittelbar den Sanktuaren benachbarten Anlagen, sondern erstrecken sich auf die Gesamtheit ihrer Besitzungen. Neben den Parkanlagen muß man die Wein-, Obst- und Gemüsegärten und auch die Palmenhaine dazurechnen. Die Stiftungslisten von Ramses III. im Papyrus Harris I zeigen, daß diese Besitzungen bedeutend waren, womit sie den Tempeln zu einer gewissen ökonomischen Macht verhalfen und damit auch zu einer politischen, zumal in einer Agrargesellschaft wie der des alten Ägypten. Von insgesamt 513 im Papyrus aufgelisteten Gärten (wovon 6 vom König persönlich geschenkt worden sind) wurden 433 den thebanischen, 64 den heliopolitanischen und 5 den memphitischen Tempeln zugewiesen.

Neben den Tempeln, die unmittelbar einer Gottheit des ägyptischen Pantheons gewidmet waren, sind auch die königlichen Totentempel in Betracht zu ziehen. Die Reste ihrer Gartenanlagen, die gelegentlich im trockenen Wüstenboden errichtet worden waren, sind ungewöhnlich gut erhalten, während die Mehrzahl der anderen Gärten uns lediglich durch ihre Beschreibungen oder durch ihre Darstellungen bekannt sind. Die Anpflanzungen erstrecken sich auf das umgebende Gelände, ja sogar bis in das Innere der Kultanlage selbst.

Das erste Merkmal der Tempel ist der Dromos, eine heilige Straße, die zum Eingang des Tempels führt. Als Prozessionsweg war sie oft an beiden Seiten durch eine Reihe von Sphingen geschützt und durch hohe Mauern von der Außenwelt abgeschirmt; Bepflanzungen mit Bäumen und Blumen belebten den Weg, wobei sie durch ihren Symbolgehalt eine wohltuende Wirkung ausstrahlten. Am Dromos des Luxor-Tempels beschreibt eine auf dem Sockel eines Sphinx befindliche Inschrift Nektanebos' I., wie ein solcher Dromos auszusehen hatte: »Seine Majestät hat für seinen Vater Amun einen schönen Weg angelegt, der von Mauern umgeben, mit Bäumen bepflanzt und mit allerlei Arten von Blumen geschmückt ist.« Bei archäologischen Grabungen wurden in der Tat Reste solcher Anordnungen wiedergefunden, die von der 11. Dynastie bis in die römische

Abb. 13   Totentempel des Königs Mentuhotep in Deir el-Bahari. Vor dem Tempel Spuren der Baumpflanzungen. Im Hintergrund Tempel der Königin Hatschepsut

Zeit reichen und die zu folgenden Tempeln gehörten: Tempel des Mentuhotep in Deir el-Bahari, des Amenemhat II. in Hermopolis, thebanische Totentempel des Thutmosis III. und Amenophis III., der große Atontempel und der Maru-Aton in Amarna, die Tempel von Amun, Mut und Chons in Karnak, außerdem in Luxor und Soleb. Im allgemeinen wurden die jungen Pflanzen in planmäßig ausgehobene Gruben gesetzt, im Falle einer Sphinxallee entweder vor oder zwischen die Sphingen. Manchmal waren diese Gruben durch Bewässerungskanäle miteinander verbunden, um die Versorgung zu erleichtern. Die besondere Form von Garten, die der Dromos darstellte, scheint einer der unerläßlichen Bestandteile der Gartenanlagen in Verbindung mit dem Heiligtum gewesen zu sein. In der Liste seiner Tempelgründungen erinnert Ramses III. daran, daß er den Dromos des Amuntempels in der Hauptstadt des Deltas habe bepflanzen lassen, und auch Herodot hat uns eine Beschreibung des mit Bäumen bepflanzten Weges hinter-

Abb. 13

lassen, der die Tempel der Bastet und des Thot in Bubastis miteinander verband. Der von Thutmosis III. in Angriff genommene Versuch, den Dromos seines Totentempels in Deir el-Bahari mit Bäumen zu flankieren – wobei er nicht zögerte, Gruben von über neun Metern Tiefe in den Felsen graben zu lassen –, zeigt, welche Bedeutung diesem Unternehmen beigemessen wurde.

Ein weiteres Merkmal der Anpflanzungen bei Heiligtümern ist ein Baumpaar zu beiden Seiten des Eingangs. Will man den Darstellungen der Spätzeit Glauben schenken, so gab es diese Anordnung schon vor dem archaischen Sanktuar der Göttin Neith. Aber erst vom Neuen Reich an läßt sich ihre Existenz belegen, dank der ikonographischen Darstellungen bzw. ihrer bei Ausgrabungen entdeckten Reste. Sofern man diese Bäume identifizieren kann, handelt es sich um Sykomoren oder Persea-Bäume. Bezogen auf die Gebäude, deren Eingang sie einrahmen, sind es die gleichen Arten, die auch die Jenseitspforten schützen, die in den Pyramidentexten und auf Särgen sowie im Totenbuch zitiert werden.

Gärten finden wir mitunter auch im Inneren der Sanktuare von Tempeln und Kapellen dargestellt. Der Unterbau der inneren Mauern der Roten Kapelle der Hatschepsut in Karnak war mit einem Fries viereckiger Beete geschmückt, in denen Lattich wuchs. Ebenso besaßen die Sockel der heiligen Barke, die auf den Wänden derselben Kapelle dargestellt sind, ein mit Lattich bepflanztes Gärtchen. Diese Dekoration hat eine magische Bedeutung, nämlich die, dem Gott Amun-Re die Wohltat der regenerierenden Kräfte des dazugehörigen Gartens zu sichern. Dieses Motiv findet sich auf dem Sockel der Stationsheiligtümer wieder, die auf dem Weg der heiligen Barke nach Luxor errichtet wurden, sowie auf der Prozessionsstraße der Tempel von Gurnah, Luxor, Medinet Habu und des Chons-Tempels in Karnak. Im Amun-Heiligtum im Totentempel der Hatschepsut in Deir el-Bahari, der letzten Station der heiligen Barke anläßlich des Talfestes, waren die Nord- und Südwände mit einer sehr genauen Wiedergabe des Gemüsegartens und seinem Lattich in gleicher Weise geschmückt.

In seinem Festtempel in Karnak, dem Ach-Menu, ließ Thutmosis III. neben Tieren auch eine große Anzahl von Pflanzen auf den Wänden der Räume abbilden, die unter dem Namen »Botanischer Garten« bekannt sind. Dieser Katalog von Pflanzen, von denen die meisten einheimisch oder nach Ägypten eingeführt sind, erscheint als eine Art Pflanzenaufzählung der damals bekannten Welt – und das gilt auch für die Tierwelt –, von der der König den Gott Amun profitieren lassen möchte, um dadurch seine Universalität deutlich zu machen. Diese Sammlung von Pflanzen wurde tatsächlich anläßlich einer Inspektionsreise des Pharao im 25. Jahr seiner Regierung aus den von Ägypten unterworfenen Ländern zusammengestellt.

Die eigentlichen Tempelgärten sind die Parks und die heiligen Haine, die innerhalb der Umfassungsmauer angelegt sind. Alle Gewächse, die zum Besitz des Tempels gehörten, sind allein durch ihre Zugehörigkeit zur heiligen Domäne von der göttlichen Aura geprägt, wobei ihre Bedeutung von der Art ihrer kultischen Beziehung zur Gottheit und von ihrer Lage zum Sanktuar abhängt. Man muß also einen Unterschied machen zwischen dem Park, der die Gesamtheit der innerhalb der Umfassungsmauer des Tempels gepflanzten Gewächse bildet, und dem heiligen Hain – der aus Gewächsen besteht, die eine mehr mit dem Götterkult verbundene Bedeutung haben –, welcher einen bevorzugten Platz im Inneren des Tempels oder in direktem Kontakt zu ihm einnimmt. Park und heiliger Hain sind nicht immer deutlich zu unterscheiden oder gar voneinander zu trennen, da beider Elemente sich miteinander mischen können. Der älteste uns bekannte heilige Hain ist der des sogenannten ursprünglichen Tempels von Medamud vom Ende der 11. Dynastie. Diese heilige Baumgruppe war innerhalb einer unregelmäßig vieleckigen Umfassungsmauer um zwei eiförmige Heiligtümer angeordnet. Weitere heilige Haine sind vom Mittleren Reich bis zur griechisch-römischen Epoche bekannt. Das Heiligtum konnte von Bäumen umgeben

Abb. 7 sein, wie im Tempel Hut-Aton in Amarna, im Amuntempel von Karnak zur Zeit der 18. Dynastie oder in dem des Taharqa in Kawa. Der Hain konnte auch im Hof hinter dem Pylon gelegen sein, wie im Tempel des Amenemhat II. in Hermopolis, im Tempel des Amenophis, Sohn des Hapu, oder dem des Chnum auf Elephantine. Im Tempel des Thot in Hermopolis befand sich der Hain wiederum in einem großen Hof hinter dem Tempel aus griechisch-römischer Zeit; zur gleichen Zeit, in Medamud, handelte es sich sogar um einen einzigen, in einem kleinen Hof am Ende des Heiligtums gepflanzten Baum.

Der Raum innerhalb der Umfassungsmauer des Tempels war als Park mit verschiedenen Arten von Pflanzen ausgelegt, die die Umgebung des Sanktuars in eine ebenso angenehme wie der Gottheit wohlgefällige Grünanlage verwandelten. Das Vorhandensein dieser Parks ist uns vor allem durch die königlichen Inschriften bekannt, da ihre Anlage wie ihr Unterhalt königliches Vorrecht war. Weitere Inschriften bestätigen die Existenz dieser Parks, die in Heliopolis wenigstens 200 Perseabäume aufwiesen, so auch in den Tempeln von Amun, Nehemetawai und Re in Hermopolis. Auch Herodot erwähnt das Bestehen eines Parks innerhalb der Umfassungsmauer des Tempels von Bubastis. In Tell el-Dab'a im Delta haben die Grabungen erwiesen, daß der Sethtempel sich inmitten eines großen Palmenhains befand. Für gewöhnlich lag in der Mitte eines Parks eines der wichtigsten Elemente des ägyptischen Tempels, der heilige See. Dieser mit Wasserpflanzen bedeckte See war – nach den Texten – von einer üppigen Vegetation aus Bäumen und Blumen umgeben. In Tell el-Amarna waren die Spuren von Papyrus und blauem Lotus während der Grabung noch im trockenen Schlamm des Gebäudes III von Maru-Aton sichtbar. Welch idyllischen Rahmen

Abb. 9 ein solcher Park abgeben mußte, ist in dem thebanischen Grab des Ipui aus der

Ramessidenzeit dargestellt. Man sieht dort Reihen von Sykomoren und Granatapfelbäumen, Beete blühender Kornblumen, Klatschmohn und Mandragora sowie einen mit blauem und weißem Lotus bedeckten Teich. Der Wirklichkeit näher ist der Plan eines nicht identifizierten Tempels, der auf einer Wand des Grabes des Merire in Tell el-Amarna in Relief ausgeführt ist. Dort sieht man mitten in einem   *Abb. 8* hinter dem Tempel gelegenen Hof, dessen Sanktuar eine Baumreihe umgibt, ein viereckiges Wasserbecken mit terrassenförmig angelegtem Ufer und umgeben von Reihen von Pflanzen, unter denen man die Dattel- und die Dumpalme, den Granatapfelbaum und den Weinstock erkennen kann. Eine ähnliche Anordnung fand man tatsächlich im Totentempel des Amenophis, Sohn des Hapu, dem   *Abb. 7* Architekten von Amenophis III. Der Garten nimmt die gesamte Fläche des großen Hofes zwischen den beiden Pylonen ein und besteht aus einem zentral gelegenen Becken, umgeben von einer Reihe von Sykomoren, 20 insgesamt, die in runde Gruben gepflanzt wurden, die ihrerseits von einem viereckigen Rand aus Ziegeln eingefaßt sind. Das Bassin glich dem im Grab des Merire dargestellten. Es war bis zum Grundwasserspiegel ausgehoben, um von Sickerwasser gespeist zu werden. Seine Wände waren terrassenförmig angeordnet und bestanden bis zum Wasserstandsniveau aus Sandsteinblöcken, oberhalb davon aus verputzten Ziegeln. Das Bassin befand sich inmitten einer unterhalb des Hofniveaus gelegenen Plattform. Zu ihr gelangte man über eine zweiteilige Treppe, die in der Achse des Hofes in westlicher Richtung gelegen war.

Zwei weitere thebanische Totentempel in Deir el-Bahari, nämlich von Mentuhotep II. (11. Dynastie) und von Hatschepsut (18. Dynastie), besaßen zwei besondere Gartentypen, die vollständig wiedergefunden wurden. Diese unge-   *Abb. 13* wöhnliche Erhaltung verdanken sie ihrer Lage in der Wüste. Was den Tempel von Mentuhotep II. anlangt, so wurde der Garten während der letzten Bauphase der Grabanlage im großen rechteckigen, dem Tempel vorgelagerten Hof eingerichtet. Er entspricht der Breite der Terrasse, auf der das Sanktuar errichtet ist. Der ursprüngliche, kurz vor seiner Vollendung aufgegebene Plan sah einen Aufweg vor, zu beiden Seiten von 14 Bäumen und königlichen Statuen gesäumt und in seinem letzten Viertel von einem Hain flankiert; lediglich dieser Teil wurde am Ende tatsächlich ausgeführt. Die vom Tempel aus begonnenen Arbeiten wurden bei der zwölften Grube der nördlichen Reihe und bei der dreizehnten der südlichen aufgegeben. Allein die dem Tempel am nächsten gelegenen vier Gruben in beiden Reihen waren mit Bäumen bepflanzt, während die anderen Gruben zugeschüttet und die königlichen Statuen vergraben wurden. Die Gruben, die einen Durchmesser von fünf bis sechs Metern und eine Tiefe von neun bis zehn Metern hatten, waren mit Nilschlamm aufgefüllt, der noch Pflanzenreste wie Wurzeln, Rinde und Blätter enthielt. So konnte man mit Sicherheit nachweisen, daß in den sechs dem Tempel zunächst gelegenen Gruben Sykomoren gewachsen waren und in den beiden anderen Tamarisken. Im Süden waren zwei rechteckige Blumenbeete zwischen den Sykomoren angelegt worden; dort fand man noch die Stengel und die Wurzeln der Blumen.

Der Hain entsprach der Breite der Tempelterrasse und war wie sie asymmetrisch. Im nördlichen Teil umfaßte er vier Reihen von je acht Bäumen und zusätzlich einen Baum in der Verlängerung der Sykomorenallee. Die Verteilung des südlichen Abschnitts war identisch, umfaßte aber nur drei Reihen von je sieben Bäumen. Die Gruben variierten zwischen 1,20 m und 2,40 m im Durchmesser gegenüber einer Tiefe von 1,30 m. Dort waren Tamarisken gepflanzt worden. Diese hatten eine ansehnliche Größe erreicht, wie man aus ihrem Wurzelstock von 10 cm Durchmesser und ihren Wurzeln schließen kann, die bis zu einer Tiefe von 70 cm in den Boden reichten. Im Nordosten des Hains erhob sich einst in einer großen, kreisrunden Einfriedung eine Sykomore, deren Wurzeln und Blätter noch zu finden waren.

Im Tempel der Königin Hatschepsut bestand der Garten aus zwei beiderseits der Zugangsrampe zur ersten Terrasse angelegten Wasserbecken in T-Form, um die Sträucher gepflanzt worden waren. Diese nur wenig tiefen Bassins mit abfallenden Ufern enthielten eine ausgetrocknete Schlammschicht, in der Papyrusstengel und ein Wurfholz aus Fritte gefunden wurden. Es mußten dort demnach kultische Riten stattgefunden haben wie das Papyrusraufen und die Vogeljagd; letztere ist im übrigen auf der nordöstlichen Wand der Tempelkolonnade dargestellt. Außerdem heben diese Becken die Beziehung des im westlichen Gebirge gelegenen Heiligtums zu Hathor hervor; von dort kommend trat ja die Göttin aus einem Papyrusdickicht heraus. Dieses Thema hatte in der Kapelle Thutmosis' III., in der die Kultstatue der Hathor-Kuh einst stand, Gestalt angenommen. Sie befindet sich heute im Kairener Museum. Das gleiche Thema findet sich auch auf den Särgen und in den Totenpapyri wieder.

Um diese Wasserbecken wurden kreisförmige Gruben ausgehoben, vielleicht dazu bestimmt, die Weihrauchbäume aufzunehmen, die von jener denkwürdigen Expedition mitgebracht worden waren, die die Königin ins Land Punt entsandt hatte und von der in den Bildmotiven ihres Tempels oft die Rede ist. Diese beiden, von der Zone fruchtbaren Landes über einen Kilometer entfernten, mitten in der Wüste angelegten Gärten zeigen, welche Bedeutung die Ägypter solchen zu den Tempeln gehörigen Anpflanzungen beigemessen haben.

DER GARTEN AM GRAB

Das Auftreten eines Gartens in Verbindung mit dem Grab existiert von Anbeginn der pharaonischen Zivilisation. Als Garant der Wiedergeburt sichert der Garten dank seiner Erzeugnisse dem Verstorbenen Fortdauer seiner Existenz. In seinem Wunsch, fortzubestehen, verlegt der Ägypter seine materielle idealisierte Umgebung ins Jenseits, zu der auch der Garten gehört, der nun als »westlich« bezeichnet wird. Aber die Trennungslinie zwischen der Welt der Lebenden und der der Toten ist nicht eindeutig definiert, denn der Verstorbene wünscht, auf die Erde zurückzukehren, um sich dort seiner zeitlichen Güter zu erfreuen, insbesondere seiner Baumplantagen:

»Eintreten und herausgehen aus meinem Grab, mich in seinem Schatten erholen, jeden Tag vom Wasser meines Teiches trinken, mögen meine Glieder fest bleiben, möge der Nil mir die Nahrung aus Opfergaben, die Gemüse nach der Jahreszeit gewähren, möge ich an den Ufern meines Teiches lustwandeln jeden Tag ewiglich, möge sich meine Seele auf dem Laub der Bäume niederlassen, die ich gepflanzt habe, möge ich mich unter meinen Bäumen erfrischen, möge ich das Brot essen, das sie spenden«. Die Rolle des Gartens beim Grab besteht darin, dem Verstorbenen seine Wiedergeburt und sein Weiterleben in einer liebenswerten Welt zu sichern. Es sind die verschiedenen Bestandteile des Gartens, See, Pflanzen- und Tierwelt, die durch ihren Symbolcharakter seine Fortdauer garantieren.

Der See, angefüllt mit Nun oder Hapi, ist das regenerierende Element schlechthin, an dem der Verstorbene seinen Durst stillt, dessen göttliche Substanz er damit aber auch in sich aufnimmt. Im Grab des Ineni in Theben ist der Verstorbene wiedergegeben, wie er sich in der Geste der Anbetung über das Wasserbekken bückt; darin schwimmen blauer Lotus und Tilapia, die Symbole der Wiedergeburt. Die Bäume, in denen die Gottheiten wohnen, beschützen den Verstorbenen und versorgen ihn mit Speise und Trank, während seine Seele, in der Gestalt eines Ba-Vogels, sich auf ihnen niederläßt. Diese Rolle wird hauptsächlich durch drei einheimische Bäume wahrgenommen: die Sykomore, die Dattel- und die Dumpalme. *Abb. 3*

Der zum Grab gehörige Palmbaum schützt den Verstorbenen gegen den Durst, ernährt ihn mit seinen Früchten und erfrischt ihn mit seinen Palmblättern. Im Grab TT 218 der Ramessidenzeit ist ein Ehepaar dargestellt, das Wasser aus dem Teich trinkt, wobei die Frau sich am Fuß einer Dattelpalme, der Mann am Fuß einer Dumpalme aufhält. Der begleitende Text gibt genau an, daß die Dattelpalme das weibliche Prinzip, die Dumpalme das männliche Prinzip symbolisiert. Weiterhin werden sie den Gottheiten Nut bzw. Min zugeordnet.

Die Sykomore, der Baum des alten Ägypten schlechthin, nimmt einen besonderen Platz im Garten beim Grab ein. Als Baum der Göttin Hathor schützt und ernährt die Sykomore in ihrem Namen den Verstorbenen.

Seit der Zeit Thutmosis' III. erscheint eine Allegorie der Gartenerzeugnisse in der Gestalt einer Opfergabenträgerin, die, als Merkmal ihrer Funktion, eine

Sykomore auf dem Kopf trägt. An die Stelle dieser Allegorie wird seit Amenophis II. sehr bald die Baumgöttin gesetzt. Die Göttin bildet dabei entweder eine Teilverschmelzung mit dem Baum, dann entsprießt ihm ihr Körper, oder die Verschmelzung ist vollständig, dann ist der Baum mit Armen und Brüsten versehen. Neben der üblicheren Sykomore kommt dafür auch die Dattelpalme in Frage. Die Baumgöttin ist Erscheinungsform für etwa zehn weibliche Gottheiten, von denen Nut, Hathor und Isis die wichtigsten sind.

Taf. 3

Während der 18. Dynastie wird die Baumgöttin gelegentlich nur als ein Bestandteil des Gartens angesehen und mit den anderen Bäumen zusammen dargestellt. Von der 19. Dynastie an steht sie für den Garten, befreit von jeder Teilfunktion, und wird zur Allegorie.

Abb. 6

Zu diesen typischen Pflanzen des Gartens beim Grab kommt eine weitere, die, besonders vom Alten bis zum Neuen Reich, einen sehr bedeutenden Platz im Dekorationsprogramm der Gräber einnimmt: die Weinrebe. Es handelt sich im allgemeinen um Szenen der Weinlese, die die Wände der Felsgräber ausschmücken. An der Decke kann eine weitverzweigte Weinlaube, die das Grab überzieht, wiedergegeben sein, wie in den Felsgräbern des Sennefer und des Nacht in Theben.

Bei der Beisetzung finden Zeremonien im Garten statt. Die Statue des Verstorbenen, die in einer Barke getreidelt wird, vollzieht auf symbolische Weise die Pilgerfahrt nach Abydos oder nach Busiris, oder Eheleute können sich auf die rituelle Jagd und den rituellen Fischfang begeben, die ihre Wiedergeburt garantieren.

Außerdem war ein Ertrag bringender Garten zur Erzeugung der pflanzlichen Opfergaben für den Kult bestimmt. Dieser Garten, der recht umfangreich sein konnte, mußte in den meisten Fällen, wie bei den Grabkapellen von Tell el-Amarna, neben dem Kultgebäude sich auf wenige Beete verringern. Die Möglichkeit, einen Garten beim Grab anzulegen, hängt von der geographischen Lage der Nekropole und damit von dem Klima ab, dem sie unterworfen ist.

Im Delta, dem fruchtbaren Anschwemmungsgebiet des Nil, das besonders im Bereich der Küste dem Mittelmeerklima ausgesetzt ist, dürfte das Anlegen eines Gartens beim Grab keine besonderen Probleme bereitet haben. Eine Darstellung zeigt den vorgeschichtlichen Friedhof der Könige von Buto in einem Palmenhain, und Strabo erwähnt die Anwesenheit von Gärten in der Nekropole von Alexandria.

Je mehr man sich von der Küste entfernt, desto weiter dringt man in die Klimazone der Sahara ein, in der nur der schmale Streifen fruchtbarer Erde an den Nilufern für die lebenswichtigen Kulturen benutzbar bleibt. Die Nekropolen befinden sich außerhalb der bestellbaren Fläche in der Wüste, und die Schaffung eines Gartens in Verbindung mit dem Grab oder dem Totentempel ist nur durch

Tafel 4

kostspieligen Einsatz möglich. So erklärt es sich, daß das Vorkommen wirklicher Gärten bei den Gräbern, wie dies im Talkessel von Deir el-Bahari der Fall ist, Sache der Herrscher bleibt. Auch wenn die privilegierten Schichten der ägyptischen Gesellschaft in solchem Luxus es den Königen nicht gleichtun konnten, blieb doch der Wunsch, seinen eigenen Garten beim Grab zu besitzen, ein ernsthaftes Anliegen. Um die Unmöglichkeit der Realisierung auszugleichen, nahm man Zuflucht zu dem Kunstgriff, mit Hilfe der Magie des Wortes und des Bildes Gärten in Darstellungen zu verwirklichen. Seit der ersten Dynastie hat man dennoch versucht, dem Grab wirkliche Pflanzen beizugesellen. Im Neuen Reich strebt man die Schaffung eines Scheingartens im Hof vor der Kapelle an, wobei dieser auf seine einfachste Formel gebracht wird: die eines Wasserbeckens mit einem Baum, gemäß dem oft wiedergegebenen Schema in den Gräbern der Ramessidenzeit in der thebanischen Region. So ist es denkbar, daß die um manche große Gräber der ersten Dynastie angeordneten Löcher zur Aufnahme von Stangen bestimmt gewesen sein könnten, an deren oberem Ende ein Strauß gebündelter Palmenblätter festgesteckt worden wäre. Damit sollte ein künstlicher Palmenhain geschaffen werden, der den Palmenhain der Könige von Buto im Delta symbolisch wiederzugeben hätte.

Seit dem Alten Reich nehmen die Opfertische stellvertretend die Rolle des Gartens beim Grab ein. Diese Funktion ist nicht allein dieser Zeit eigen, sondern ist für die gesamte pharaonische Zivilisation bis in die griechisch-römische Zeit belegt. Auf dem ältesten bekannten Beispiel gibt eine Inschrift an, daß eine Sykomore an jeder Ecke des stufenförmig vertieften Wasserbeckens stehen sollte. Auf den Stufen sind die verschiedenen Nilhöhen angegeben – vom niedrigsten bis zum höchsten Wasserstand. Bei dem jüngsten Beleg aus ptolemäischer Zeit nimmt in der Tat ein Garten mit seinem von Bäumen umgebenen Teich die Mitte eines Opfertisches ein.

Am Ende der Ersten Zwischenzeit besitzen einige Seelenhäuschen einen kleinen Teich, der von vier Löchern zur Aufnahme von künstlichen Bäumchen, vielleicht von Palmen, umgeben ist. Andere Beispiele, so im Grab des Meketre, eines hohen Beamten des Pharaos Mentuhotep II. in Theben, sind richtige Gartenmodelle mit einem Zentralbassin aus Kupfer, das tatsächlich eine Flüssigkeit enthalten konnte und von einer Reihe von Sykomoren umsäumt war; zum Bassin führt ein Pavillon, der von reichdekorierten Säulen gestützt wurde.

Indessen bleibt der häufigste Ersatz für den Garten seine ikonographische Darstellung. Sie tritt seit dem Alten Reich, von der 5. Dynastie an, im Bildprogramm der Gräber auf. Zu dieser Zeit handelt es sich ausschließlich um Wirtschaftsgärten mit Szenen der Gartenarbeit, der Obsternte und vor allem der Weinlese. Der Brauch, Wirtschaftsgärten abzubilden, dauert mindestens bis zum Ende des Mittleren Reiches an.

Im Neuen Reich, in der 18. Dynastie, gewinnt die Ikonographie des Gartens beim Grab einen neuen Aspekt. Man zieht es vor, den Garten der eigenen Villa wiedergeben zu lassen. Wird die praktische Seite auch beibehalten und durch das Erscheinen der Baumgöttin besonders sichtbar gemacht, so kommt doch ein neues Element hinzu, der Luxus. Des weiteren wird der Bezug zum Jenseits durch die Zeremonien klar unterstrichen, die während der Beisetzung im Garten stattfinden.

In der Ramessidenzeit werden die Gartendarstellungen nüchtern und schematisch, denn der Akzent wird nachdrücklich auf den religiösen Aspekt gesetzt, um das Weiterleben des Verstorbenen zu sichern und ihn vor allem vor Hunger und Durst zu bewahren. Es sind mehrere Varianten dieser Szene bekannt; die einfachste gibt ein Bassin wieder, an dem der Verstorbene und seine Frau niederhockend – eigentlich in Gebetshaltung – im Schutz einer Dattelpalme ihren Durst löschen. Weitere Elemente können hinzugefügt werden, so z. B. die Baum-

Abb. 4 göttin; seit Beginn der 19. Dynastie neigt man dazu, die Darstellung des Gartens im Themenkatalog der Gräber durch die der Baumgöttin allein zu ersetzen.

Eine weitere Gartendarstellung aus ptolemäischer Zeit stammt aus einem Grab der Nekropole von Anfouchy bei Alexandria. Bäume und Palmen sind über die ganze Höhe eines der Grabräume gemalt und vermitteln so dem Besucher den Eindruck, sich in einem Obstgarten zu befinden.

Von der 6. Dynastie an wird das Vorkommen des Gartens beim Grab durch Texte garantiert, die auf den Grabwänden, auf Stelen und auf Papyri geschrieben sind. Der Inhalt dieser Texte findet sich in Opferformeln wieder. Diese mitunter sehr kurzen Inschriften sichern dem Verstorbenen Fortdauer seines Gartens und dessen ewige Nutzung.

Die ägyptische Religion kennt eine bestimmte Zahl mythischer Gärten, die mit Gottheiten und verstorbenen Königen in Beziehung stehen. Der Friedhof der vorgeschichtlichen Könige des Deltas, der sich vermutlich in Buto befand, spielt eine bedeutende Rolle bei Krönungs- und *heb-sed*-Zeremonien, von der ersten Dynastie an bis in ptolemäische Zeit.

Von der 5. Dynastie an kommt dieser Friedhof im Bildprogramm der Privatgräber vor und bildet eine Station im Rahmen der Riten, die während des Begräbniszuges vollzogen werden. Dieser Friedhof, dessen Plan während der gesamten Geschichte des alten Ägypten identisch bleibt, besteht aus einer Reihe von Kapellen, die zwischen Palmen errichtet sind, die an beiden Ufern eines sich schlängelnden Kanals wachsen.

Das legendäre Grab des Osiris war, nach den Texten und den ikonographischen Darstellungen, aus einem Erdhügel gebildet, der die Grabkammer des Gottes bedeckte, sowie aus einem heiligen Hain, der die Gottheit schützte und seine Wiederauferstehung förderte. Offenbar hat es Nachahmungen des Osiris-Grabes bei bestimmten Tempeln gegeben. So könnte der Totentempel von Mentuhotep II. in Deir el-Bahari in diesem Sinne als eine Art Osiris-Grab interpretiert werden. In der Tat befand sich eine Statue, den mumifizierten Osiris darstellend, in einem Grab unterhalb eines massiven Aufbaus, der den Tempel überragte, während sich davor ein heiliger Hain erhob.

Das Osireion des Totentempels Sethos' I. in Abydos blieb unvollendet, dennoch legen einige Hinweise die Vermutung nahe, es sei als eine idealisierte Verwirklichung des Osiris-Grabes mit seinem Erdhügel und seinem heiligen Hain geplant gewesen; diese sollten die unterirdischen, die Unterwelt symbolisierenden Räume schützen, in denen der Gott ruht und sich seine Wiederauferstehung vollzieht. Im nördlichen, dem einzigen freigelegten Teil des Gebäudes wurden entlang dessen Mauern Gruben wiedergefunden. Sie enthielten Muttererde und Reste von Pflanzen, wahrscheinlich von Koniferen. Wegen des Gesetzes der Symmetrie in der ägyptischen Architektur sollten ursprünglich gleiche Gruben auch den südlichen Teil des Gebäudes rahmen. Die eindrucksvolle Tiefe dieser Gruben — den Grundwasserspiegel traf man 16 m unter der Erde — unterstreicht die Bedeutung, die man einer Baumanlage neben dem Kenotaph beimaß. Außerdem gestattet die Anordnung von vorgefundenen Aufschüttungsschichten den Schluß, wonach das Grab — einmal vollendet — mit Erde von zwei bis drei Metern Höhe bedeckt worden wäre.

Die Nekropolen der Privatleute besaßen einen Garten als Teil einer fiktiven heiligen Domäne, die vom Neuen Reich an auf den Grabwänden wiedergegeben wird. Dieser rituelle Garten bestand aus einem rechteckigen, von Dattelpalmen umgebenen Wasserbecken, aus einem Wirtschaftsteil, dessen Fläche in viereckige Beete aufgeteilt war, aus zwei Sykomoren sowie aus zwei Obelisken. In einem anderen Teil der heiligen Domäne wurde das Aufhacken der Erde rituell vollzogen.

In der Ramessidenzeit finden im Rahmen der Bestattungsfeierlichkeiten Zeremonien auf einer künstlichen kleinen Insel statt, die in der Mitte eines von Bäumen und Blumenbeeten umsäumten Bassins liegt. Zur selben Zeit wird das »Binsengefilde« gelegentlich als eine wohlgeordnete Plantage für Bäume, Palmen und dichte Blumenbeete dargestellt.

*
**

Der Garten hat mit Sicherheit eine besondere Rolle im Leben der alten Ägypter gespielt. Er bedeutete mehr als eine wesentliche Nahrungsquelle in einer Wüstenregion; er war vor allem ein Ort des Friedens und der Geborgenheit, eine idyllische Landschaft im Gegensatz zur Öde und Feindlichkeit der sie umgebenden Umwelt. Er bildete durch seine Eigenschaften einen Mikrokosmos, in welchem das Leben blühte und sich regenerierte, und wurde Garant des Lebens und der Regeneration. Diese positiven Eigenschaften wurden natürlich den Göttern übertragen, deren Wohl nur einen vorteilhaften Einfluß zugunsten des Landes bringen konnte. Und wenn auch die Gärten des alten Ägypten vergangen sind, bleiben sie doch unter diesen Aspekten, ja sogar in ihrer vollen Pracht, für uns erhalten.

Literatur

J.-C. Hugonot, Le jardin dans l'Égypte ancienne. Europäische Hochschulschriften, Reihe 38, Bd. 27 (Frankfurt 1989)

Abbildungsnachweis

Abb. 1   N. de Garis Davies, The Tomb of Rekh-Mi-Re' at Thebes, Publications of the Metropolitan Museum of Art Egyptian Expedition XI (New York, Nachdruck 1973)
Abb. 2   J. Vercoutter, Fouilles de Mirgissa, Bulletin de la Société Française d'Egyptologie, No. 43 (Paris 1965) Abb. 3.
Abb. 3   Zeichnung des Verfassers
Abb. 4   N. de Garis Davies, Seven Private Tombs At Kurnah, Egypt Exploration Society X (London 1948) Taf. XXXIV
Abb. 5   L. Borchardt, H. Ricke, Die Wohnhäuser in Tell el-Amarna, 91. Veröffentlichung der Deutschen Orient Gesellschaft (Berlin 1980) Abb. 5a = Taf. 1A; Abb. 5b = Plan 2
Abb. 6   Zeichnung des Verfassers
Abb. 7   C. Robichon, A. Varille, Temples funéraires thébains, Revue d'Egyptologie (Paris 1937) Taf. V
Abb. 8   N. de Garis Davies, The Rock Tombs of El Amarna, Part I, The Tomb of Meryra, Archaeological Survey of Egypt, Thirteenth Memoir (London 1903) Taf. XXXII
Abb. 9   N. de Garis Davies, Two Ramesside Tombs (New York 1927) Taf. XXVIII
Abb. 10   J. D. S. Pendlebury, The City of Akhenaten, Part III, The Central City and the Officials Quarters, Volume II: Plates, Forty-Fourth Memoir of The Egypt Exploration Society (London 1951) Taf. XV, 1
Abb. 11   W. M. Flinders Petrie, Tell el Amarna, 1894 (Nachdruck Warminster 1974) Taf. II
Abb. 12   T. E. Peet, C. L. Woolley, The City Of Akhenaten, Part I, Thirty-Eight Memoir of The Egypt Exploration Society (London 1923) Taf. XXIX
Abb. 13   Deutsches Archäologisches Institut, Kairo

J.-C. Margueron

Die Gärten im Vorderen Orient

Sei es der Garten Eden, das Symbol des verlorenen Paradieses, seien es die Hängenden Gärten von Babylon, das siebente Weltwunder – man weiß nicht, welcher der beiden Mythen angemessener die Bedeutung zum Ausdruck bringt, die der Garten im Alltagsleben und in der Vorstellung der Bewohner des alten Vorderen Orients einnehmen mochte.

Für den Kenner des Landes, für den, der Tage oder Wochen auf den Pisten der syrischen Steppe oder der weiter südlich gelegenen Wüstengebiete verbracht hat, der dabei der Sonnenglut ausgesetzt war, deren Unbarmherzigkeit durch keinerlei Schutz gemildert wird, der tagelang und so weit das Auge reicht eine fahlrote, felsige Hochebene von durch ihre Strenge oft beklemmender Schönheit wahrgenommen hat und der die beißende Trockenheit zu ertragen hatte – ihm muß die Vorstellung vom Garten, von seinen wohltuenden Schatten spendenden Bäumen, seinen saftigen und erquickenden Früchten, also die Vorstellung von der Milde und der Wohltat einer vom Menschen gebändigten Natur, ihm muß all dies als das absolute Gegenteil der gewohnten Umwelt erscheinen, als die einzige Hoffnung, die es erlaubt, die unermeßlichen Härten zu ertragen. So nimmt denn das Leben ganz selbstverständlich die Farben der Wüste an, und allein der Garten läßt eine Milde erhoffen, die sonst allenthalben geleugnet wird.

Ist es danach verwunderlich, daß sich der Garten in dem kulturellen Raum aller drei großen monotheistischen Religionen als der natürliche Ausdruck einer idealen Welt durchgesetzt hat, einer Welt, die durch die Schuld des Menschen verlorenging, einer Welt, die man nach dem Tod wiederfinden soll und die also zugleich das verlorene wie das erhoffte Paradies verkörpert?

DER GARTEN EDEN

Der biblische Mythos vom Garten Eden bringt am dichtesten all das zum Ausdruck, was die Vorstellung des Alten Orients als ein Ideal vom Begriff des Gartens weitergeben konnte. Doch ist die Genesis im Detail kaum erhellend: »Und Gott der Herr pflanzte einen Garten in Eden gegen Osten und setzte den Menschen hinein, den er gemacht hatte. Und Gott der Herr ließ aufwachsen aus der Erde allerlei Bäume, lieblich zum Anschauen und gut zur Nahrung, den Baum des Lebens aber mitten im Garten, und auch den Baum der Erkenntnis des Guten und Bösen. Und es ging aus von Eden ein Strom, zu wässern den Garten, und teilte sich von da in vier Arme. Der eine heißt Pischon... Das andere Wasser heißt Gichon... Das dritte Wasser heißt Tigris, das fließt östlich von Assur. Der vierte Strom ist der Euphrat.« (Gen. 2,8−14) Man verlegte den Garten Eden also in den Orient, und die Erwähnung des Tigris und des Euphrat erlaubt es, ihn sich in jenem mittleren Mesopotamien vorzustellen oder gar − wenn man bereit ist, die Flußarme mit dem Delta gleichzusetzen − in seinem südlichen Teil gelegen. Es ist nicht ausdrücklich davon die Rede, daß dort die Glückseligkeit zu Hause war, dennoch ist es dieser Gedanke, der dem Text insgesamt unterschwellig zu eigen ist und den der Fluch am Ende des Textes im Grunde verdeutlicht. Man wird feststellen, daß hier nichts über die Pflanzen- oder Tierarten, die dort vorkamen, ausgesagt wird: Das einzige Tier, das erwähnt wird, ist die Schlange, die Ursache des Sündenfalls. Anders steht es mit den Bäumen, denn während der Verfasser sie zunächst in die Welt des Vergnügens und des Lebens verlegt (»Bäume, lieblich zum Anschauen und gut zur Nahrung, den Baum des Lebens aber mitten im Garten«), fährt er damit fort, sie in eine symbolische Welt zu versetzen (»Baum der Erkenntnis des Guten und Bösen«). Ausgehend von diesen wenigen Worten ist es kaum möglich zu wissen, wie der ideale Garten in der Zeit erlebt wurde, in der die Genesis schriftlich festgehalten worden ist. Schließlich läßt das Symbol der verbotenen Frucht oder der Übertretung des göttlichen Verbots eher den allegorischen Aspekt des Mythos aufscheinen als eine Beschreibung des wirklichen Gartens. Indessen haben die zitierten Worte eine Bedeutung, und das Bemühen, diese kennenzulernen, heißt erfassen zu wollen, welche Bedeutungsvielfalt sie für die Menschen haben mochten, die sich ihrer bedienten.

Kann uns nun das Wort Eden, wie es im biblischen Text gebraucht wird (»Und Gott der Herr pflanzte einen Garten in Eden«; Gen. 2,8), bei dieser Fragestellung die Richtung weisen? Zunächst ist es einfach der Name eines von Gott gewählten Ortes, um dort den Menschen unmittelbar nach seiner Erschaffung unterzubringen. In der hebräischen Sprache aber würde in diesem Wort etwas von »Genuß« mitschwingen, und man erkennt also sehr wohl die Beziehung, die sich zwischen dem Wort und der Sache herstellen läßt. Allerdings unterstellt man gemeinhin, das Wort komme eher aus den damals in Mesopotamien gängigen Sprachen: zunächst aus dem Sumerischen, wo *Edin* fruchtbares oder bewässerungsfähiges Land bedeutet, dann aus dem Akkadischen, wo *Edinu* die Ebene oder die Steppe bezeichnet. Aber ist es denn diese Bedeutung, die der Verfasser der Bibel im Sinn hatte? Wäre es nicht besser, dieses Wort in Verbindung mit *Bit-Adini* zu bringen, ein Name, den die Assyrer in der ersten Hälfte des 1. Jahrtausends v. Chr. einer an beiden Ufern des mittleren Euphrats gelegenen Region gegeben haben und für die der Verfasser der Bibel die Bezeichnung Eden verwendet (2. Könige 19,12 und Hesekiel 27,23)? Die Ähnlichkeit indes erscheint ziemlich formal, und es mag nicht sehr lohnend sein, diese Richtung zu verfolgen. Denn die Fachleute denken für gewöhnlich, daß der Ausdruck, auch wenn er einen Ort zu bezeichnen scheint, eher als ein Gattungsname zu betrachten sei: in der Tat, in Gen. 2,15 und 3,23 ist die vorherrschende Idee die des Vergnügens, des Genusses, und in Übereinstimmung mit dem hebräischen Ausdruck könnte man »Garten Eden« durch »Garten der Freude«, d. h. »Paradies« übersetzen, wobei dieser Ausdruck gebraucht wird, um den Lustgarten zu bezeichnen, den sich diejenigen unter den Persern und den Babyloniern anlegen ließen, die sich diesen Luxus leisten konnten.

Die konkrete Situation in ihrer Nüchternheit kommt hinter dem Mythos wieder zum Vorschein: Indem er den Aufenthalt Adams ausmalte und um ein Ideal von Milde, Ruhe und innerem Frieden hervorzurufen, bezog sich der Verfasser wohl auf die »Paradiese«, die sich die Herren und die Großen der Welt anlegen ließen.

Ist es aber nicht verwunderlich, daß man diesen Garten Eden nach Mesopotamien verlegt hat – einen Garten, der Überfluß, irdische Harmonie und wuchernde Üppigkeit symbolisieren soll? Soll es sich in diesem Marschland oder im Delta, vom Tigris und vom Euphrat bewässert, wirklich um eine verschwenderische Natur handeln, dort wo die Bäume, abgesehen von der Palme, nur schwer gedeihen und wo, außer einigen Stauden, eher trockene Sträucher oder Schilf nahe den Feuchtgebieten als die am besten angepaßte Vegetation erscheinen? Eine paradiesische Vision also, während doch Mesopotamien ursprünglich nicht mehr zu bieten hatte als stickige Trockenheit von März bis Oktober, als weit ausgedehnte, ebene, öde und schlammbedeckte Flächen, gelegentlich mit mehr oder weniger gewellten Dünenfeldern dazwischen, nichts als verheerende Überschwemmungen im Frühling und als Sumpfgebiete im Süden? Wer könnte in einer solchen Welt die Merkmale eines Paradieses erkennen?

All dem zum Trotz aber hat der Mensch dieses Land von seltener Strenge nach und nach erobert; er hat es seit der Jungsteinzeit (vielleicht sogar früher) in Besitz genommen und hat es verstanden, das natürlich vorkommende Wasser zu regulieren, indem er die Ströme eindämmte, um die Überschwemmung aufzuhalten, oder umzuleiten, indem er das Wasser der Flüsse über Kanäle auf die Felder führte, um das Keimen und das Wachstum der Pflanzen zu fördern, schließlich um das überschüssige Wasser von den ungenügend dränierten Zonen abzuleiten. Eine wahrhaft prometheische Arbeit, die einen Jahrtausende dauernden Lernprozeß forderte, in dessen Verlauf auch die Beherrschung der Kultivierung von Pflanzen vervollkommnet wurde, die die tägliche Nahrung zu sichern hatten.

Das erste Ergebnis solcher ungeheuren Anstrengungen war die Umwandlung der ursprünglich zu wuchernder Üppigkeit wenig geeigneten Landschaft in riesige Palmenhaine. So scheint es der mesopotamischen Zivilisation zu Beginn ihrer historischen Zeit, und zwar im Verlauf der ersten Hälfte des 3. Jahrtausends v. Chr., gelungen zu sein, das Haupthindernis, das die Natur ihr in den Weg gestellt hatte, zu übewinden: Äcker und Palmenhaine konnten sich über die gesamte Ebene ausbreiten – freilich unter der Voraussetzung, die Zentralgewalt der Siedlungen sei stark genug und ausreichend respektiert, um das Kanalsystem funktionsfähig zu erhalten, ohne das kein Ackerbau, oft sogar kein Leben möglich war. Mesopotamien konnte dann als ein ungewöhnlich fruchtbares und entwickeltes Land erscheinen, nach Herodot (I 93) als eine Gegend »unter allen am besten für die Produktion von Getreide geeignet«. Wahrscheinlich war der Verfasser der Genesis vom gleichen Gefühl getragen, aber dieses Ergebnis wurde allein durch eine beispiellose gemeinsame Anstrengung von Menschen errungen, eine in diesem Ausmaß noch nie dagewesene Beharrlichkeit, die Natur umzugestalten. Ist es nicht verwunderlich, daß die Vorstellung von einer Kornkammer oder auch von einem grünen Paradies den Schweiß der Menschen dabei vollkommen außer acht läßt, und mehr noch, daß die Bibel daraus einfach ein Geschenk Gottes macht?

DIE QUELLEN

Sobald man sich aus dem Bereich des Mythos entfernt, um den der Geschichte zu betreten, stellt sich das Problem freilich ganz anders. Wenn auch die Texte, besonders die der neuassyrischen Zeit, manche Auskünfte geben, sind wir, im ganzen genommen, von der archäologischen Seite her doch recht mäßig informiert. Es ist deshalb nicht einfach, vom Garten in Mesopotamien ein deutliches Bild zu entwerfen.

Betrachten wir zunächst die Texte: sie lassen sich in zwei Gruppen teilen. Zur ersten gehören Erwähnungen von Gärten in Schriften, die das Königtum oder die Religion betreffen. Dabei handelt es sich meistens darum, eine fertiggestellte Anlage zu bewundern oder zu loben, aber gelegentlich sind es nichts weiter als einfache, mehr oder weniger anekdotische Anmerkungen. Die zweite Gruppe betrifft eher die Arbeiten, die im Garten verrichtet werden, als den Garten selbst. Es ist dies die Textserie, die die Assyriologen unter dem Namen *ana itlischu* zusammengefaßt haben, in der von der praktischen Arbeit des Gärtners, von der

Abb. 14   Erholung unter der Weinlaube

Organisation der Bewässerung, von den kultivierten Arten, also den Bäumen, den Gemüsesorten, und von den Methoden der Kultur die Rede ist. Jedoch wird nirgends das Aussehen der Gärten selbst geschildert, nicht einmal ihre Bedeutung im täglichen Leben.

Die ikonographischen Quellen, die so wertvoll wären, um das Erscheinungsbild mesopotamischer Gärten und ihrer Organisation kennenzulernen, sind äußerst karg: praktisch können uns nur die neuassyrischen Flachreliefs einige Hinweise geben, die für den Anfang des 1. Jahrtausends v. Chr. von Interesse sind. Die Szene »Die Erholung unter der Weinlaube«, aus Ninive stammend und *Abb. 14* gegenwärtig im British Museum, zeigt Assurbanipal beim Plaudern (?) auf einem Bett liegend unter einer Weinlaube und in einem Garten mit vielfältigen, von zahlreichen Vögeln bevölkerten Baumarten; all dies erinnert sehr wohl an einen dieser Gärten, ohne ihn jedoch wirklich zu beschreiben. Ebenso steht es bei dem Flachrelief gleicher Herkunft, das etwas darstellt, was als ein hängender *Abb. 15* Garten oder ein Aquädukt interpretiert werden kann. Beide Denkmäler drücken ziemlich gut die Verschiedenheit der dargestellten Möglichkeiten aus und damit die Bedeutung, die diese bildliche Quelle für unsere Sammlung von Belegen hätte haben können, wenn weitere von ihnen vorhanden wären.

Die Feldarchäologie hat es schwer, auf genaue Beispiele von Gärten zu verweisen, wofür viele Gründe sich anführen lassen. Der erste Grund dafür ist, daß die Ausgrabungen meistens in einem antiken städtischen Areal stattfinden, wo Raum knapp war und die Häuser dicht gedrängt standen. Außerdem waren sie nicht immer mit einem zentralen Hof versehen, wie nur allzuoft angenommen wird, und der umbaute Raum war vollständig genutzt und ließ nicht den geringsten Platz mehr für einen noch so kleinen Garten. Neben diesen allgemeinen Verhältnissen kann es natürlich Ausnahmen gegeben haben, und darüber hinaus ist es

Abb. 15   Hängende Gärten oder bewaldete, von einem Aquädukt durchzogene Landschaft im Zagros?

auch gut möglich – da der Hof eine zunehmende Rolle im Verlauf der mesopotamischen Geschichte spielte, besonders seit dem 2. Jahrtausend v. Chr. –, daß
die Verhältnisse sich zu Ende des zweiten bzw. im ersten Jahrtausend ganz
anders gestaltet und daß in der Zwischenzeit die Pflanzen den ihnen zukom-
menden Platz gefunden hatten.

Man vermutet mitunter, daß ein Gürtel von Gärten den bebauten städtischen
Kern meist umgeben habe, allerdings noch innerhalb der Stadtmauern: Die
Gestaltung einiger ›Tells‹ scheint in der Tat diese Interpretation zu erlauben,
aber man muß zugeben, daß die Archäologie sich schwertut, den Nachweis für
eine solche Situation zu erbringen. Denn diese Wissenschaft findet in erster Linie
materielle Überbleibsel in Gestalt von Ziegeln, Steinen und allerlei Artefakten,
aber was soll schon ein Garten an materiellen Hinweisen zurücklassen, wenn
man von einigen Teilen der Anlage, sei es zur Abgrenzung der einzelnen Bereiche oder der Beete, seien es Reste des Bewässerungssystems, absieht. Man könnte
nur dann hoffen, interpretierbare Spuren wiederzufinden, wenn der Zufall es
erlaubt hätte, daß ein Garten just in dem Moment zugedeckt worden wäre,
bevor das zerstörerische Werk der Erosion einzusetzen begann, unmittelbar
nachdem man ihn aufgegeben hätte, also noch bevor die Rinnen für die Wasserversorgung und die Abgrenzungen der Beete allzu rasch verschwunden wären.
Offensichtlich ist bis heute aber nur ein Beispiel eines erhaltenen Gartens bei
Ausgrabungen wiedergefunden worden: der Garten des ›Festhauses‹ in Assur. Es
ist indessen nicht auszuschließen, daß nicht weitere Beispiele imstande sein werden, diesen bislang einzigen Nachweis eines Tages zu ergänzen.

Wahrscheinlich befanden sich die meisten Gärten tatsächlich außerhalb der
Stadtmauern, und man versteht unter solchen Bedingungen besser, daß praktisch keine Reste auf uns gekommen sind. Es bleibt also nichts anderes übrig, als
uns an die schriftlichen Quellen und an das zu halten, was die Archäologie über
die städtischen Gärten ans Tageslicht gebracht hat.

HAUPTMERKMALE DES GARTENS IM VORDEREN ORIENT

Gewiß sind die archäologischen, ikonographischen und bis zu einem gewissen
Grad auch die schriftlichen Denkmäler von großer Seltenheit, aber sie fehlen
nicht gänzlich, und so ist es möglich, einige Kennzeichen altorientalischer Gärten zu erfassen, auch wenn das dargebotene Bild etwas lückenhaft bleibt.

Im Gegensatz zu der Vorstellung, die die persischen »Paradiese« des 1. Jahrtausends v. Chr. oder die neuassyrische Ikonographie erwecken könnten, war der
Garten in Mesopotamien kein Luxus, sondern ein vitales Bedürfnis: Es ist der
einzige Ort, an dem man, außerhalb des Hauses, Schatten finden kann, einen

erfrischenden Schatten, der zugleich das grelle Sonnenlicht mildert. Es ist auch der einzige Ort, an dem hauptsächlich Früchte geerntet werden. Es stellt sich also die Frage, wo sich dieser Garten in dem vom Menschen besiedelten Raum findet, und vor allem, welcher Teil dieses Raumes ihm zugefallen ist. Man stützt sich oft auf das Ende der elften Tafel des Gilgamesch-Epos, um davon auszugehen, daß die Alten es für ein gutes Verhältnis erachteten, wenn ein Drittel der kultivierten Fläche für den Garten vorgesehen sei; aber der Text ist an dieser Stelle nicht eindeutig und gibt Anlaß zu verschiedenen Interpretationen; man wird hier an das durchaus wahrscheinliche Prinzip einer Dreiteilung der Domäne von Uruk denken, bei der ein Drittel der Fläche den Gärten gewidmet ist: »Ein *sar* (Maßeinheit) ist Stadt, ein *sar* ist Garten, ein *sar* ist Fluß ...« Es ist dies offenkundig ein hoher Anteil, der dazu berechtigt zu behaupten − trotz der Schwächen unseres Belegmaterials −, daß der Garten einen bedeutenden Platz im täglichen Leben einnahm, selbst wenn wir nicht sicher sein können, daß diese Drittelung in allen Fällen eingehalten worden und daß sie als eine Grundregel anzusehen ist.

Das zweite Kennzeichen des Gartens ist, daß er eine mit Bäumen bepflanzte Einfriedung darstellt, d.h. im allgemeinen einen Obstgarten. Dafür ein einfacher Grund: Der begehrte, wohltuende Schatten kann nur von Bäumen gespendet werden, und ohne ihn könnten viele Blumenarten in der Tat nicht gedeihen. Der Ausdruck *Kiru*, der im Akkadischen den Garten bezeichnet, ist der gleiche wie für Obstgarten, und diese Doppelbedeutung betont, daß dieser Ort vor allem aus Bäumen besteht, aber in ihm eigentlich nur ein Obstgarten zu sehen ist.

Drittens stellt man fest, daß der Garten aus klimatischen Gründen nicht an beliebiger Stelle angelegt werden konnte: Er ist in der Tat ein großer Wasserverbraucher, und es ist eine unabdingbare Forderung, daß er mit Wasser regelmäßig versorgt wird. Er muß sich also nicht nur in der Nähe eines Wasserlaufs befinden, sondern mit diesem auch über einen Kanal oder eine andere Einrichtung verbunden sein, um die Regelmäßigkeit der Wasserzufuhr zu gewährlei
Abb. 16
sten. Es ist auch nötig, daß sich das Netz der Kanalisation aufteilt, um den Garten regelmäßig mit dem verfügbaren Wasser auf den verschiedenen Ebenen und je nach Bedarf zu versorgen. Der Gärtner muß also jemand sein, der ein Bewässerungssystem zu führen weiß. Man versteht, warum unter diesen Bedingungen der Garten normalerweise seinen Platz nicht innerhalb der Stadt finden kann. Da die Stadt auf ihren eigenen Ruinen emporwächst, bräuchte man ein kompliziertes System von Hebevorrichtungen, um die erforderlichen Wassermengen vom Wasserstandsniveau (= Flußniveau) auf das Niveau der Stadt zu bringen; dies würde eine Anhebung des Niveaus bedeuten, die manchmal nur wenige Meter betrug, die aber gelegentlich auch 15 oder 20 Meter überschreiten konnte. Für gewöhnlich eigneten sich die am tiefsten gelegenen Bereiche für eine Gartenan-

Abb. 16 Die Stadt Madaktu im Elam mit Palmenplantagen und Obstgärten zwischen
der Festungsmauer und den außerhalb gelegenen Wasserläufen

lage am besten. Wenn das System der Bewässerung mittels Schwerkraft in
Gebrauch war — und dies war in Mesopotamien am häufigsten der Fall —, dann
heißt es, daß die Gärten etwas unterhalb des zuführenden Kanals lagen.
Gebrauchte man aber einfache Hebemechanismen, wie den Schaduf, so konnte
sich der Garten auch etwas oberhalb des Wasserstandsniveaus befinden; er ent-
fernte sich jedoch nie weit davon. Infolgedessen wird man üblicherweise Gärten
in einer Stadt nur in der Nähe des Wasserlaufs, der sie versorgt, erwarten können.

Somit wird man nicht anzunehmen brauchen, daß Gärten/Obstgärten sich auf
der im Holozän entstandenen Terrasse finden sollten, die auf dem rechten Ufer
des Euphrat-Tals in der Höhe von Mari gelegen ist: Diese Terrasse erhielt nämlich ihr Wasser aus einem Kanal, der im Winter oder im Vorfrühling vom Wasser des Wadi es-Suab gespeist wurde, eines rechtsseitigen Nebenflusses, und
nicht vom Fluß selbst. Wenn aber diese zeitlich sehr begrenzte Periode auch das
Wachstum des Getreides zuließ, so verbot sie doch alle Kulturen, deren Wasserbedarf sich auf das ganze Jahr erstreckte, wie dies bei Gärten der Fall ist. Diese
Rolle konnte allein der Hauptstrom des Euphrat wahrnehmen, denn die Nähe
des Wasserstandsniveaus — hier des Stromes — bewirkte, daß höchst einfache
Hebevorrichtungen ausreichten, um die Gärten direkt zu versorgen. Es verhielt
sich wahrscheinlich ebenso mit dem Kanal, der Mari mit dem Euphrat verband, *Abb. 17*
und aus diesem Grund darf man annehmen, daß diese Stadt Gärten innerhalb
der ringförmigen Umfassungsmauer besessen hat. Dennoch muß man bedenken,

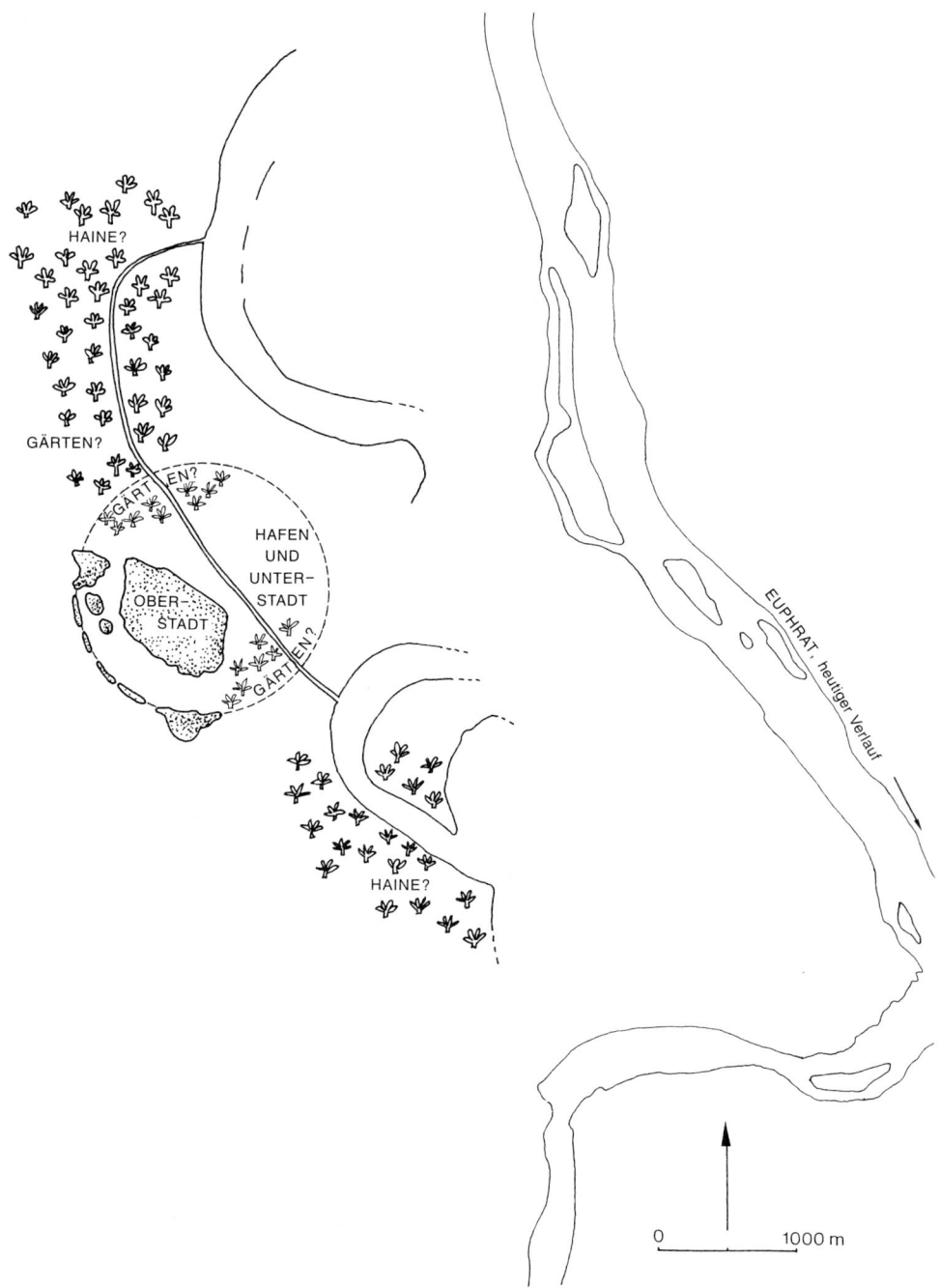

Abb. 17   Die Stadt Mari mit den möglichen Lagen von Gärten oder Obstgärten innerhalb
der Stadt oder außerhalb der Stadtmauern

54   J.-C. Margueron

daß die Terrasse aus dem Holozän, auf der die Stadt errichtet worden war, die Anwendung von leistungsfähigeren Hebemechanismen bedingte, als sie für das Hauptbett erforderlich waren; man mußte hier doch den recht beachtlichen Niveauunterschied von drei oder vier Metern überwinden.

Daß die Mesopotamier aber nicht versucht haben, vertikale Systeme anstelle von Bewässerungskanälen mittels Schwerkraft zu entwickeln, wird durch die ungeheure Leistung Sanheribs (705−681) z. T. bestätigt, der Ninive und seine Gärten zu versorgen verstand: Auffangen von Fluß- und Quellwasser, Bau von Kanälen über Dutzende von Kilometern, Überquerung eines Tals mittels eines Aquädukts von 275 Metern Länge und schließlich die Anlage von Stauseen und Auffangbecken. Dieses außergewöhnliche Unternehmen wurde realisiert, um ein Maximum an Wasser zu gewinnen, aber vermutlich auch, um Hebemaschinen nicht errichten zu müssen.

Was nun schließlich den Teich anlangt, so stellt sich die Frage, ob er ein Hauptbestandteil des Gartens gewesen ist wie im alten Ägypten. Es ist im Grunde schwierig, etwas darüber zu erfahren. Es scheint, daß der Brauch, einen Teich unter offenem Himmel anzulegen, im Vorderen Orient recht häufig gewesen ist; die Paläste von Mari und Ugarit haben beide mehrere Beispiele davon gezeigt: ein kleiner Teich im südwestlichen Winkel des Hofes 131 im Palast von Mari und ein anderer auf einem niedrigeren Niveau desselben Hofes, jedoch in seinem südöstlichen Winkel. In Ugarit war es ein kleiner Teich im Hof II, und bei einem anderen, sehr qualitätvollen im Hof V war noch die Kanalisation erhalten, die dazu diente, ihn mit Wasser zu füllen. Keines dieser Beispiele weist jedoch darauf hin, daß Pflanzen dazugehört hätten. Wiederum könnten einige Texte und Flachreliefs aus assyrischer Zeit so verstanden werden, daß Gärten gelegentlich Teiche mit Fischen oder Wasservögeln besaßen. Man könnte sich also vorstellen, daß die Lustgärten im 1. Jahrtausend v.Chr. damit ausgestattet gewesen wären, sicherlich aber nicht die Wirtschaftsgärten, da diese auf die Produktion von Lebensmitteln ausgerichtet waren. In diesem Punkt mögen die Bräuche im alten Ägypten und die im Vorderen Orient beträchtlich voneinander abweichen.

Aus diesen wenigen Merkmalen ergibt sich also, daß nicht alle Gärten sich glichen; je nach den unterschiedlichen Bedürfnissen boten sie gewiß auch unterschiedliche Erscheinungsbilder. Die gegenwärtige Quellenlage erlaubt jedoch in Wirklichkeit nur zwei große Kategorien zu unterscheiden: den Wirtschafts- und den Lustgarten, wobei letztgenannter vermutlich nur eine Umwandlung des ersten zum Vergnügen der oberen Bevölkerungsschichten darstellte, also für jene Schichten, die die Mittel besaßen, einen Teil ihres Besitzes zugunsten einer nicht auf Ertrag angelegten Unternehmung abzuzweigen.

DIE WIRTSCHAFTSGÄRTEN

Angesichts der Lebensbedingungen im Orient kann man damit rechnen, daß diese Gruppe die bedeutendste darstellt. Es ist nicht einfach, ihre Vielfalt zu erfassen, aber einige Hinweise führen uns zu der Annahme, sie in zwei Gruppen unterteilen zu können: den Gemüse- und den Obstgarten. Eine solche Aufteilung erscheint möglicherweise ein wenig gewollt, da beide Grundformen sich sicherlich auf vielfältige Weise mischen konnten.

Auf jeden Fall können die Texte dahingehend ausgelegt werden, daß es Gemüsegärten gab, in denen man bevorzugt folgende Sorten anbaute: grünes Gemüse, Salat, Kresse, Fenchel, Kohlrabi, Radieschen, Mangold, Stengelklee, Klee, Gurken, Porree, Zwiebeln und vor allem Knoblauch. Ihn verzehrten die Alten in großen Mengen, wie es eine Lieferung belegt, die 395 000 Knoblauchzöpfe zum Gegenstand hatte. Darüber hinaus werden Gewürze und pflanzliche Duftstoffe genannt wie Minze, Senf, Majoran, Kümmel, Ingwer, Safran, Anethum (eine Art Fenchel), Kardamom, Koriander und Thymian, die alle eine große Rolle in der Ernährung spielten. Man hat vermutet, daß dieser Gemüsegarten von einem Teil der Äcker abgezweigt wurde, die der Kultur von Getreide, Sesam und trockenem Gemüse (Kornwicke, Linse, Saubohne, Kichererbse u. a.) gewidmet waren; in dem Maße jedoch, in dem die Reifung dieser Pflanzen nicht zur selben Zeit stattfand und der Wasserbedarf also nicht unbedingt der gleiche war, kann man nicht mit Sicherheit behaupten, daß der Gemüsegarten in enger Beziehung zum Großflächenanbau betrachtet werden müsse. In Mari zum Beispiel, wo man die Getreidefelder nur im Winter oder im Vorfrühling bewässern konnte, ist es nicht sinnvoll, ein nahes Beieinander von Gemüsegarten und Grundkulturen zu erwarten; demgegenüber läßt sich nicht leugnen, daß im mesopotamischen Marschland und im Delta, das besser für eine ständige Bewässerung geeignet war, dies eher der Fall sein konnte – selbst wenn es mir im Augenblick schwierig erscheint, mit Sicherheit zu behaupten, daß ein Teil der Ackerfläche, die für das Getreide oder das trockene Gemüse bestimmt war, auch andere Kulturen, wie etwa die von Zwiebel oder Knoblauch, ganzjährig aufnehmen sollte. Für einige Sorten jedenfalls wie Salate, grünes Gemüse und gewisse Kürbisarten, deren Wasserbedarf ihren Wachstumsphasen angepaßt werden mußte und die auch auf den Schutz einer Schattierung angewiesen waren, kann das übliche Getreidefeld doch wohl nicht geeignet gewesen sein. In Mari denkt man an die Flußufer als die günstigsten Orte für die Gemüsegärten, wodurch *Abb. 17* eine räumlich enge Beziehung zum Obstgarten entstehen würde.

Einer in den juristischen oder Verwaltungstexten häufig verwendeten Formel, in der »Acker, Garten und Haus« zusammen vorkommen, kann möglicherweise entnommen werden, daß der Garten vom Getreideareal des öfteren getrennt gewesen war. Diese Trilogie stellt die drei wesentlichen Komponenten einer Produktionseinheit heraus, womit keinesfalls nachgewiesen ist, daß sie ein räumlich einheitliches Ganzes bildeten; denn die Trennung des Getreideareals von dem der Gärten kann einer ausgeklügelten Verwendung der verschiedenen Böden entsprechen, die der Siedlung zugrunde lagen. In diesem Fall böte die juristische Formel den Vorzug, dem aus verstreuten Elementen zusammengesetzten Landwirtschaftsbetrieb seine Einheit wiederzugeben.

Die natürlichste und am meisten verbreitete Gestalt, in der der Garten in Erscheinung tritt, ist die des Obstgartens unter der spezifisch orientalischen Form des Palmenhains. Die Königin der Bäume Mesopotamiens ist die Palme, *Tafel 5* nicht nur weil sie Schatten spendet, sondern auch weil sie die zweitwichtigste Kulturpflanze des Landes, die gleich hinter dem Getreideanbau rangiert, darstellt. Die Palmenplantagen bedecken daher riesige Flächen, und es ist unmöglich, sie von dem Bild zu trennen, das man sich von dem Land Mesopotamien macht. Die Bewohner betrachteten die Palme als den Baum schlechthin, und sie haben sie in einem Gedicht aus dem Beginn des 2. Jahrtausends v. Chr. um ihres Wertes willen gepriesen, in dem sie ihre Dankesschuld diesem Baum gegenüber kraftvoll zum Ausdruck bringen, da er ihnen einen Großteil der im Alltagsleben benötigten Produkte lieferte. Lange Zeit danach, in den Anfängen der christlichen Zeit, schilderte der griechische Geograph Strabo mit Bewunderung, daß die Palme den Mesopotamiern, außer der Dattel selbst, auch all das zur Verfügung stellte, wessen sie bedurften, nämlich Wein, Essig, Honig, Mehl, verschiedene Fasern, verschiedene Arten von Matten, Kerne als Brennmaterial oder auch Viehfutter. Mehr als 45 Palmenarten waren bereits bekannt, und die Mesopotamier waren seit langem Meister in der Kultivierung dieses Baumes und seiner Verwertung geworden.

Die Aufzucht eines Palmenbestandes oblag einem Gärtner, dem *Nukarribu*, der mit der Entwicklung und der Erhaltung einer Bewirtschaftungseinheit betraut war. Diese scheint dieselbe Ausdehnung gehabt zu haben wie die für den Getreideanbau bestimmte, nämlich den *Bur*, der etwa 6 ha entsprach. Der hohe technische Stand der Produktion zeigt sich zunächst darin, daß die Bäume nicht nach Art einer Baumschule gezogen wurden, denn um Früchte nach dieser Technik zu erhalten, hätte es 8 bis 15 Jahre bemühter Pflege bedurft. Durch Umpflanzung von Schößlingen wurde die ertraglose Zeit aber auf nur 4 bis 5 Jahre reduziert. Allerdings erschöpfte sich die Versorgung nicht in diesem Arbeitsgang: Der Obstgarten mußte weiterhin durch den Bau einer etwa 2 m hohen Einfriedungsmauer aus Lehmziegeln oder gestampfter Erde abgegrenzt werden — wie man es heute noch häufig in diesen Gegenden sehen kann —, um Tiere oder gar Menschen von dem Grundstück fernzuhalten, aber auch um den Feuchtigkeitsaustausch zwischen der Außenwelt und dem Obstgarten zu begren-

Die Gärten im Vorderen Orient 57

Taf. 5 zen und diesem ein Maximum an Feuchtigkeit zu erhalten. Ein Netz von Rinnen mußte deshalb geschaffen werden, und um jede Pflanze mit Wasser zu versorgen, mußte dieses dem Hauptsystem angeschlossen und laufend funktionstüchtig *Taf. 6* erhalten werden. Allein die Instandhaltung einer Palmenplantage stellte bereits eine schwierige Aufgabe dar.

Die Befähigung der Mesopotamier auf diesem Gebiet wird noch deutlicher, wenn man bedenkt, daß sie die künstliche Befruchtung praktiziert haben, um eine regelmäßige und ertragreiche Ernte zu gewährleisten. In der Natur ist es der Wind, der die Aufgabe hat, die Verbindung zwischen männlichen und weiblichen Blüten herzustellen, die sich auf getrennten Bäumen befinden; um diese Begegnung nicht dem Zufall zu überlassen und um ein Maximum an Befruchtungen zu erzielen, war im Palmenhain ein Spezialist mit seinen Helfern damit beschäftigt, in der günstigen Zeit, etwa zwischen Januar und März, die weiblichen Blütenstände und die vom Baum herausgelösten männlichen Blüten *Abb. 18* gegeneinander zu reiben. Von der Qualität dieser Arbeit hing zu einem guten Teil der Umfang der Ernte ab. Man versteht also, warum die Fachleute, die auf Vertragsgrundlage arbeiteten, ein Drittel der Ernte als Entlohnung bekamen, ein besonders hohes Entgelt, das die ganze Bedeutung dieses Arbeitsganges und die technische Qualifikation zum Ausdruck bringt, die eine solche Tätigkeit verlangte. Man versteht auch die häufige Darstellung der künstlichen Befruchtung auf den assyrischen Flachreliefs. Genien oder zweitrangige Gottheiten sind in diesem Zusammenhang der symbolische Ausdruck eines für das tägliche Leben entscheidenden Vorgangs. Auf diesem Gebiet hatten also die Mesopotamier einen hohen Kenntnisstand erreicht, und ihr Verständnis für die grundlegenden Vorgänge des Lebens war vortrefflich. Aber darauf beschränkte sich ihr Wissen keinesfalls, denn sie haben darüber hinaus auch ein Verfahren zur künstlichen Reifung entwickelt. Bei der Ernte, die normalerweise in den Herbst fällt, sind die Datteln desselben Büschels gewöhnlich nicht alle im gleichen Reifezustand. Um einen recht empfindlichen Verlust zu vermeiden, pflegte man die Früchte vor dem Reifungsbeginn zu pflücken und sie künstlich durch Einschnitte zur gewünschten Reifung zu bringen. Insgesamt konnte ein Palmbaum dank dieser mühevollen Pflege in seinem etwa 70 Jahre währenden Leben bis zu 300 Liter Datteln pro Ernte hervorbringen.

Eine Produktionseinheit von 6 ha umfaßte etwa tausend Bäume: ihr Besitzer konnte also jährlich eine Ernte von 300 000 Litern Datteln erwarten. Man versteht

Abb. 18   Von einem Genius vollzogenes Befruchtungsritual durch Reiben der weiblichen ▷ Blüten eines symbolischen Baums mittels der männlichen Befruchtungsorgane, auf einem assyrischen Flachrelief

daher, weshalb zwei Diener des Königs, die zur Zeit Hammurapis damit beauftragt waren, die Steuer in einer kleinen Produktionsstätte von Datteln zu erheben, ein Schiff mit einer Ladekapazität von mehr als 10 000 Hektolitern (d. h. mit einem Schiffsraum von mehr als 36 Tonnen) zur Verfügung hatten, um ihren Auftrag zu erfüllen.

Diese Zahlen sind hilfreich, um zu verstehen, warum die Palme als die Königin der Bäume in Mesopotamien erscheint und wohl auch warum der Garten Eden gern in das Zwischenstromland verlegt wurde und auf diese Weise die Gestalt einer riesigen Palmenplantage annahm, d. h. eines endlosen und um die Städte besonders dicht gewachsenen Obstgartens.

Aber die Rolle des Palmenhains erschöpft sich nicht in der bloßen Produktion von Datteln. Der Bäume wegen wurde er ein privilegierter Ort für weitere Kulturen, denn der Schatten, den sie spendeten, beschirmte diese vor der Glut der Sonne und bewahrte die Feuchtigkeit zwischen den Bäumen. Deswegen fanden einige Gemüsesorten und Obstbäume normalerweise dort Platz. Es ist nicht erforderlich, noch einmal über das Gemüse ausführlich zu berichten, außer um zu sagen, daß es sicherlich nicht darum ging, den gesamten Raum, der zwischen den Palmen frei blieb, landwirtschaftlich zu nutzen. Den Abstand zwischen zwei Bäumen kann man aufgrund der gesamten Dichte auf 7 bis 10 m schätzen; es war also ohne weiteres möglich, eine kleine Anbaufläche zwischen vier Bäumen zu belassen, dazu eingerichtet, um Berieselungswasser aufzunehmen und ganzjährig Gemüse darin zu ziehen. Ebenso fanden dort Obstbäume Platz, die viel niedriger wuchsen als die Palmen. Die Texte nennen viele Obstbaumarten: Apfel, Birne, Sandbeere, Feige, Granatapfel, Johannisbrot, Kirsche, Mandel, Maulbeere, Mispel, Olive, Pflaume, Pistazie, Quitte und Wein wurden identifiziert, vielleicht auch die Zitrone, aber viele weitere Arten erwarten noch ihre Bestimmung. Im Grunde wissen wir nicht, ob all diese Arten in solchen gemischt angelegten Gärten ihren Platz fanden; wir kennen auch nicht die üblichen Zusammenstellungen und die Gründe dafür. Andererseits gab es sicherlich aus Obstgärten ohne Palmen, aber in welchem Umfang, wissen wir nicht. Die Mehrzahl dieser Obstgärten kann nicht zur Kategorie der Lustgärten gerechnet werden; sie haben eine eindeutig ökonomische Funktion, und sie spielen dank der Dattelpalme eine vorrangige Rolle in der täglichen Lebensmittelversorgung der gesamten Bevölkerung. Sie aber auf eine bloß ökonomische Rolle reduzieren zu wollen wäre ein großer Irrtum, denn sie stellen auch die Antwort auf ein sehr strenges Klima dar, eine Antwort, die − entweder innerhalb der Stadtmauer oder in deren unmittelbarer Umgebung − eine Welt schuf, in der Frische, Milde und wohltuender Schatten herrschten, Bedingungen, die man sonst nirgendwo fand. Und ist es nicht der Beweis eines Erfolges, wenn man imstande war, wirtschaftliche Zwänge und sinnliches Vergnügen harmonisch miteinander zu vereinen, wenigstens für den Teil der Bevölkerung, der dort lebte und arbeitete? Schließlich spricht nichts dagegen, daß die Städter, die Obstgärten außerhalb der Mauern besaßen, dort auch über ein Häuschen verfügten, in dem sie sich während der Hitze des Sommers aufhalten konnten.

DIE GÄRTEN DER GÖTTER

In einem Land mit einem so harten Klima wie Mesopotamien kann man sich gut vorstellen, daß die Menschen dort leicht das Gefühl gewannen, eine der besten Möglichkeiten, bestimmte Götter zu ehren, wäre die, ihnen – außer den üblichen Gaben an kostbarsten, im Inneren einer würdigen Wohnstätte aufgestellten Gegenständen – einen Garten darzubieten, der einen möglichst angenehmen Aufenthalt auf Erden gewährte. In diesem Punkt wie in vielen anderen wurde die Götterwelt entsprechend dem Vorbild der menschlichen Welt empfunden und erlebt.

Die Keilschrifttexte geben hierfür, ein weiteres Mal sehr deutliche Beispiele. So macht Ischme-Dagan, Sohn des großen Schamschi-Adad, König von Assyrien (1814–1782), in einem Brief an seinen Bruder Iasmah-Addu, damals Vize-König von Mari, Mitteilung von einem Projekt, für dessen Ausführung er seine Hilfe braucht: »Einen Garten für den Gott Addu will ich in Arrapha pflanzen. Es ist aber ein göttlicher Garten; er muß unbedingt voll von Wacholderbäumen sein … Schreib, damit man Wacholdersamen zu mir schicke für … den Garten von Addu« (ARM I, 136, 5–10). Die Bezeichnung »göttlich« drückt wahrscheinlich eine doppelte Realität aus: In erster Linie handelt es sich gewiß darum, ein Gut für den Gott Addu selbst zu bestimmen; aber über seine Qualität hinaus sollte auch die Bepflanzung Vollkommenheit anstreben. Durch die Wahl des Wacholderbaums, vermutlich der syrischen Art, eines Baumes von rassigem Wuchs, der seinen Wipfel mit Eleganz auf 10 bis 15 m Höhe schickt, wurde diesem Garten ein ganz anderes Aussehen als einem gewöhnlichen Obstgarten verliehen. Dieses Beispiel allein zeigt, daß die Wahl der Baumarten nicht beliebig erfolgte. Auf diesem Gebiet erscheint das archäologische Quellenmaterial indessen von einer beklagenswerten Ärmlichkeit und schafft im Grunde mehr Probleme, als daß es zu deren Lösung beiträgt. Zunächst ist es überhaupt schwierig, die Ikonographie heranzuziehen, denn wenn ein Flachrelief das Bild eines Gartens enthält, ist es ganz selten, daß die Hinweise ausreichen, um dieses Bild mit Sicherheit einem Tempel zuzuordnen; in den meisten Fällen denkt man eher an königliche Gärten.

Ein einziges Mal haben Ausgrabungen ein ziemlich deutliches Beispiel davon gegeben, was ein göttlicher Garten sein konnte. Von diesem einen Beispiel ausgehend, kann man allerdings noch kein Bild davon vermitteln, wie solche Gärten ausgesehen haben — für eine dreitausend Jahre umfassende Geschichte ist das wirklich wenig! Aber zumindest wird der Schleier ein wenig gelüftet, und wir bekommen eine vage Vorstellung von der Art, wie manche dieser Gärten ausgesehen haben könnten. In der großen assyrischen Hauptstadt, dem antiken Assur, hat W. Andrae bei Ausgrabungen im ›Festhaus‹ des Gottes Assur Anlagen wiedergefunden, deren Merkmale ihn zu dem Vorschlag geführt haben, darin einen *Abb. 19* göttlichen Garten zu erkennen.

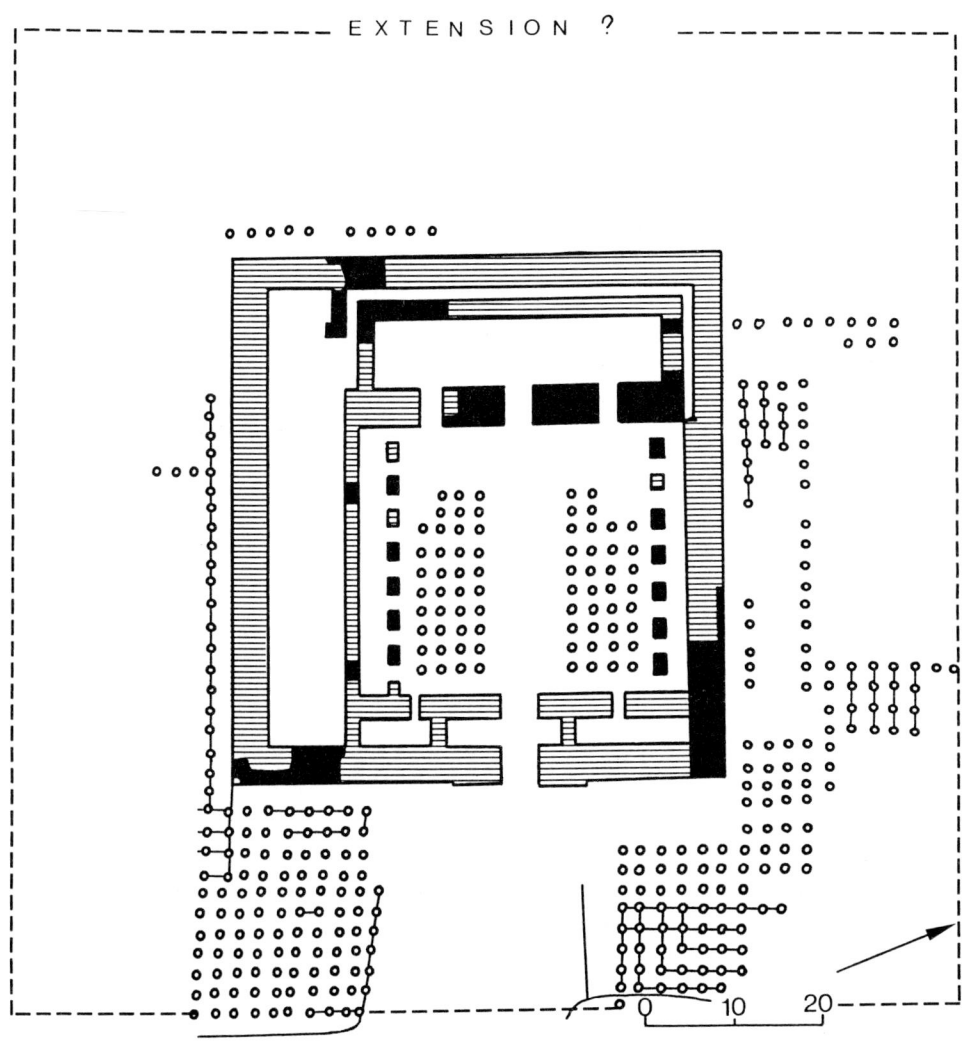

Abb. 19   Plan des 'Festhauses' von Assur, erste Bauphase

Der Bau befindet sich etwa 400 m nordwestlich der Stadt, nahe dem Westtor und ganz dicht bei einem Arm des Tigris. Die Ausgräber haben zwei Bauphasen erkannt, auf die hier nicht näher eingegangen werden muß, außer um darauf hinzuweisen, daß die baulichen Veränderungen den Garten innerhalb des bebauten Teils zwar unberührt ließen, dies jedoch für den Garten um das Gebäude herum nicht galt. Der Bau der ersten Phase bedeckte eine Fläche von 55 × 60 m; die zweite erreichte 67 × 60 m, d.h., das Gebäude wurde in nordsüdlicher, aber auch in östlicher Richtung erweitert. Diese Veränderungen scheinen Ausdehnung und Anordnung des inneren Gartens berücksichtigt zu haben, was vielleicht beweist, daß ihm eine große Bedeutung beigemessen wurde. Von der einen Phase zur anderen ist das Anlageprinzip des Baus beibehalten worden: ein nahezu quadratischer Hof (28 × 30,5 m), den man von der östlichen Seite her durch ein großes, in der Gebäudeachse gelegenes Eingangstor betritt. Beide Längsseiten des Hofes flankierte je ein Portikus aus viereckigen Pfeilern, und die vierte Seite gegenüber dem Eingang war von einem großen rechteckigen Raum eingenommen, der aller Wahrscheinlichkeit nach den Endpunkt der Prozession bildete, die sich bei gewissen Festen mit den Gottheiten des Tempels von Assur aus der Stadt hierher bewegte. Eine ganz außergewöhnliche Eigenheit dieses Baus besteht darin, daß seine Fundamente aus Kalksteinquadern verlegt worden sind, die ohne Mörtel miteinander verfugt waren, eine in Mesopotamien höchst selten angewandte Technik. Steht sie vielleicht in Beziehung zu der Anwesenheit des Gartens? Diese Frage ist ohne weitergehende Studien sicherlich schwer zu beantworten, eine Beziehung scheint aber von vornherein wenig wahrscheinlich. Der Garten konnte durch etliche Teile seiner Ausstattung aufgespürt werden, die man bis jetzt anderswo nicht wiederentdeckt hat, sowie durch die Inschrift, die der König Sanherib von Assyrien (705−681) − Erbauer dieses ›Festhauses‹ und geradezu berühmt als großer Gartenliebhaber − auf eine im Schutt wiedergefundene Platte aus Alabaster hatte eingravieren lassen: Der König teilt darin mit, er habe auf beiden Seiten des Gebäudes je einen Bewässerungsgraben ausheben und um das Bauwerk herum einen üppigen Garten sowie einen Obstgarten anlegen lassen. Die Ausgrabung hat in der Tat Abschnitte dieser Kanäle zutage gefördert sowie Gruben, die ziemlich tief bis zu einem Kiesbett ausgehoben und oft durch Rinnen miteinander verbunden waren und so offenbar der Wasserverteilung innerhalb der gesamten Anlage dienten. Jede Grube war für einen Baum vorgesehen; im Innenhof wurden beiderseits der 8 m breiten, in der Mitte verlaufenden Hauptallee vier Reihen von Gruben wiedergefunden, die sich während der ersten Bauphase bis auf einen Abstand von 8 m in Richtung auf die Fassade des großen Saals hin erstreckten, jedoch in der zweiten Phase bis zu ihr hin reichten. Um das Gebäude herum wurden weitere Reihen von Gruben geortet; im Westen und im Süden war es eine einzige Reihe, im übrigen jedes Mal unvollständig; demgegenüber wurden entlang der nördlichen und östlichen Außenseite elf Reihen festgestellt. Insgesamt wurden mehr als 360 Gruben gezählt, W. Andrae schätzt aber, und das sicherlich zu Recht, daß der Garten sich einst sehr viel weiter ausdehnte, als die freigelegten Überbleibsel andeuten, und setzt man eine auf Symmetrie gegründete Gesamtanlage voraus, so kommt man auf möglicherweise mehr als 2000 Bäume, mit denen das ganze Areal bepflanzt gewesen wäre.

Diese Anlage ist von erheblichem Interesse. Sie macht deutlich, daß der Garten nicht allein auf das Innere eines Gebäudes beschränkt, sondern daß das ›Festhaus‹ im Gegenteil in einen ausgedehnten Garten eingebettet war und daß der Garten hier im Grunde als das vorherrschende und integrierende Element des Ganzen angesehen werden muß. Dieses Beispiel stützt zudem die Meinung, nach der die Gärten sich eher unmittelbar in der Umgebung der Stadt befanden als in ihrem Inneren; auch erklärt der Wasserbedarf leicht, daß diese sich weithin erstreckende Anlage nah einem Mäander des Tigris ihren Platz fand und daß sie nur aufgrund umfangreicher Vorbereitungsarbeiten bestehen konnte. Allein eine technisch hochentwickelte Kultur war in der Lage, ein solches Vorhaben zu verwirklichen. Man staunt über den Aufwand der Arbeiten, die die Wasserversorgung betreffen, um so mehr, als Assur im nördlichen Mesopotamien liegt, d. h. in einer Gegend, in der die klimatischen Verhältnisse eher weniger hart sind als in Babylonien oder in Sumer.

In der Gestalt dieses Gartens vom ›Festhaus‹ in Assur besitzt Mesopotamien den einzigen, archäologisch gesicherten Nachweis eines großen Gartens aus dem 1. Jahrtausend v. Chr.; gewiß sind die Informationen, die man daraus entnehmen kann, nicht zu vernachlässigen, wie wir eben gesehen haben, aber wie viele Lücken bleiben noch! Wir sind nicht einmal imstande, unter den Pflanzenarten, die dort wuchsen, eine einzige zu benennen, und so ist es mehr die technische Großtat, die ins Auge fällt, als etwa der Nachweis gärtnerischer Kunst. Ist es denn nicht großartig, daß man die Wiederentdeckung konkreter Spuren allein der Tatsache zu verdanken hat, daß die Alten einen harten Boden ausheben mußten, um die Bepflanzung einzurichten und die Bewurzelung jedes Baums zu ermöglichen? An diesem Beispiel begreift man demnach, wie schwierig es unter den üblichen Bedingungen dieses Landes, nämlich im Lehmboden, sein muß, die Spuren antiker Gärten überhaupt wiederzufinden.

Damit ist belegt, daß die Götter, neben anderen Gütern, auch Gärten besitzen konnten. Assur hat uns allerdings bei der Suche nach Gärten aus den Mauern der Stadt herausgeführt, aber gab es sie denn auch an Kultstätten innerhalb der Stadt? Man hat diesbezüglich kaum sichere Hinweise, kann aber wohl schlußfolgern, daß sich die Situation für die Sanktuare im allgemeinen von der der Privathäuser kaum unterschieden haben wird. Wie sollten auch kleine, in der Stadt verstreute Heiligtümer wie das Sanktuar der Ischtar in Mari, des Sin in Chafadschi, des Abu in Tell Asmar usw. mit einem Garten ausgestattet gewesen sein, da sie weit entfernt von einer Quelle und damit von einer regelmäßigen Wasserversorgung waren? Weder die Ausmaße der bislang wiederentdeckten Heiligtümer noch ihre Struktur fordern im übrigen dazu auf, dort eine Grünfläche zu schaffen, deren Platz in den meisten Fällen schlecht vorstellbar wäre; es ist aber gut denkbar, daß eben diese Heiligtümer einen Garten am Stadtrand oder außerhalb der Stadt besaßen.

Die Fragestellung ist sehr viel komplexer bezüglich der größeren Tempel, die man mitten im Herzen der Stadt wiederentdeckt hat und die oft Sitz des Stadtgottes waren. Wenn man den großen Tempel des Mondgottes Nanna in Ur oder den der Eanna in Uruk in Betracht zieht, in denen weite, von Umfassungsmauern eingeschlossene Flächen in enger Beziehung zu den eigentlichen Sanktuaren und zu den Zikkurraten standen, stellt sich die Frage nach den Gärten mit Recht, denn die Kahlheit, die oft sengende Hitze und der Mangel an Luftbewegung verliehen diesen großen Höfen ein wenig einladendes Gesicht: Gärten hätten diese strenge Atmosphäre sofort in einen Ort der Göttlichkeit verwandelt! Kaum ein Hinweis zeigt jedoch in diese Richtung: Die Texte verraten soweit nichts Besonderes zu diesem Thema, und die Ausgrabungen haben niemals ein ausreichendes System der Wasserzuleitung sichtbar werden lassen. Ohne ein gut organisiertes Versorgungsnetz indes, das in den meisten Fällen Spuren in Form von Kanälen hätte hinterlassen müssen, kommt es wohl nicht in Betracht, daß wirkliche Gärten in diesen Höfen ihren Platz gefunden hätten. Es scheint also sinnvoll, diese Möglichkeit auszuschließen.

Man hat sich auch die Frage gestellt, ob die Stufen der Zikkurrat wenn nicht Gärten, so doch Bäume getragen hätten. Hieran hat Sir L. Woolley, der Ausgräber von Ur, besonders bei der berühmten Zikkurrat dieser sumerischen Stadt aus dem Ende des 3. Jahrtausends v.Chr. gedacht: Dort hätten Gärten auf den verschiedenen Stufen sowie eine Art von heiligem Hain auf der dritten Stufe ihren Platz gefunden. Die Hypothese ist verführerisch, denn die von manchen Archäologen in Betracht gezogene Gleichsetzung der Zikkurrat mit einem Berg würde damit an Gewicht gewinnen, und ihre immer noch ungewisse Funktion wäre so vielleicht besser erkannt. Allein, es fehlt jede Spur einer Wasserzuleitung, die dem Bedarf einer solchen Anlage entsprochen hätte; die Leitungen, die von einigen Ausgräbern ausgemacht worden sind, insbesondere von Woolley in Ur, dienten offensichtlich dem Abfluß des Regenwassers, das zwar nur gelegentlich, dafür aber heftig niederging und daher sofort in Kanäle eingeleitet werden mußte, wollte man erhebliche Schäden im Mauerwerk vermeiden. Nichts ist zu finden, was an Hebevorrichtungen denken läßt, die ja unerläßlich wären, wenn das Wasser bis zu den Terrassen geführt werden sollte, auch nichts, was einem

Verteilernetz auf waagerechter Ebene ähneln könnte, und schließlich auch nichts, was auf ein denkbares Wasserleitungssystem hindeutet, das eine Verbindung hergestellt hätte zwischen dem wohl meistens außerhalb der Stadt gelegenen Wasserlauf (= Ausgangsniveau) und der mitten auf der höchsten Stelle des Tell errichteten Zikkurrat. Es stimmt, daß die Zikkurrate uns im allgemeinen lediglich als Ruinen bekannt sind, in denen Anlagen nicht einmal auf dem Niveau der ersten Terrasse wiedergefunden werden konnten und wo das horizontale Verteilungsnetz völlig verschwinden mochte; das System der Hebevorrichtungen aber hätte Spuren hinterlassen müssen. Es scheint allerdings undenkbar, daß Bäume sich ohne regelmäßige Wasserversorgung hätten entwickeln können: Müßte man dann annehmen, daß etwa durch ständige Fronarbeit das Wasser vom Kanal oder Fluß, weit weg von der Zikkurrat, bis auf die verschiedenen Stufen hochgeschafft worden sei? Die Verwendung menschlicher Arbeitskraft stieß bei den Bewohnern Mesopotamiens gewiß nicht auf Bedenken, dennoch kommt mir die Hypothese wenig sinnvoll vor und stützt sich meiner Meinung nach auch auf keinerlei Beweise.

Eine Ausgrabung aus jüngerer Zeit hat indes einige Hinweise geliefert, die zu einer neuen Bewertung des Problems der möglichen Anwesenheit von Gärten an den Kultstätten innerhalb der Stadt führen könnten. In Emar, in Nordsyrien, am Uferrand des Euphrat gelegen, hat man ein bedeutendes Heiligtum wiederentdeckt, das aus zwei praktisch parallel angeordneten Tempeln beiderseits einer
Abb. 20 Straße bestand, die, unmittelbar hinter ihnen, auf einen großen Vorplatz führte. Nach den auf dem Boden gefundenen Tontafeln waren diese an der höchstgelegenen Stelle der Siedlung errichteten Baulichkeiten dem Baal und der Astarte gewidmet. Ein Teil des Vorplatzes ist durch Erosion verschwunden, und man kann seine ursprünglichen Maße nicht mehr genau angeben; heutzutage erscheint er in einer ungefähr dreieckigen Form mit einer Basis von 25 bis 30 m Breite im Osten und einer Seitenlänge von etwa 25 m gegen Westen. Man fand dort auf dem Südrand die erhaltene Basis eines Baus, den man als Altar interpretieren kann. Der besonders harte und sorgfältig gearbeitete Boden war anscheinend mit einer gewissen Zahl von Löchern versehen: einige von rechteckiger Form betrafen späte Bestattungen, die anderen aber, die uns näher interessieren, erscheinen als Vertiefungen mit einem Durchmesser zwischen 40 und 70 cm und einer Tiefe von 20 bis 30 cm im Durchschnitt. Besondere Reihungen ohne erkennbare Regelmäßigkeit mögen existiert haben, doch hindern uns die Lücken daran, zu erfahren, ob ein fester Plan für den gesamten Vorplatz vorgelegen hat. Wie soll man eine solche Anlage verstehen?

Die Interpretation ist recht schwierig. Man muß zunächst die Tatsache berücksichtigen, daß die Ränder der Mulden vollkommen geglättet waren, in derselben Weise wie der Boden des Vorplatzes selbst, so daß es unmöglich

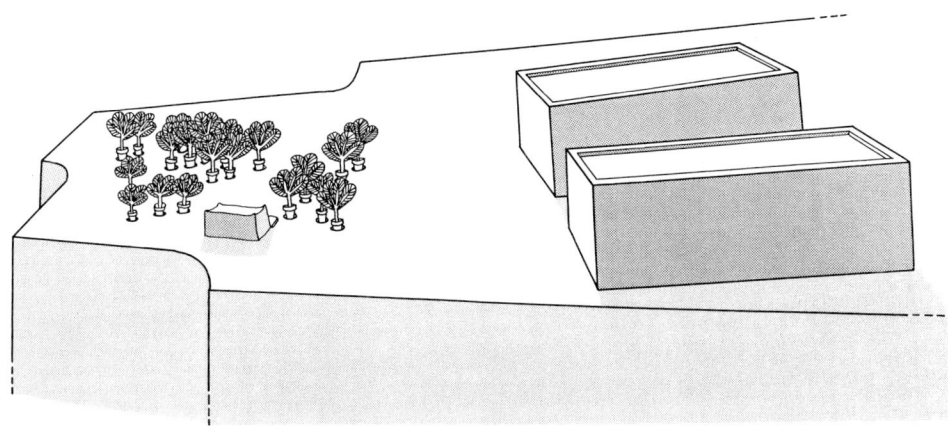

Abb. 20   Vorschlag für einen zeitweiligen Garten auf dem Vorplatz hinter dem Sanktuar
des Baal und der Astarte in Emar

erscheint, daß Bäume dort Platz gefunden haben sollten: Wurzeln hätten not-
wendigerweise die untadelige Oberfläche der Mulden zerstört. Folglich kann es
sich hier nicht um einen Obstgarten oder um einen auf Dauer mit Sträuchern
bepflanzten Vorplatz gehandelt haben. Ihrer Form nach waren diese Mulden
vielleicht dafür vorgesehen, einen hineinpassenden Gegenstand aufzunehmen.
Sie würden gewissermaßen den Negativabdruck eines Gegenstandes darstellen,
der bei der Ausgrabung nicht mehr vorhanden war. Ihr ausladendes Profil läßt
auch daran denken, daß darin bewegliche Gegenstände für gewisse Gelegenheiten vorübergehend deponiert gewesen seien. Im übrigen weist die Tatsache,
daß bei der Ausgrabung in den Mulden nichts gefunden wurde, in die gleiche
Richtung, denn man kann annehmen, daß im Augenblick der Zerstörung der
fraglichen Stelle diese beweglichen Objekte nicht mehr vorhanden waren – es
sei denn, sie hätten aus einem vergänglichen Material bestanden. An dieser Stelle
der Überlegungen angelangt, bieten sich zwei Lösungsmöglichkeiten an: Im
ersten Fall würden die Mulden zur Aufnahme von Kultgegenständen (Statuen
oder Emblemen) gedient oder sonst eine Rolle im Kult gespielt haben. Im zweiten Fall wären Pflanzenschalen von gleicher Form in diese Mulden niedergelegt
worden; diese hätte man in der übrigen Zeit anderswo gehalten und nur zu
bestimmten Festen, bei denen die Vegetation eine Rolle spielte, auf dem Vorplatz
aufgestellt; das Wesen des Baal oder der Astarte würde diesem Brauch nicht ent-
gegenstehen.

   Aber, so wird man entgegnen, warum sollte man nur an die Möglichkeit einer
vorübergehenden Aufstellung denken? Warum hat man nicht einen richtigen
Garten auf dem Vorplatz angelegt, wenn die Vegetation doch eine Rolle im Kult
spielte? Abgesehen davon, daß die rituellen Erfordernisse, von denen wir fast

nichts wissen, dabei mitgespielt haben mögen, sind es vor allem zwei Bedingungen, die einen solchen Brauch erklären helfen. Die erste betrifft das Klima in der fraglichen Windung des Euphrat: Der Wind dort weht besonders stark und häufig, und nur unter besonderen Umständen, z. B. da, wo Baumreihen als Abschirmung dienen wie etwa im Tal oder auf der Hochebene, ist ein Anbau überhaupt möglich. Der Vorplatz wiederum bietet keinerlei Schutz gegen den Wind, denn er liegt auf einem nach allen Richtungen hin offenen Felsvorsprung. Die zweite Bedingung betrifft noch einmal das Wasser: Nicht die Spur einer Anlage für die Wasserversorgung wurde wiedergefunden; demnach hätte man für eine dauernde Bepflanzung das Gießwasser von Menschen oder Tieren heranschaffen lassen müssen. Dies erscheint zwar nicht unmöglich, hätte aber bedeutet, daß man die ganze Stadt von Nord nach Süd zu durchqueren und das Wasser bis zu einer Höhe von 285 m hochzubringen hatte, wobei der Fluß auch noch 325 m entfernt lag; eine mühselige Aufgabe also, zumal man durch gewundene, oft steile Gassen der Stadt laufen mußte. Darüber hinaus − der Vorplatz war schließlich Wind und Sonne ausgesetzt − wäre eine umfangreiche Bewässerung für ganzjährige Bepflanzungen nötig gewesen. Hingegen war es leichter, diese Pflanzen zu halten, wenn sie nur aus rituellen Anlässen auf dem Vorsprung aufgestellt und die übrige Zeit an einem geschützten und angenehmeren Ort gepflegt wurden.

Ein Zusatzargument kann diese Erklärung stützen. In Mari bezeugt offenbar ein Text, daß Palmen »im Topf« im großen Hof 106, dem sogenannten »Palmenhof«, je nach den Umständen hingestellt oder weggeräumt wurden. Man kultivierte also Sträucher oder Zierpflanzen zur Ausschmückung bestimmter Orte, sobald das Ritual es verlangte. Wäre es danach nicht erlaubt, anzunehmen, daß in ähnlicher Weise Bäume, oder vielleicht Sträucher, bei bestimmten Zeremonien auf den Stufen der Zikkurrate aufgestellt worden wären?

Wird eine solche Hypothese akzeptiert, so würde die auf dem Vorplatz des Heiligtums von Baal und Astarte in Emar freigelegte Anlage als vorübergehender Garten völlig verständlich. So handelt es sich zwar um eine stichhaltige, jedoch keineswegs um eine gesicherte Erklärung; wir sind noch immer genötigt, bei dieser Einschränkung zu bleiben, die so ganz die Schwierigkeiten der vorderasiatischen Archäologie offenbart, das Vorhandensein von Gärten in den städtischen Siedlungen genau nachzuweisen.

DER ›PALMENHOF‹ IM KÖNIGLICHEN PALAST VON MARI

Nachdem André Parrot den großen königlichen Palast aus dem Anfang des 2. Jahrtausends v. Chr. freigelegt hatte, war er von dem möglichen Zusammen-

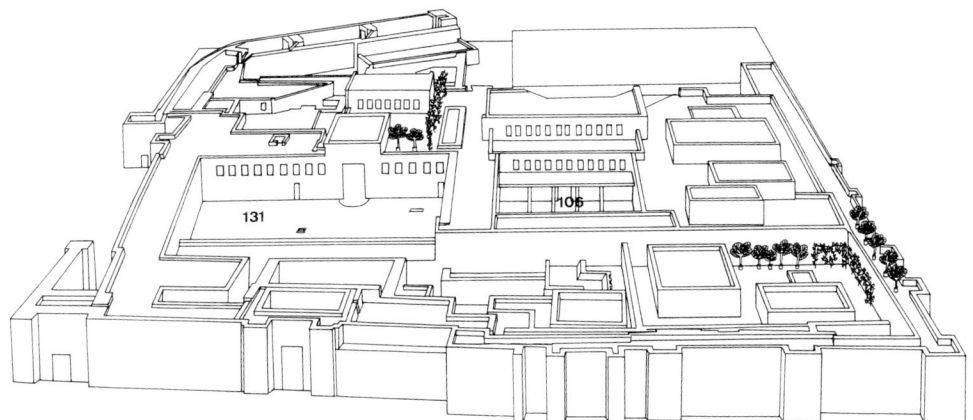

Abb. 21   Die schattigen Terrassen des Palastes von Mari: hinter dem Hof 131 mögliche Anlagen um die Gemächer des Königs und rechts von Hof 106 beim 'Haus der Frauen'. André Parrot sah im Hof 131 den sog. 'Palmenhof', obwohl eigentlich Hof 106 der 'Hof der Palme' ist, von dem die Texte sprechen

treffen zweier Informationen aus verschiedenen Quellen beeindruckt: einerseits fanden sich im Palast zwei große Höfe (131 und 106), die offensichtlich eine Hauptrolle in der Struktur dieses Gebäudes spielten. Andererseits erwähnte ein Text das Vorhandensein eines »Palmenhofs« – so die erste Lesart dieser Text- *Abb. 21* stelle. Der Ausgräber glaubte daraus ableiten zu können, daß der Hof 131 als der größere der beiden und als der erste, auf den man beim Betreten des Pala- stes stieß, wahrscheinlich mit einem von Palmen bepflanzten Garten ausgestattet gewesen sei: das Fehlen eines Pflasters im mittleren Teil sowie die Tatsache, daß der Boden des Hofes 106 seiner Meinung nach von einer Gipsschicht ganz bedeckt worden war, ließ ihm keine Zweifel darüber, welcher von beiden der Palmenhof war; in seiner Publikation »Mari, Capitale Fabuleuse« hat er eine Zeichnung davon angefertigt, die jedoch mit der tatsächlichen archäologischen Wirklichkeit wohl nicht ganz übereinstimmte.

Neuere Ausgrabungen des letzten Jahrzehnts in diesem Palast haben nämlich zu neuen Erkenntnissen geführt. Zunächst haben Inschriftenkundler der Mission von Mari nachgewiesen, daß auf der bewußten Tafel nicht von einem »Palmen- hof«, sondern von dem »Hof der Palme« die Rede ist. Dieser Singular anstelle eines Plurals bedeutet mehr als eine einfache quantitative Abweichung. In Kennt- nis des Symbolgehalts der Palme im Orient wurde ziemlich klar, daß man nicht länger an das Vorhandensein einer Art Obstgarten innerhalb des Palastareals zu denken brauchte und daß die ganze Interpretation neu zu überdenken war.

Daraufhin wurden Tiefgrabungen in beiden Höfen durchgeführt und damit neue Erkenntnisse gewonnen. Im Zentrum von Hof 131 fand man eine große

Zisterne, die mit Wasser gefüllt wurde, das eine Gruppe von Frauen aus dem Kanal holte, um den täglichen Bedarf der verschiedenen Bereiche des Palastes zu decken. Diese Entdeckung aber hob die Hypothese des Palmengartens de facto noch nicht auf. Man könnte sich jedoch die Frage stellen, ob nicht die Zisterne Gefahr lief, von den Wurzeln der Bäume beschädigt zu werden, und vor allem die Frage nach dem Mißverhältnis zwischen dem erforderlichen Aufwand, um den gesamten Palast mit Wasser zu versorgen, und dem Bedarf eines einzigen, mit Palmen bepflanzten Gartens. Man erinnert sich, daß in einer gewöhnlichen Palmenplantage jede Pflanze an ein Wasserverteilungsnetz angeschlossen war, aber nichts dergleichen ist in besagtem Hof wiedergefunden worden. Muß man also an einen regelmäßigen Tragedienst denken? Unter Berücksichtigung des Wasserbedarfs im Palast, in dem Hunderte von Menschen lebten, scheint diese Hypothese wenig annehmbar.

Die im Hof 106 durchgeführte Grabung ließ außerdem, genau im Zentrum, einen großen durchbohrten Steinsockel erkennen, der offenbar einen kräftigen Mast aufnehmen sollte: sehr wahrscheinlich war der Sockel dazu bestimmt, eine symbolische Palme zu stützen, der der Hof seinen Namen verdankte.

So gesehen kann man die Hypothese von der Existenz eines Gartens in einem der beiden großen Höfe im Palast von Mari fallenlassen. Der ›Hof der Palme‹ ist dann nichts anderes als der symbolische Ausdruck des Reichtums, der Macht und des Überflusses, die die königliche Herrschaft jener Zeit kennzeichnen — eine Art, ihrem Wesen Gestalt zu verleihen gegenüber denen, die ins Herz des Palastes vorgelassen wurden, in das wahre Sanktuar, das dieser Hof zusammen mit dem Raum 64 und dem Thronsaal bildete.

Muß man nun die Vorstellung aufgeben, daß ein Garten die Strenge des Palastes hätte mildern dürfen? In der Tat, kein sicherer Hinweis gestattet es, einen Bereich zu nennen, der Milde, wohltuenden Schatten und Ruhe dem königlichen Bewohner hätte spenden können, so daß man zu der Überlegung gelangt, ob es nicht eher außerhalb des Palastes einen solchen Bereich gegeben habe, vielleicht in der Nähe des Kanals oder des Euphrat selbst, jedenfalls da, wo Wasser zur Verfügung stand, um wirkliche Gärten anzulegen. Wenn es so war, kann die Hoffnung, diesen Ort wiederzufinden, freilich nicht groß sein.

Wenn man an die Palmen »im Topf« denkt, von denen bereits die Rede war und die den ›Hof der Palme‹ gelegentlich schmückten, fragt man sich weiter, ob solche Mittel auch dazu eingesetzt wurden, um etwa auf den Terrassen Ruheplätze einzurichten. Im ›Haus der Frauen‹ im Palast von Mari fällt eine starke Verdickung der Umfassungsmauer im nordwestlichen Winkel auf, wofür sich kein Grund findet: Sollte es sich dabei um eine Verstärkung zur Aufnahme einiger Bäume handeln — vielleicht im Topf, um sie häufiger auswechseln zu können —, in deren Schatten man einige Blumenbeete oder ein Weinspalier halten konnte? Könnte man sich nicht vorstellen, daß in ähnlicher Weise eine Terrasse im Bereich der königlichen Gemächer eingerichtet worden war? Dies bleibt zwar beim gegenwärtigen Stand unserer Kenntnisse reine Hypothese, dennoch führt die Existenz der berühmten ›Hängenden Gärten‹ von Babylon dazu, sich nach den Ursprüngen einer Gartenanlage zu fragen, die eine weit längere Vorgeschichte haben könnte, als es uns die Tradition der Klassik überliefert hat.

LUSTGÄRTEN UND KÖNIGLICHE GÄRTEN

Der berühmte Palast von Mari ist also – ungeachtet des Vorschlags seines ›Erfinders‹ – eine positive Antwort auf die Frage nach der Existenz von Gärten in einem königlichen Wohnsitz schuldig geblieben. Soll man daraus den Schluß ziehen, daß er die Wirklichkeit orientalischer Paläste in bezug auf Gärten getreu widerspiegelt? Mehrere Zeugnisse weisen eigentlich in die umgekehrte Richtung.

Sofern gewisse relevante Textsorten jeweils ausreichend belegt sind, stellt man fest, daß die Könige um die Schaffung von Gärten sehr bemüht waren. Wie sollte es auch anders gewesen sein! Gehörte es nicht zu den Aufgaben des Herrschers, für sich – oder manchmal auch als Geschenk für bestimmte Untertanen – einige Annehmlichkeiten bereitzustellen, die das Land von Natur aus versagte? So sind die assyrischen Könige Tiglatpilesar I. (1115–1077), Assurnasirpal II. (883–859), Sargon II. (721–705), Sanherib (704–681), Assarhaddon (680–669) und Assurbanipal (669–630) dafür bekannt, daß sie Gärten entweder besonders schätzten oder gefördert haben. Darunter ist die Unternehmung Sanheribs sicherlich die spektakulärste, da dieser König zur Bewässerung der bei Ninive angelegten Gärten die Gewässer in 70 km Entfernung auffangen und Kanäle sowie Aquädukte bis in seine Hauptstadt bauen ließ. Der gleiche Herrscher schuf in Assur eine Art botanischen Garten; dieser setzte sich aus Arten zusammen, die aus Ländern in der Umgebung Mesopotamiens stammten. Auch Sargon schuf bereits ›Natur‹: »Mein Herz trieb mich, eine Stadt zu gründen, die ich Dur-Scharrukin nannte, in einem riesigen Park gelegen, nach dem Vorbild der Berge von Amanus. Ich ließ alle Gewürze des Hethiterlandes und alle Gewächse aus ihren Bergen dicht beieinander anlegen und pflanzen.« Von Assurnasirpal II. schließlich wissen wir, daß er weite Gärten in der Nähe von Nimrud anlegen, dort allerlei Baumarten anpflanzen und Blumen kultivieren ließ.

Diese letztgenannte Erwähnung ist sehr interessant, denn wir haben nur wenige Zeugnisse über Blumenkulturen. Gemeinhin sprechen die Texte, so wie die Bibel bezüglich des Gartens Eden, von Bäumen; so sagt Assarhaddon: »Meinen Palast entlang pflanzte ich einen großen Park mit allerlei duftenden

Gewächsen und Obstbäumen.« Es ist im übrigen nicht bekannt, ob die Einwohner Mesopotamiens einen Sinn für Blumenschmuck hatten. Offenbar kannten sie unter anderem die Rose, die Granatapfelblüte, die Lilie, das Windröschen, vielleicht auch das Alpenveilchen; man zog es dabei vor, diese Blumen in ihrer wildwüchsigen Form abzubilden, wie sie uns in den floralen Motiven der Architektur oder der Malerei begegnen. Demgegenüber sind die Bäume der Lustgärten sehr viel besser bekannt. Außer Obstbäumen, die schon erwähnt wurden, bildeten Platanen, Zypressen und verschiedene Koniferen dabei den Grundstock, aber weitere Baumarten konnten hinzukommen, und manche waren wegen der Blüten, die sie zu bestimmten Jahreszeiten boten, besonders geschätzt. Auf einigen assyrischen Flachreliefs werden auch jene Bäume dargestellt, die die königlichen Gärten schmückten; im allgemeinen erkennt man Palmen, Feigenbäume, Wein und viele Koniferen, wobei es nicht immer einfach ist, ihre Arten zu bestimmen!

Informieren uns die Texte der assyrischen Könige auch genauer über Gewohnheiten und Geschmack zu Beginn des 1. Jahrtausends v.Chr., so liefert die Stadt Ugarit am Mittelmeer ein Beispiel dafür, was ein kleiner, dem König vorbehaltener Garten im Inneren des Palastes gewesen sein kann – und zwar am Ende des 2. Jahrtausends v.Chr., einer Zeit also, in der die Lebensweise jener großartigen Zivilisation der jüngeren Bronzezeit vollendet zum Ausdruck kommt.

Seine Ausmaße erlauben zwar keinen Vergleich mit den Parks, die einige assyrische Herrscher am Rand ihrer Städte hatten anlegen lassen, aber so wie er sich darstellt – sofern die vom Ausgräber vorgeschlagene Deutung richtig ist, und sie scheint es zu sein –, bot der kleine Garten einen angenehmen, intimen Ort der Muße. Er nahm den größten Teil des offenen Hofs im Palast ein, vom *Abb. 22* Ausgräber C. Schaeffer mit der Nummer III versehen. Dieser Hof befand sich im entferntesten östlichen Zipfel des Palastes, dem offiziellen Zugang entgegengesetzt. Ein grob trapezförmiges Areal von 20–25 m × 40 m etwa umgibt die gesamte Anlage; das Zentrum bildet eine ihrerseits trapezähnliche Fläche für einen Garten in den Maßen 12–15 m × 21 m, die von einer kleinen Steinmauer von etwa 50 cm Höhe begrenzt ist. Vorgesehen waren zwei Durchlässe, je einer im Norden und im Süden; über sie betrat man den Garten von einer wechselnd breiten Allee aus, die ihn teilweise umgibt. Im nordöstlichen Winkel befand sich ein erhöht gebauter Pavillon, der sich über einen eleganten Portikus zum Garten hin öffnet; auf der Südseite des Portikus befand sich ein Brunnen mit einem Becken als Ausgangsort einer Kanalisation, die in den Garten führte. Man würde in diesem zum Garten hin geöffneten Pavillon gern einen Ort der Ruhe und der Entspannung für den königlichen Bewohner dieses Palastes sehen. Die übrigen Anlagen der nördlichen Seite bestätigen wohl diese Funktion: Zum einen entdeckt man einen großen Saal, dessen Eingang das traditionelle, von zwei Säulen flankierte Tor aufweist und der sich, über die Allee hinweg, ebenfalls zum Gar-

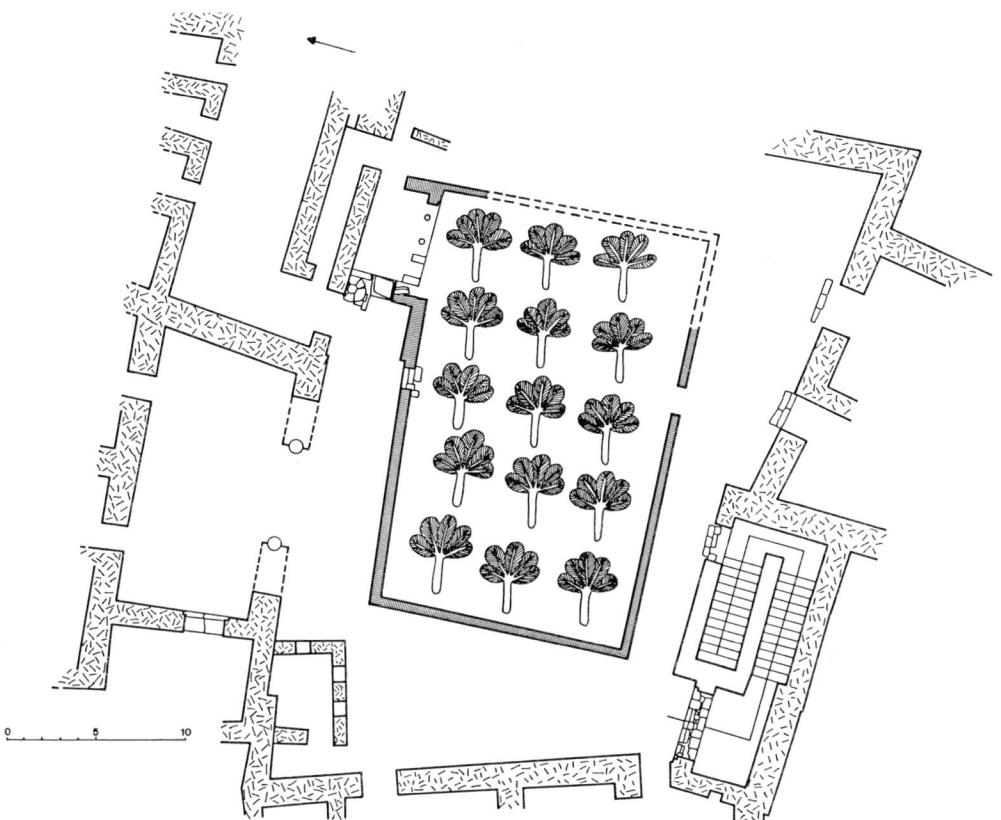

Abb. 22 Der Garten im Palast von Ugarit: links der Gartenfläche der königliche Pavillon, der sich zum Garten hin öffnet, mit Brunnen, Wasserbecken und Teil der Kanalisation; darunter der große Empfangssaal und im unteren Hofwinkel das kleine Zimmer

ten hin öffnet; seine Ausmaße lassen vermuten, daß dort Empfänge gegeben worden sind. Zum anderen ist ein kleines Zimmer im nordwestlichen Winkel eingerichtet worden, in dem man sehr feines Mobiliar aus Elfenbein wiedergefunden hat. Da es weit abgeschiedener gelegen ist als der Pavillon, kann man in ihm vielleicht einen Aufenthaltsraum für den Winter sehen. Auf der Südseite des Hofes führte eine breite Treppe, vermutlich direkt oder indirekt, zu den höher gelegenen königlichen Gemächern. Allerdings bleibt die Funktion der beiden Räume 89 und 90 innerhalb dieses ansonsten durchdachten und offensichtlich einheitlichen Komplexes schwer zu bestimmen.

Leider wissen wir überhaupt nichts über die Arten von Gewächsen, aus denen sich dieser Garten zusammensetzte. Vermutlich waren es Bäume oder Sträucher und bestimmte Blumen, doch ist es beim Stand unserer derzeitigen Quellenlage wenig sinnvoll, sie bestimmen zu wollen. Wir können nur sicher sein, daß in diesem Land der Mittelmeerküste mit seiner üppigen Vegetation die angestrebte und gewiß auch erreichte Wirkung von ausgesuchter Feinheit war und in völliger Übereinstimmung mit der Schönheit der Architektur stand.

DAS PROBLEM DER HÄNGENDEN GÄRTEN VON BABYLON

Das siebente Weltwunder entstand in der ausgehenden geschichtlichen Blütezeit Babylons. Die Allegorie des Garten Eden eröffnet, nach der Bibel, die Anfänge des Vorderen Orients – die Hängenden Gärten des königlichen Palastes zu Babylon, die ihrerseits der Welt des Wunderbaren angehören, stehen an seinem Ende.

Diese Besonderheit der orientalischen Weltstadt hat auf etliche unter den Geographen und Reisenden der Antike den größten Eindruck gemacht: Diodor und Strabo im letzten Jahrhundert v.Chr., Quintus Curtius im 2. Jahrhundert n.Chr., alle berichten, wenn auch in unterschiedlichen Formulierungen, von dieser außergewöhnlichen Anlage, die seitdem so etwas wie ein Menschheitstraum geblieben ist. Diese griechischen oder römischen Reisenden waren deshalb so beeindruckt, weil sich die klimatischen Bedingungen und das Erscheinungsbild der Landschaft Mesopotamiens ganz anders darstellten, als sie es von zu Hause gewohnt waren. Dennoch stellt sich die Frage nach der Beziehung zwischen dem einstigen Werk Nebukadnezars II. (604–562) und dem, was die klassischen Autoren fünf oder sieben Jahrhunderte später davon gesehen haben mögen!

Die Volksüberlieferung schrieb diese großartige Anlage der Semiramis zu. Aber Diodor von Sizilien rückt die Dinge zurecht, wenn er sie einem späteren König zuweist. Nach Eusebius, der sich selbst auf Berosos beruft, hat Nebukadnezar II. für seine Gattin Amytis, Enkelin des Meders Astyages, die Hängenden Gärten verwirklicht, weil sie sich nach der Vegetation ihrer heimatlichen Berge sehnte. Ein Unterbau von 120 m Seitenlänge bestand aus Gewölben, die in der Art eines Amphitheaters angeordnet waren, und trug die darüberliegenden Terrassen; diese wurden ihrerseits von bis zu 25 m hohen Pfeilern gestützt; das Ganze wurde von einer 7 m dicken Mauer umfaßt. Diese Substruktion trug die Terrassenböden, die durch einen ausgeklügelten Verband von Pflastersteinen, von mit Bitumen überzogenem Schilf, von gebrannten, mit Gips verfugten Ziegeln und durch eine Verkleidung aus dünnen Bleischichten wasserdicht gemacht worden waren. Das Ganze war mit einer Erdschicht bedeckt, deren Volumen ausreichte, daß sogar Bäume darin wurzeln konnten. Um den Wasserbedarf zu decken, war ein durchgehend hohler Pfeiler mit einer Maschine ausgerüstet, die es erlaubte, das Wasser vom Fluß bis zur letzten Terrasse zu befördern.

Strabos Beschreibung ist knapper und unterscheidet sich von der Diodors nur an Stellen von zweitrangiger Bedeutung. Die von Quintus Curtius ist nicht grundsätzlich verschieden, betont aber mehr die Größe der Bäume, die nach ihm einen Umfang von bis zu 4 m und eine Höhe von 16 m hatten. Im Grunde weichen die Meinungen nur bezüglich der Erdzusammensetzung der Gärten voneinander ab. Einmütigkeit besteht jedoch über die Art der Konstruktion, einen von Gewölben getragenen Terrassenbau. Dabei geben zwei von drei Autoren an, daß der Bau sich innerhalb der Zitadelle befunden habe. Insgesamt zeigen die Quellen ausreichende Übereinstimmung, um die Existenz dieser Gärten, ihre Struktur und ihre Lage im Verhältnis zum Palast als gesichert anzusehen.

Als R. Koldewey vor dem Ersten Weltkrieg Babylon ausgrub, hoffte er, im Palast des Nebukadnezar den Platz wiederzufinden, an dem sich die Hängenden Gärten einst befanden, und in der Tat wurde seine Aufmerksamkeit auf einen Bau gelenkt, der sich im nordöstlichen Winkel, nahe dem Ischtar-Tor und entlang der Prozessionsstraße befand und dessen Struktur sich von der des übrigen Gebäudes deutlich unterschied. Dieser trapezförmige, im besagten Winkel des *Abb. 23* Palastes gelegene Gebäudekomplex besteht aus einer Art Kern und einem ihn umgebenden Kranz. Der Gebäudekern erscheint blockförmig und durch eine Nord-Süd-Achse geteilt; beiderseits dieser Achse sind längliche, in Ost-West-Richtung parallel angeordnete Räume aufgereiht, deren Zugänge einander gegenüberliegen. Eine durchgehende Mauer umschließt diesen Komplex, der nur über einen südlichen Durchbruch erreicht werden kann, und um diese Mauer wiederum verläuft ein Gang. Zwei Ausgänge, einer im nordöstlichen Winkel, der andere in der nördlichen Umfassungsmauer, gewährleisten die Verbindungen nach außen; zwei weitere, in der südlichen Mauer, erlauben den Zutritt zum Inneren des Palastes. Der Gebäudekranz besteht, vor allem im Westen und im Süden, aus einer Reihe von kleineren, an die Außenmauer angelehnten Räumen, die sich zu dem bereits erwähnten umlaufenden Gang öffnen. Nach Koldewey war dieser gesamte Komplex dazu bestimmt, die Hängenden Gärten zu tragen, da sein Kern aus länglichen gewölbten Räumen bestand. Drei Brunnen, praktisch im Zentrum des Kerns gelegen, ließen daran denken, daß sich dort der zur Bewässerung des Gartens erforderliche Wasseranschluß befunden habe: Man kann sich leicht eine endlose Kette vorstellen, an der Schöpfeimer befestigt waren; diese Kette wäre in den Brunnen heruntergelassen worden bis zu einer unterirdischen Kanalisation hinab, die mit dem Euphrat in Verbindung gestanden hätte. Auf diese Weise könnte das Wasser bis zur höchsten Terrasse befördert worden sein, und von dieser Stelle aus hätte ein Netz von Rinnen das Wasser von Terrasse zu Terrasse geleitet, um so eine ständige Befeuchtung zu ermöglichen.

Seit der Freilegung des Palastes von Babylon wurde diese Ansicht auch allge-

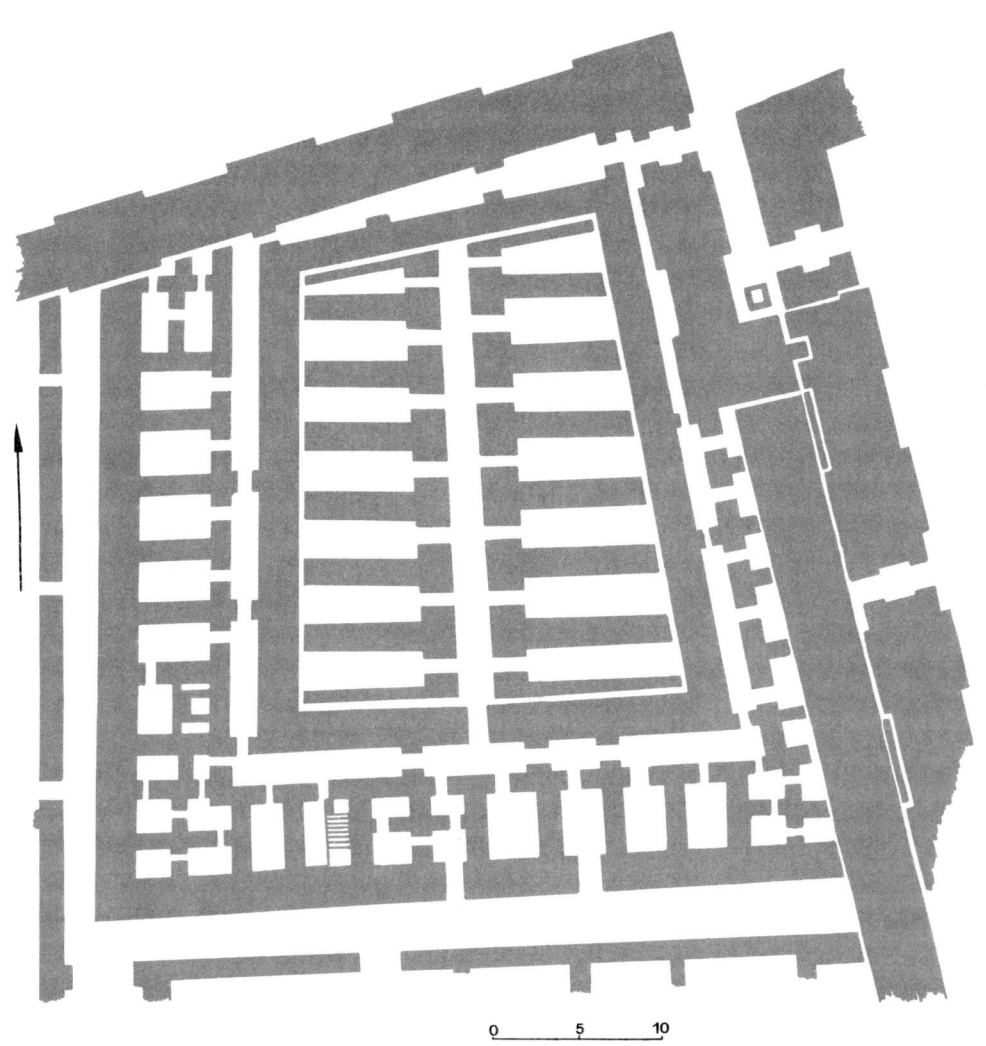

Abb. 23 Plan des Gebäudeblocks, aus Räumen mit gewölbten Decken bestehend, im nordöstlichen Winkel des Palastes von Babylon, wo R. Koldewey die Lage der Hängenden Gärten vermutete

mein akzeptiert, trotz der Schwierigkeiten, die klassischen Quellen mit den archäologischen Befunden in Einklang zu bringen. So hätte man zum Beispiel schon lange die sehr unterschiedlich angegebenen Ausmaße bedenken sollen. Nach Diodor und Strabo hatte der Garten 120 m Seitenlänge, das fragliche Gebäude dagegen mißt 45 m × 32 bis 35 m; mit einem Verhältnis von praktisch 1:3 ist dieser Unterschied allerdings zu groß; die Umfassungsmauer ist 2 m dick, nicht 7 m; man hat auch Schwierigkeiten, die hohlen Pfeiler zu identifizieren:

76 J.-C. Margueron

Der angebliche Platz ist vom Fluß zu weit entfernt und deckt sich nicht mit Strabos Hinweis, der von einer Anlage am Euphrat berichtet. Man könnte die Unstimmigkeiten im Quellenvergleich vermehren und sich über die Differenzen wundern, hatten die Alten doch die Gewohnheit, recht genaue Angaben zu machen, sofern es sich nicht um das Gebiet der Sagen handelte. Es drängt sich die Vermutung auf, daß der Gebrauch des Gewölbes als Stützelement mehr als jeder andere Hinweis den Ausgräber zu dieser Annahme geführt hat. Auf der Suche nach Bestätigungen zögerte man nicht, die Ikonographie manchmal etwas zu voreilig heranzuziehen: so haben manche Fachleute in einem Flachrelief des Sanherib aus Ninive (heute in London) die Wiedergabe hängender Gärten auf einer gewölbten Konstruktion gesehen, obgleich der Bau ebensogut einen Aquädukt darstellen könnte.

In den letzten Jahren sind neue Vorschläge gemacht worden. Gewisse Autoren führen interessante Argumente dafür an, daß es eher die umfangreiche, zwischen Palast und Euphrat gelegene Festung gewesen sei, die als Substruktur für die Gärten gedient habe. Aber auch hier stimmen längst nicht alle Informationen *Abb. 24* überein, denn der Plan ist rechteckig und nicht quadratisch, die Umfassungsmauer ist 20 m dick und nicht 7 m, und der gewölbeartige Unterbau ist nicht

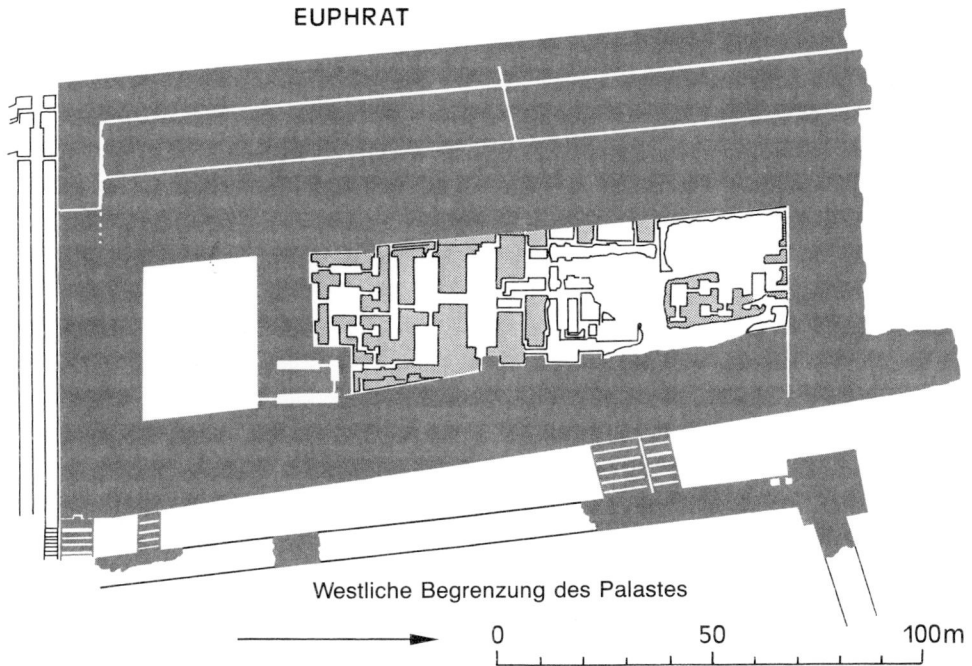

EUPHRAT

Westliche Begrenzung des Palastes

0   50   100m

Abb. 24   Plan der westlichen Festung, wo S. Damerji die Hängenden Gärten am Fluß entlang vermutet

Die Gärten im Vorderen Orient 77

Abb. 25

klar zu erkennen. Andere Autoren wiederum sind der Meinung, daß der ursprüngliche Platz nicht erhalten geblieben sei. Beim gegenwärtigen Kenntnisstand ist im Grunde keine sichere Antwort über die tatsächliche Lage möglich, und größte Vorsicht in der Behandlung dieser Frage ist angebracht. Es erscheint aber sinnvoll, auf die traditionelle Ortszuweisung zu verzichten.

So bleibt uns am Ende doch nur der Traum übrig, und wir wollen uns diese fabelhaften Gärten nach den Berichten der klassischen Autoren vorstellen, wie ihre Terrassen, auf Gewölben von 120 m Seitenlänge errichtet und mehr als 25 m hoch, den Euphrat überragten, dessen Wasser majestätisch unter ihnen dahinflossen, dazu die gesamte Palastanlage und wohl auch den größten Teil der stolzen Stadt. Welche Gewächse mögen die Stufen der Terrassen geschmückt haben? Gewiß einige schöne Palmen wegen ihres dekorativen Aussehens, aber auch weil sie anderen, niedrigeren Bäumen oder Sträuchern Schutz gaben, damit diese wie in einem Palmenhain besser gedeihen konnten. Stellen wir uns darunter Obstbäume vor, die Pflaume, die Kirsche, die Birne, die Mandel, die Mispel und die Aprikose, allesamt wunderbar dank ihrer Blüten und Früchte. Aber auch Zypressen finden wir, die in dieser Welt der Milde durch ihre schmale, dunkle, hochgewachsene Gestalt Kontraste setzen, ebenso Koniferen, wohl Kiefern oder Tannen aus Aleppo, Armenien und Kilikien, die sich von den Laubbäumen wie der Platane, dem Ahorn oder der Esche abheben, nicht jedoch die Zeder, deren ausladender Wuchs zuviel Platz beansprucht hätte. Vielleicht bildeten Kletterpflanzen, wie der Wein, Lauben und streuten Blumen Farbflecke in diese wun-

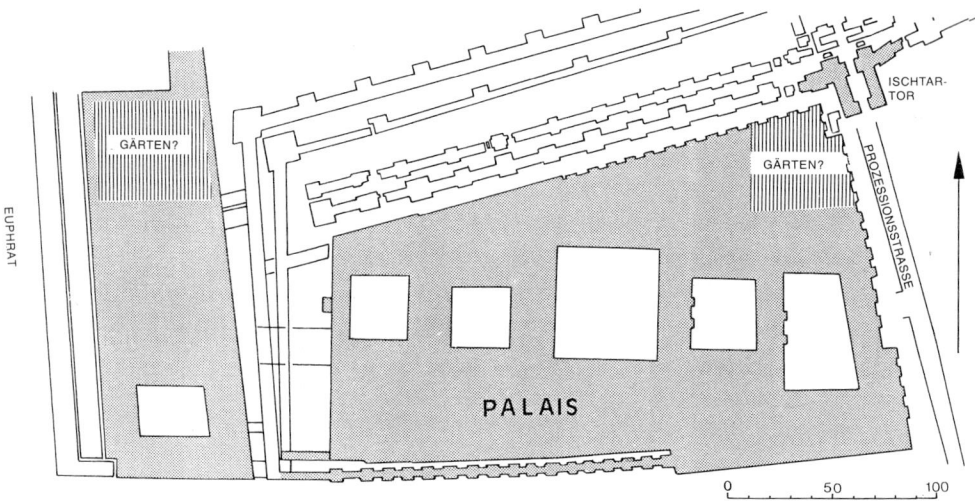

Abb. 25   Schema des Palastes von Babylon mit Darstellung der beiden möglichen Lagen für die Hängenden Gärten

derbare Symphonie in Grün. All das schuf eine Welt des Friedens, der Stille und der Heiterkeit und gab einer fern der Stätte ihrer Geburt lebenden Königin die Illusion, die Lieblichkeit ihrer Heimat wiedergefunden zu haben.

Ein Paradies also? Vielleicht — aber auch und vor allem eine Manifestation schöpferischer Kraft, die die außergewöhnliche Befähigung, ja Meisterschaft der Babylonier im Umgang mit der Natur für uns sichtbar werden läßt.

*
**

Die Gärten von Babylon sind vergangen, und der Garten Eden wartet darauf, als ›Paradies‹ wiederentdeckt zu werden! Welch merkwürdiges Schicksal für den Garten im antiken Orient, dessen Bild die Archäologie mit so viel Mühen erst wiederherzustellen sucht, ungeachtet der außergewöhnlichen Bedeutung, die er im Alltagsleben wie im Mythos innehatte. Gewiß bleibt jedoch, daß er eine sehr große Rolle wohl zu allen Zeiten gespielt hat, vielleicht ganz besonders im 1. Jahrtausend v. Chr., und daß er Ausdruck einer Lebensauffassung gewesen ist, die für die Schönheiten der Natur in höherem Maße aufnahmebereit war, als die historischen Quellen im allgemeinen erkennen lassen, die eher vom Geräusch kriegerischer Auseinandersetzungen erfüllt sind als vom Gesang der Vögel in den friedlichen Gärten der Götter und der Könige.

Literatur

Bulletin on Sumerian Agriculture, 4 erschienene Bde., (Cambridge 1984, 1985, 1987, 1989)
Dictionnaire Archéologique des Techniques, 2 Bde., Éd. de l'Accueil (Paris 1964), s. unter Jardin, Agriculture, Irrigation
Reallexikon der Assyriologie, s. u. Garten
K. ʿAlwan, The vaulted Structures of the so-called Hanging Gardens. Sumer XXXV, 1979, 134—136
A. Haller und W. Andrae, Die Heiligtümer des Gottes Assur und der Sin-Šamaš-Tempel in Assur (Berlin 1955)
E. Heinrich, Die Tempel und Heiligtümer im alten Mesopotamien, 2 Bde. (Berlin 1982)
Th. Jacobsen und S. Lloyd, Sennacherib's Aqueduct at Jerwan. Oriental Institute Publications XXIV (Chicago 1935)
R. Koldewey, Das wiedererstehende Babylon. (Leipzig 1913)
J.-C. Margueron, Recherches sur les palais mésopotamiens de l'âge du bronze, 2 Bde. (Paris 1982)
J.-C. Margueron, A propos des temples de Syrie du Nord, in: Sanctuaires et clergés (Paris 1985)
W. Nagel, Where were the 'hanging gardens' located in Babylon? Sumer XXXV, 1979, 241-242
M. Rutten, Babylone (Publications universitaires de France) 1958
M. Said Damerji, Où se trouvaient les jardins suspendus de Babylone (in arabischer Sprache). Sumer XXXVII, 1981, 56-61
C. F. A. Schaeffer, Ugaritica IV (Paris 1962)
Sir L. Woolley, The Ziggurat and its Surroundings — Ur Excavations Bd. V (New York 1939)

Abbildungsnachweis

Abb. 14-16   Neuzeichnung A. Horrenberger nach Flachreliefs aus Ninive, British Museum
Abb. 17   Zeichnung N. Bresch und A. Horrenberger
Abb. 18   Neuzeichnung A. Horrenberger nach einem Flachrelief aus Nimrud, Louvre
Abb. 19   Neuzeichnung A. Horrenberger nach A. Haller und W. Andrae, Die Heiligtümer des Gottes Assur, Taf. 14
Abb. 20   Zeichnung A. Horrenberger nach den Plänen der Mission Archéologique von Emar
Abb. 21   Neuzeichnung A. Horrenberger nach dem Modell im Louvre
Abb. 22   Zeichnung A. Horrenberger nach den Aufzeichnungen der Mission
Abb. 23-25   Nach R. Koldewey, Die Königsburgen von Babylon, Taf. 2.13.1

Taf. 2   Papyrusdickicht am Nil (Photo: J.-C. Hugonot)

◁ Taf. 1   Sakkara. Stufenpyramide des Djoser, Blick von Osten. Im Vordergrund Nutzgärten (Photo: R. Stadelma

Taf. 3   Sebekhotep und seine Frau genießen ihren Garten und werden von ihm versorgt (Photo: DAI, D. Johann

Taf. 4 Votivstele aus Theben, 22. Dynastie. Unter der Opferszene sind die in der Wüste gelegene Nekropole und ei[n] Totengarten mit einem Opfertisch und einem Wasserbecken zwischen zwei Dattelpalmen und einer Sykomore dar[?]gestellt (Photo: Jürgen Liepe)

Taf. 6 Heutiges Bewässerungssystem in einem Baumgarten in Syrien (Photo: J.-C. Margueron) ▷

Taf. 5 Moderner eingefriedeter Palmenhain in Syrien (Photo: J.-C. Margueron)

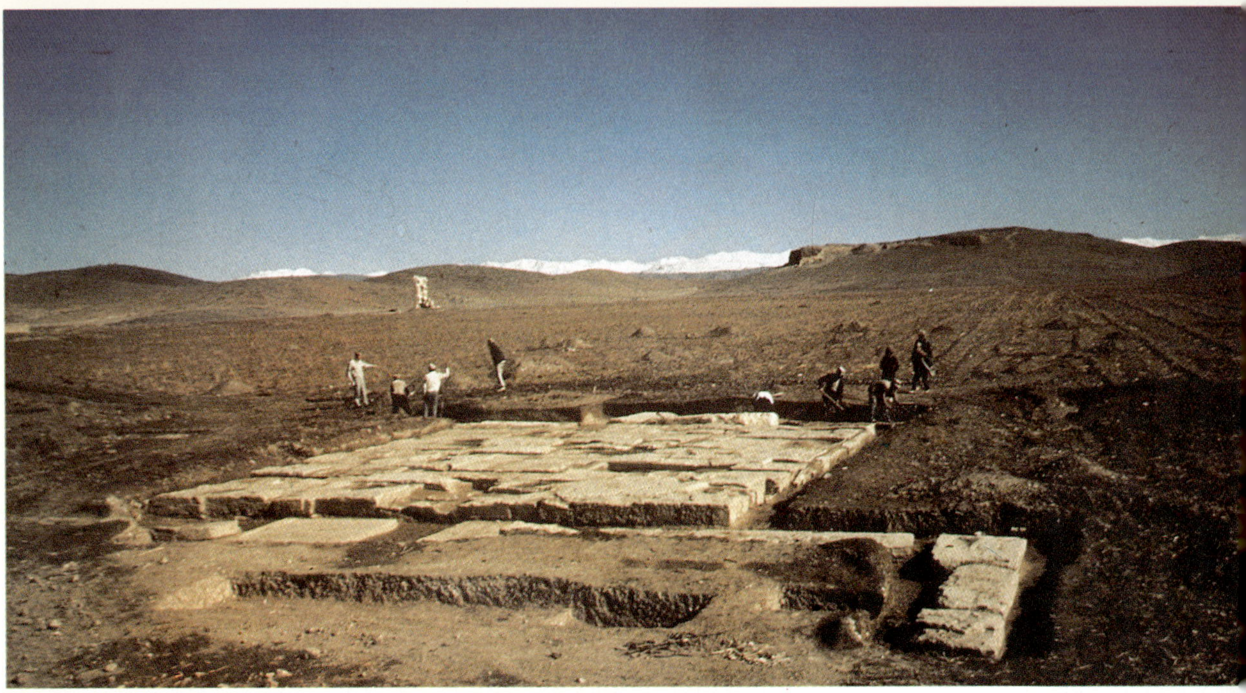

Taf. 7 Pasargadae, Pavillon B von SV
1963. Der von Wasserkanälen durchzoger
Garten erstreckte sich am Pavillon vorb
weiter nach links (Photo: D. Stronach)

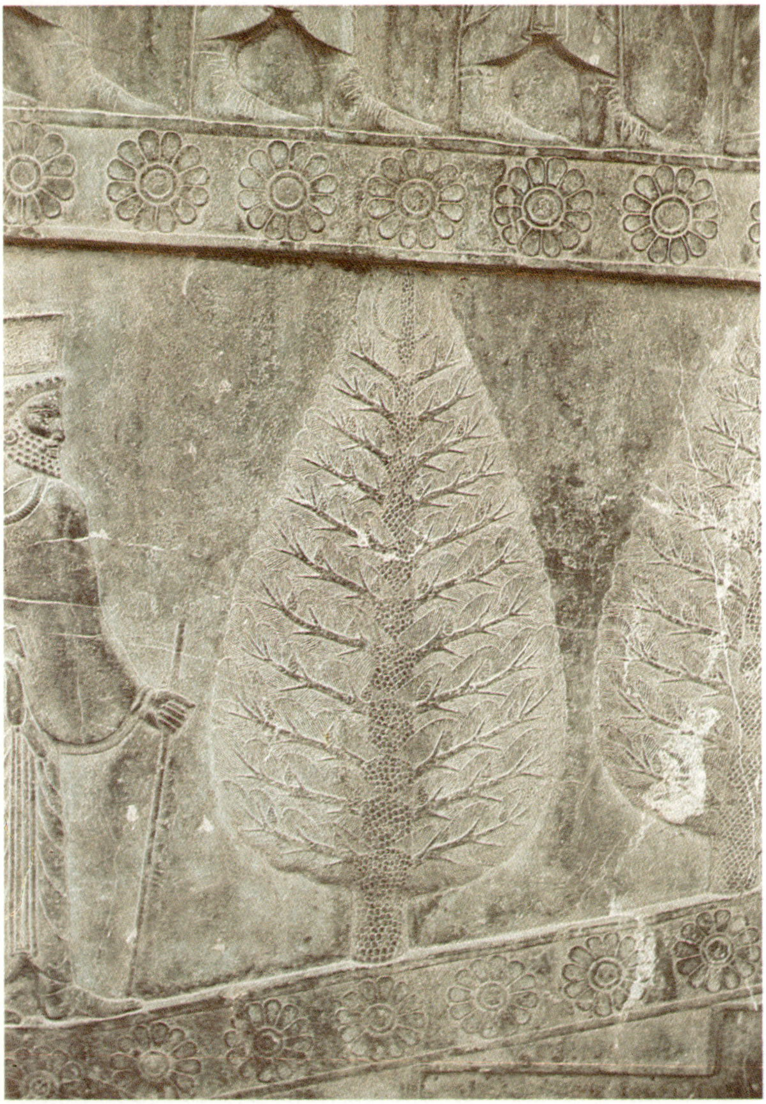

Taf. 9 Taq-i Bostan von S. Die sassani
schen Reliefs befinden sich links hinter d
Bäumen (Photo: T. S. Kawami)

Taf. 8 Persepolis, Apadana des Xerx
östliche Treppen, Reliefplatte
(Photo: T. S. Kawami)

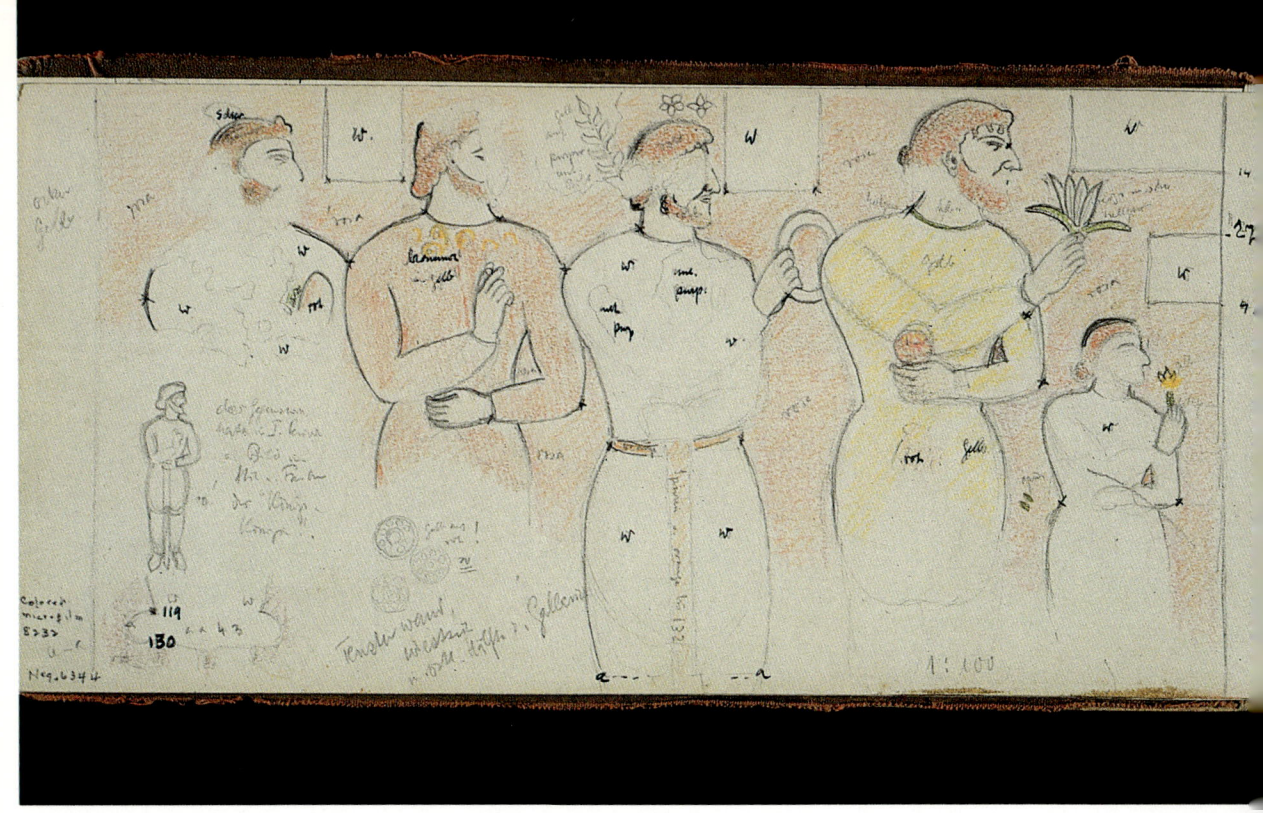

Taf. 10   Kuh-i Khwadja, Skizze von Ernst Herzfeld aus dem Jahre 1929 einer jetzt zerstörten Wandmalerei aus d̄ zweiten Fensternische, „Painted Gallery" (Photo: Herzfeld Archive, Freer Gallery of Art, Smithsonian Institutio̅ Washington, D. C.)

Taf. 11   Lilienfresko aus Amnisos (Photo: Hirmer) ▷

Taf. 12   „Frühlingsfresko", Thera (Photo: Hirmer) ▷ ▷

Taf. 13   Fresko mit Krokuspflückerinnen, Detail, Thera (Photo: N. Marinatos)

Taf. 14   Totenritual, Ausschnitt eines bemalten Kalksteinsarkophags aus Agia Triada (nach C. R. Long, The Ayia Triada Sarcophagus (1974) Taf. 19)

Taf. 15   Opferszene und Kultfassade, Ausschnitt eines bemalten Kalksteinsarkophags aus Agia Triada (nach C Long, The Ayia Triada Sarcophagus (1974) Taf. 31)

Abb. 17 Frauen halten Blumen und riechen an deren Blüten. Vasenbild auf einer Amphora in Nikosia, Cyprus Museum CM 1951/XI 27/1 (Photo: Cyprus Museum, Nikosia)

16 Frühlingsvegetation auf Zypern (Photo: Verfasserin)

Taf. 18   „Katakombe" der Ayia Solomoni in Neu-Paphos und der mit Stoffetzen behängte Gebetsbaum (Photo: Verfasserin)

T. S. Kawami

Antike persische Gärten

»Viertens schuf er (Ahura Masdah) die Pflanze. Zunächst wuchs sie in der Mitte der Erde, mehrere Fuß hoch, ohne Zweig oder Rinde oder Dorn, feucht und süß.«

(Größere Bundahischn *1a, 11)*

›Persische Gärten‹ — das evoziert Vorstellungen von Blumen und Brunnen, Grünpflanzen und Schattenspiel im Schutze hoher Mauern. Innerhalb dieses Privatraums vollzieht sich Naturwahrnehmung auf sehr intime Weise. Der persische Garten vermittelte in seiner langen Bestehenszeit das Behagen und die Ruhe der wohlgeordneten Natur sowie die sinnlichen Freuden des Sehens, Hörens und Riechens. Europäische Reisende des 17. Jahrhunderts bestaunten die subtile Geometrie üppigen Wachstums, der süßen Blumen und flutenden Wasserteiche, während die klassische persische Dichtkunst den Garten als Ausdruck der Liebe und aller damit verbundenen Freuden, ob irdisch oder himmlisch, darstellte. Der persische Garten schloß alles Vergnügen dieser Welt in sich und ließ zugleich das Paradies ahnen. Dieses romantische, durch den Orientalismus des 19. Jahrhunderts überhöhte Bild ist gleichwohl in der Kultur des alten Iran verwurzelt; Elemente dieses Bildes verkörpern seit mindestens 4000 Jahren einen Aspekt des persischen Lebens.

Die einheitliche Form des persischen Gartens mit seinem Wasser, seinen Mauern und Bäumen ist ein Produkt des trockenen Klimas. Die iranische Landmasse besteht aus einem Hochplateau, an dessen Rändern im Norden und Westen sich stattliche Gebirgszüge erheben. Das Zagrosgebirge im Westen und das Elbursgebirge im Norden halten regenbringende Wolken für einen Großteil des Jahres fern und sind für den wüstenähnlichen Charakter des Landesinneren und die hohe Feuchte des Landstrichs entlang dem Kaspischen Meer verantwortlich. Die Berge weisen zahlreiche kleine unterirdische Quellen im Kalkstein auf. Diese und die Schneeschmelze der Hochgebirgsregionen bewässern das Binnenland bis in den Sommer hinein. Der gelegentliche Schneefall, der noch im zentralen Teil des Landes wenigstens etwas Feuchtigkeit spendet, erreicht den südlichen, dem Golf angrenzenden Teil Irans nie. Der Niederschlagsmangel wird durch künstliche Bewässerung kompensiert, und der bewässerte Garten wird mit einer Mauer umgeben, die gleichzeitig das Wasser und die Vegetation des Gartens schützt. Das Wasser und die Umfriedung sind aus praktischen Gründen notwendig, jedoch haben die Bäume, die sogar in kleinen Gärten wachsen, eine symbolische wie ästhetische Funktion. Im trockenen Klima Irans werden Bäume mit Wasser und Wasser natürlich mit Leben gleichgesetzt.

Die ältesten dokumentierten Gärten im Iran sind diejenigen der Elamiter, die durch die antiken Schriftquellen und die in den letzten Jahrzehnten freigelegten archäologischen Stätten bekannt geworden sind. Diese beiden Quellenbereiche sind jedoch fragmentarisch. Unsere Kenntnisse bleiben daher vorerst unvollständig; einige Teile des Gesamtbildes stehen noch aus.

Schriftzeugnisse aus der großen elamischen Stadt Susa in der Ebene des südwestlichen Irans belegen die religiöse und weltliche Bedeutung von Gärten. Verschiedene elamische Herrscher wie Untasch-Napirischa (Mitte 13. Jahrhundert v. Chr.) und Schilchak-Inschuschinak (ca. 1150–1120 v. Chr.) drückten ihre Pietät dadurch aus, daß sie *si-ia-an hu-sa-me* oder Tempelhaine für eine Anzahl von Göttern wie Inschuschinak, den Gott von Susa, Nakhunte, den Sonnengott, und die Göttin Simut anlegen ließen. Es wird angenommen, daß einige dieser Haine in Susa lokalisiert waren, weitere Haine befanden sich an anderen Orten. Schilchak-Inschuschinak z. B. rühmte sich, 20 verlassene *si-ia-an hu-sa-me* erneuert und repariert zu haben. Seine Inschrift bietet wenig zusätzlichen Aufschluß über die Tempelhaine, außer daß gebrannte Tonziegel bei der Instandsetzung der Haine benutzt wurden. Diese Ziegel könnten beim Bau von Bewässerungskanälen, Gebäuden oder am wahrscheinlichsten von Mauern, die die Haine umgaben, verwendet worden sein. Die Größe dieser Gärten ist unbekannt; einen Anhalt gibt, daß im Garten der Göttin Simut zehn Bäume gefällt werden konnten, ohne daß die Erscheinung des Hains beeinträchtigt worden wäre. Ein fragmentarisches Bronzerelief aus der gleichen Zeit wie die Texte mag eine Vorstellung dieser heiligen Haine vermitteln. Die elamische Inschrift zwischen den bewaffneten Figuren, die wahrscheinlich göttliche Wächter darstellen, dokumentiert den Bau von Tempeln für mehrere Götter einschließlich Nakhunte, des Sonnengottes. Das untere Register des Reliefs wurde später mit einer Darstellung eines Tempelhains mit einfachen belaubten Bäumen und Vögeln verziert. Dies geschah vielleicht zu der Zeit, als die ursprüngliche Oberfläche des Reliefs überarbeitet wurde.

Ein einmaliges Bronzemodell eines Sonnenaufgangsrituals oder *sit šamši* belegt weiter die hohe Bedeutung der Vegetation in den heiligen Bezirken. In diesem Modell steht fast unmittelbar gegenüber dem kleineren Tempel ein belaubter Baum oder Busch. Seine Äste und Blätter sind der Korrosion zum

Abb. 26

Abb. 27

Abb. 26   Susa, Kupfer-/Bronzerelief mit eingravierten Bäumen

Opfer gefallen, jedoch deuten Spuren im Gipsblock, in dem das Modell eingeschlossen war, an, daß der Baum einst größer und auffälliger gewesen sein
muß, als er heute erscheint. Der Stellenwert von Vegetation im sakralen Bereich
wird in diesem Modell deutlich. Der Baum gehört mit den Zikkurati oder Tem-
peltürmen, Altären, Priestern und Kultgeräten zur Ausstattung eines Heiligtums.

Vor dem 2. Jahrtausend v. Chr. kennen wir keinen direkten archäologischen
Nachweis für die Gärten selbst. Die große Zikkurat von Tschoga Zembil erhebt
sich über dem welligen Land entlang dem Fluß Dis und ist ein eindrucksvolles
Wahrzeichen in der weiten Landschaft. In der zweiten Hälfte des 13. Jahrhunderts v. Chr. vom elamischen König Untasch-Napirischa erbaut, weist der Komplex eine Zikkurat und eine Reihe von Bauten, offensichtlich Tempel, auf, die auf
gewölbten, königlichen Gräbern errichtet sind. Das ganze Gelände wird von   *Abb. 28*

Abb. 27   Susa, Kupfer-/Bronzemodell eines Sonnenaufgangsrituals *(sit šamši)*

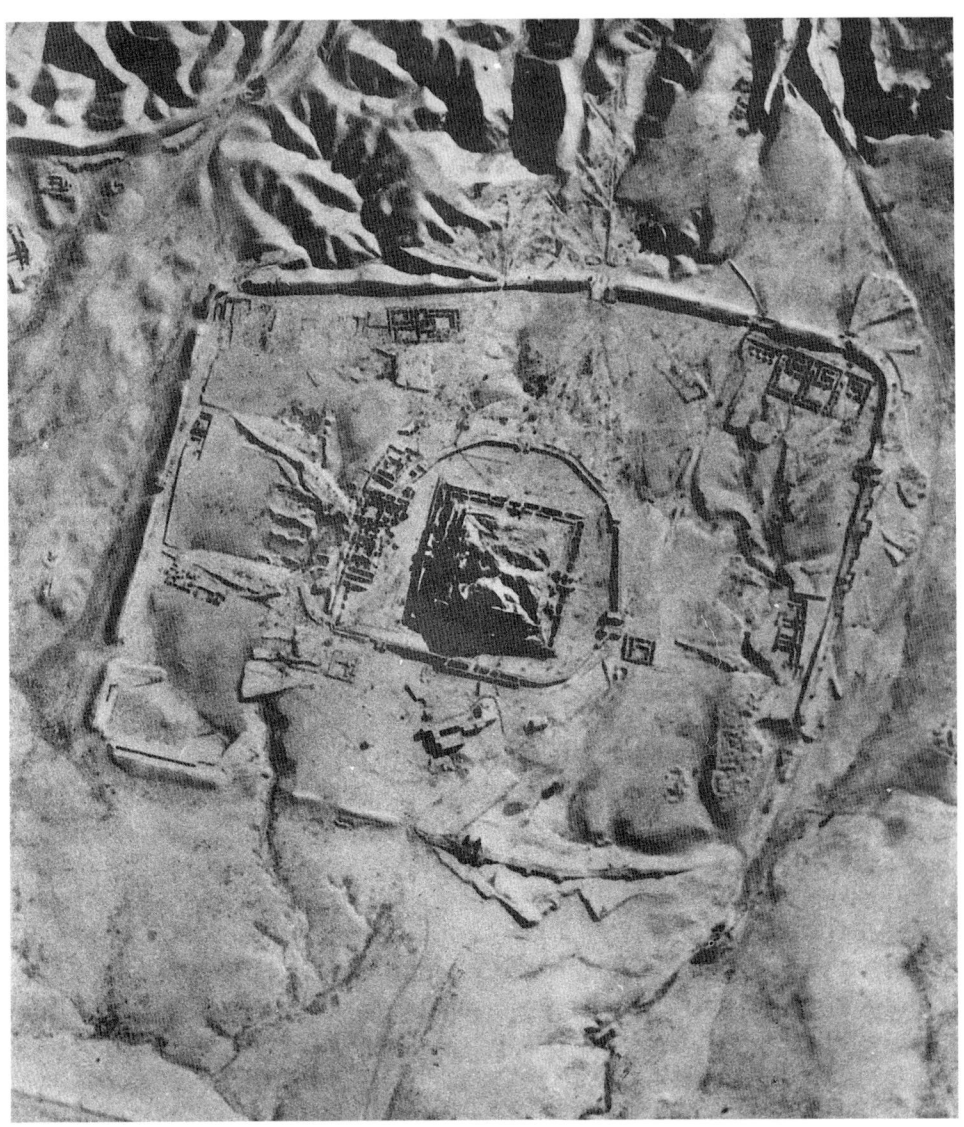

Abb. 28   Tschoga Zembil (Luftaufnahme), zweite Hälfte 13. Jh. v. Chr.

zwei konzentrischen Mauern umgeben, deren äußere ein Areal von 1200 ×
800 m umfaßt. Wohnbauten gab es nicht, lediglich die Quartiere für die Priester
und Wärter des Heiligtums befanden sich in diesem Bereich.

Die natürliche Quellwasserzufuhr von Tschoga Zembil ist sehr begrenzt. Die
örtlichen Quellen sind brackig, und das Flußbett des eineinhalb Kilometer entfernten Dis liegt etwa 60 Fuß tiefer als Tschoga Zembil. Um Frischwasser in das

Areal zu leiten, wurde ein Kanal über 50 km Entfernung vom Fluß Kerkha hereingeführt, der im Nordosten aus größerer Höhe herabströmt. Dieser große Kanal speiste ein umfangreiches, aus Ziegeln gemauertes und mit Bitumen abgedichtetes Wasserreservoir, das sich an der äußeren Mauer befand. Ein kleineres Bassin innerhalb der Mauer wurde mit Wasser aus neun Röhren oder Tunneln *Abb. 29* gefüllt, die vom Reservoir abgeleitet waren. Die Konstruktion dieses Kanals war nicht nur eine eminent praktische Leistung, sondern wurde auch vom königlichen Stifter Untasch-Napirischa als Manifestation seiner Macht verstanden. Die diesbezügliche Inschrift lautet: »Ich, Untasch-Napirischa, Sohn des Humbannumena, König von Susa und Anschan, habe mir meinen Herzenswunsch erfüllt und einen Kanal gebaut, der ›der Ruhm meines Namens‹ heißt; dabei übte ich meine königliche Macht für mein Leben und mein Wohlbefinden aus, für viele Tage und für Jahre.«

Dieses anspruchsvolle Kanalisationssystem belieferte Tschoga Zembil mit Wassermengen, die bei weitem den Bedarf der relativ wenigen Bewohner des Bezirks überstiegen haben müssen. Es ist sehr verlockend, sich einen heiligen Hain der Göttin Kiririscha innerhalb der Umfriedung vorzustellen, der während des langen, trockenen Sommers vom großen Kanal bewässert wurde.

Für das in Tschoga Zembil angelegte, technisch hochentwickelte Kanalisationssystem finden sich weitaus ältere Vorbilder in Mesopotamien. Schon im 5. Jahrtausend v. Chr. wurden einfache Bewässerungskanäle in der Nähe von Tschoga Mami östlich des Tigris und weiter im Nordwesten von Susa angelegt.

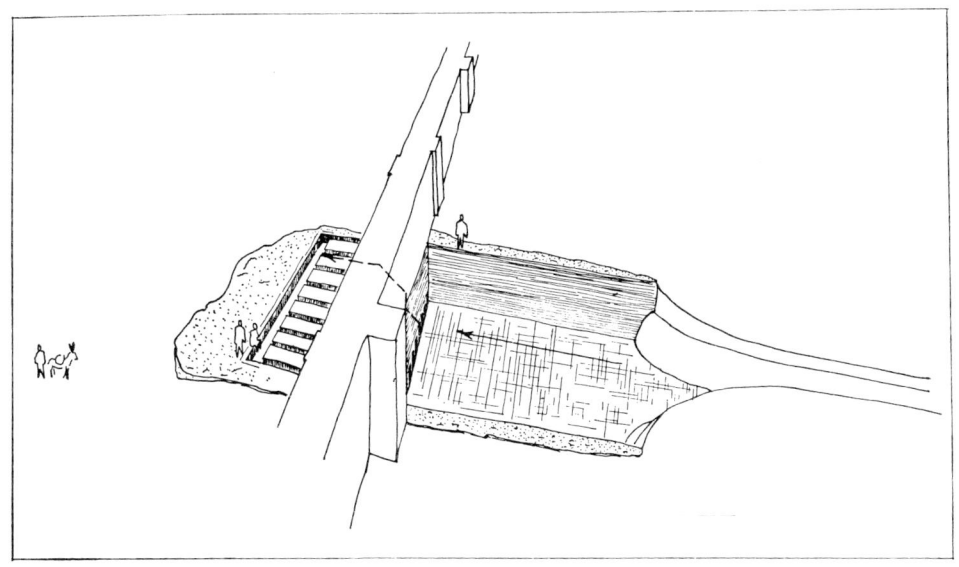

Abb. 29   Tschoga Zembil, Plan des Reservoirs, zweite Hälfte 13. Jh. v. Chr.

Gleichzeitig hob man ähnliche Bewässerungsgräben in Zentralasien bei Namazga Tepe im südlichen Turkmenistan aus. Die Technik der künstlichen Bewässerung einschließlich der Aufstauanlagen, Schleusen und komplexen Kanalsysteme war in der Eisenzeit, als Tschoga Zembil entstand, bereits vielerorts im Nahen Osten gebräuchlich.

Eine Serie von assyrischen Reliefs, die militärische Aktivitäten um 650 v. Chr. in dieser Region zeigen, deutet auf die unverändert hohe Wertschätzung von Gärten im elamischen Königreich noch weit im 1. Jahrtausend v. Chr. Die elamische Stadt Madaktu wird in Form zweier geordneter Reihen von Bauten dargestellt, die innerhalb eines Befestigungswerkes liegen. Die Stadtmauer ist von einem grünen Gürtel aus Dattelpalmen, Palmen und Feigenbäumen umgeben, die zwischen lockerer Bebauung am Ufer des Flusses stehen. Die assyrischen Reliefs geben auch die kleinsten Details sehr getreu wieder, es ist daher wahrscheinlich, daß diese elamische Stadt, wie wohl auch andere im Südwesten Irans, tatsächlich so angelegt war. Mit dieser Kombination aus einem verdichteten innerstädtischen Bereich und einem Gartenstadt-Vorort bot Madaktu das typische Bild vieler iranischer Städte.

Abb. 30

In der gleichen Reliefserie zeigte ein heute verschollenes, nur in Zeichnungen des 19. Jahrhunderts überliefertes Relief einen großen terrassierten Bau, der wie die Zikkurat von Tschoga Zembil sich auf einer Insel im Fluß erhob. Dieses in einem Hain aus Palmen und anderen Bäumen stehende Gebäude war von einer Mauer mit monumentalem Tor umgeben. Der Bau wird wegen der Architekturform und der auf seiner obersten Ebene angebrachten Rinderschädel mit Hörnern für einen Tempel gehalten. Eventuell ist er als die Zikkurat von Susa zu identifizieren, die vom assyrischen König Assurbanipal eingenommen, geplündert und schließlich zerstört wurde. Assurbanipal prahlt: »In ihre heiligen Haine, die kein Fremder je geschaut hatte, drangen meine Soldaten ein. Sie sahen ihre Geheimnisse, sie zerstörten sie im Feuer.« (Louvre AO 19939)

Die elamische Gartenbautradition vermischte sich mit den Glaubensformen der indoeuropäisch sprechenden Iraner, deren Präsenz im Iran für das frühe 1. Jahrtausend belegt ist. Spätestens im 7. Jahrhundert v. Chr. hatte sich eine nichtelamische Gruppe aus iranisch sprechenden Stämmen − die Meder und die Perser − als eine bedeutende politische und gesellschaftliche Macht im Westen Irans etabliert. Schließlich brachte die achämenidische Dynastie der Perser alte elamische Städte wie Susa unter ihre Kontrolle. Die Achämeniden zeichneten sich u. a. durch ihre Religion aus, eine Religion, die heute nach dem Priester/Propheten Zoroaster (Zarathustra, *Zarduscht*) Zoroastrismus genannt wird.

Zoroastrischer Glaube und Ritus förderten eine Wahrnehmung des pflanzlichen Lebens, da diese Religion eine unter dem antiken Namen *haoma* oder *soma* (›das Ausgepreßte‹) bekannte Pflanze für heilig hielt. Der Saft dieser

Abb. 30   Ninive, Palast des Assurbanipal, steinernes Relief mit einer Darstellung der elamischen Stadt Madaktu, ca. 660–650 v. Chr.

Pflanze sollte die Stärke der Krieger und die schöpferische Einbildungskraft der
Dichter steigern und Priester in die Lage versetzen, göttliche Inspiration zu emp-
fangen. Zoroaster selbst war ein Gegner des Haoma-Trankes, doch nach seinem
Tode setzte sich der Gebrauch dieses Rauschmittels im Kultritual wieder fort. In
jüngerer Zeit pflegten Zoroastrier zu diesem Zweck eine fast blattlose Pflanze der
Gattung Ephedra zu benutzen, die die Basis der Droge Ephedrin ist. Es ist
jedoch keineswegs sicher, ob diese Pflanze die gleiche ist, die in der Antike verwendet wurde. Auch Grashalmbündel (baresman, barsom), die später durch
Rutenbündel ersetzt wurden, spielten als Symbole für Vegetation im Kultritual
eine Rolle. Darstellungen dieser Bündel haben sich auf Reliefs und Siegeln vom
späten 6. bis zum späten 4. Jahrhundert v. Chr. erhalten. Das wache Empfinden
für Natur und Umwelt führte vielleicht zum frühen zoroastrischen Brauch, im
Freien die Götter zu verehren und Kulthandlungen dort zu vollziehen. Obwohl
im zoroastrischen Feuerkult das Feuer innerhalb eines Gebäudes oder zumindest
in einer umbauten Anlage bewahrt wurde, fanden Kultzeremonien gleichzeitig
unter freiem Himmel statt. In Pasargadae, der ersten vor 550 v. Chr. erbauten
achämenidischen Hauptstadt im zentralen Iran, bilden zwei große Kalksteinsäu-
lenplatten und eine Serie von gemauerten Terrassen den unüberdachten heiligen
Bezirk weit im Norden der Stadt.

Diese Aspekte des Kultrituals, verbunden mit der ländlich-bukolischen Orientierung früher zoroastrischer Schriften und Feste, betonen die Wichtigkeit pflanzlichen Lebens. In dieser Religion galten Bemühungen um Schutz, Erhaltung und Zucht von Pflanzen als eine fromme Tat. In historischen Zeiten waren die Zoroastrier im Iran als talentierte Gärtner angesehen, jedoch mag es unbegründet sein, spätere Ansichten über sie in die achämenidische Zeit zurückzuprojizieren. Statt Acker- oder Gartenbauaktivitäten betonten die griechischen Historiker vielmehr Aspekte wie das Nomadendasein und die Reitkunst als besonders charakteristisch für diese Kultur. Trotz der Schwierigkeit, diese abweichenden Ansichten zur frühen persischen Kultur heute in Einklang miteinander zu bringen, ist zu vermuten, daß zoroastrische Impulse in der herrschenden Elite des achämenidischen Reichs wenigstens teilweise für die Entwicklung der persischen königlichen Parkanlagen verantwortlich waren.

Der älteste dieser Parks, ein eher weltlicher als religiöser Bezirk, ist auch in Pasargadae belegt. Die von David Stronach im Auftrag des British Institute for Persian Studies geleiteten Ausgrabungen der 60er Jahre ergaben, daß die scheinbar willkürliche Lage der Paläste ›P‹ und ›S‹ und des Torhauses in Wirklichkeit durch die Anlage eines umfangreichen Gartens mit Wasserbassins aus Kalkstein, Wasserkanälen und einem Pavillon diktiert wurde. Der regelmäßige, in vier Bereiche aufgeteilte Plan des Gartens besitzt schon die Form des späteren, klassischen persischen *chahar bagh* oder vierteiligen Gartens. Der Eingangspavillon, der in der Folgezeit auch ein Merkmal islamischer Gärten war, findet seine Vorbilder vielleicht im elamischen Tempelgarten mit Torhaus, der im verschollenen assyrischen Relief aus Ninive dargestellt ist. Zum anscheinend weltlichen Charakter des Gartens in Pasargadae bietet sich, wie gezeigt, eine Entsprechung im elamischen Tschoga Zembil; der König Napirischa identifizierte den großen, von ihm gestifteten Wasserkanal mit seiner Königswürde. Der fromme Herrscher stand in der Gunst der Götter, so blühte die Erde um ihn, mochte er nun Elamiter oder Achämenide sein.

Während die Gärten Irans in der Regel lediglich aus schriftlichen oder kunsthistorischen Quellen bekannt sind, stellt die Anlage in Pasargadae den ältesten archäologisch nachweisbaren persischen Garten dar. Es ist freilich eine Ironie der Überlieferung, daß sich ausgerechnet über ihn keine literarischen Auskünfte erhalten haben, obwohl einige antike Historiker das Grab des Kyros in Pasargadae detailliert beschreiben. Im Gegensatz zur Situation im römischen Pompeji und Herculaneum (s. Beitrag Jashemski) versiegelte keine Schlammschicht oder vulkanischer Auswurf die achämenidischen Gärten. Regen- und Schneefälle und der Ackerbau über Jahrhunderte haben alle Spuren der einst in ihnen angesiedelten Pflanzen, Bäume und Sträucher vernichtet.

Obwohl die persischsprechenden Achämeniden Neuerungen im Iran einführ-

Taf. 7

Abb. 31.32

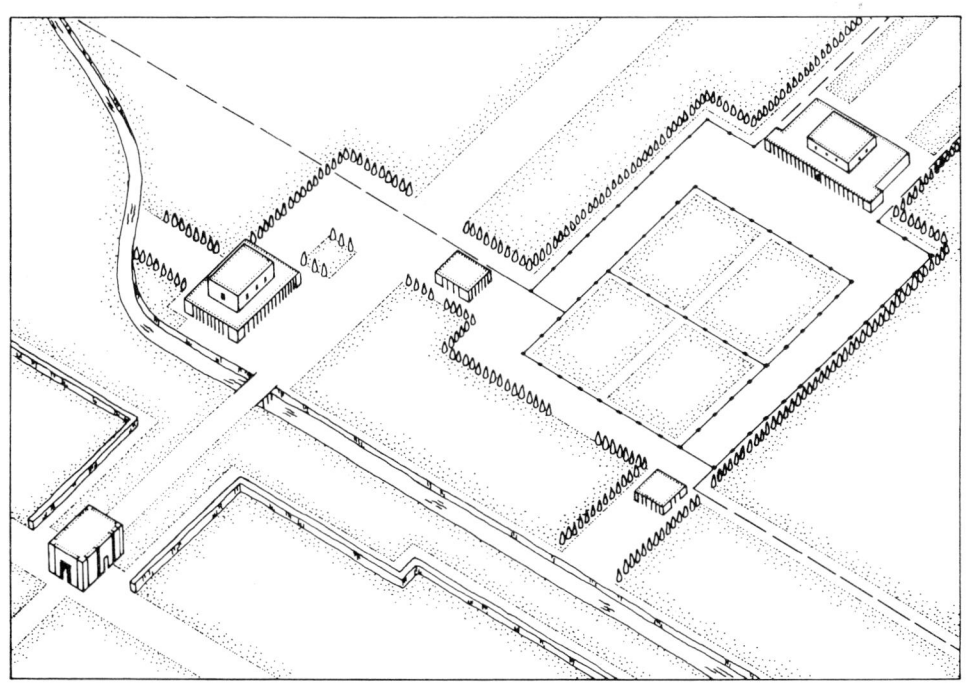

Abb. 31   Pasargadae, überarbeiteter Plan des Gartens

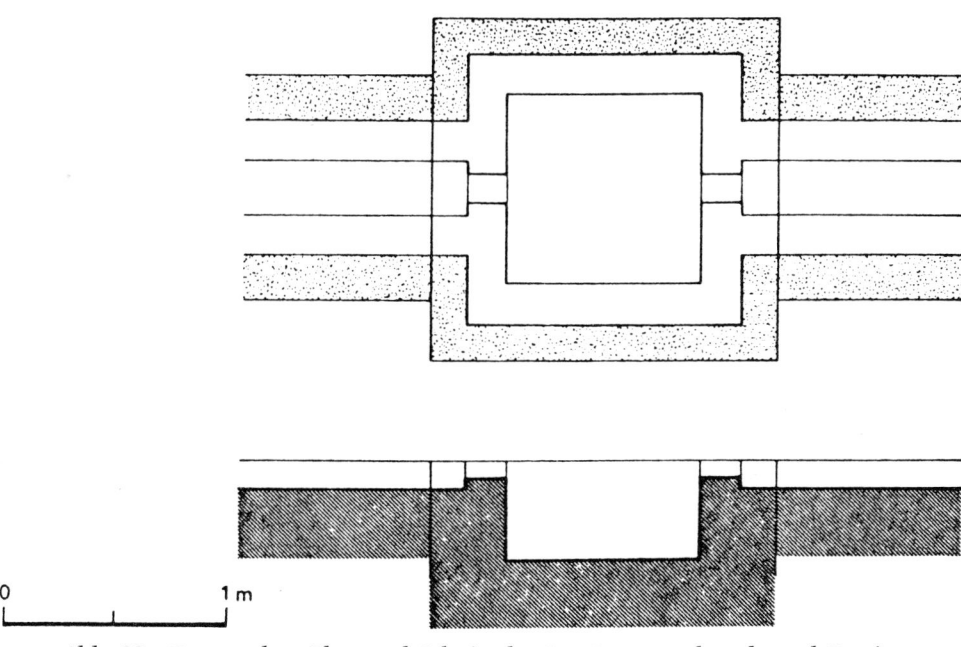

0   1 m

Abb. 32   Pasargadae, Plan und Schnitt des Bewässerungskanals und Bassins

Antike persische Gärten   89

ten – ein Wandel, der in Sprache, Religion und Politik zum Tragen kam –, nahmen sie viele Elemente der Elamiterzeit in ihre eigene Kultur auf. Wir wissen nicht, ob die elamischen heiligen Haine noch unterhalten wurden, jedoch ist die Verehrung einzelner Bäume in der achämenidischen Periode nachgewiesen. Laut Herodot (7,31) sah der 486–465 v. Chr. regierende Großkönig Xerxes auf seinem Weg nach Sardeis in Anatolien eine Platane oder Sykomore, die er so schön fand, daß er den Baum mit goldenen Ornamenten verzieren ließ. Herodot (7,27) wie auch Xenophon (*Hellenika* 7,1,38) berichten übereinstimmend, daß der Vater des Xerxes, der König Dareios (522–486 v. Chr.), eine goldene Platane und eine goldene Weinrebe von Pythios, einem außerordentlich reichen Lyder, zum Geschenk erhielt. Diese Wertschätzung glänzender, künstlicher Vegetation, die nie verwelkt und nie verblaßt, spiegelt den Geschmack der alten Elamiter wider.

Es ist wahrscheinlich, daß in der Stadt Persepolis, die seit Dareios dem Achämenidenreich als Hauptstadt diente, Gärten lagen, jedoch gibt es hierfür allenfalls spärliche archäologische Hinweise. Dies liegt sicherlich im wesentlichen daran, daß die fruchtbare Ebene von Marw-i Dascht in unserem Jahrhundert mit Traktoren umgepflügt worden ist, die alle Spuren antiker Gärten tiefgreifend beseitigten. Es ist jedoch bekannt, daß das an die Terrasse von Persepolis angrenzende Land mit kleinen ›Palästen‹ übersät war. Die Entdeckung von tönernen Wasserkanälen mit Sammelbecken in diesem Areal erlaubt die Vermutung, daß diese kleinen, aber eleganten Bauten mit ihren eigenen winzigen Terrassen und Steinskulpturen nach dem großen Vorbild von Pasargadae inmitten fruchtbarer Gärten angelegt wurden.

Die imposante Architektur der Stadt Persepolis wies eine Vielfalt an pflanzlichen Motiven in der Bauornamentik auf, Motive, die die Schönheit und Fruchtbarkeit der Ebene um Persepolis eingefangen zu haben scheinen. Die Säulen der Audienzhalle (Apadana) sind wegen ihrer fein bearbeiteten Basen besonders *Abb. 33* eindrucksvoll; diese ähneln auf den Kopf gestellten, mehrblättrigen Blüten. Ursprünglich waren die Säulenbasen und die aufwendigen Kapitelle mit einer breiten Palette von Farben bemalt. Diese Ornamente dienten als kostbare Verzierung der hohen und vermutlich relativ düsteren Audienzhalle. Die pflanzlich und blütenähnlich ausgebildeten architektonischen Bauglieder hatten ihren Ursprung über 2000 Jahre früher im alten Ägypten, wo sie erstmalig im Grabkomplex des Djoser bei Sakkara an Monumentalbauten Verwendung fanden. Nachbildungen der ägyptischen Vorlagen waren in der Folgezeit im Nahen Osten weit verbreitet. Mit der persischen Eroberung Ägyptens durch König Kambyses im Jahre 525 v. Chr. kamen neue ägyptische Muster ins Land, die dem Repertoire der iranischen Architekturformen neue Impulse gaben.

Die Prozessionsreliefs auf Orthostatenplatten, welche die Apadana-Terrasse

Abb. 33   Persepolis, Apadana des Xerxes, Säulenbasis mit pflanzlichem Ornament

auf allen Seiten verkleiden, erinnern gleichfalls an Gärten, Vegetation und Blumen. Die Reliefs waren wie die Säulen und Kapitelle bemalt. Schlanke Nadelbäume, die die verschiedenen Vasallengruppen der Prozession kompositorisch voneinander trennen, sind naturgetreueste Pflanzendarstellungen, wie wir sie von den Reliefs aus Persepolis kennen. Wenn diese Bäume auch in erster Linie *Taf. 8* rahmende Funktion haben — sie dienen der bildlichen Scheidung der einzelnen ethnischen Gruppen —, dürfen wir in ihnen doch Vertreter bestimmter, den Persern geläufiger Baumarten erkennen. Gleichwohl ist eine symbolische Bedeutung der Bäume nicht auszuschließen. Die ganzjährig intensive, dunkelgrüne Farbe der Nadelbäume bot willkommene Abwechslung im iranischen Landschaftsbild, das von fahlen Erdfarben fast das ganze Jahr hindurch gekennzeichnet ist.

Im Gegensatz zu diesem Naturalismus sind andere Darstellungen von Blumen und Pflanzen eher stilisiert und dekorativ. Die Treppenfassaden der Terrasse der Audienzhalle (Apadana) sind mit großen, schilfähnlichen Gebilden verziert. Die Pflanzen auf diesen Paneelen ähneln dem hochwachsenden *Phragmites*-Schilfrohr, das im Frühjahr in der Nähe von Quellen, in feuchten Niederungen und entlang Bewässerungskanälen gedeiht. Die vielblättrige, als Füllornament in den Reliefs vertretene Rosette erinnert an die zahlreichen Korbblütengewächse, die in der Gegend noch heute vorkommen. Die Schilfrohr- und Blumenmotive finden einesteils ihre Vorbilder in der Ornamentik der älteren assyrischen Paläste — die

Rosette mag auch mit der Sonne oder Sonnengottheiten assoziiert worden sein –, waren aber zweifellos auch deshalb beliebt, weil sie auf die reale, den Persern vertraute natürliche Umwelt Bezug nahmen.

Blumen mögen auch in der persönlichen Sphäre als Zierde eine Rolle gespielt haben. Auf den sogenannten Schatzhausreliefs hält der persische König Dareios eine Audienz und trägt dabei eine große, steife, lotusähnliche Blume, deren Größe und imposanter Anblick an ein künstliches Gebilde denken lassen. Da Dareios Pflanzen aus Gold anfertigen ließ, ist es gut möglich, daß er bei besonderen Anlässen auch eine goldene Blume als Bestandteil der königlichen Tracht trug. Dieser Brauch mag in Ägypten verwurzelt sein, wo Darstellungen von königlichen Persönlichkeiten und Bürgern mit duftenden Blumen häufig anzutreffen sind. Das in den Schatzhausreliefs gezeigte Weihrauchgefäß hatte dann wohl die Aufgabe, den künstlichen Blumen fehlenden Duft vorzutäuschen.

Schriftliche Erwähnungen von achämenidischen Gärten und Gärtnern sind auch überliefert. Keilschrifturkunden aus Persepolis verzeichnen die Lieferung von Maulbeeren, Feigen, Quitten *(bâya)* und möglicherweise Äpfeln, während andere Schriften einen Gärtner, *w-hu-sa nu-iš-ki-ra* (wörtlich ›Baumwärter‹), erwähnen und über große Mengen von Obstbaumsämlingen berichten. Da Persepolis eine Verwaltungsmetropole war, können wir nicht mehr mit Sicherheit sagen, ob das Obst in die Hauptstadt hinein- oder aus ihr heraustransportiert oder ob es eventuell in anderen Regionen Irans verteilt wurde.

Die hochgradig zentralisierte Verwaltung des Achämenidenreichs mag für die Entwicklung eines künstlichen Bewässerungssystems *(ganat)* mitverantwortlich gewesen sein. Dieses System bestand aus unterirdisch verlaufenden Kanälen, die den Vorteil hatten, die Verdunstung des darin fließenden Wassers zu verhindern. Das *ganat*-System, das frische Bergwasser ins Landesinnere führte, wies große brunnenähnliche Öffnungen in regelmäßigen Abständen auf, die die Instandhaltung des Netzes erleichterten.

Liebliche Gärten wurden in verschiedenen Gegenden des Achämenidenreichs kultiviert. Belesys, der achämenidische Satrap von Syrien, besaß dem griechischen Historiker Xenophon zufolge, der mit griechischen Söldnern die Region im späten 5. Jahrhundert v.Chr. bereiste, »einen sehr großen und schönen Park, in dem alle erdenklichen Pflanzen wuchsen« *(Anabasis* 1,4,10). Als die persische Faktion, die die Söldnertruppe angeheuert hatte, später den Kampf verlor, zogen die Griechen sich in ein Lager in Sittake bei Babylon »in der Nähe eines schönen, großen, mit vielen Baumarten bepflanzten Parks« zurück *(Anabasis* 2,4,14). Der Park muß von beträchtlicher Ausdehnung gewesen sein, da die Griechen glaubten, es halte sich eine große Gruppe Einheimischer darin versteckt.

Die politisch verworrene und kulturell vielschichtige Phase nach dem durch Alexander den Großen herbeigeführten Sturz des Achämenidenkönigs Dareios

III. im Jahre 329 v.Chr. hat uns keine archäologisch feststellbaren Spuren von Gärten im Iran hinterlassen. Wir müssen uns daher an den literarischen Quellen orientieren. Die Gärten und Lustparks der Achämenidenkönige wurden im späten 4. und 3. Jahrhundert v.Chr. unter den makedonischen Herrschern, den Seleukiden, weiter gepflegt. Harpalos, der griechische Schatzmeister Alexanders, führte mit einigem Erfolg griechische Pflanzenarten in die königlichen Gärten ein; lediglich der Efeu akklimatisierte sich nicht wegen des heißen, bedrückenden Klimas der Region am Persischen Golf, wie Plutarch in seinem *Leben des Alexander* (35,8) berichtet. Die Vermutung, daß die iranischen Prinzen, die an die Macht zurückkehrten, als die Parther um 250 v.Chr. die makedonischen Griechen aus Iran gen Westen verdrängten, den alten Brauch der königlichen Gärten weiter pflegten, ist sicher nicht abwegig. Kunde von diesen riesigen Parkanlagen und ihren Gärten gibt noch die romantische, von Diodoros von Sizilien im 1. vorchristlichen Jahrhundert niedergeschriebene Anekdote um die legendäre Königin Semiramis. Nach dem Bau der Stadt Babylon und der Schöpfung der »Hängenden Gärten« soll Semiramis nach Medien (dem heutigen Kurdistan) gereist sein und ausgedehnte Parks mit Palästen und Vergnügungsgärten an zwei Stellen der Fernstraße Baghdad-Khorasan angelegt haben (zu den Hängenden Gärten s. S. 74). Der Park von Bagistana mit einer Quelle, einem Zeusheiligtum und Felsenreliefs läßt sich mit dem modernen Bisutun identifizieren, einer Stätte, die achämenidische, seleukidische und parthische Funde erbracht hat. Der zweite Park, bei Chaoun, der mit einem aufwendigen Palast auf einem Felsen mit Blick auf den Garten verbunden war, dürfte mit dem heutigen Ort Taq-i Bostan gleichzusetzen sein. Hier an den goldschimmernden Felsen und einer kühlen Quelle herrscht sogar im trockenen Spätsommer eine grüne Kulisse vor.

Archäologische Befunde, die auf Gärten hinweisen, gibt es wieder aus der Epoche der Sassaniden (227–642 n.Chr.), in der diese stark zentralistische, in der achämenidischen Kernlandschaft Fars beheimatete Dynastie Iran regierte. In sassanidischer Zeit war Taq-i Bostan ein großer rechteckiger Jagdpark (persisch *pardis*, griechisch *paradeisos*, daraus christlich-islamisch Paradies; s. Beitrag Carroll-Spillecke), dessen Umfriedung aus Lehmmauern entlang der Straße von Taq-i Bostan bis zum modernen Ort Kermanschah verfolgt werden kann. Der *Abb. 34* nördliche, szenisch durch Felsklippen und eine Quelle geprägte Teil des Parks wurde über einen längeren Zeitraum immer wieder mit Felsreliefs verziert. Das größte der Reliefs ist ein *iwan*, eine große, in den Felsen eingetiefte und mit *Taf. 9* königlichen Bildern geschmückte Nische, die beidseitig von Reliefs mit Jagdszenen im Park gerahmt wird. Diese werden in die späte sassanidische Zeit datiert und dem König Khosroes II. (591–628 n.Chr.) zugeschrieben. Das westliche Relief zeigt den König auf Wildschweinjagd in einem Sumpfgebiet, das mit provisorischen Netzen oder Zäunen eingegrenzt ist. Elefanten reitende Treiber scheu-

Abb. 34 Taq-i Bostan mit Einfriedung des Paradeisos (Luftaufnahme von E. Schmidt)

Abb. 35

chen die Wildschweine ins Wasser, während der König mit Pfeil und Bogen von einem Boot aus jagt. Spielende Musikanten an Bord dreier weiterer Boote unterstreichen das Artifizielle dieser Jagdszene. Das östliche, unvollendete Relief zeigt eine Hirschjagd. Die Hirsche werden in drei provisorischen Koppeln oder Gehegen durch Treiber, die wiederum auf Elefanten sitzen, zusammengehalten. Das mittlere Gehege wird gerade von zwei Jagdgehilfen geöffnet, und die Hirsche, von den Mahouts und Reitern vorwärtsgetrieben, strömen aus dem Auslaß am König vorbei. Eine Musikantengruppe auf einer erhöhten Bühne in der oberen linken Ecke des Reliefs spielt ihre Instrumente, während Packkamele die Jagdtrophäen abtransportieren.

Obwohl der Betrachter des Reliefs annehmen könnte, daß hier nur schematisch ein Typus königlicher Aktivitäten abgebildet wird, bestätigt eine genauere Überprüfung der Geländesituation von Taq-i Bostan vielmehr, daß die Reliefs die realen landschaftlichen Gegebenheiten des Parks widerspiegeln. Tatsächlich weist das Parkareal von Taq-i Bostan die zwei Szenerien der Reliefs auf. Im Westen am Fuße der Felsklippen erstreckt sich ein über einen Kilometer langes, sumpfiges Gelände, im Süden über mehrere Kilometer eine flache, fruchtbare Landschaft. Waren diese Bereiche in der Antike eingehegt und von Wildhütern überwacht, hätten Wildschweine und Rotwild auf beiden Parkgeländen leicht gehalten werden können. Für die Jagd konnte man dann die Tiere in der Nähe der Quelle bequem zusammentreiben.

Das Auftreten von Tieren im persischen Garten ist nur unter den Sassaniden klar belegt, doch ist es wahrscheinlich, daß Tiere auch schon früher von den Achämeniden in Gärten gehalten wurden. Sicherlich war die Funktion eines sassanidischen Parks wie Taq-i Bostan die gleiche wie die des Parks im achämenidischen Pasargadae oder gar im elamischen Tschoga Zembil. Diese Reviere dienten gleichsam als Bühne für die Ausübung und Zurschaustellung der gottgegebenen Königsmacht.

Während in der achämenidischen Kunst nur der König eine Blume trug, werden in der Kunst der Sassaniden sowohl Männer als auch Frauen blumenhaltend dargestellt. Wieder ist dies eine formale und symbolträchtige, keine anekdotische Geste. Die sassanidische Königin empfängt vom König eine Blume auf dem Relief von Tang-i (Sarab-i) Qandil. Männliche und weibliche Figuren tragen einzelne Blumen in den Felsreliefs des Bahram II., und weitere blumentragende Gestalten erscheinen auf Silbertellern und -schalen sowie auf Siegelabdrücken. Ein eine weiße, tulpenähnliche Blume in der Rechten haltender Mann ist zusammen mit anderen Figuren in einem Wandgemälde in Kuh-i Khwadja im Osten Irans dargestellt. Kuh-i Khwadja galt lange Zeit als eine parthische Stadt, jedoch wird sie von der neuesten Forschung in die sassanidische Zeit datiert. Im Gegensatz zu den bisher angesprochenen blumentragenden Figuren wendet sich die Figur von

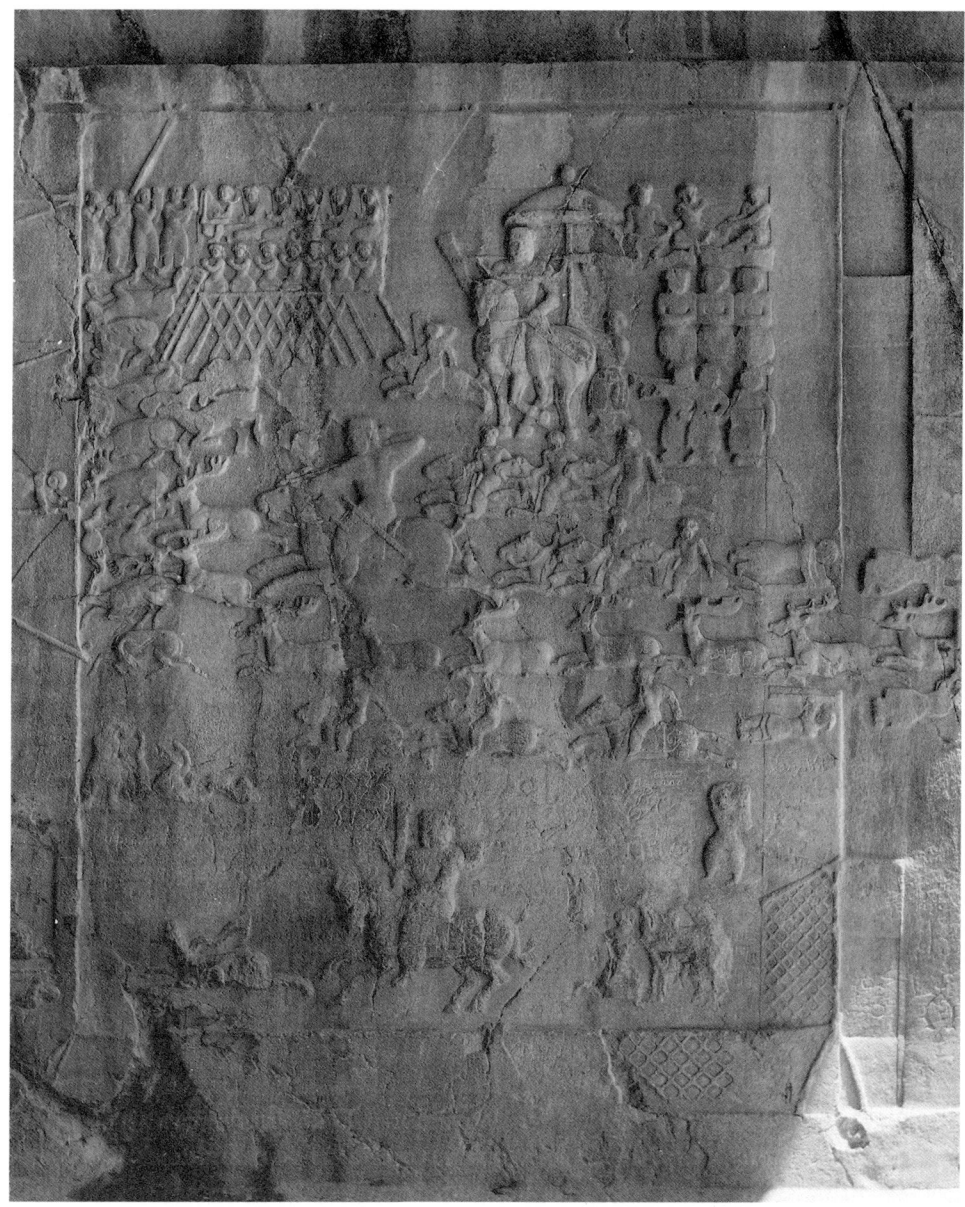

Abb. 35 Taq-i Bostan, Relief mit Hirschjagd, spätes 6. – frühes 7. Jh. n. Chr.

Kuh-i Khwadja nicht an eine königliche Persönlichkeit, sondern an die Götter. Direkt hinter dem Tulpenträger steht ein Mann, dessen Hinterkopf ein gelber, belaubter, lorbeerähnlicher Zweig ziert. Diese Art Zierde ist im sassanidischen

Iran ungewöhnlich, doch taucht sie als Kopfschmuck der sassanidischen Ritter im Relief III bei Bischapur wieder auf. Die Szene jedoch scheint gar keinen Hinweis auf eine sakrale Handlung zu enthalten. Zu bedenken bleibt allerdings, daß im Iran der Sassaniden eine Trennung zwischen ›Kirche‹ und Staat nicht existierte; wir sollten uns hüten, solche Differenzierungen aus moderner Sicht auf die antiken Szenen zu übertragen.

Die Bedeutung dieser Blumen und Zweige läßt sich nicht leicht bestimmen. Die mittelpersische kosmologische Schrift *Bundahischn* verbindet 30 Blumengattungen mit 30 Gottheiten oder *yazatas*, und in späterer Zeit bildete ein Ritus mit acht Blumen einen Teil der Zeremonie des Segenspruchs oder *afrinagan*. Immergrüne Zweige dienten als Ersatz für Blumen, wenn diese jahreszeitlich bedingt nicht verfügbar waren. Der Sinn dieses zoroastrischen Rituals ist regional unterschiedlich verstanden worden, zudem besteht eine große Zeitdiskrepanz zwischen der sassanidischen Periode und der Zeit, für die dieses Ritual belegt ist; aber wie auch immer: das Tragen von Blumen und belaubten Zweigen hat sicherlich eine spezifische zoroastrische Bedeutung in sassanidischer Zeit gehabt.

Der Untergang der sassanidischen Dynastie durch die Hand der islamischen Omaijaden Mesopotamiens brachte keine radikalen Änderungen im persischen Garten. Der geheimnisvolle elamische Tempelhain verwandelte sich in den Paradiesgarten des Korans, die achämenidischen Parks und sassanidischen Jagdreviere befanden sich nun in den Händen frommer islamischer Herrscher. Die Symbolik der gottgegebenen Königsmacht, die in den fruchtbaren, gutbewässerten, von Tieren bevölkerten Gärten Ausdruck fand, blieb unverändert. Lediglich die, denen diese Symbolsprache galt, hatten gewechselt.

Literatur

M. Boyce, Zoroastrians. Their Religion, Beliefs and Practices, 2. Aufl. (New York 1986)

R. Ghirshman, Tchoga Zanbil (Dur Untash) II. Temenos, Temples, Palais, Tombes. Mémoires de la Délégation archéologique en Iran 40 (Paris 1968)

F. Guillot und F. Vallat, Le Verbe élamit ›Pi(s)si‹. Cahiers de la Délégation archéologique française en Iran 8, 1978, 81−84

R. T. Halleck, Selected Fortification Texts. Cahiers de la Délégation archéologique française en Iran 8, 1978, 109−136

G. N. Lisitsina, The History of Irrigation Agriculture in Southern Turkmenia, in: P. Kohl (Hrsg.), The Bronze Age Civilization of Central Asia (Armonk, New York, 1981) 350−358

D. Stronach, Pasargadae (Oxford 1978)

D. Stronach, The royal garden at Pasargadae: Evolution and Legacy. Archaeologia Iranica et Orientalis (Van den Berghe Festschrift; Ghent 1989)

A. Tadjvidi, Survey of Excavations, Persepolis. Iran 11, 1973, 200−201

L. Trümpelmann und M. Abka'i-Khovari, Persepolis. Ein Weltwunder der Antike (Mainz 1988)

Abbildungsnachweis

Abb. 26-27   Louvre, Antiquités orientales, Sb 133. 2743 (Photo: Hirmer)
Abb. 28-29   Nach R. Ghirshman, Tchoga Zanbil (Dur Untash) II, Taf. 1. Abb. 39 auf S. 97
Abb. 30   British Museum, WA 124802 (Photo: Trustees of the British Museum, London)
Abb. 31-32   Plan: D. Stronach
Abb. 33-34   Photo: The Oriental Institute, Chicago
Abb. 35   Photo: B. Grunewald, Berlin

J. Schäfer

Gärten in der bronzezeitlichen ägäischen Kultur?

RITUELLE BILDSPRACHE UND BILDLICHES KONZEPT DER REALITÄT

Die Schwierigkeit einer Lösung der hier aufgeworfenen Problematik, gegeben durch den Titel, wird zum Teil durch die Profanität des Gartenbegriffs der Neuzeit und seiner Konnotationen bewirkt. Unser Verständnis nahezu betäubend, türmt sich ein weiteres Hindernis auf: Wir stehen erst am Anfang von Erkenntnissen über die soziale und geistige Struktur der altägäischen Kulturen. Auch in historischer Hinsicht ist uns insbesondere die minoische Kultur trotz der Fülle archäologischer Daten noch weitgehend verschlossen.

Ein Garten entsteht durch Anpflanzung oder auswählende Pflege der natürlichen Flora, durch Gestaltung und Ausgrenzung. Gärten können verschiedenen, sich nicht unbedingt ausschließenden Zwecken dienen. Der land- und hauswirtschaftliche Nutzgarten ist wohl allen bäuerlichen und städtischen Kulturen eigen. Zu diesen gehört auch der Garten des Phäakenherrschers Alkinoos. Wenn ihn Homer in preisenden Versen beschreibt, so rühmt er die Größe, die Vielzahl der angepflanzten Arten, die geordnete Verteilung der Bestände, die Bewässerung, auch das Gedeihen − als glänzende Gaben der Götter. Diese Gaben sind alle Nutzpflanzen, die im einzelnen aufgezählt werden (Odyssee 7,112−132; s. u.).

Im folgenden soll jedoch eine andere Art des Gartens im Vordergrund stehen. Man könnte ihn den ›Kunstgarten‹ nennen; er ist künstlich und kunstvoll zugleich, und darin liegt sein äußeres Charakteristikum. Sein Zweck kann sich darin erschöpfen, der Freude an der ästhetischen Form zu genügen, zu gefallen. Anspruchsvolle, die Natur und den utilitaristischen Zweck überschreitende Gestaltung ist jedoch in den bronzezeitlichen Hochkulturen Symbol oder Raum für religiöse Rituale. Als räumliches, erd- und ortsgebundenes Werk mit ästhetischem Anspruch ist der Kunstgarten der repräsentativen Architektur verwandt und kann mit ihr eine räumliche und funktionelle Verbindung eingehen.

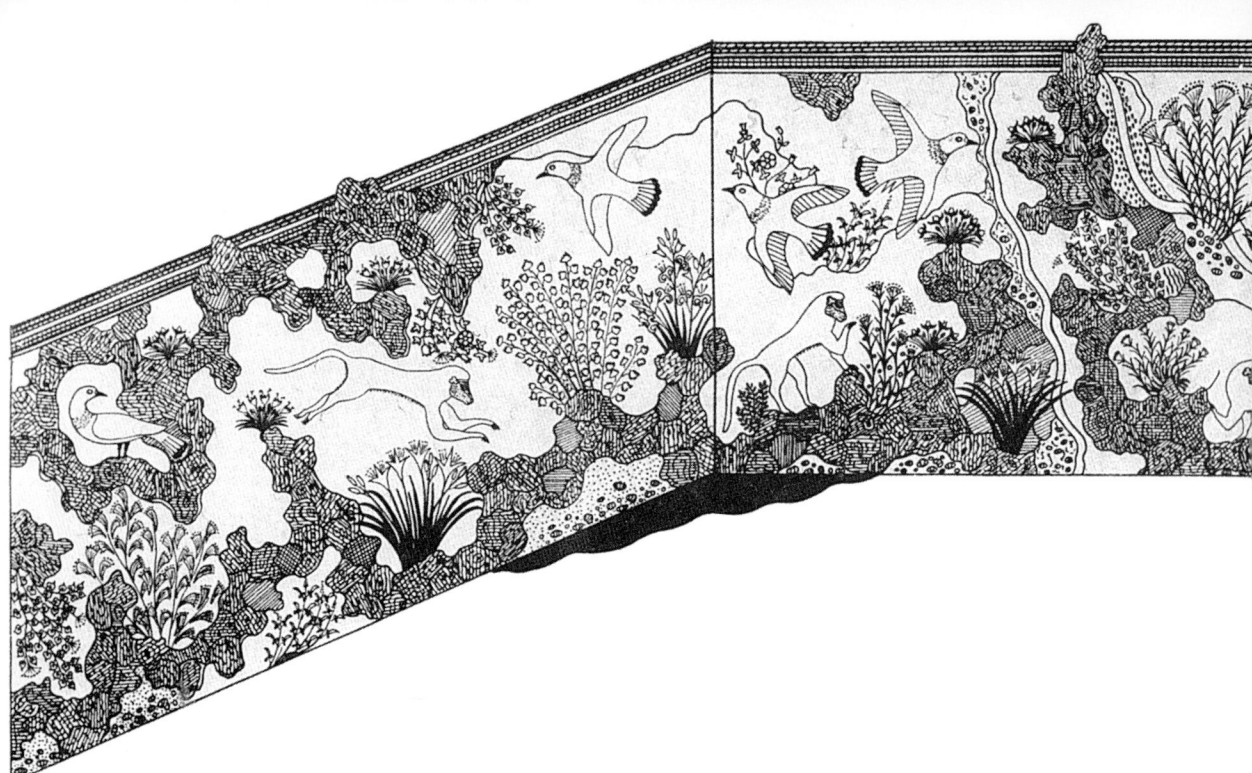

Abb. 36   Fresko vom 'House of the Frescoes', Knossos, Rekonstruktion nach M. Cameron

Für Sir Arthur Evans scheint die Existenz kunstvoller Blumengärten in der minoischen Palastkultur wie selbstverständlich. Als Gartendarstellung empfindet *Abb. 36* er das ›Springbrunnenfresko‹ vom ›Haus der Fresken‹ in Knossos, ebenso gelten ihm Fragmente von Gemälden mit Krokusbüscheln als Teile von Gartenbildern (Evans II 458 f. Abb. 272; III 363). Auch das bekannte Fresko aus der ›Villa der Lilien‹ in Amnisos ist für Evans, wie noch für O. Walter, die Darstellung von Motiven eines Gartens, über dessen reale Existenz nicht reflektiert wird (Evans *Taf. 11* IV 1002 Suppl. Taf. 67 a. b; Walter, 1950, 17 ff.). Schließlich lautet die Legende unter der Farbtafel mit einem Ausschnitt aus dem genannten Fresko von Amnisos in dem bekannten Abbildungswerk von S. Marinatos, erschienen 1959, »Weiße Lilien im Blumengarten« und »stufenförmige Umrandung, Einfriedung eines Gartens andeutend« (1973 Taf. XXIII).

Für J. W. Graham sind in die Architektur von Palästen und anderen anspruchsvollen Bauten der minoischen Hochkultur einbezogene Gärten eine unproblematische Gegebenheit (1987, 87 ff.). Nach dieser Auffassung gehört der Garten zur repräsentativen ›Minoischen Halle‹, die in bewußter architektonischer Verbindung zum Garten im Erdgeschoß liegen konnte »so that the royal families could enjoy the pleasure of the open porticoes and terraced gardens«. Der Garten böte somit ein lichtspendendes und gleichermaßen ästhetisches Ele-

ment. Von der Portikus außerhalb der ›Halle der Doppeläxte‹ betrat man im Ostflügel des Palastes von Knossos »what was probably a garden terrace, bounded on east and south by a low retaining wall and commanding a view over the valley beyond«.

Das Studium der Pläne und der Architektur der östlichen Begrenzung des Palastes von Knossos zeigt jedoch einen Ausbau des Hanges mit Quaderstützwänden, deren terrassenartige Folge statische Gründe hat, und ein System von Ablaufrinnen für das sich im Ostteil des Palastes sammelnde Regenwasser, das, wie A. Evans vermutete, für praktische Zwecke genutzt werden konnte. Gleichzeitig diente diese Konstruktion der Sicherheit vor Eindringlingen. Für Gartenanlagen war dieser Teil der Palastbegrenzung aus praktischen Gründen der Zugänglichkeit nicht besonders gut geeignet.

Eine anschauliche Rekonstruktionszeichnung, angefertigt von J. W. Graham (1987, Abb. 58), zaubert einen Garten in das ca. 30 × 25 m umfassende ebene Gelände im Norden der ›Minoischen Halle‹ im Nordwestteil des Palastes von Malia, nördlich der Portikus, welche die Quartiere II und IV begrenzt. Hier blieb *Abb. 37* nach der Zerstörung von Architektur des Ersten Palastes während der Zeit des Zweiten, Neuen Palastes ein »aufgelassenes Gelände«. »Die Portikus öffnete sich ohne Zweifel auf eine Gartenzone oder, vielleicht, auf ein ›terrain vague‹. Was

Gärten in der bronzezeitlichen ägäischen Kultur? 103

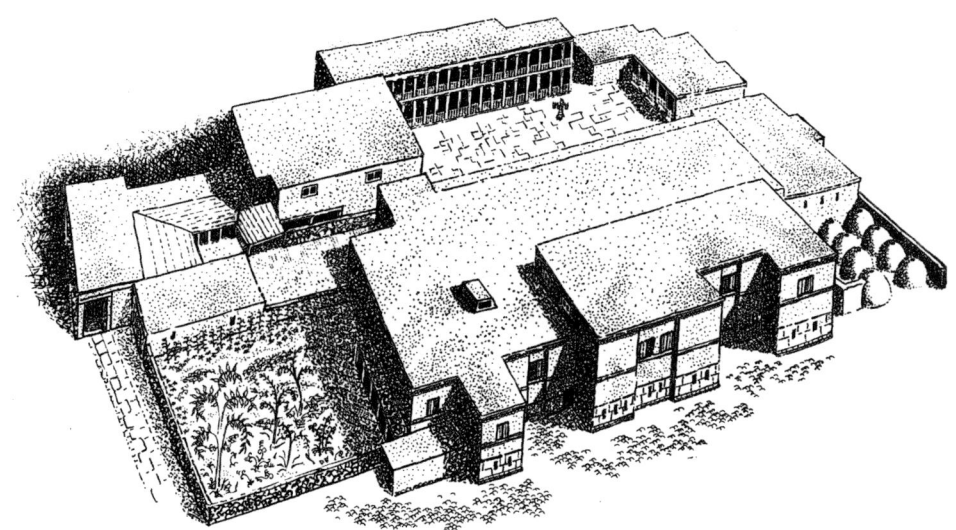

Abb. 37   Der Palast von Malia von Nordwest, perspektivische Rekonstruktion nach J. W.
Graham

auch immer der genaue Aspekt sei: Diese Zone war mit aller Wahrscheinlichkeit durch eine Abschlußmauer im Westen ..., im Norden durch eine Ammudawand (Kalksandsteinwand), ebenso im Osten ... begrenzt« (Pelon, 1980, 242).

Schließlich nennt J. W. Graham (1987, 89) als weiteres Beispiel für die Gartenanlage in der Form einer Übergangszone zwischen den buntgeschmückten Räumen des Erdgeschosses und der freien Natur die Hallen auf der Nordseite des Palastes von Phaistos. Aber in dieser Zone findet sich nach der Analyse der Architektur durch die Ausgräber kein Anhaltspunkt für die äußerste Begrenzung des Palastes, geschweige denn für einen Garten (Pernier, 1935, 34; Pernier – Banti 458 f.).

Auch für aufwendige ›Villen‹, wie z. B. die Villa von Amnisos bei Knossos, gibt es nach der Anschauung von J. W. Graham (1987, 95) und D. Preziosi (1983, 51) keine grundsätzlichen Hindernisse für die Annahme eines Gartens vor der Halle im Erdgeschoß.

Noch nach der gegenwärtigen Fachliteratur ist die reale Existenz des anspruchsvollen Gartens als ein Stück gestalteter Natur mit religiöser Bedeutung fester Bestandteil der altägäischen, mindestens aber der minoischen Kultur der Neuen Paläste: »Ausgedehnte Gärten erstreckten sich rings um die Paläste und die wichtigen Niederlassungen; die Pflanzenwelt stieg bis zu den hochgelegenen Terrassen hinauf, während die Veranden mit bunten Blumentöpfen und mit verzierten Blumenvasen geschmückt waren ...« (M. Platon, 1987, 227).

Bei Ausgrabungen und bei der Untersuchung von Ruinenbeständen ist weder auf Kreta noch in einer anderen ägäischen Region aus dem materiellen Befund der Nachweis eines Kunstgartens erbracht worden. Es muß jedoch festgestellt werden, daß die herkömmlichen archäologischen Untersuchungsmethoden hier überfordert sind. Auch die schriftliche Überlieferung — Zeugnisse in minoischer und mykenischer Schrift — bietet keine Anhaltspunkte. Freilich ist auch dies nicht von vornherein als ein argumentum e silentio für das Fehlen minoischer Gärten zu werten; die minoische Schrift ist weitestgehend unentziffert, und bei den mykenischen Schriftzeugnissen mangelt es offenbar an Kategorien, in denen vom Kunstgarten die Rede sein könnte.

Die lebendige Darstellung von Motiven aus der Pflanzenwelt ist geradezu ein Charakteristikum der Wandmalerei der Paläste und auch anderer anspruchsvoller Bauten aus der Zeit der Neuen Paläste, MM III — SM II (ungefähr 1650 v. Chr. bis in das 15. Jahrhundert v. Chr.), d. i. aus einer Zeit, als die Malerei entsprechende darstellerische Möglichkeiten voll entwickelte. Sicherlich ist der pflanzliche Schmuck zahlloser Tongefäße nicht zuletzt als Reflex dieser großen Malerei zu werten. Sollten sich hier Hinweise auf Kunstgärten oder gar Darstellungen von Gärten finden lassen? Oder bieten andere Denkmälergattungen — vor allem die bilderreiche Siegelglyptik — das Gesuchte?

Minoische Gärten sind nicht zuletzt deshalb zu erwarten, da der Kunstgarten zum festen Bestand der gleichzeitigen Nachbarkulturen Ägyptens und des Vorderen Orients gehört.

Die engen Beziehungen der Ägäis zu Ägypten, daneben auch Beziehungen zum Vorderen Orient, sind besonders für die Epoche des Neuen Reiches erwiesen und bedürfen hier keiner besonderen Behandlung. Allerdings liegen diese Beziehungen, soweit wir heute sehen, offenbar mehr auf dem Gebiet des Handels und der Technologie als auf dem der ›Kultur‹, was in diesem Falle im wesentlichen Kult und Religion bedeutet. Das Phänomen des Kunstgartens konnte in der Ägäis schwerlich unbeachtet bleiben, berührte es sich doch so unmittelbar mit dem erwähnten, besonders seit der mittelminoischen Phase auffallend deutlich hervortretenden künstlerischen Sinn für die Gestaltung der Pflanzenwelt.

DER GARTEN IM NAHEN OSTEN UND IN ÄGYPTEN

Für das ägyptische Alte Reich und in Vorderasien spätestens für die Periode der altassyrischen Kultur des 2. Jahrtausends ist die Pflege von Pflanzungen bezeugt, in denen sich wirtschaftliche in hohem Maße mit kultischen und allgemein repräsentativen, ja sogar mit privaten gesellschaftlichen Zwecken verbanden. In beiden Bereichen war der Garten ein »Luxus der Elite«. Eine religiöse Konnotation gehörte jedoch offenbar zu jedem Garten. Untrennbar war dieser Aspekt mit dem Wachstum der Pflanzen und dem Kreislauf der Natur verbunden.

In Ägypten gehörte der Garten zum abgerundeten Besitz im Diesseits, und sein Bild im Grab sicherte diesen Besitz auch im Jenseits. Der Garten war ›Statussymbol‹ in beiden Welten. Bemerkenswert ist es, daß im Palast der Garten über seine reale Existenz hinaus auch als kunstvolles Bild erscheint, wie z. B. in der Maru-Aton genannten kultischen Anlage in Tell-el-Amarna (s. Beitrag Hugonot, Abb. 12). Gärten und Teiche bilden hier, wie bei anderen ägyptischen Gartenanlagen üblich, eine kompositionelle Einheit. Die säumenden Wände einer eng verzahnten Kette von Wasserbassins im Nordostteil der Anlage sind mit Papyrus, Iris, Lotus und anderen Pflanzen bunt bemalt. Zu einzelnen Bündeln stilisiert, entsteigen sie im Inneren der Teiche dem Wasser, erstrecken sich über die Brüstungen und setzen sich als Beete auf dem korridorartigen Begleitstreifen der Bassinkette fort. Dekoratives Spiel und das Bedürfnis, die blühende Anpflanzung ins Bild zu bannen, scheinen sich hier unlöslich zu verbinden.

Die religiöse und symbolische Bedeutung des ägyptischen Gartens kommt am stärksten bei seiner Verknüpfung mit dem Gott der Vegetation und der Wiedergeburt, Osiris, zum Ausdruck; sein Grab wird im Bilde nicht selten als Garten gestaltet.

Zusammengefaßt: »Der Garten in seiner festgelegten symmetrischen Anordnung ist ein Stück ›Ideal-Natur‹, eine von der ordnenden Hand des Menschen geschaffene Welt *en miniature*, durch deren Erhaltung und liebevolle Pflege er aktiv in die Erhaltung der Weltordnung eingreifen kann« (Wildung, 1977, 376 f.; Helck, 1977, 378 f.). Auf diesem Wege ist das Statussymbol religiös legitimiert. Schriftliche und bildliche Quellen bezeugen, daß die Pflege der Gärten eigens dazu angestellten Gärtnern übertragen worden ist. Bei den ägyptischen Gartenanlagen – sei es, daß sie Privatbauten, sei es, daß sie Palästen oder Tempeln angeschlossen waren – spielt die Pflanzung von Bäumen, wie Palmen und Sykomoren, offenbar eine den Blütenstauden gleichgeordnete Rolle.

Schriftliche Quellen lassen erkennen, daß im Vorderen Orient der Garten eng zu Tempel und Palast gehörte und bereits im 3. Jahrtausend eine Rolle gespielt hat (s. Beitrag Margueron). Ausdrücklich ist der Tempelgarten Naramsins von Akkad (2254–2218) genannt. Bildliche Darstellungen werden erst im Neuassyrischen Reich faßbar. Man gewinnt den Eindruck, daß diese Gärten, in denen sich in hohem Maße Aspekte des Nutzens, der äußeren Repräsentation und des Kultes verbanden, die Vielfalt und Blumenpracht – kurz die Gartenkultur – Ägyptens nicht erreichten. Baumpflanzungen parkähnlicher Form dominierten. Bereits im Zusammenhang mit dem Palast des Zimrilim von Mari (1782–1759), dessen Wandmalerei motivisch mit der Ägäis verknüpft scheint, ist auch der Beruf des Gärtners genannt (Smith, 1965, 96 ff.).

Hinausgeschoben ins Mittelmeer, in Zypern, in einer Zone engsten Kontakts mit der Ägäis und unter den Augen der herrschenden Achäer, lagen die Tempelgärten von Kition, die im 13. Jahrhundert v. Chr. angelegt wurden (s. Beitrag Karageorghis—Carroll-Spillecke). Der Typus der Kultbauten knüpft hier eng an kanaanitische Tradition an (Schäfer, 1983, 556). Auf der Fläche des Temenos wurden die Standplätze von Bäumen und Sträuchern nachgewiesen.

ZUR ÜBERLIEFERUNG DES ›GARTENS‹ IN DER ÄGÄIS

Darstellende Wandmalerei ist aus Kreta und von den Kykladen aus der Zeit der Neuen Paläste (ca. 1650—1380 v. Chr.) in zahlreichen Beispielen überliefert. Ihre Thematik ist so gut wie ausschließlich religiös und weist enge Bindung an rituelle bzw. kultische Vorgänge auf, wie dies vor allem von N. Marinatos (1984) und von R. Hägg (1985) gezeigt werden konnte.

Eine frühe Gruppe, die in die Phase Spätminoisch I A gehört, ist reich an pflanzlichen Einzelformen und räumlicher Suggestion (Schäfer 1977). Diese Fresken sind für unser Thema von Bedeutung. Die Interpretation kann von folgenden Beispielen ausgehen:

I. ›Landschaft‹. Knossos, ›House of the Frescoes‹. *Abb. 36*

II. ›Krokuspflücker‹ (Krokuspflückender Affe). Knossos, Palast. *Abb. 38*

III. ›Frühlingsfresko‹. Akrotiri (Thera), Raum Delta 2. *Taf. 12*

IV. ›Krokuspflückerinnen‹ und ›Adyton-Fresko‹. Akrotiri, ›Xeste‹ 3. *Taf. 13*

M. Cameron (1968) ist eine überzeugende Rekonstruktion der Freskofragmente ›Landschaft‹ (oben I) gelungen. N. Marinatos (1984) wird eine stilistische, inhaltliche und ikonologische Würdigung verdankt:

»M. Cameron konnte in mühsamer Arbeit aus zahllosen Bruchstücken einen fortlaufenden Fries rekonstruieren, auf dem neben Affen und Vögeln eine Reihe verschiedener Pflanzen dargestellt ist, darunter Krokus, Lilien, Iris, Efeu, Papyrus und Schilf. Auf den ersten Blick scheint nichts Besonderes an dem Fresko zu *Abb. 36* sein, doch bei genauerem Hinsehen tauchen gewisse Widersprüchlichkeiten auf, die zeigen, daß die Landschaft eher symbolhaft als naturalistisch ist. Als erstes fällt die Menge der Blumen und Pflanzen auf, so daß man von einer regelrechten ›Vegetationsorgie‹ sprechen könnte. Zweitens erscheinen sowohl die Pflanzen verschiedener Landschaften als auch die Landschaften selbst Seite an Seite, was in Wirklichkeit nicht der Fall sein kann. Auf dem Fresko wachsen in unmittelbarer Nachbarschaft von Flüssen und Wasserfällen Papyrus und Schilf, gleich daneben stehen Felsen mit Lilien und Krokussen. Innerhalb eines einzigen Gemäldes ist gleichsam eine verdichtete Natur festgehalten. Falls M. Camerons Vermutung, die Vögel seien während ihrer Paarungszeit gezeigt, zutrifft, kommt

Abb. 38   Fresko mit einem krokuspflückenden Affen, Knossos

noch ein zusätzlicher Aspekt von Frühling und dem Wiederaufleben der Natur zum Ausdruck.

Es mag übertrieben erscheinen, die angeführten Malereien als symbolische Darstellungen eines idealen Frühlings anzusprechen. ›Religiöse Landschaften‹, wie sie H. Frankfort genannt hat, sind indessen aus der ägyptischen Kunst bekannt. Frankfort beschreibt sie folgendermaßen:

›Die ägyptische religiöse Landschaft war eine riesige Sumpfebene. Sie ist beinahe allgegenwärtig in der religiösen Literatur. Im Jenseitsglauben ist sie das ›Feld des Schilfs‹. Sie ist das Szenarium, in dem sich das altehrwürdige Bild der Muttergöttin Hathor, der Wildkuh, verkörpert, die mit ihrem Haupt das Schilf zerteilt.

Lotus und Papyrus waren die wesentlichen Bestandteile dieser unveränderlichen, bezeichnenden ›Landschaft der ersten Zeit‹. Nicht ihre vergängliche Natur beeindruckte die Ägypter. Im Gegenteil, die Verwesung der einzelnen Pflanzen war ein bedeutungsloses Ereignis im Vergleich zu der beständigen Gegenwart der Gattung in der Landschaft, aus der das Universum entstanden ist, und die eine im menschlichen Denken immer gegenwärtige Wirklichkeit war durch die religiöse Bildvorstellung, die wir erwähnt haben.‹ (Ancient Egyptian Religion, S. 154).

Mir scheint der Fries aus dem ›Haus der Fresken‹ von Knossos eine solche Landschaft zu sein. In dem Raum, zu dem er gehörte, wurden ein steinerner Opfertisch und eine Votivkelle mit Linear A-Zeichen gefunden; folglich handelte es sich um einen Schrein« (N. Marinatos, 1987, 89 ff., deutsche Fassung).

Der Charakter des ›Frühlingsfreskos‹ (oben III) führt in eine ähnliche übersinnliche Welt. Hufeisenförmig bedeckt die Malerei die Wände eines niedrigen Raumes (ca. 2,5 × 3 m). *Taf. 12*

Das rhythmische Auf und Ab der Konturen überspielt die Raumecken, und nur der blaue obere Abschlußstreifen scheint dem Fries seine Stelle in der Architektur anzuweisen. Immerhin wirkt die viereckige Form des Raumes in unaufdringlicher Weise als gliederndes Prinzip: Auf jeder der drei Wandflächen befinden sich drei Erhebungen in lockerer Beziehung zur Mittelachse der Wand und zur Ecke. Dem lebendigen Fluß der Konturen gibt dieses symmetrische Schema Halt und trägt zur Bildeinheit bei. Die Umrisse sind bizarr, die Flur leuchtet in erregenden Farbkontrasten, Feuerlilien wachsen empor, rotköpfige Schwalben schwirren zwischen den Erhebungen. Hier stehen wir wirklich vor einem flächendeckenden Wandbild. Schilderung epischer Art fehlt ganz. Vom Thema her steht dem Begriff des reinen Landschaftsbildes nichts entgegen. Es erscheint verlockend, hier eine kühne Behauptung bestätigt zu sehen, es handle sich bei manchen altägäischen Naturbildern um »beabsichtigte Prospekte [natürlich ohne Raumperspektive], die den Blick in den Raum jenseits der Wand freigeben« (Matz, 1962, 125). Es gibt m. E. keine objektiven Anhaltspunkte, um zu erschließen, was Auftraggeber, Künstler und Betrachter über die illusionistische Wirkung dieses und anderer Bilder dachten oder empfanden. Die Intensität der Wirkung dieses Gemäldes ist wohl stark genug, um bei einem prädisponierten Betrachter die Wirkung der Realität hervorzurufen. Anhaltspunkte für den beabsichtigten Effekt eines Durchblickes, wie sie z.B. durch architektonische Wandgliederung oder einen Fensterrahmen gegeben wären, bieten sich weder hier noch bei anderen minoischen Gemälden.

Beim ›Frühlingsfresko‹ hat wahrscheinlich das Bewußtsein vom sakralen Charakter des Luftraumes seine Verdeutlichung geradezu provoziert. Die Frage erscheint berechtigt, ob nicht die Darstellung des Luftraumes in dieser Ausdehnung von der Funktion des Wandgemäldes im Kult bestimmt war.

Die Feuerlilien sind als Symbole einer sakralen Landschaft aufzufassen. Die Blüten stehen alle aufrecht; von der Spezies her sind sie eine Kombination der weißen Madonnalilie *(Lilium candidum)* und der Feuerlilie *(Lilium chalcedonicum)* (Cerceau, 1985, 181 f.).

Solche oder ähnliche Lilien erscheinen z.B. auf dem Siegelring aus Isopata (SM II) auf der Flur, wo sich tanzende Frauen bewegen (Boardman, 1970, Farbtaf. S. 49, 1). Auf dem gleichen Ring schwebt eine kleine Gestalt in der Höhe, für die es auch auf anderen Siegelbildern Entsprechungen gibt. Es unterliegt kaum einem Zweifel, daß hier die Epiphanie der Gottheit aus dem Himmelsraum, vielleicht sogar aus der Ferne, gemeint ist.

Die Epiphanie der Gottheit gilt als ein zentrales Ereignis im religiösen Leben der Kreter. Zu ihrer Verwirklichung bedarf es des Luftraumes. Vielleicht dürfen die Schwalben als die Vorboten dieses Ereignisses aufgefaßt werden: Im hellen Raum über dem Gelände ist dann die Erwartung, ja vielleicht schon die Anwesenheit der Gottheit angezeigt (Schäfer, 1977, 12).

Abb. 38
Taf. 13 Die Fresken II und IV, beide mit figürlichen Darstellungen, enthalten das Motiv des Blumenpflückens, sei es durch einen Affen (II), sei es durch Frauen bzw. Mädchen (IV). Bei beiden Bildern ist erkennbar, daß Krokus gepflückt wird. Im Hinblick auf unser Thema stellt sich die Frage nach dem Schauplatz. Auf den Fresken IV (Obergeschoß − Untergeschoß, sog. Adyton) dominiert die Handlung der Figuren, und die Naturmotive bilden nicht die vielteilige Verdichtung, von der bei Fresko I die Rede war. Am Beispiel besonders des Freskos IV hat N. Marinatos (1984, 1987) auseinandergesetzt, daß der Krokus in einem Initiationsritus der Frauen einen hohen Symbolwert besitzt. Im Fresko des Obergeschosses bewegen sich krokussammelnde Mädchen und Frauen auf eine erhöhte, zentrale Gruppe zu; hier überreicht ein heiliger Affe der thronenden Göttin, hinter der sich ein Greif erhebt, eine oder mehrere Blüten.

Auf dem Adytonfresko des Untergeschosses ist das Motiv des Krokus in enger Verbindung mit der Libation von Blut dargestellt. Sowohl hier wie im Obergeschoß wächst Krokus in Büscheln auf felsigem Gelände − den Hinweis auf einen Kunstgarten sucht man vergeblich.

Im Vergleich zu dieser Darstellung wird es schwer, auf dem Fragment II (›Krokuspflücker‹) und bei I einen Abglanz »königlicher Gärten« zu erkennen, in denen Blumenbehälter und natürlicheres Wachstum nebeneinander stehen, überdies die Rolle der Tiere zum Ausdruck kommt; es erscheint erst recht mehr als zweifelhaft, daß hier die Organisation der palatialen Gärten greifbar wird: zu deutlich ist die Darstellung religiöser Vision mit den Motiven der freien Natur verwoben.

Erwähnenswert ist in diesem Zusammenhang ein einziges offenbar reales Element, das einen künstlichen Eingriff in das freie Wachstum der Pflanzenwelt andeutet: die Existenz von Blumentöpfen. A. Evans (III 277 ff.; IV 1001 ff.) hat Gefäße des SM I-Stiles mit meist pflanzlicher Bemalung und durchbohrtem Gefäßboden an zwei Stellen in größerer Menge beobachtet: auf der Decke des ›Tempelgrabes‹ bei Knossos und im Palast selbst. Aus zwei Gründen lassen sich derartige durchbohrte Gefäße mit größerer Wahrscheinlichkeit als Blumengefäße denn als Libationsgefäße (bei denen bekanntlich durchbohrte Böden nicht selten sind) deuten: Zum einen sind Blumenvasen oder -töpfe auf den Fensterwangen eines kultischen Raumes der SM I A-Phase in Thera-Akrotiri dargestellt (S. Marinatos, 1974, Farbtaf. 3.5), zum anderen erscheinen kleine mit Krokus gefüllte Gefäße auf dem genannten Krokuspflücker-Fresko (II). Sie stehen inmitten der sakralen Landschaft, möglicherweise in einem ähnlichen rituellen Zusammenhang wie auf dem Fresko IV aus Akrotiri, sind doch in beiden Fällen Affen mit dem Motiv des Krokus eng verbunden.

Beide thematischen Pole – Ritual und freie Natur – finden sich auch in historischer Zeit, nämlich beim Heiligen Hain, wo sich ungebändigte Natur und göttliches Walten verbinden. Besonders deutlich wird diese Verbindung im Falle der Artemis: »Sie besaß zahllose Heiligtümer in der ganzen griechischen Welt, in denen sie häufig in die Kulte älterer, einheimischer, ihr jedoch wesensähnlicher Gottheiten hineinwuchs. Viele von ihnen lagen in der Peloponnes, hauptsächlich in den berg- und quellenreichen Landschaften Lakonien und Arkadien. Hier war und blieb sie recht eigentlich die den anderen, vor allem den arkadischen Erd- und Naturgottheiten verwandte Göttin der freien Natur, des ›Draußen‹ (Wilamowitz); hier hauste sie in der Bergwildnis und in den tiefen Wäldern, wo sie die wilden Tiere jagen konnte, oder aber bei Gewässern aller Art, wie es sich für eine Göttin der Vegetation und Fruchtbarkeit, die Nachfolgerin der großen Potnia, verstand. Ihre Kultstätten und Heiligtümer lagen daher zum großen Teil auf Bergeshöhen, in einsamen Waldgebieten und an Quellen, Bächen und Flüssen, an Seen, Teichen und in sumpfigen Niederungen mit ihrem üppigen Pflanzenwuchs. So waren es nach Strabo (VIII, 343) die Kultstätten und heiligen Haine der Artemis, die mit denen der Nymphen und der Aphrodite das Tiefland an der Alpheiosmündung bedeckten« (Muthmann, 1975, 220 ff.). Wie stark die Bindung der historischen Artemis an prähistorische Kulte gewesen sein mag, zeigt sich in Kreta z. B. im Bereich des Amnisostales, wo der Kult der Eileithyia bereits in minoischer Umgebung nachweisbar ist und der spätere Kult der Artemis und der Nymphen im Freiland um den Fluß noch von Kallimachos (Hymn. I, 42–45; Hymn. III, 15–18.162–167; Iambus XII, Frag. 202, 1–3. Pfeiffer; vgl. zu den prähistorischen Wurzeln auch Muthmann, 1975, 220) und Apollonios (Argon. III, 876–886. Fränkel) besungen wird.

Das früheste literarische Zeugnis für die Erscheinung göttlichen Waltens in Verbindung mit der scheinbar ungezähmten Natur ist die Beschreibung des Aufenthaltsortes der Nymphe Kalypso in der Odyssee (5, 57–74):
»[Hermes] ... gelangte zur großen Grotte, in welcher die Nymphe
Wohnte, mit schönen Flechten, und traf sie gerade darinnen.
Feuer loderte auf dem Herd, und über die Insel
Zog weithin der Duft der Scheite von Zeder und Harzbaum,
Die da brannten; sie sang im Hause mit lieblicher Stimme,
Hin und her am Webstuhl ging sie mit goldenem Schiffchen.

Draußen war grünender Wald rings um die Grotte gewachsen,
Erlenbäume und Pappeln und duftende, dunkle Zypressen.
In ihren Zweigen nisteten flügelbreitende Vögel,
Käuzchen sowohl als Falken und zungenreckende Krähen,
Wasservögel, die immer ihr Werk am Meere verrichten.
Dort auch rankte sich um die gewölbte Grotte ein Weinstock,
Jugendlich frisch, mit prangendem Laub und strotzend von Trauben.
Und vier Quellen sprudelten dort mit schimmerndem Wasser
Nebeneinander hervor und rannen dann hierhin und dorthin.
Ringsum blühten da üppige Wiesen mit Veilchen und Eppich.
Ja, das würde auch ein Unsterblicher, käm' er des Weges,
Voller Staunen betrachten und Freude empfinden im Herzen.«
(Übersetzung R. Hampe, Odyssee, 1979)

In dieser dem Griechen des 8. Jahrhunderts v. Chr. vertrauten Vision vom Götterdasein darf vielleicht ein Hinweis auf den Realitätsgehalt der ›Landschaftsbilder‹ der älteren minoischen Kultur gesehen werden: die Darstellung heiliger
Haine. Bei den erwähnten und ähnlichen Fresken könnte sich überdies auf dem
Hintergrund des religiösen Verstehens der freien Natur die von N. Marinatos
(1984) vorgeschlagene Deutung »symbolische Landschaft« anbieten. Damit
würde sich das Problem der Deutung der Gemälde allerdings einer Festlegung
auf die Wiedergabe von Zügen sichtbarer Wirklichkeit entziehen. Wollen wir
jedoch dem Minoer eine mehr realistische Sicht der Dinge zubilligen, besonders
im Falle der Friese I und II, so könnten wir diese Darstellungen als ›Göttergärten‹ bezeichnen und sie den Götterhainen der antiken Welt zurechnen; dabei
muß offenbleiben, wo die Grenze zwischen künstlicher Gestaltung (Garten) und
künstlerischer bzw. religiöser Imagination liegt.

DAS FRESKO VON AMNISOS

Eine einzigartige Rolle bei der Frage nach der Darstellung von Gärten in der
minoischen Kunst spielt ein vielleicht noch der mittelminoischen Phase angehörendes, mehrere Meter langes Fresko, das die aus einer Lehmziegelkonstruktion
bestehenden Wände eines Raumes im westlichen Teil des Obergeschosses der
Taf. 11 ›Villa der Lilien‹ in Amnisos, nahe bei Knossos am Meer gelegen, schmückte.

Das Gemälde ist nur zum Teil im Museum ausgestellt; zahlreiche Fragmente
harren noch des abschließenden Studiums. Für wesentliche Teile muß heute die
Rekonstruktionszeichnung durch M. Cameron (1978) der sich bis zu seinem vor
Abb. 39 zeitigen Tode mit der Rekonstruktion beschäftigte, der Anschauung dienen.

Abb. 39   Raum mit Fresken, Amnisos, Rekonstruktion nach M. Cameron

Danach verteilt sich das Gemälde als fortlaufender nur von Wandöffnungen unterbrochener Fries fast in voller Wandhöhe auf mehrere Seiten eines Raumes. Eine Wand wurde von Lilienstauden eingenommen, von denen sich mindestens zwei nachweisen lassen (nach S. Marinatos [1933] die Nordwand). Sie wachsen von einem Bodenstreifen über weißem Grund aus einem Blätterbüschel auf und bestehen aus drei fächerartig und symmetrisch aufsteigenden Stengeln, die mit Blättern, Blüten und Knospen besetzt sind. Die Stengel überschneiden einen zinnenartigen Doppelstreifen, der als fortlaufendes Motiv aufzufassen ist. Oben ist der Fries durch einen mehrfach horizontal geteilten Abschlußstreifen abgeschlossen. Die Farben sind teils realistisch, teils expressiv: Grün der Bodenstreifen, grün das (übrigens nicht symmetrische) Blätterbüschel, weiß der ganze übrige Teil der Pflanze, grün mit weißen Begleitlinien und weißer Mittellinie das ›Zinnenband‹, darüber folgt Rot, so daß der obere Teil der Staude auf rotem Grund steht. Der horizontale Abschlußstreifen besteht aus abwechselnd grünen und weißen Streifen. Auf der anschließenden Wand − nach S. Marinatos (1933) die Westwand − steht über einem hellen Bodenstreifen ein ›Behälter‹ langrechteckiger Form, dessen Seiten konkav eingezogen sind. Rand und Fuß sind auf den Rekonstruktionszeichnungen zweifach profiliert, auf der veröffentlichten Photographie ist eine solche Profilierung nur am Fußteil erkennbar. Teile von mindestens zwei solcher ›Behälter‹ sind rekonstruierbar. Nachgewiesen ist auch die Form eines besonders hohen ›Behälters‹ (in der Rekonstruktion Abb. 3a unmit-

Gärten in der bronzezeitlichen ägäischen Kultur?   *113*

telbar an die Nordwand anschließend). Er stellt sich als zwei übereinandergesetzte Exemplare dar, wobei das mittig aufgesetzte kürzer ist. Die Behälter sind weiß mit grünen Umrissen, außerdem tragen sie zwei bis drei horizontale grüne Streifen auf der Wandung. Fuß- und Randprofil sind hingegen wiederum weiß.

Im Falle des erwähnten zweistufigen Gebildes läßt sich dieser zweistufige Aufbau sicher ergänzen. Hier steigen aus dem breiten Behälter auf beiden Seiten von lanzettförmigen Blättern flankierte mehrstielige Irisstauden auf. Aus der oberen Stufe jedoch erhebt sich eine mehrstielige Minzenstaude. M. Cameron (1978), der die Fragmente zuletzt untersucht hat, zeigt in seiner Rekonstruktionszeichnung ein symmetrisches Arrangement der Pflanzen in dem Behälter. Soweit die Restaurierung im Museum erkennen läßt, waren jedoch die Pflanzen hier etwas bewegter als die emblemhaften Lilien der Nordwand dargestellt. Die Farben der Pflanzen: Grün für die Blätter, Grün für Stengel und Mittelteil der roten Irisblüten. Offenbar stehen sämtliche Behälter vor einem roten, gewellten Hintergrund, der in ähnlichen Konturen wie das Gelände des ›Frühlingsfreskos‹ verläuft. Darüber erhebt sich hell der eigentliche Bildgrund. Auch noch andere Pflanzentypen werden im vorläufigen Grabungsbericht erwähnt: »irisartige Ranken und Krokusbüschel« (S. Marinatos, 1932, 89 ff.). In der Rekonstruktionszeichnung von M. Cameron (1978) sind sie nicht erkennbar.

Abb. 40 Von besonderer Bedeutung ist jedoch ein weiteres Motiv, das hier etwas ausführlicher beschrieben werden soll: Der Rest eines bisher auf etwa 1 m Länge identifizierbaren ca. 0,50 m hohen Friesstückes. In der Rekonstruktionszeichnung erscheint er links neben dem geschilderten Stück mit Lilien und Minzen, nach S. Marinatos (1933) die Südwand. Hier ist auf rotem Grund ein weißes Band mit zwei völlig parallelen Reihen sich nahezu tangierender roter Kreise erkennbar (Zirkeleinstich vorhanden). Die Wiedergabe des restaurierten Stückes läßt je zehn kontinuierlich vorhandene Kreise erschließen. Ihre ursprüngliche Anzahl ist unbekannt. Die Kreise jeder Reihe sind untereinander durch rote Striche verklammert. Eine Verbindung zwischen den beiden Reihen wird durch die Fruchtknoten von gelbbraunen Papyrusblüten bewerkstelligt, deren *stamina* durch die Blüte hindurchscheinen. Die Blüten, alle nach derselben Richtung parallel zum Verlauf der Kreisreihe geordnet, füllen die Zwickel zwischen den Kreisen der beiden Reihen zur Hälfte aus.

S. Marinatos scheint anzunehmen, daß die Blüten vertikal sich nach oben öffnend dargestellt waren und infolgedessen das Band als ein vertikaler Fries aufzufassen sei (S. Marinatos, 1933, 291 ff.). Anders M. Cameron (1978) in seiner Rekonstruktion. Er vermutet ein horizontales Band und ordnet es oberhalb einer der Wand vorgesetzten Votivbank an, von der freilich im Grabungsbefund nichts nachweisbar war. Grund für diese Anordnung ist für M. Cameron die Deutung der Kreise als von oben gesehene Opferschälchen (s. Doumas 584). So erscheint

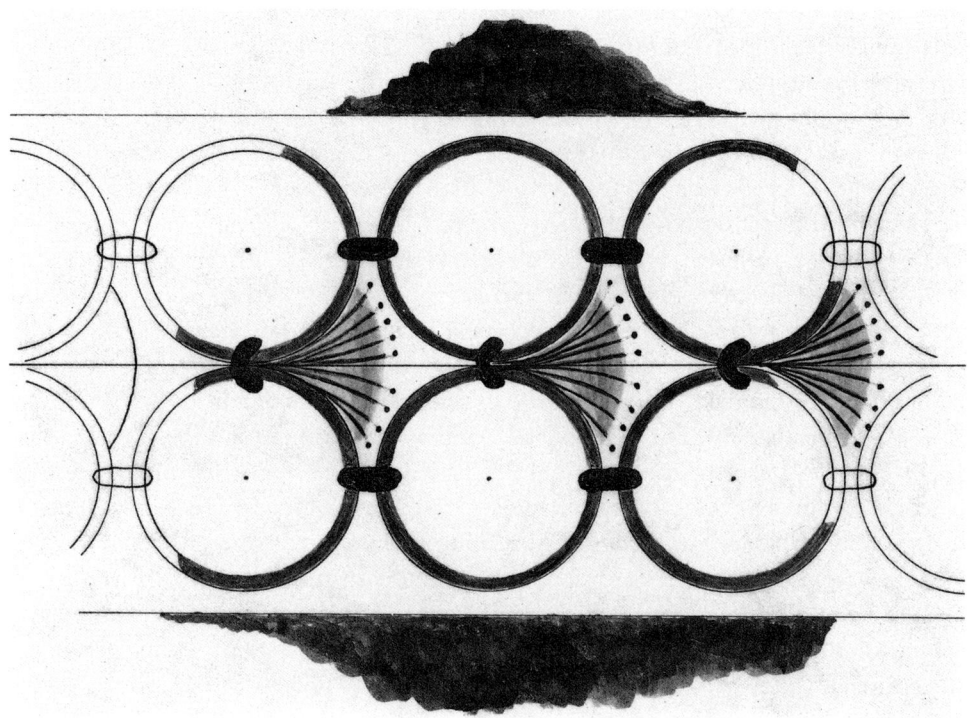

Abb. 40   Fresko aus Anmisos, Fragment. Gesamtbreite ca. 0,50 m

in dieser Rekonstruktion die ergänzende Einfügung einer Göttin über dem Ornamentband sinnvoll.

Die Frage muß gestellt werden, ob die Fresken aus Amnisos dekorativ im Sinne einer inhaltlich und räumlich beziehungslosen Verbindung von Einzelmotiven sind oder ob sie eine konkrete örtliche Realität zum Thema haben.

Die Freskenreste aus Amnisos gehören nach ihrer Kompositionsform zu einer Gruppe von wandhohen Friesen aus Kreta und Thera-Akrotiri, deren jeder thematisch konkret und einheitlich ist sowie eine bestimmte Örtlichkeit zeigt. Die Bildstruktur dieser Friese ist allerdings nicht an ein illusionistisches Raumkontinuum gebunden, sondern wird durch den Aktionsraum der Figuren und häufig durch eine an den Objekten haftende Bildbewegung erzeugt. Dabei spielen der rhythmische Einsatz der Farbe und eine gewisse Regelhaftigkeit der Maßstäblichkeit eine Rolle (Schäfer, 1977, 5 ff.). Rekonstruktionen von Fresken aus Thera-Akrotiri, wie sie zuletzt von N. Marinatos (1984) vorgelegt wurden, bilden eine wesentliche Erweiterung unserer Vorstellungen von dieser Art von wandhohen Friesen.

Es ist vor nunmehr 25 Jahren einmal versucht worden, die kretische Wandma-

lerei, soweit sie der Mittelminoischen und Spätminoisch I A- und I B-Phase ange-
hört, zweierlei Bildstrukturen zuzuweisen, nämlich einer »anscheinend regello-
sen Bildgestaltung« wie bei den Fresken von Agia Triada, zu denen in dieser
Hinsicht dann auch der nach M. Cameron (1978) rekonstruierte Fries vom
Abb. 36   ›House of the Frescoes‹ in Knossos (oben I) zu zählen wäre, und einer Gruppe
Abb. 39   »geordneter Kompositionen« (Schiering, 1965, 4) wie das Fresko aus der ›Villa
der Lilien‹ von Amnisos. Heute, vor allem nach den zahlreichen Funden aus
Thera, können wir erkennen, daß eine derart strenge Klassifizierung nicht möglich ist. Selbst die Landschaftsbilder mit »komprimierter Natur« sind, wie schon
hervorgehoben, einem ordnenden Kompositionsprinzip unterworfen. Zwischen
einer freieren Kompositionsweise wie z. B. dem (rekonstruierten) Fries vom
›House of the Frescoes‹ (oben I) und der scheinbar stereotypen Reihung wie auf
dem Papyrusfresko vom ›House of the Ladies‹ in Akrotiri (N. Marinatos, 1984,
Taf. 12   95 ff.) gibt es Zwischenstufen, wie z. B. das ›Frühlingsfresko‹ (oben III), dessen
bewegte Symmetrie hier beschrieben wurde. Verschiedenartige Kompositions-
weisen können sogar im selben Raum eng nebeneinanderstehen, und zwar als
gleichzeitige Schöpfungen. Es ist wohl nicht mehr möglich, mit S. Marinatos
(1959) das Fresko aus Amnisos aufgrund einer gewissen Strenge vor allem des
›Lilien-Zinnen-Motivs‹ einem »archaischen und noblen Stil« zuzuordnen im
Gegensatz zu den Freskenbildern etwa der SM I A-Phase (S. 68; S. Marinatos,
1933, 290).

Die Lektüre des Ausgrabungsberichtes und die von Abbildungen begleiteten
Ausführungen M. Camerons (1978) verraten eine solche Vielfalt von Motiven,
daß ein rein ornamental-dekoratives Prinzip für den Fries dieses Zimmers ausge-
schlossen werden darf. Damit ist aber, wie bei den übrigen Fresken dieser Zeit,
mit einem gewissen Raumkontinuum innerhalb des Frieses zu rechnen, wie ja
selbst noch auf dem Papyrusfresko aus dem zitierten ›House of the Ladies‹ in
Thera-Akrotiri durch die Angabe des gewellten Bodens eine Illusion von Wirklichkeit gewahrt ist. Die Rekonstruktion M. Camerons (1978) trägt dem durchaus
Abb. 39   Rechnung.

S. Marinatos (1933) wollte in den ›Behältern‹ tragbare »Becken« oder
»Gefäße« womöglich aus Alabaster erkennen. Er stellte fest, daß das ›Behälter-
Motiv‹ mehrfach auch auf dem Rand eines Elektronbechers, in Gold eingelegt,
erscheint, der im Schachtgrab IV von Mykene gefunden wurde (Karo, 1930, Taf.
112 f.). Auf dem Becher ist das Motiv durch seitliche Vorsprünge erweitert, die S.
Marinatos (1933) als Henkel auffaßte. In einem späteren Artikel (1951) weist er
darauf hin, daß das Motiv auf ein ägyptisches hieroglyphisches Zeichen zurück-
geht, das soviel wie »See, Meer, Kanal« bedeutet ⲭⲭ *(mr.w)* (s. Gardiner, 1982,
490; Geßler-Löhr, 1983, 22 ff.). Indem er in diesem Zusammenhang (Marinatos,
1951) in Analogie zu der Hieroglyphe für Ober- bzw. Unterägypten (Gruppe von

Lilien- bzw. Papyrusblüten in symmetrischer Anordnung) die Irisstauden des kretischen Gemäldes als Wappen für das »Land Kreta« auffaßt, gelangt er zu folgender Interpretation der Kombination ›Behälter‹—Irisstauden: »Land of Crete, which lies in the middle of the sea«. Er fährt fort: »Ich glaube, dies ist ganz logisch, und so hatten die in Amnisos landenden Ausländer ... das Symbol des Namens von Kreta vor sich.«

Die kühne und geistreiche Behauptung kann freilich nicht überzeugen, müßten wir doch annehmen, daß die privilegierten Betrachter des Frieses im ersten Stock dieses repräsentativen Bauwerkes sowohl auf das kretische Iriszeichen als auch auf das ägyptische Vokabular eingeübt waren oder daß sie außer der Linear A-Schrift ihrer Zeit, in der das Lilienzeichen fehlt, über eine weitere, sonst nicht bezeugte Symbol- oder Emblemsprache verfügten. Gleichwohl führt S. Marinatos' (1951) Behauptung auf eine interessante Spur, nämlich auf den stärker als üblich von der ägyptischen Ikonographie beeinflußten Charakter des Amnisos-Freskos. Es ist für die ikonographische Erschließung wichtig, daran zu erinnern, daß die ›Kanalhieroglyphe‹ in der Bildsprache des Neuen Reiches in dekorativer Weise bei Gartenbildern für Baum- oder Strauchdarstellungen auftritt, wie z.B. auf einem Gartenbild aus einem thebanischen Grab (Rossellini, 1834, Taf. 69). Aber auch als Unterbau für die Darstellung göttlicher Erscheinung wird sie verwendet; so hockt der Sonnengott auf einem Relief in Dendera auf einer Blüte, die aus diesem Zeichen herauswächst (Morenz—Schubert, 1954, Abb. 9). Hier begreift der Betrachter, daß Gott und Blüte vom »Urgewässer« genährt werden.

Darstellungen vom Hadrianstor in Philae zeigen, wie die Bäume des heiligen Haines, in dem der vogelgestaltige Ba des Osiris Libationen empfing, aus einem

Abb. 41   Darstellung vom Hadrianstor in Philae

Gärten in der bronzezeitlichen ägäischen Kultur?   117

Abb. 42   Darstellung vom Hadrianstor in Philae

Teich wachsen, der in Form der Kanalhieroglyphe oder eines sich nach unten
verjüngenden Gefäßes wiedergegeben ist. In diesen thematischen Umkreis paßt
auch die Darstellung des Haines oder Baumes beim Osirisgrab auf dem gleichen
Monument, bei welcher der mumiengestaltige Gott unmittelbar in das aus der
Kanalhieroglyphe hervorsprießende Gesträuch gestellt ist. »Der Libationsspruch
der hinter ihm stehenden Göttin Nephtys besagt, daß Osiris sein Wasser, das aus
dem Urgewässer kommt, dargebracht wird. Die Vorstellung, daß das Aufsprie-
ßen des Baumes am Grab des Gottes seine Auferstehung symbolisiert, der Gott
also mit dem Pflanzenwachstum gleichgesetzt wird, kommt in diesem Bild zum
Ausdruck« (Junker, 1913, 54).

Sinnliches Bild und Schriftsymbol verbinden sich auch sonst bei ägyptischen
Darstellungen eng. Die hier genannten Beispiele sind allerdings spätzeitlich; der
Gedanke des engen Zusammenhanges zwischen Kanalgarten und Gartenanlage
mit religiös verwurzelter Fruchtbarkeitsvorstellung ist jedoch bereits für eine
frühe Zeit vorauszusetzen.

Die Herkunft des ›Behälters‹ aus der ägyptischen Formenwelt ist unbestreit-
bar. Für unser Thema ist es wichtig zu wissen, ob auf dem Fresko ein Exemplar
der Wirklichkeit wiedergegeben ist oder ein bildlich ausgeschmücktes Symbol.
Letzteres ist unwahrscheinlich, da die uns bekannten Fresken der MM- und SM-

Phasen, soweit sie Landschaftsmotive oder Figürliches enthalten, an einer spezifischen Art des Raumkontinuums orientiert sind. Aber vielleicht hilft der Zusammenhang mit den übrigen Motiven des Gemäldes zu einer besseren Einsicht in den Abbildcharakter der Darstellungen.

Die in sich symmetrischen fächerartigen Lilienstauden mit dem Zinnenmuster der Nordwand des Raumes sind von S. Marinatos noch 1959 als eine optische Einheit gesehen worden: Staude vor einer Wand von ungleichmäßiger Höhe (Zinnen). Aber bereits 1950 versteht O. Walter das Zinnenmotiv als den Grundriß einer Wand; sie trenne ein Wasserbassin von einem Beet, in dem die Lilienstaude wächst. Diese Auffassung läßt sich stützen, sobald das Bildmotiv mit dem Auge des Ägypters betrachtet wird.

Garten und künstlich gefaßte Gewässer sind seit dem Alten Reich eine bauliche Einheit, allein schon von der Notwendigkeit der Bewässerung diktiert. Bei den üblichen ägyptischen Gartendarstellungen, wie z. B. bei dem Grab TT 85 (s. Beitrag Hugonot), ist der Teich rechteckig eingefaßt. Außerdem gibt es rechtwinklig gebrochene Einfassungen. Wir konnten bereits auf die interessante Anlage im Nordosten des Maru-Aton in el-Amarna hinweisen (s. o. und Beitrag Hugonot). Unter den bildlichen Umsetzungen solcher Anlagen nennen wir als Beispiel die Darstellung im Grab TT 49 des Nefer-Hotep in Theben (18. Dynastie). Vor dem Tempel ist der T-förmige ›Kanalteich‹ dargestellt. Entlang dem Kanalarm stehen Sykomoren, Papyrusbüsche und Rebstöcke begleiten den Weg zum Teich. Wenn es sich in diesem Falle eher um einen Nutzgarten als um einen Blumengarten handelt, so wird hier die ›Optik‹ der Darstellung deutlich. *Abb. 43*

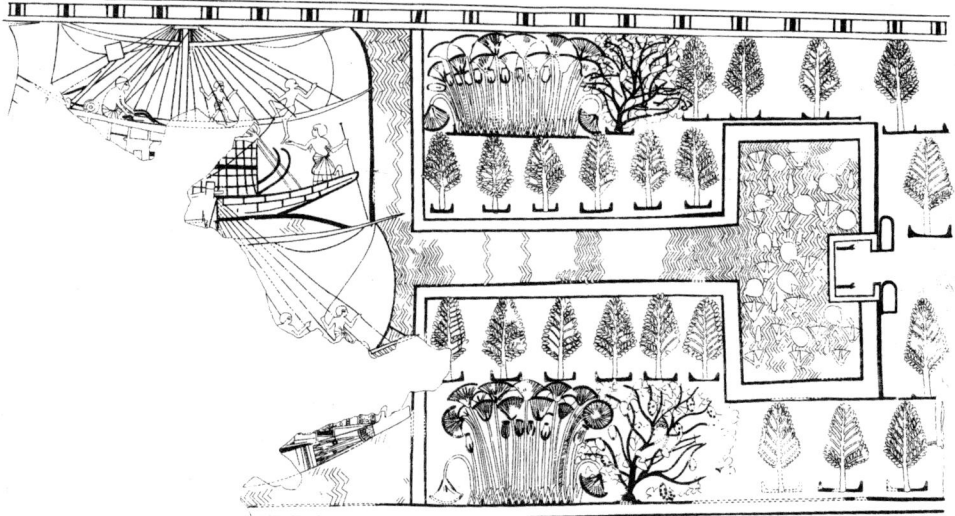

Abb. 43   Kanalteich und Nil, Grabmalerei im Grab des Nefer-Hotep, Theben

Gärten in der bronzezeitlichen ägäischen Kultur?   119

Sie entspricht der bereits von O. Walter (1950) hervorgehobenen Darstellungsweise auf der Lilienwand von Amnisos: Die Pflanzen sind in charakteristischer Profilansicht dargestellt, während das Gewässer in Aufsicht (Grundrißform) erscheint. Die T-Form ist kennzeichnend für den Kanalteich, der in vielen Fällen die Verbindung zum Nil herstellt oder einleitet. Als auf ein weiteres elegantes Beispiel sei auf den Tempelgarten mit T-förmigem Kanalteich des Nefersecheru hingewiesen (19. Dynastie; Feucht, 1985, Taf. 11). Hier tritt der Charakter der von Zierpflanzen, Fischen und Vögeln belebten Anlage als ästhetische Form deutlicher hervor (s. Beitrag Hugonot).

Die Darstellungen derartiger rechtwinklig gebrochener Einfassungswände von Seen gehören dem Neuen Reich an; das Fresko aus Amnisos stammt jedoch frühestens aus MM III B, also wohl noch aus der ›Zweiten Zwischenzeit‹. Da schriftlich, nicht bildlich, die Existenz von heiligen Seen bereits für das Alte Reich bezeugt ist, außerdem aber ägyptische Darstellungskonventionen des Neuen Reiches sehr wohl in ältere Zeit hinaufreichen, brauchen wir nicht zu bezweifeln, daß entsprechende Bilder von Seen auch in der Zeit des Amnisosfreskos vorlagen.

Andererseits fehlen für das einzigartige ikonographische Schema der Lilienwand (›Zinnenmotiv‹) aus Amnisos Analogien aus der kretischen Kunst, so daß der Zusammenhang mit einer außerkretischen Bildquelle sehr naheliegt. Frühere ägyptische Darstellungen als die überlieferten Vergleiche sind zu fordern.

Noch ein weiteres Motiv ist für eine zusammenfassende Würdigung der Fresken aus Amnisos zu betrachten: der Fries aus Kreisen und Papyrusblüten. Er besteht aus einer Kombination von zwei Elementen: erstens aus gereihten Kreisbögen (einer Doppelreihe von Kreisbögen), zweitens aus einer Reihe von Papyrusblüten, die, verbunden durch Halbkreise, ein Kettenornament bilden. Beide Elemente, zum Kettenmotiv verbunden, auch die Verklammerungsknoten der Bogen, sind in der ägyptischen Grabornamentik des Neuen Reiches typologisch verankert und dürften dort auf ältere Vorbilder zurückgehen. Für die Kreisverklammerung ist ein Ornament aus Theben Grab TT 65 repräsentativ (Fořtová-Šamalová, 1963). Das Spiel von Kreis und Blüte im Kettenornament begegnet in einem unbekannten Grab und in anderen Gräbern Thebens. Offenbar bestand bereits in der MM II-Phase eine Wirkung derartiger Muster auf die kretische Vasenornamentik, wo allerdings weder die ›Monumentalität‹ noch die Feinheit sowohl der ägyptischen Beispiele als auch der Darstellung aus Amnisos erreicht ist (Pendlebury, 1939, Abb. 22,12; Walberg, 1987, Abb. 16: II 4. III 8.9).

Im Typus, aber auch in der Malweise scheinen die Papyrusblüten des Amnisos-Freskos sich kaum von solchen auf dem ›Landschaftsbild‹ des ›House of the Frescoes‹ (oben I) zu unterscheiden, wie ein Blick auf die Detailzeichnung (Evans II, 1928, Abb. 285 A) zeigt.

Abb. 40

Abb. 44

Abb. 36

Abb. 44   Kettenornament, Malerei in einem Grab der 18. Dynastie, Theben

Ein Anlaß, mit M. Cameron (1978) die Kreisbögen als »Cups of offering ...
linked by papyrus flowers« zu deuten, liegt also bei ornamentgeschichtlicher
Betrachtung nicht vor. So läßt sich das Freskomotiv nicht als Hinweis auf die
Ergänzung des Bildes durch Gottheit und Kultbank verwenden.

Zusammenfassend ist zu sagen, daß drei dominierende Motive des Freskos in
ungewöhnlich enger Verbindung mit ägyptischer Ikonographie stehen: die
›Behälter‹, das Zinnenmotiv und das Motiv der Kreise mit Papyrusblüten. Dar-

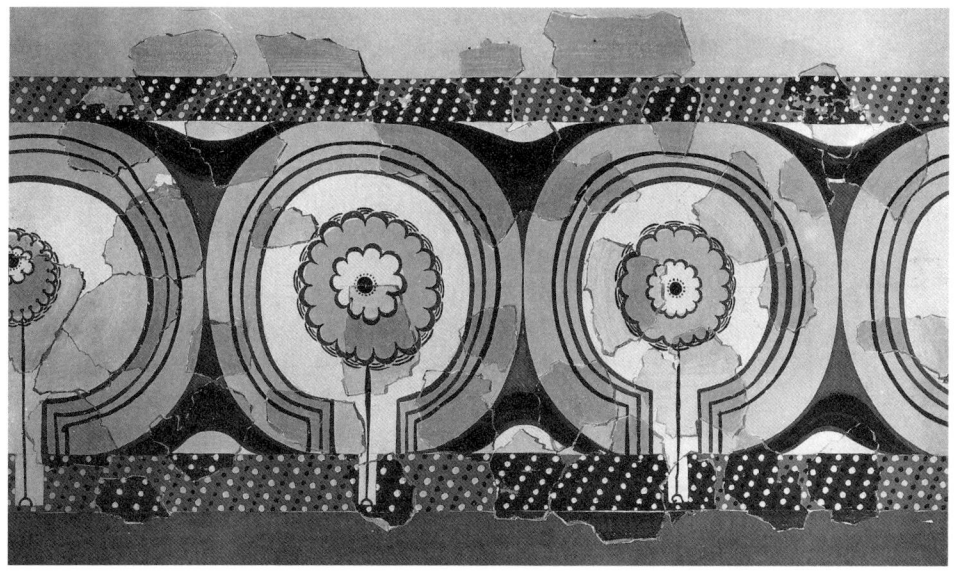

Abb. 45   Fresko aus Tiryns

Gärten in der bronzezeitlichen ägäischen Kultur?   121

über hinaus dürfte auch die symmetrische und strahlen- oder fächerartige Gruppierung der Lilien auf ägyptische Darstellungen des Papyrus- und Lilienbündels zurückgehen, wie bereits S. Marinatos (1951) gesehen hat.

Für unser Thema ergeben sich damit zunächst zwei Fragen: 1). War für den hochgestellten Betrachter des Amnisosfreskos die Konnotation des Gartens, sei es als Bild, sei es als lebendige Erinnerung, präsent? 2). Gibt es Züge dieses Freskos, die als Hinweise auf die Existenz minoischer Gärten gewertet werden können?

Die Einzigartigkeit der ikonographischen Motive des Amnisosfreskos innerhalb der bekannten minoischen Kunst könnte auf einen kleinen auserwählten Kreis von eingeweihten Benutzern bzw. Besuchern der Räumlichkeiten der ›Villa‹ hinweisen. Hier ist freilich zu bedenken, daß uns nur ein sehr kleiner Teil der minoischen Fresken insgesamt erhalten und sicherlich auch nur ein Teil der Ikonographie bekannt ist. Fresken sind ein besonders leicht zerstörbares Medium. Gerade die Entdeckung der Fresken von Akrotiri hat erkennen lassen, daß auf einem verhältnismäßig engen Siedlungsraum eine große, sich nicht wiederholende Anzahl von ikonographischen Themen gleichzeitig vorhanden war. Dasselbe gilt z. B. auch von Knossos.

Möglicherweise hat das Thema des Wasserbeckens (Teich/Kanal), verbunden mit dem Garten, noch in die Freskenmalerei des spätmykenischen Tiryns (SH III B) Eingang gefunden. O. Walter (1950), der diese These aufgestellt hat, Abb. 45 beschreibt einen tirynthischen Fries wie folgt: »Hier erscheinen ornamental stilisierte, von oben gesehene Blüten auf aufragenden, also von der Seite her gesehenen Stielen, jede umgeben von einer Reihe konzentrischer Kreisringe, die aber an einer Stelle bei der jetzigen Anordnung unten gleichsam einen Eingang frei lassen, durch den eben der Blumenstiel aufragt. Daß der Fries so anzusetzen ist, wie dies auch Rodenwaldt tat, und nicht etwa umgekehrt, mit herabhängenden Blüten …, wird durch den gleich zu besprechenden, noch in situ gefundenen Fries im Tirynther ›Frauenmegaron‹ verlangt. Ich glaube, daß wir auch hier … eine planartige Wiedergabe derartiger Beckeneinfassungen erkennen dürfen, die also, wie die in der Mitte erscheinenden ›Rosetten‹, von oben gesehen dargestellt sind. Jede der letzteren besteht aus einer eingekerbten blaugrünen Scheibe, die eine kleinere ähnlich gebildete weiße konzentrisch umschließt. Dies erinnert so sehr an die großen Schwimmblätter des Lotus, in deren Mitte wie bei unserer Seerose die weiße Blüte aufragt, daß wir hier stilisierte Nachbildungen dieser Pflanze annehmen werden. Ist diese botanische Bestimmung richtig, dann gewinnt auch unsere Deutung der ›Kreisringe‹ als Einfassung eines Beckens, hier eines Wasserbassins …, eine … Stütze. In den die Kreisringe durchbrechenden ›Eingängen‹ könnte man den Wasserzufluß erkennen …« O. Walter führt sodann dieses Detail auf die Notwendigkeit zurück, in ›vorstelliger‹ Weise die

Stiele der Blüten darzustellen. Es wäre natürlich auch an die Darstellung des ägyptischen ›Kanalsees‹ zu erinnern. Eine Variante des Frieses erscheint auf dem Sockelfries des ›Frauenmegarons‹ (ebenfalls SH III B; Walter, 1950, 20 ff. Abb. 11).

Sollte sich O. Walters These bewähren, so wäre doch mit einer gewissen Verbreitung ägyptisierender Teichmotive in der minoischen Malerei zu rechnen, denn anders wäre diese Darstellung innerhalb der traditionsgebundenen tirynthischen Malerei kaum vorstellbar.

Da Ikonographie immer bis zu einem gewissen Grade gattungsgebunden zu sein pflegt, bedeutet das Fehlen von bestimmten Motiven des Amnisosfreskos in anderen Gattungen, wie z. B. der Vasenmalerei und Glyptik, nichts für seine Frequenz in der Wandmalerei. So könnten die beiden auffälligen und entscheidenden Motive ›Behälter‹ und ›Lilien-Zinnenband‹ durchaus für die palatiale Gesellschaft verständlich gewesen sein. Läßt sich dieser Code über den Weg der uns besser bekannten ägyptischen Prototypen entschlüsseln? Wie eng dürfen wir uns den Kontakt der minoischen Kunstsprache zur ägyptischen vorstellen?

Es ist hier gewiß nicht der Platz, ausführlich über die Beziehungen zwischen Ägypten und der Ägäis während dieser Epoche (Mittleres Reich und Zweite Zwischenzeit) zu referieren (s. z. B. Kantor, 1947). Von Bedeutung für die Übertragung ikonographischer Elemente innerhalb der Gattung der Wandmalerei ist eine Reihe von Beobachtungen S. Immerwahrs (1985) und M. Shaws (1967) – Beobachtungen, die zu dem wahrscheinlichen Schluß führen, daß die Anfänge der figürlichen minoischen Wandmalerei auf direkte Kontakte minoischer Handwerker und Reisender im Mittleren Reich und in der Zweiten Zwischenzeit mit ägyptischen Darstellungen zurückgehen. S. Immerwahr sieht z. B. in MM II- und MM III-Keramik mit aufgesetzten Reliefs den ikonographischen Reflex ägyptischer Wandmalerei. Zu den theräischen Fresken der frühen SM I A-Phase seien folgende Sätze S. Immerwahrs zitiert, da sie für unser Problem unmittelbar von Bedeutung sind: »... the plundering blue monkeys of Knossos and Thera, the Nilotic landscapes with cats hunting ducks, the fullness of descriptive detail of the Ship Fresco and other miniature frescoes surely seem to owe something to Egypt. Likewise the lifesize human figures, the color conventions and some of the poses, as well as the use of modelled stucco reliefs all of which appear suddenly and fully developed in the New Palace period about 1600 B. C. or somewhat earlier – strongly suggest influence from Egyptian painting and painted relief, as do certain technical features which have been noted by Maria Shaw. The fact that the final Minoan product is quite un-Egyptian in appearance should not blind us to the possibility of direct Minoan contact with Egypt and Egyptian painting« (S. 47 f.).

Sie endet ihren Essay sodann mit der Feststellung, daß direkter Kontakt zwischen ägyptischer und minoischer Malerei eher anzunehmen sei als mittelbarer Kontakt über die »small articles of trade« (S. 49f.). Die Amnisos-Fresken führen mitten in diese Problematik hinein. Es bleibt uns hier nichts anderes, als auf dem schmalen Pfad der Spekulation weiterzugehen, wenn er zu einer plausiblen Erklärung des Amnisosfreskos beitragen kann.

Nach dem Stand der Forschungen über die Beziehungen zwischen Ägypten und Kreta wäre die Wahrscheinlichkeit, daß der minoische Betrachter die ägyptisierenden Motive als Anspielung auf ägyptische Gärten verstand, nicht ganz von der Hand zu weisen; aber er konnte, dem Zweck minoischer Wandbilder gemäß, die Darstellung eines ägyptisierenden Gartens nur als Bestandteil minoischer, und zwar ritueller Bildsprache auffassen. Ein gewisser Realismus der Bildelemente, der ja über das rein Ornamentale hinausgreift und objekthafte Formen mit einschließt, führt zu der Frage, wo sich deren unmittelbare Vorbilder eigentlich befanden: in Kreta oder in Ägypten?

Das Motiv des ›Behälters‹: Ist als einzige Erklärung nur die Annahme der Darstellung eines imaginären Objektes möglich, geformt nach der ägyptischen Hieroglyphe *mr.w*, deren Bedeutung, wie wir sahen, von Kanal, Teich, See bis zu Garten oder künstlich angelegter Teich beim Tempel schwankt? Es sei noch eine andere Lösungsmöglichkeit erwogen: das Vorhandensein von beweglichen Modellen in der Form der *mr.w*-Hieroglyphe, wie bereits von S. Marinatos (1951) vorgeschlagen. Wenn auch nicht gerade dieses Modell bekannt ist, so sind doch in Ägypten zahlreiche kultische Gegenstände (Reinigungs- und Libationsbecken) gefunden oder dargestellt, die in »übertragener Bedeutung modellartig einen sog. See darstellen«, und zwar in der Form der »See«-Hieroglyphe (⬭ , die sich nur wenig von der *mr.w*-Hieroglyphe unterscheidet). Es ist sehr wohl denkbar, daß das *mr.w*-Motiv als sakrales Modell, vielleicht vorwiegend in vergänglichem Material, nach Kreta gelangt war und dort in kultischem Zusammenhang, sei es im Original oder aber in einer kretischen Variante, verwendet wurde.

Die Darstellung könnte dann in einer gewissen Analogie zur Verwendung von Blumentöpfen und Blumenvasen in vermutlich sakralen Zusammenhängen der SM I-Phase stehen, die kürzlich von M. Platon (1987) zusammengestellt worden sind und von denen bereits oben die Rede war. Allerdings ist es nicht überzeugend erweisbar, daß unser Motiv als ›flower-pot‹ eine reale Existenz geführt hat.

Kehren wir nun aber zur Frage der Nachweisbarkeit von minoischen Gärten zurück. Das Fresko aus Amnisos scheint uns als einziges zu ermutigen, den Versuch eines positiven Nachweises zu wagen − sowohl die übrigen bekannten minoischen Fresken als auch die Bildwelt anderer Denkmälergattungen bleiben uns den Nachweis des Gartens schuldig.

Beim gegenwärtigen Stand der Restitution dieses Frieses und dem Stil der bekannten Wandmalerei der MM- und der SM I A-Epoche gingen wir davon aus, daß hier Raumbeziehungen zwischen den Objekten vorliegen und nicht etwa eine ornamentale oder eine auf symbolischen Einzelmotiven beruhende Bildform. So ist damit zu rechnen, daß das Motiv des ›Behälters‹ eine reale Erscheinung im Bereich eines hypaethralen Ritus oder Kultes darstellt. Seine Form ist ägyptisierenden realen Vorbildern (Ritualmodellen?) nachgebildet. Außerdem ist das Zinnenmotiv die stark stilisierte Darstellung eines sakralen Teiches, der jedoch in dieser Form in der minoischen Architektur nicht nachweisbar ist. Die typologische Beziehung zu einem bekannten ägyptischen Bildthema, nämlich zu dem architektonisch umrandeten Teich, dargestellt in vorstelliger, d. i. Grundrißform, ist gesichert und findet in Ägypten eine reale Entsprechung als privater Statusbesitz und Tempelsee bzw. Kanalsee. Der Prototyp ist in Ägypten oft mit nichtutilitaristischen Gartenanlagen verbunden. Die sinnbezogene inhaltliche Verbindung der beiden Motive des Freskos (›Behälter‹ und ›Zinnenmotiv‹) ist offensichtlich und fügt sich zu einer illusionsartigen Bildeinheit.

Wie auch immer die Übertragung des Motivs aus Ägypten vor sich gegangen sein mag, so bleibt doch als Grundvorstellung: In einem sakralen Saal der repräsentativen minoischen Architektur der Zeit um 1600 begegnen zwei anschauliche Motive der ägyptischen Kunst, die ihr Gegenstück in der ägyptischen Wirklichkeit besitzen. Hier in Amnisos handelt es sich nicht einfach um einen ornamentalen Fries; die herausgehobene Stellung auf den Wänden und die kohärente, realen Raum suggerierende Bildstruktur machen die Sinnfrage unumgänglich. Entsprach den ägyptisierenden Motiven eine religiöse Vorstellung, die von Ägypten beeinflußt war?

Keine der bekannten gegenständlichen Darstellungen der altägäischen Wandmalerei ist ausschließlich ästhetisch-dekorativ zu verstehen. Mit Bezug auf das Thema »Gärten« erhebt sich die zweite Frage: Gab es eine minoische Wirklichkeit, die dieser rituellen auf die Funktion des Saales gemünzten Darstellung entsprach – also ein Gartenheiligtum mit heiligem See und Blumenpflanzung?

Wie sollte diese Symbolsprache einem Minoer verständlich sein, der vor die Bilder nicht mit den Erwartungen eines gelehrten Museumsbesuchers hintrat, sondern als Teilnehmer am Ritual, in dem auch die Bilder ihre Rolle spielten?

Die Antwort auf diese Frage ist nur dann befriedigend, wenn sie die reale Existenz eines minoischen sakralen Gartens bejaht, dessen Gestalt nicht nur in formaler Hinsicht von der ägyptischen Gartenkunst beeinflußt war. An dieser Stelle sollte jedoch die Interpretation innehalten, um sich nicht in uferlose Spekulation zu verwickeln. Beides, sakrale Landschaft und sakraler Garten, sind Erscheinungen, in denen sich das Imaginäre mit dem Wirklichen verbindet. Während jedoch die sakrale Landschaft weitgehend der Imagination der Kunst und der Religion angehört, war der sakrale Garten ein Stück gestalteter Wirklichkeit.

Gärten in der bronzezeitlichen ägäischen Kultur? 125

Es ist sicher kein Zufall, daß aus der minoischen Kultur keine Darstellung des unmittelbar auf die Palastarchitektur oder auf das Privathaus bezogenen Gartens bekannt ist, wie das in Ägypten mit vielen Beispielen bezeugt ist. Der Garten des Ägypters hing eng mit Status und Besitz im Diesseits wie auch im Jenseits zusammen. Die häufige Darstellung des Privat-, Palast- und Tempelgartens in den Gräbern der Vornehmen, nachweisbar für das Neue Reich, aber auch der archäologische Nachweis von realen Gärten, oft in Verbindung mit Teichen und Kanälen, steht in schroffem Gegensatz zu dem archäologischen Befund im bekannten, doch verhältnismäßig großen Ausschnitt aus der minoischen Kultur. Es wäre aber verfehlt, daraus den Schluß zu ziehen, daß im minoischen Kreta der Garten nicht vorhanden war.

Die eingangs zitierten Meinungen J. W. Grahams (1987), der insbesondere im Bereich der Lichthöfe und in dem unmittelbar an den Palast bzw. dessen Höfe anschließenden Gelände Gartenanlagen annimmt, lassen sich nicht archäologisch erhärten, doch wäre es sicherlich unvernünftig, einer verfeinerten Kultur, die sich der Pflanzen- und Blütenwelt in detailreichen Darstellungen liebevoll zuwendet, die darüber hinaus insbesondere der gartenfreudigen ägyptischen Kultur benachbart war, den Garten nicht zuzubilligen.

Während der älteren Forschung zwar eine religiöse Bedeutung von Naturmotiven wie beim ›Krokuspflücker‹ (s. o. II) und beim Fries aus dem ›Freskenhaus‹ (s. o. I) naheliegend erschien, neigte sie doch dazu, in diesen Malereien unmittelbare Reflexe der königlichen Gärten zu sehen. Diese Auffassung kann angesichts der komplexen Bildsprache, die aus dem rituellen Leben der minoischen Kultur schöpft, heute nicht mehr aufrechterhalten werden. Offenbar fehlte in Kreta und im Bereich der minoischen Kultur der Anlaß zu einer der ägyptischen adäquaten ›realistischen‹ Darstellung des Gartens. Denn auch das Fresko aus Amnisos ist, gemessen an jenen Bildern, keine auf vordergründige Mimesis abzielende Darstellung, sondern hat beinahe Züge eines verschlüsselten Spieles mit dem Thema des Gartens. In gleichem Maße wie in Ägypten kann in Kreta der Garten in seiner immanenten Fülle niemals als Statussymbol gegolten haben – wenn ihm überhaupt eine profane gesellschaftliche Rolle eigen gewesen sein sollte. Wie auch auf anderen Gebieten zeigt sich hier die tiefe Kluft zwischen den beiden durch Handel und eine ganze Reihe von Motiven der Kunst eng verbundenen Kulturbereichen.

BAUMPFLANZUNGEN

Thematisch grenzt die Anlage von Baumpflanzungen, die vorwiegend ideellen Zwecken dient, an das Thema »Gärten« an.

Wie bereits eingangs bemerkt, ist diese Art der kunstvollen Anpflanzung und Pflege im Orient und in Ägypten nicht weniger zu Hause als der ›Blumengarten‹, und den Minoern muß auch der aus Bäumen bestehende Park schon in der mittelminoischen Epoche dank der intensivierten Beziehungen zu Ägypten wohlbekannt gewesen sein.

Während die Bau- und Geländeforschung in der Ägäis bisher kein einziges Beispiel einer künstlichen Baumpflanzung nachweisen kann, bieten vor allem die Darstellungen in der Glyptik zahlreiche Beispiele des Baumes in szenischen Darstellungen, aber auch in emblematisch stilisierten Kompositionen. Beide Gruppen zeigen den Baum in sakrale Thematik integriert, er erscheint dabei nicht als ornamentales Beiwerk, sondern eine inhaltliche Aussage bezeichnend.

Diese inhaltliche Aussage ist mit der Verehrung des Baumes als kultisches Objekt verknüpft. Wenn es auch nicht möglich ist, sie völlig konkret zu entschlüsseln, so ist sie doch mit der Aussage des orientalischen Lebensbaumes verwandt, und es besteht kein Zweifel an der Übernahme von ikonographischem Thema und religiöser Symbolik aus dem mesopotamisch-syrischen Bereich. Im übrigen ist seit der Arbeit A. Evans' über den »Mycenaean Tree and Pillar Cult and its Mediterranean Relations« (1901) die kultische Bedeutung von Bäumen in der minoischen Kultur diskutiert und letztlich akzeptiert (Rutkowski, 1981, 51 ff.). Aufschlußreich sind Bilder, wo der Baum eingebunden in einen Handlungszusammenhang oder Bedeutungszusammenhang (›symbolisch‹) mit anderen Objekten bzw. Figuren dargestellt ist.

Für unser Thema sind diese Darstellungen vergleichsweise realistischer Art wichtig. Bei ihnen wird mindestens der Schein einer Wirklichkeit dargeboten, mag sie nun im Sinne eines konkreten Ereignisses oder eines allgemeinen, typischen Bildes entgegentreten. Sie gehören der Zeit von Mittelminoisch II bis Spätminoisch II an (18.–15. Jahrhundert).

Weder aus der Bildkunst noch aus Gelände- und Ausgrabungsbefunden lassen sich in der kretisch-mykenischen Welt parkartige Baumpflanzungen mit Sicherheit nachweisen. Nur zwei Darstellungen scheinen derartige Pflanzungen anzudeuten:

1. Fragmente eines ›Miniaturfrieses‹ aus dem Palast von Knossos (Evans III Taf. XVIII). Das Gemälde stammt wahrscheinlich noch aus dem 17. Jahrhundert *Abb. 46* (MM III B). Es geht um einen Abschnitt aus einer ausführlichen Darstellung »Sacred Grove and Dance«. Neulich gelang es N. Marinatos (1987) zu zeigen, daß die Darstellung sich auf ein Fest im Westhof des Palastes von Knossos bezieht; gleichzeitig ist eine Verbesserung der Rekonstruktion vorgelegt worden. Unten im Bild ist eine von Plattenwegen gesäumte rituelle Tanzszene erkennbar, es folgen im Mittelteil zwei Ölbäume, an die sich links – kaum noch erhalten – Spuren eines Bauwerkes (wahrscheinlich ein Altar oder Kultbau) anschließen.

Gärten in der bronzezeitlichen ägäischen Kultur? 127

Abb. 46 'Miniaturfresko', Knossos

Im oberen und mittleren Teil des Frieses erscheint die vielköpfige Menge der
Festteilnehmer, während nach rechts ein weiterer ritueller Akt sichtbar wird. Die
Deutung des Mittelteiles als »Sacred Grove« ist durch die Verminderung der ehe-
mals drei Bäume (alte Restauration) auf zwei Exemplare fraglich geworden. »In
my restoration I have ... reduced the number of trees, since there is no evidence
that there were as many as three. I ... wonder if we are justified in speaking of a
sacred ›grove‹. Trees are markers of sacred ground and one could be sufficient«
(N. Marinatos, 1987, 142). In der Tat ist der vereinzelte Baum in sakralem
Zusammenhang anderweitig ausreichend für die minoische Epoche bezeugt
(Rutkowski, 1981, 51 ff.).

    2. Fragment eines Rhyton mit Reliefdarstellung, Serpentin. Aus Knossos;
Abb. 47   Oxford, Ashmolean Museum (SM I A oder B). Diese fragmentarische Darstellung
auf einem Kultobjekt weist eindeutig auf einen sakralen Raum: Im unteren
Abschnitt ist ein aus Quadern errichteter, von Hörnern bekrönter Altar abgebildet. Rechts daneben erkennt man eine offenbar sitzende Figur mit ausgestreck-
tem Arm und geschlossener Hand, nach links hin eilt oder tanzt ein Mann. Über
dieser Szene verläuft in leicht nach unten gebogener Kurve eine anscheinend in
polygonaler Technik errichtete Mauer. Unmittelbar über ihr befinden sich zwei
Objekte: ein platanenähnlicher Baum und ein stab- oder mastartiger Gegen-

stand, dessen oberes Ende nicht mehr erkennbar ist. Der Rest einer parallel mit der unteren verlaufenden Mauer ist über dem Baum erhalten. Aufgrund des Altares mit dem Hornsymbol ist die Darstellung eindeutig dem kultischen Bereich zuweisbar. Die beiden Mauern, die das Bildfeld betont aufteilen, gehören zu der Topographie eines Temenos. M. P. Nilssons (1950) Deutung der räumlichen Anordnung: »ein Baum h i n t e r einer Mauer in Polygonaltechnik und ein Altar mit Kulthörnern v o r der Mauer« (S. 271, Sperrungen von Nilsson) leuchtet ohne weiteres ein. Man kann auch mit B. Rutkowski (1981, 14) annehmen, daß der Baum innerhalb des Bezirks noch von einem besonderen Peribolos umgeben war.

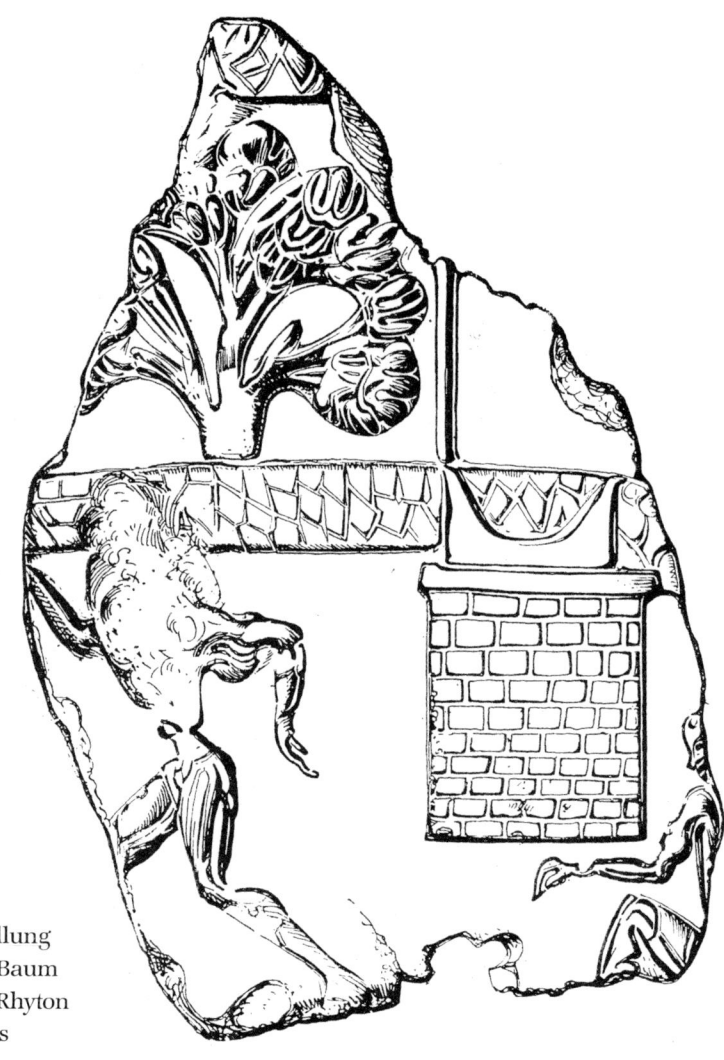

Abb. 47 Reliefdarstellung eines Heiligtums mit Baum und Altar auf einem Rhyton aus Serpentin, Knossos

Gärten in der bronzezeitlichen ägäischen Kultur? 129

Die reichste Überlieferung für die Umfriedung eines einzelnen Baumes kommt aus der Siegelglyptik des 16. und 15. Jahrhunderts, deren Darstellungsinhalte nicht weniger als die der Malerei von religiösen Bezügen bestimmt sind. Eindeutige Hinweise auf das Thema bieten unter den veröffentlichten Stücken mehr als 20 Exemplare, von denen hier einige für unser Thema wichtig diskutiert werden. Für die im Kult und dessen rituellem Vollzug bedeutende Rolle des umfriedeten Baumes im Leben der Minoer sind diese Zeugnisse entscheidend. Sie sind um so wichtiger, als die schriftlichen Quellen – nicht nur die Linear B-Schrift, sondern auch die unentzifferte Linear A-Schrift – über diesen Bereich nichts erkennen lassen. Die Aussagen der einzelnen Zeugnisse der Glyptik ergänzen sich gegenseitig, und die Wiederholung und Kombination ähnlicher oder gleicher Motive verschiedener Phasen und Werkstätten gibt uns Sicherheit über typische Sachverhalte.

Abb. 48 a   3. Goldring aus Mykene(?); Oxford, Ashmolean Museum (SM I/II). Auf der elliptischen Siegelplatte: In felsig dargestelltem Gelände erhebt sich ein Kultschrein, bekrönt von Hornsymbol. Vom Fuß- und Deckprofil des Schreines gehen kettenähnliche Linien mit unregelmäßiger stereotyper Innenzeichnung aus. Diese Linien teilen das Bildfeld nach rechts hin in zwei unregelmäßig begrenzte Felder ein, deren obere Eingrenzung, entsprechend dem Rand der Platte, gekurvt ist. B. Rutkowski deutet die Linien als Hinweise auf »ovale oder fast unregelmäßige« Umrisse einer sakralen ›Topographie‹, das Bauwerk als Kultfassade (1981, 14). Die Linien im unteren Teil der Platte sind danach möglicherweise Landschaftsformen oder Mauerzüge. Die weibliche Figur im Vordergrund kann als Adorantin gedeutet werden. Naheliegend, wenn auch nicht zwingend erweisbar, ist die Darstellung eines umfriedeten Baumes in der rechten Bildhälfte.

Abb. 48 b   4. Goldring aus Knossos; Oxford, Ashmolean Museum (SM I/II). Eine weibliche Figur in minoischer Tracht steht im Adorationsgestus vor einem ›Portal‹. In der Eingangsöffnung wird ein baitylosförmiger Pfeiler mit Kapitell, Basis und profiliertem Mittelteil sichtbar. Rechts an das ›Portal‹ schließt sich unmittelbar eine Wand an. Über dem doppelten Deckprofil, das sich auch auf die Wand erstreckt, werden kräftige Äste sichtbar, die zu dem dichtbelaubten Baum zu gehören scheinen. Zwischen der Adorierenden und dem ›Portal‹ steht ein sich nach oben verjüngender Pfeiler, dessen höchster Teil vom Bildrand abgeschnitten wird. Über der Mitte des Bildfeldes die ›Epiphanie‹ eines Gottes mit ›Szepter‹, der Adorantin zugewendet. Am linken Bildrand Angabe von Felsen und Pflanzen. Vom Pfeiler erstreckt sich nach links ein ›Podium‹, das die Adorierende betreten hat. Entsprechende Darstellungen einer Kultfassade (s. u.) lassen erkennen, daß mit den Ästen über dem Deckprofil ein Baum angedeutet ist, der sich nicht etwa auf dem Dach oder der Krone der Fassade erhebt, sondern innerhalb einer Fläche, die von der Fassade, in diesem Fall einschließlich der Wand,

130   J. Schäfer

Abb. 48 Darstellung eines umfriedeten Baumes im kultischen Zusammenhang
a) Goldring aus Mykene (?), Oxford − b) Goldring aus Knossos, Oxford − c) Goldring
aus Kilia, Berlin − d) Goldring aus Mykene, Athen

begrenzt wird. Kultfassade und Mauer liegen bereits innerhalb des Temenos, bilden eine Abteilung des Temenos, wie dies auch bei 3. der Fall sein könnte. Offensichtlich ist, daß sich der Ort der Darstellung nicht im Palast oder in der Siedlung, sondern außerhalb im Gelände befindet, in Übereinstimmung mit 3. B. Rutkowski (981, 26) ist der Auffassung, daß Baitylos und Baum im gleichen Sektor des Temenos stehen.

5. Goldring, angeblich aus Kilia; Berlin, Antikensammlung, Stiftung Preußischer Kulturbesitz (SM I/II). Rechts Kultfassade ähnlich 2.; der Baum ist diesmal deutlicher charakterisiert. Topographische Deutung und kultische Epiphanie ist analog zu 4. verstehbar. Oben links ein Gestirn, das die Präsenz des Gottes bekräftigt. Auf dieser Darstellung wird noch deutlicher, daß sich hier der Eingang zum »umfriedeten Temenos« befindet, innerhalb dessen der Baum steht (Rutkowski, 1981, 30).

Abb. 48c

Die Frage, ob in der ›Kultfassade‹ (bzw. ›Portal‹), die bei 4. und 5. mit einer ziemlich gleichförmigen Mauerfassade kombiniert erscheint, ein Kultschrein gemeint ist, der mit einer Einfriedung verbunden ist, oder aber ob der ›Schrein‹

pars pro toto eine Einfriedung mit Portal bedeutet, wird durch Darstellungen wie die folgende noch verwickelter:

6. Goldring aus Mykene, Kammergrab 91; Athen, Nationalmuseum (SM I B — SM III B). Ein offenbar als gepflastert charakterisierter Hof zwischen zwei ›Bauten‹. In der Mitte eine Frau in Tanzhaltung, auf einen in die Knie sich beugenden Mann blickend, der mit abgewandtem Gesicht einen Baum, der offenbar Früchte trägt, zu sich herabzieht. Der Baum entspringt ›auf‹ dem Gesims eines ›Schreines‹, in dessen ›Portal‹ ein Pfeiler sichtbar wird. Rechts wiederum eine Frau, nach vorne gebeugt, die Arme auf die doppelt profilierte Deckplatte eines ›Baues‹ legend. Drei dünne, tragende Pfeiler unter der Deckplatte lassen in den beiden Zwischenräumen, nach der Beschreibung, ein sakrales Emblem (8förmiger Schild?) und einen kleinen Pfeiler erkennen, über dem zwei Kettengirlanden hängen. Eine doppelte Kreislinie ist am oberen Bildrand zwischen Mittelfigur und Baum sichtbar. Zweige erscheinen über dem Rücken der sich Beugenden.

Ähnliche Beziehungen zwischen Baum, Bau und ›Figur am Baum‹ sind auch bei anderen Darstellungen erkennbar (z. B. Sakellarakis, 1967, 280). Ist das Bauwerk oder die Einfriedung so niedrig, daß sie den Zugriff von außen her ermöglichen? M. P. Nilsson (1950) hat die ›vorstellige‹ Bildsprache ausführlich dargelegt und gezeigt, wie sich die Mimesis des optischen Eindrucks und charakterisierende Deutlichkeit im Bilde verbinden: »... wenn ... der Künstler die Szene des Baumkultes zu verbildlichen hatte (eine menschliche Figur, die den Baum berührte), war ihm eine sehr schwierige Aufgabe auferlegt, nämlich eine Szene darzustellen, die in Wirklichkeit mindestens zum Teil durch die einschließende Konstruktion verborgen war. Man könnte argumentieren, daß der Adorant [in Analogie zum heiligen Baum] auch durch die Konstruktion verdeckt werden müßte, außer — im besten Fall — der Kopf und der obere Teil des Körpers. Aber dies ist nicht die Art primitiver Kunst, deren Ziel eine explizite Darstellung ist. Der Künstler war nicht in der Lage, in gleicher Freiheit, wie er den inartikulierten Baumstamm unterdrückte, auch mit dem lebendigen Organismus eines Menschen zu verfahren« (S. 270ff.). Es ergibt sich also für diese Darstellungen folgende Lesart: Innerhalb einer mit Architekturformen ausgestalteten Umfriedung befindet sich der Baum, dem ein sakraler Ritus — oder wahrscheinlicher eine Kette von Riten — gilt, in dessen Verlauf der Baum berührt und ergriffen wird. Diese Umfriedung liegt im Freien, möglicherweise auf oder an Bergen. Andere Kultobjekte, wie Pfeiler oder Baityloi, sind in diesen Kult eingeschlossen oder stehen in naher Beziehung zu ihm. Es ist denkbar — s. z. B. das Rhytonrelief (2.) und das Siegel aus Mykene (3.) —, daß diese Einfriedung dem Allerheiligsten gilt, das sich innerhalb eines weiteren Temenos befindet. (Eine umfängliche Auseinandersetzung mit dem Problem des Baumkultes und der Sakralarchitektur führt tief in die Geschichte der minoischen Religion; sie kann hier nicht erfolgen.

Abb. 48 d

Der Stand der Forschung wird durch Nilsson [1950, 165 ff. und 262 ff.] und durch Rutkowski − [1981, 30 ff. und 51 ff.] vorwiegend ikonographisch-phänomenologisch − gekennzeichnet.)

Die bisherigen Einfriedungen des Heiligen Baumes dürften sich ausschließlich auf Rituale bei den genannten Heiligtümern beziehen. Wir besitzen jedoch ein unschätzbares Zeugnis für das Motiv des einzelnen Baumes aus der sepulkralen Malerei: die Darstellung auf dem Sarkophag von Agia Triada:

7. Kalksteinsarkophag aus einem Grabbau bei der ›Villa‹ von Agia Triada; Arch. Mus. Herakleion. Die Datierung in die Zeit um 1400 (SM II A) ist stilistisch *Taf. 14.15* begründet. Auf dem Sarkophag werden nach übereinstimmender Auffassung Elemente des Götterkultus und des Totenrituals in inhaltlicher Verknüpfung, bezogen auf den Verstorbenen, dargestellt. Zweimal erscheint ein Baum.

Auf der (qualitativ besseren und dem Grabeingang zugewendeten) Vorderseite ist ganz rechts der Grabbau dargestellt, davor erscheint der Tote − ohne Arme, so daß sein tätigem Leben entrückter Status deutlich wird. Vor ihm erhebt sich ein dreistufiger Altar, wie er auch außerhalb des Totenritus nachgewiesen zu sein scheint. Der übrige Teil des Frieses wird von den Bringern der Totengaben und von einer Libationsszene ausgefüllt. Der Baum (eine Palme?) steht unmittelbar zwischen dem Toten und dem Stufenaltar. Ikonographisch ist dieses Motiv auf einem Achatsiegel aus Aplomata (Naxos, SH III C) in eindringlicher Weise dargestellt (Rutkowski, 1981, Abb. 3,4): Im Zentrum ein Opfertisch, darüber Kultgefäße und Schwert. Ein Krieger oder Fürst mit herrscherlicher Geste den Speer vor sich aufstützend; an Größe und Deutlichkeit gleichgeordnet ein vom Boden aufwachsender Palmbaum. Er kann als Erscheinungsform der Gottheit gedeutet werden, verkörpert jedenfalls göttliche Nähe. Auf dem Sarkophag gilt der Ritus dem Toten − sei er vergöttlicht oder nicht.

Das Siegelbild aus Naxos und die Darstellung der Vorderseite des Sarkophags bezeugen wiederum den vereinzelten Baum, herausgelöst aus seiner alltäglich-natürlichen Form auch in topographischer Hinsicht − ob umfriedet oder nicht, vermögen wir nicht zu ermessen. Der Baum am Altar ist sozusagen ›Teilnehmer‹ am Opferritus.

Die ›abgewandte‹ Seite des Sarkophags, qualitativ kaum merklich schwächer, hat nur mittelbar teil am Totenritus. Unmittelbar ist der Götterkult dargestellt. Ausführlicher als auf den Miniaturdarstellungen der Siegel und das Ambiente des Opfers ausmalend, wird das Temenos dargestellt. Die Gruppe der insgesamt fünf Figuren bewegt sich nach rechts und kommt zum Halten bei Altar, Kultpfeiler und Fassade der kultischen Einfriedung des Heiligen Baumes. Die Meinungen über den Inhaber des heiligen Bezirks und Empfänger des blutigen und unblutigen Opfers (Schächtung einerseits, Spendekanne und Frucht(?)korb andererseits) gehen auseinander: Vergöttlichter Verstorbener (Sakellarakis, 1970, 188) oder

Gärten in der bronzezeitlichen ägäischen Kultur? 133

Gewinnung der Gottheit für den Verstorbenen (Matz, 1958, 399f.). Es fällt schwer, zwei rituell und offenbar auch lokal getrennte Opferhandlungen für denselben Todesfall anzunehmen.

Vielleicht gilt in der Tat die Umfriedung mit dem Heiligen Baum der Gottheit. Denn es fällt schwer, das auf den Siegelbildern den Göttern geweihte Temenos als ad hoc, das heißt für den Toten – sei er auch hochgestellt und apotheosiert – errichtet anzusehen im Sinne der ägyptischen Pyramiden. Für unseren Zweck reicht es freilich hin, zu erkennen, daß eine Reihe von Merkmalen des göttlichen Temenos hier versammelt sind: Hörnerbekrönte, den Baum umfriedende Architektur, Pfeiler mit Doppelaxt und numinosem Vogel, ›unblutiger Altar‹, der Tisch der Schächtung, der möglicherweise als stationär anzusehen ist. In dieser Pracht des Gebälks, mit den Köpfen der Deckenbalken, erscheint die einfriedende Architektur auf den übrigen Denkmälern nicht. Der Baum ist eindeutig eine Palme – während die Gattung der Heiligen Bäume der Siegel unbestimmbar ist, es jedoch in vielen Fällen nicht Palmen sein können. Dies schließt nicht aus, daß der Palme als Heiligem Baum eine durchaus gehobene Bedeutung zukam.

Die künstliche Pflege und Anpflanzung des Baumes hat in der minoischen Kultur nach unseren Zeugnissen nur in der Form des einzelnen, kultisch bedeutsamen Baumes einen Platz. Durch ikonographische Quellen ist der umfriedete Baum in den hypaethralen Temene nachgewiesen; es ist sicher, daß er dort sogar zum Heiligsten gehörte. Damit würde er wohl dem anderen, räumlich gesehen nichtpalatialen Pol des kultischen Lebens jener Zeit zuzuordnen sein. Auf den Bildern der Siegel, deren magische Kraft diesseitigen Besitz absicherte und über das Diesseits hinaus den Besitzer begleitete, ist das Motiv häufig. Daneben erscheint es, ebenfalls den Göttern zugeordnet, als Bestandteil des Totenkultes auf dem Sarkophag von Agia Triada. Es ist wesentlich eindeutiger und unmittelbarer als der ›heilige Garten‹ der Freskomalerei gestaltet. Die Kunst führt uns hier nahe an die reale Erscheinung des umfriedeten Baumes heran.

Unsere Versuche, ›nicht-utilitaristische‹ Pflanzungen in der alten ägäischen Kultur nachzuweisen, haben uns in den ältesten Beispielen kaum bis in die Jahre um 1600 geführt und waren auf Kreta und die Kykladen (Thera) beschränkt. Die helladische Kultur, als Hochkultur gipfelnd in der mykenischen (späthelladischen) Phase, blieb außerhalb der Betrachtung. Bei der auf vielen Gebieten, insbesondere auf dem Gebiet der Kunst und damit auch des höfischen Lebens vorhandenen Beeinflussung der mykenischen Kultur durch die minoische ist es naheliegend, daß die für Kreta gültigen Aussagen über den ›Garten‹ auch für das mykenische Festland wenigstens partiell gültig sind. Es ist auch anzunehmen, daß die Bildinhalte der minoischen oder minoisierenden Siegel, die ja zum Teil auf helladischem Boden gefunden sind, den Mykenern nicht fremd waren.

Auf dem Festland fehlt der unmittelbare Nachweis des ›Gartens‹ und der Baumumfriedung ebenso wie auf Kreta. Die Ikonographie ist, sieht man von Importen oder engen Anlehnungen ab, begrenzter als im minoischen Bereich und bietet für unser Thema so gut wie nichts. Die ikonographische Quellenlage ist gerade für die Zeit der mächtigen Expansion der helladischen Kultur, zwischen ca. 1400 und 1200, besonders ungünstig, da in der Vasenmalerei eine starke ornamentale Tendenz herrscht und in der Freskomalerei das Bild sich stark auf die Darstellung von ›Figürlichem‹ (neben Ornamentalem) beschränkt. Die Archive der Linear B-Tafeln bieten, gattungsbedingt, über das Aussehen von Heiligtümern und einzelnen Kultobjekten sowie die Gestalt der Architektur nichts. Was für das Festland gilt, gilt für diese Phase auch für Kreta, das nach ca. 1400 immer stärker unter den Einfluß des Festlandes bzw. der mykenischen Kultur geriet.

Völlig unergiebig für unser Thema ist die vormykenische, früh- und mittelhelladische Epoche. Sie war eine bäuerlich geprägte Kultur ohne Schrift und ohne eine darstellende Kunst.

HOMER

Ob die starken Erschütterungen, die seit ca. 1400 die minoische Palastkultur wohl nicht zuletzt durch das Auftreten der Mykener in Kreta erlitt, auch das Ende der sakralen Landschaft und des sakralen Gartens als Erzeugnis der religiösen Phantasie sowie das Ende des in die Sakralarchitektur integrierten Baumes herbeiführten, wird nicht deutlich. Ebensowenig ist erkennbar, ob der Mykener mit dem Blumenmotiv des Tirynther Frieses noch eine Vorstellung vom sakralen Garten zu verbinden vermochte. Die kargen Formen des Lebens, aber auch der nüchterne, knappe und klare Ausdruck der Kunst der Zeit nach 1200 lassen genausowenig wie die materiellen Reste auch nur eine Spur imaginärer oder wirklicher Kunstgärten und umfriedeter Bäume erkennen. Bei Homer, für uns noch immer wichtigster Zeuge für den späteren Teil der sich zwischen 1200 und 750 erstreckenden, durch Lebensform und Überlieferungslage als ›Dunkle‹ bezeichneten Jahrhunderte, begegnet der Garten als künstliche Anpflanzung, wie er wohl auch für die späte Bronzezeit angenommen werden muß: als Nutzgarten im landwirtschaftlichen Sinne und Kennzeichen vordergründigen, materiellen Besitzes. Auf Scheria, im Palast des Phäakenherrschers Alkinoos, bewundert Odysseus, natürlich von Hause aus ›Fachmann‹, den Garten des Herrschers. Die Homerische Schilderung läßt keinen einzigen unrealen Zug erkennen, wenn sie auch die höchste denkbare Steigerung der Gartenkunst zum Inhalt hat:

Gärten in der bronzezeitlichen ägäischen Kultur? 135

»Außer dem Hof ist ein großer Garten nahe der Hoftür,
An vier Morgen, auf allen Seiten vom Zaune umzogen.
Große Bäume stehen darin in üppigem Wachstum,
Apfelbäume mit glänzenden Früchten, Granaten und Birnen
Und auch süße Feigen und frische, grüne Oliven.
Denen verdirbt nie Frucht, noch fehlt sie winters und sommers
Während des ganzen Jahres, sondern der stetige Westhauch
Treibt die einen hervor und läßt die anderen reifen.
Birne auf Birne reift da heran und Apfel auf Apfel,
Aber auch Traube auf Traube und ebenso Feige auf Feige.
Dort ist ihm gepflanzt ein üppiges Rebengelände;
Hier auf ebenem Platz zum Trocknen werden die Trauben
In der Sonne gedörrt; dort ist man gerade beim Ernten;
Dort beim Treten der Trauben; doch vorne sind sie noch unreif,
Stoßen die Blüten ab, und andere färben sich eben.
Dort sind auch Gemüsebeete am Rande des Weinbergs
Mannigfach in Reihen gepflanzt, das ganze Jahr prangend.
Drin sind auch zwei Quellen; die eine verteilt sich im ganzen
Garten; die andere läuft jedoch unter der Schwelle des Hofes
Hin zum hohen Haus; dort holen die Bürger das Wasser.
Also waren beim König die glänzenden Gaben der Götter.
Da nun stand er und staunte, der göttliche Dulder Odysseus.«
(Odyssee 7, 112−132; Übersetzung R. Hampe, Odyssee, 1979)

Die ganze Pflanzung zerfällt in drei nebeneinanderliegende Abteilungen, deren jede mit ἔνθα δὲ (dort, darin ist) eingeführt wird: Der Obstgarten (114−121), der Weingarten (122−126), der Gemüsegarten (127−128).

Hier begegnen zum ersten Mal in der schriftlichen Überlieferung zur Ägäis ›Gärten‹ und sogleich in einer differenzierten Form, der die Wortwahl für die Anpflanzung, für Baumgarten und für Weingarten, für Gartenbäume und schließlich für Gemüsebeete entspricht; auch eine Umfriedung ist hier genannt, und besonders die »wohlgeordneten Beete« führen für unser modernes Empfinden nahe an den Blumengarten heran. Es ist jedoch von entscheidender Wichtigkeit, daß die Bewunderung des Odysseus einer Schönheit gilt, die untrennbar mit der Anerkennung sachgerechter Bearbeitung und landwirtschaftlichen Reichtums verknüpft ist. Gleich weit entfernt scheint diese Form des Gartens vom ägyptischen Tempel- und Palastgarten wie von den sakralen Landschaften und den sakralen Gärten der minoischen Kunst. Wohl kaum ist der Garten des Alkinoos eine Vorstufe des Gartens der Aphrodite, in dem die Rosen erblühen, wie er fast 200 Jahre nach Homer von Sappho beschrieben wird (s. Beitrag Carroll-Spillecke)!

Die »Haine« der Götter, bei Homer oft genannt (Ilias II 506. XX 8; Odyssee 6, 291; 10, 350.509; 17, 308; 20, 278), nehmen eine unser Thema nur am Rand berührende Stellung ein. Sie sind durch kultische Begehung ausgewählte Ausschnitte aus der freien Natur. Ihnen für die ägäische Bronzezeit die Existenz wegen mangelnder Nachweisbarkeit abzusprechen, wäre unsinnig, wie wir gesehen haben. Es genügt, auf die Darstellung des minoischen Goldsiegelrings von der Akropolis von Mykene hinzuweisen, auf dem die Göttin unter dem ihr heiligen Baum thront, umgeben von Adoranten und heiligen Symbolen (CMS I, 1964 ff., 17).

Nur ein einziges Mal hören wir in der Ilias von einem zu Ehren eines Heros gepflanzten Hain:
»Nicht ihm nahm er die Waffen, das scheute er sich im Gemüte,
Sondern verbrannte ihn da mitsamt der kunstvollen Rüstung,
Schüttete drüber ein Mal; und ringsum pflanzten dann Ulmen
Nymphen der Berge, die Töchter des Zeus, des Halters der Ägis.«
(Ilias VI 417−420, von Achilleus; Übersetzung R. Hampe, Ilias, 1979)

Er ist von der Hand der Nymphen gepflanzt. Hier liegt ein Fall des Totenkultes vor, der in der homerischen Zeit hier und da vollzogen worden sein mag. Denn die Ulme galt nach späteren Quellen als Sinnbild des Todes. Bei Vergil (Aeneis VI 282) steht im Vorhof der Unterwelt eine Ulme:
In medio ramos annosaque bracchia pandit
ulmus opaca ingens, quam sedem Somnia volgo
vana tenere ferunt foliisque sub omnibus haerent.

*
**

Gab es jedoch den eingangs genannten »Blumengarten« in der alten Ägäis? Als positiver Hinweis auf seine Existenz kann zum gegenwärtigen Zeitpunkt nur das Fresko aus Amnisos gelten. Rituelle Bildsprache und bildhaftes Konzept *Taf. 11* einer Wirklichkeit durchdringen sich in den Quellen fast unentwirrbar − so lange, bis die Überlieferung der zeitgenössischen Texte und die rein archäologischen Gelände- und Architekturbefunde der Forschung über das hier Gewonnene hinaus neue Einblicke gewähren.

[1990]

Danksagung

Frau B. Geßler-Löhr danke ich für äußerst förderliche Hinweise. J. Sakellarakis bin ich für intensive Diskussionen zum Thema der minoischen Gärten verpflichtet. Die Studenten des Archäologischen Instituts der Universität Heidelberg leisteten wertvolle Hilfe bei der Zusammenstellung des Materials.
J. Schäfer

Gärten in der bronzezeitlichen ägäischen Kultur? 137

Literatur

Bei der Interpretation der altägäischen Wandmalerei stützte sich der Verfasser dankbar auf die Arbeiten von N. Marinatos (s. u.).

J. Boardman, Greek Gems and Finger Rings (1970)

M. Cameron, Unpublished Paintings from the ›House of the Frescoes‹. Annual of the British School of Athens, 63, 1968, 1 ff.

M. Cameron, Theoretical Interrelations among Theran, Cretan and Mainland Frescoes, in: C. Doumas (Hrsg.), Thera and the Aegean World I (1978) 579 ff.

M. Cameron, S. Hood, A. Evans, Knossos Fresco Atlas (1967)

I. Cerceau, Les représentations végétales, in: Bulletin de correspondance hellénique, Suppl. XI (1985) 181 ff.

A. Chaniotis, in: J. Schäfer (Hrsg.), Amnisos (im Druck) Kap. II.

F. Chapoutier, P. Demargne, Mallia (troisième rapport) (1942) 22 ff.

Corpus der minoischen und mykenischen Siegel. Begründet von F. Matz (verschiedene Herausgeber und Autoren; 1964 ff.) = CMS

N. de Garis Davies, The Tomb of Nefer-Hotep at Thebes (1933)

P. Demargne, Mallia. Plans du Palais (1974)

E. Diehl (Hrsg.), Anthologia Lyrica Graeca I (1936)

C. Doumas (Hrsg.), Thera and the Aegean World I (1978)

A. Evans, Mycenaean Tree and Pillar Cult and its Mediterranean Relations, Journal of Hellenic Studies, 21, 1901, 99 ff.

A. Evans, The Palace of Minos I (1921), II (1928), III (1930), IV (1936, repro. 1964)

G. Farina, La pittura Egiziana (1929)

E. Feucht, Das Grab des Nefersecheru (1985)

P. Fořtová-Šamalová, Das ägyptische Ornament (1963)

H. Frankfort, Ancient Egyptian Religion (1948)

A. Furumark, The Mycenaean Pottery. Analysis and Classification (1941)

A. Gardiner, Egyptian Grammar (1982)

B. Geßler-Löhr, Die heiligen Seen ägyptischer Tempel. Hildesheimer ägyptologische Beiträge (1983)

J. W. Graham, The Palaces of Crete (1987)

R. Hägg, Pictorial Programs in the Minoan Palaces and Villas, in: Bulletin de correspondance hellénique, Suppl. XI (1985) 209 ff.

W. Helck, »Gartenanlage, -bau«, in: Lexikon der Ägyptologie II (1977) 378 f.

W. Helck, Die Beziehungen Ägyptens und Vorderasiens zur Ägäis bis ins 7. Jahrhundert v. Chr. (1979)

J.-C. Hugonot, Le jardin dans l'Égypte ancienne. Europäische Hochschulschriften, Reihe 38, Bd. 27 (1989)

S. Immerwahr, Influence of Egyptian Art on Minoan Wall Painting, in: Bulletin de correspondance hellénique, Suppl. XI (1985) 41 ff.

H. Junker, Das Götterdekret über das Abaton. Denkschrift Akademie der Wiss. Wien 67 Abh. 4 (1913)

H. Kantor, The Aegean and the Orient in the second Millenium B. C. (1947)

V. Karageorghis, M. Demas, Excavations at Kition V (1985)

G. Karo, Die Schachtgräber von Mykenai (1930)

V. E. G. Kenna, Cretan Seals (1960)

C. R. Long, The Ayia Triadha Sarcophagus. A Study of Late Minoan and Mycenaean Funerary Practices and Beliefs (1974)

N. Marinatos, Art and Religion in Thera (1984)

N. Marinatos, The Function and Interpretation of the Theran Frescoes, in: Bulletin de correspondance hellénique, Suppl. XI (1985) 219 ff.

N. Marinatos, Kunst und Religion im alten Thera (1987)

N. Marinatos, An Offering of Saffron to the Minoan Goddess of Nature, in: Gifts to the Gods. Proceedings of the Uppsala Symposium 1985. Ed. T. Linders — G. Nordquist. Boreas 15 (1987) 128 f.

N. Marinatos, Public Festivals in the West Courts of the Palaces, in: Proceedings 4th International Symposium, Swedish Archaeological Institute Athens 1984 (1987) 135 ff.

S. Marinatos, Ἀνασκαφὴ Ἀμνισοῦ Κρήτης. Praktika 1932, 86 ff.

S. Marinatos, Funde und Forschungen auf Kreta. Archäologischer Anzeiger 1933, 287 ff.

S. Marinatos, ›Numerous Years of Joyful Life‹ from Mycenae. Annual of the British School of Athens, 46, 1951, 102 ff.

S. Marinatos, Kreta und das mykenische Hellas (1959)

S. Marinatos, Excavations at Thera IV (1971), V (1972), VI (1974)

S. Marinatos, M. Hirmer, Kreta, Thera und das mykenische Hellas (1973)

F. Matz, Göttererscheinung und Kultbild im minoischen Kreta. Abhandlungen der Geistes- und Sozialwissenschaftlichen Klasse, Akademie der Wissenschaften und der Literatur in Mainz (1958)

F. Matz, Kreta und frühes Griechenland (1962)

M. Möbius, Pflanzenbilder der minoischen Kunst in botanischer Betrachtung. Jahrbuch des Deutschen Archäologischen Instituts, 48, 1933, 1 ff.

S. Morenz, J. Schubert, Der Gott auf der Blume (1954)

F. Muthmann, Mutter und Quelle (1975)

W.-D. Niemeier, Die Palaststilkeramik von Knossos (1985)

M. P. Nilsson, The Minoan-Mycenaean Religion and its Survival in Greek Religion (1950)

A. Parrot, Mission Archéologique de Mari II (1956)

T. E. Peet, C. L. Woolley, The City of Akhenaten I (1923)

O. Pelon, Le Palais de Malia V (1980)

J. D. S. Pendlebury, The Archaeology of Crete (1939)

L. Pernier, Il Palazzo Minoico di Festos (1935)

L. Pernier, L. Banti, Il Palazzo Minoico di Festos II (1951)

M. Platon, Γλάστρες καὶ ἀνθοδοχεῖα στὸ μινωϊκὸ κόσμο, in: ΕΙΛΑΠΙΝΗ I (1987) (Festschrift für N. Platon) 227 ff.

N. Platon, Συμβολὴ εἰς τὴν σπουδὴν τῆς μινωϊκῆς τοιχογραφίας. KretChron (Κρητικὰ Χρονικά), 1, 1947, 505 ff.

D. Preziosi, Minoan Architectural Design (1983)

W. Richter, Die Landwirtschaft im homerischen Zeitalter (mit Beitrag von W. Schiering), in: Archaeologia Homerica II Kap. H (1968)

G. Rodenwaldt, Tiryns II (1912)

J. Rosellini, I Monumenti d'Egipto e della Nubia (1834)

B. Rutkowski, Frühgriechische Kultdarstellungen. Mitteilungen des Deutschen Archäologischen Instituts, Athenische Abteilung, Beiheft 8 (1981)

J. Sakellarakis, Minoan Cemeteries at Arkhanes. Archaeology 20, 1967, 276 ff.

J. Sakellarakis, Das Kuppelgrab A von Archanes und das kretisch-mykenische Tieropferritual. Prähistorische Zeitschrift, 45, 1970, 135 ff.

J. Schäfer, Zur kunstgeschichtlichen Interpretation altägäischer Wandmalerei. Jahrbuch des Deutschen Archäologischen Instituts, 92, 1977, 3 ff.

J. Schäfer, Bemerkungen zum Verhältnis mykenischer Kultbauten zu Tempelbauten in Kanaan. Archäologischer Anzeiger 1983, 551 ff.

J. Schäfer (Hrsg.), Amnisos (im Druck).

W. Schiering, Die Naturanschauung in der altkretischen Kunst. Antike Kunst 8, 1965, 3 ff.

M. Shaw, An Evaluation of possible Affinities between Egyptian and Minoan Wall Paintings before the New Kingdom (unveröff. Diss. Bryn Mawr College 1967)

W. S. Smith, Interconnections in the Ancient Near East (1965)

J. Vercoutter, L'Égypte et le monde Égéen préhellénique (1956)

G. Walberg, Tradition and Innovation. Essays in Minoan Art (1980).

G. Walberg, Kamares. A Study of the Character of Palatial Middle Minoan Pottery (1987).

O. Walter, Studie über ein Blumenmotiv als Beitrag zur Frage der kretisch-mykenischen Perspektive. Jahreshefte des Österreichischen archäologischen Institutes in Wien, 38, 1950, 17 ff.

D. Wildung, »Garten«, in: Lexikon der Ägyptologie II (1977) 376 ff.

Abbildungsnachweis

Abb. 36   Nach M. Cameron, BSA 63, 1968, 26 Abb. 13.

Abb. 37   Nach J. W. Graham, The Palaces of Crete (1987) Abb. 58

Abb. 38   Nach N. Platon, KretChron 1, 1947, 513 Taf. 29

Abb. 39   Nach M. Cameron, in: S. Marinatos (Hrsg.), Thera and the Aegean World 1 (1978) 581 Taf. 1

Abb. 40   Nachzeichnung S. Gaszner nach S. Marinatos, Archäologischer Anzeiger 1933, 295-296 Abb. 4

Abb. 41-42   Nach H. Junker, Das Götterdekret über das Abaton. Denkschr. Akademie der Wiss. Wien 56 Abh. 4 (1913) 54.58 Abb. 18.20

Abb. 43   Nach N. de Garis Davies, The Tomb of Nefer-Hotep (1933) Taf. 3

Abb. 44   Nach P. Fořtová-Šamalová, Das ägyptische Ornament (1963) Abb. 28.94

Abb. 45   Nach G. Rodenwaldt, Tiryns II (1912) Taf. 4

Abb. 46   Nach N. Marinatos, Public Festivals in the West Courts of the Palaces, in: Proc. 4th Intern. Symposium Swedish Institute Athens 1984 (1987) 141 Abb. 7

Abb. 47   Nach A. Evans, The Palace of Minos II (1928) 614 Abb. 386

Abb. 48a−b   Nach A. Evans, JHS 21, 1901, 170.182 Abb. 48.56

Abb. 48c   Nach M. P. Nilsson, The Minoan-Mycenaean Religion and its Survival in Greek Religion (1950) 266 Abb. 130

Abb. 48d   Nach Corpus der minoischen und mykenischen Siegel 1 (1964) Nr. 126

V. Karageorghis—M. Carroll-Spillecke

Die heiligen Haine und Gärten Zyperns

Zypern ist die Insel der Fruchtbarkeitsgöttin Aphrodite. Dem Mythos zufolge
wurde sie geboren aus dem Sperma-Schaum des Uranos: sein Sohn Kronos, der
Vater des Zeus, hatte ihn mit einer Sichel entmannt und das Glied in die Wellen
des Meeres geworfen. Der um 700 v. Chr. lebende Epiker Hesiod beschrieb in
seiner *Theogonie* die Geburt und die Wanderungen der Göttin: »Da hob sich
weißlicher Schaum aus unsterblichem Fleisch, es wuchs eine Jungfrau in ihm
empor, sie nahte der heiligen Insel Kythere erst, doch gelangte sie dann zum
ringsumflossenen Kypros. Aus stieg dort die Göttin, die hehre, herrliche; Blüten
sproßten unter den Schritten der Füße, und Götter und Menschen nennen sie
nun Aphrodite, weil sie aus Aphros, dem Schaume, aufwuchs...« (Z. 190—198).
   Wer heute Zypern im Frühling besucht und die einem Blumenmeer ähnelnden   *Taf. 16*
Wiesen wahrnimmt, wird an diese Zeilen erinnert. In den *Zyprischen Gesängen*,
vielleicht ein Werk des im 8. oder 7. Jahrhundert v. Chr. lebenden Dichters Stasi-
nos, wird die Blumenpracht der Insel, ein Geschenk an Aphrodite, besungen:
»Sie hüllte ihre Blöße in Gewänder,
die die Horen und Grazien ihr woben
und die sie ins Meer der Frühjahrsblumen tauchten,
wie die Horen sie sprießen lassen.
Krokusse bringen sie hervor,
Glockenblumen und prächtig blühende Veilchen.
Rosen mit lieblichen Knospen und dem
Duft von Nektar,
wie Ambrosia die Blüten der Narzissen,
vermischt mit Anemonenkelchen.
So trug Aphrodite
Kleider aus dem Duft jeder Jahreszeit.«

Taf. 17

Im Frühling wurden die Aphrodisien, das große Fest der Aphrodite, in ihrem Heiligtum in Paphos (heute Kouklia) mit Prozessionen durch Wiesen und blühende Gärten gefeiert. In der zypriotischen Vasenmalerei werden oft Frauen dargestellt, die Blumen halten und den ihnen entströmenden Duft atmen. Diese Vasenbilder spielen möglicherweise auf den Kult und das Fest der paphischen Aphrodite an.

Zypern kennt eine uralte Tradition der Verehrung von Fruchtbarkeitsgöttern, die mit Gärten, Hainen und Vegetation verbunden waren. Bisher konnten, gestützt auf literarische Überlieferung und intensive archäologische Untersuchungen, heilige Gärten und Pflanzungen nahe dem Aphroditeheiligtum in Alt-Paphos, im Heiligtum von Kition, im Heiligtum des Apollon Hylates bei Kourion, dem eines Fruchtbarkeitsgottes von Ayia Irini und im Baal-Heiligtum von Meniko nachgewiesen werden. Dabei ergab sich, daß die Gottheitsvorstellungen, Verehrungsbräuche und Kultplätze auf Zypern Merkmale einer Verschmelzung altorientalischer und griechischer Traditionen aufweisen. Die Nähe Zyperns zu Syrien und Phönizien und die Besiedlung der Insel im 13. Jh. durch die Griechen waren Faktoren, die diesen Synkretismus aus Östlichem und Westlichem förderten.

Das Heiligtum der Aphrodite in Alt-Paphos (Kouklia) ist möglicherweise das älteste Heiligtum, in dem eine Fruchtbarkeitsgottheit verehrt wurde. Die Anlage des heiligen Bezirks erfolgte um 1200 v. Chr., die Ergebnisse der jüngsten deutsch-schweizerischen Ausgrabungen weisen aber darauf hin, daß eine entsprechende Göttin schon viel früher ihre Kultstätte an diesem Ort hatte. Das Aphroditeheiligtum liegt ungefähr acht Kilometer nördlich der Küstenstelle, an

Abb. 49

der Aphrodite aus dem Meer emporgestiegen und an Land gegangen sein soll. Im Vertrauen auf den Mythos pilgerten ihre Verehrer jedes Jahr vom Hafen der Stadt Neu-Paphos entlang der Küste durch den heiligen Garten, um an den Wallfahrtsort zu gelangen. Strabon, der Ende des 1. vorchristlichen Jahrhunderts seine *Geographie* schrieb, erwähnte (14,6,3) die Route des Festzuges und die Örtlichkeit »Hierokepis« (heiliger Garten); der Ortsname lebt im heutigen Dorf Yeroskipos ganz in der Nähe von Kouklia fort.

Die Göttin Aphrodite ist seit der späten Bronzezeit mit Blumen und Vegetation eng verbunden. Als Fruchtbarkeitsgöttin war ihr nicht nur hier in Alt-Paphos ein Gartenheiligtum geweiht, auch später in klassischer Zeit besaß sie ein bekanntes Heiligtum »in den Gärten« vor den Toren Athens (s. Beitrag Carroll-Spillecke). Das zyprische Heiligtum gehörte zu den wenigen überregionalen Kultplätzen des Altertums. Homer, in der *Odyssee* (7,362), rühmte den heiligen Bezirk und weihrauchduftenden Altar der Aphrodite.

Um 1200 bestand das Heiligtum aus einem offenen Temenos mit einem kleinen, gedeckten Schrein. Nach dem Erdbeben des Jahres 76/77 n. Chr. entstanden

Abb. 49 Spätbronzezeitliches Aphroditeheiligtum in Alt-Paphos, Reste der Halle und der Temenosmauer, von Norden

neue Hallenbauten, die das ursprüngliche Temenos und seine Halle inkorporierten. Die älteste Anlage war also ein Hofheiligtum nach vorderasiatischem Vorbild. Im Zentrum des Temenos stand kein Kultbild der Göttin, sondern ein konischer Stein, der gleichermaßen den vorgriechischen Ursprung Aphrodites als altorientalische Fruchtbarkeitsgöttin Astarte widerspiegelt. Dem griechischen Historiker Herodot (1,105) stand eine Informationsquelle zur Verfügung, nach welcher der zyprische Aphroditetempel von der Stadt Askalon »in Syrien« gegründet worden sei. Die heilige Patronin von Paphos wurde wechselweise Aphrodite Paphia oder Astarte Paphia genannt.

Münzen, Medaillons und Fingerringe römischer Zeit geben die Tempelanlage in vereinfachter, aber nicht übereinstimmender Form wieder. Einige Münzen zeigen einen dreiflügeligen Schrein, vor dem der konische Stein steht. Bereits wesentlich früher, in archaischer Zeit, wurde wohl dieser gleiche Schrein auf *Abb. 50* einem singulären Krater oder Mischgefäß in Nikosia dargestellt. Leider bleibt durchaus unklar, ob es sich bei dem, was die römischen Abbildungen bieten, um einen um 1200 errichteten Bau nach ägäischem Vorbild oder doch nur eine verkürzende Ansicht von drei Gebäuden oder Hallen des römischen Heiligtums handelt. Eine Münzprägung des Kaisers Caracalla, die den Aphroditetempel abbildet, war Inspirationsquelle einer phantasievollen, um 1880 entstandenen Rekonstruktion der Anlage. Vielleicht zeigten sowohl die Münzen wie auch das Vasenbild den innersten Kultbau, der den konischen Stein schützte. Dieser Kultbau war möglicherweise eine baldachinartige Struktur aus leichtem Material und ohne feste Mauern, doch werden wir vermutlich nie genau wissen, wie der Aphroditeschrein ausgesehen hat.

Abb. 51

Von Pflanzungen innerhalb des Temenos bei Alt-Paphos haben keine Spuren überdauert. Das archaische Vasenbild scheint anzudeuten, daß Bäume im Tempelbereich standen, gesichert jedoch ist nur der Garten Aphrodites in Hierokepis zwischen der Küste und dem Heiligtum, durch den die alljährlich anreisenden Pilger zogen.

Abb. 50   Dreiflügeliger, von Bäumen flankierter Schrein. Vasenbild auf einem Krater in Nikosia

144   V. Karageorghis · M. Carroll-Spillecke

Abb. 51   Rekonstruktion des Aphroditetempels in Alt-Paphos, entstanden um 1880

In der antiken Stadt Kition (heute Larnaka) an der Südostküste Zyperns befand sich ein weiteres, großes Hofheiligtum, das nach 1300 entstanden ist. Auch hier sind vorderasiatische Vorbilder deutlich greifbar. Nach 1300 wurden Tempel 2 und 3 gebaut, zwischen denen ein heiliger Garten angelegt wurde, dessen Existenz sich durch insgesamt 116 Pflanzlöcher sowie mehrere Brunnen und Wasserkanäle nachweisen ließ. Da die Gruben in der Regel relativ geringe Tiefen *Abb. 52* (durchschnittlich 20−39 cm, bis 80 cm) und Durchmesser (30−50 cm) aufweisen, ist anzunehmen, daß nur Sträucher und kleinere Pflanzen hier wuchsen. Im *Abb. 53* Gartenbereich wurde ein rechteckiges 4,55×1,65 m großes, 90 cm tiefes aus dem Felsengrund gehauenes Becken gefunden, das eventuell als Wasserbassin benutzt wurde, wie solche in Heiligtümern in Ägypten vorkommen (s. Beitrag Hugonot). Da der Boden des Beckens aber nicht mit einem wasserdichten Verputz versehen, sondern nur mit Kieselsteinen ausgelegt war, ist eine derartige Nutzung als Reservoir nicht gesichert.

Um 1200 wurde ein weiterer Tempel (Tempel 1), diesmal auf dem Gelände des Gartens, gebaut. Dieser war nach orientalischem Muster mit einem Allerheiligsten im Westen angelegt. Nach neuesten Erkenntnissen besaß Tempel 1 keinen offenen Innenhof, in dem der heilige Garten hätte fortexistieren können, sondern bestand aus einer überdachten Halle. Wir wissen nicht, welche Gottheit(en) in den Tempeln 1, 2 und 3 verehrt wurde(n); nach der Aufgabe von Tempel 1 um

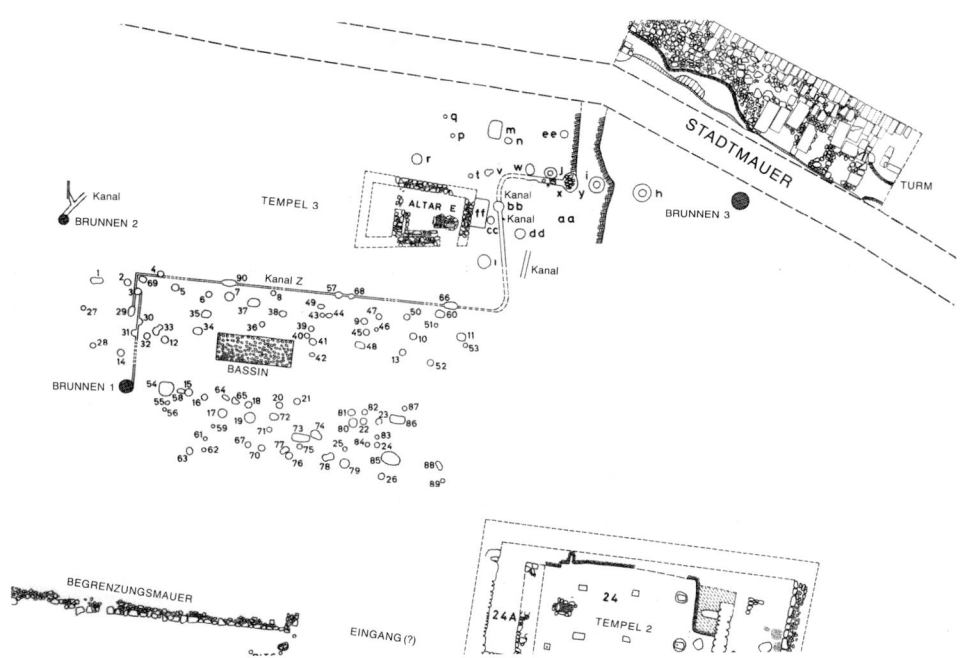

Abb. 52   Pflanzgruben, Wasserkanäle, Brunnen und Wasserbecken des Gartens zwischen Tempel 2 und 3 in Kition, 13. Jh. v.Chr.

Abb. 54

1000 jedoch wurde der Tempel auf den alten Fundamenten von den Phöniziern wieder errichtet und der Göttin Astarte geweiht. Mit großer Wahrscheinlichkeit war Astarte, die vorderasiatische Form der Aphrodite, auch die Fruchtbarkeitsgöttin des älteren Tempels. Eine Inschrift des späten 9. Jahrhunderts v. Chr. bezeugt, daß in Kition wie im orientalischen Kult Tempelprostituierte zum Heiligtumspersonal gehörten. Nach Herodot (1,199) war dieser Brauch, wohl auch im Aphroditetempel in Alt-Paphos, weit verbreitet, worauf möglicherweise die Darstellungen von Blumen haltenden Frauen und erotischen Handlungen in Gärten hindeuten.

Baumgruben wurden auch andernorts in Kition gefunden. Vor dem Eingang zum Temenos B östlich des Astartetempels standen in phönizischer Zeit zwei symmetrisch angeordnete Bäume. Diese können analog den künstlichen Palmen, die den Eingang zu assyrischen Tempeln flankierten, Zierbäume aus einem künstlichen Material gewesen sein. Lebende Bäume an dieser Stelle sind jedoch nicht auszuschließen.

Wie Aphrodite Pilger von nah und fern nach Paphos zog, so empfing Apollon als Beschützer der Wälder (Hylates) die Verehrer in seinem Heiligtum nordwestlich der Stadt Kourion. Zur Glanzzeit des Heiligtums im 1. Jahrhundert n. Chr. gab es viele Herbergen und sonstige Besuchereinrichtungen am Rande des heiligen Bezirks.

Die ältesten Funde dieses Kultortes reichen ins 7. Jahrhundert v. Chr. zurück. Ursprünglich bestand das Heiligtum lediglich aus einem heiligen Bezirk und einem großen Rundaltar, der erste Tempel und die heilige Straße wurden im 6. Jahrhundert gebaut. Die das Temenos umgebende Mauer auf dem Plan ist römisch, in der Frühzeit wurde der heilige Bezirk nur durch mit Bäumen oder Sträuchern bepflanzte Gräben und Gruben, die in den felsigen Boden eingetieft

Abb. 55

Abb. 53   Wasserkanäle und Pflanzgruben des Gartens in Kition bei der Freilegung, von Norden. Die anderen Reste gehören einer jüngeren Bauphase an.

Die heiligen Haine und Gärten Zyperns   147

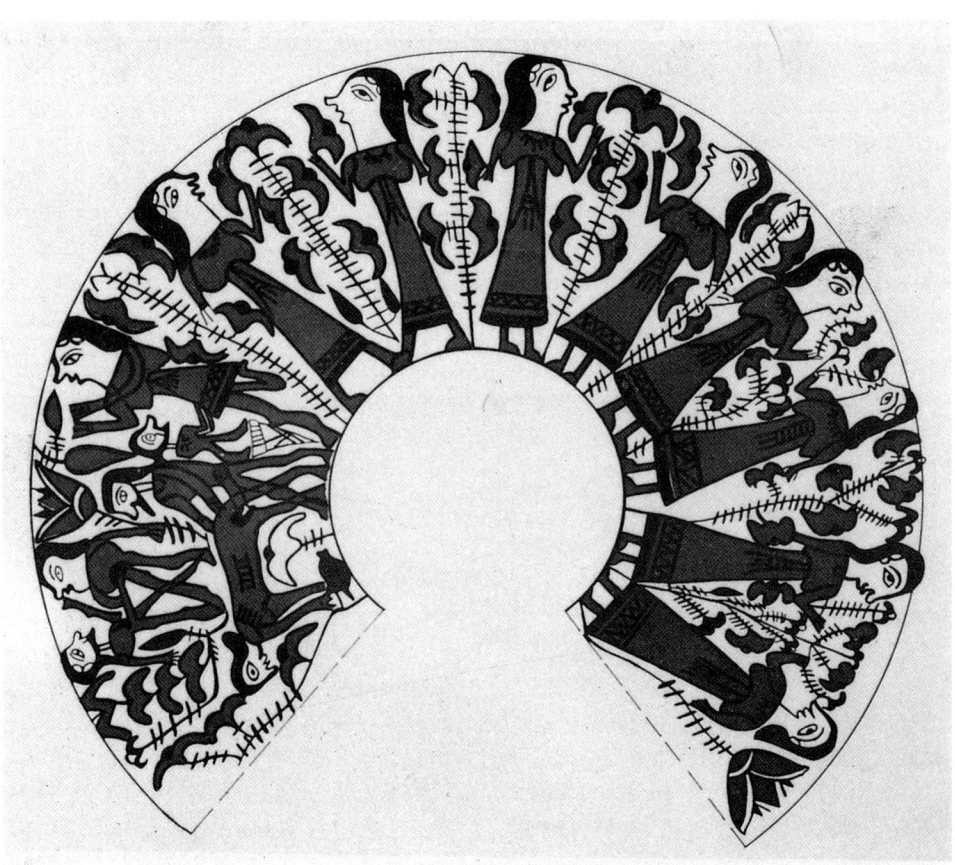

Abb. 54   Blumen haltende Frauen und erotische Aktivitäten im Garten. Vasenbild auf einer Schale in London, British Museum

waren, abgegrenzt. Diese befanden sich dicht an der späteren Temenosmauer im Nordwesten innerhalb des Bezirks, unter dem römischen Tempel (Tempel II) im Norden, unter der Straße im Osten und vor dem »South Building« im Süden. Der ganze Bereich westlich des Altars, der seine eigene Eingrenzung hatte, war somit von Pflanzungen eingefaßt.

Haine verbunden mit dem Tempel des Apollon Hylates erwähnten im 2. Jahrhundert n. Chr. Pausanias in seiner Reisebeschreibung (2,15,2) und um 200 Aelianus in seiner Schrift *Tierleben* (11,7). Aelianus weiß zu berichten, der Hain sei sehr ausgedehnt gewesen und habe zahlreichen wilden Tieren, vor allem Rotwild, Unterstand geboten.

Bei dem von Pflanzungen eingehegten, jetzt archäologisch untersuchten Bezirk haben wir es aber offensichtlich nicht mit besagtem großen Hain zu tun, denn neueste amerikanische Ausgrabungen brachten die Erkenntnis, daß die Baumgruben und -gräben des Heiligtums schon im 1. vorchristlichen Jahrhundert vom neuen Tempel und der Pflasterung der heiligen Straße überlagert waren. Dieser ehemals bepflanzte Bezirk war also zu Zeiten Aelians nicht mehr als Hain gestaltet, vielmehr wird Aelian ein bewaldetes Areal außerhalb des bebauten Tempelbezirks beschrieben haben, das sich gegen die umliegende Landschaft abgrenzte. Streunende Wildtiere innerhalb des innersten Heiligtumsbereichs wären ohnehin unvorstellbar.

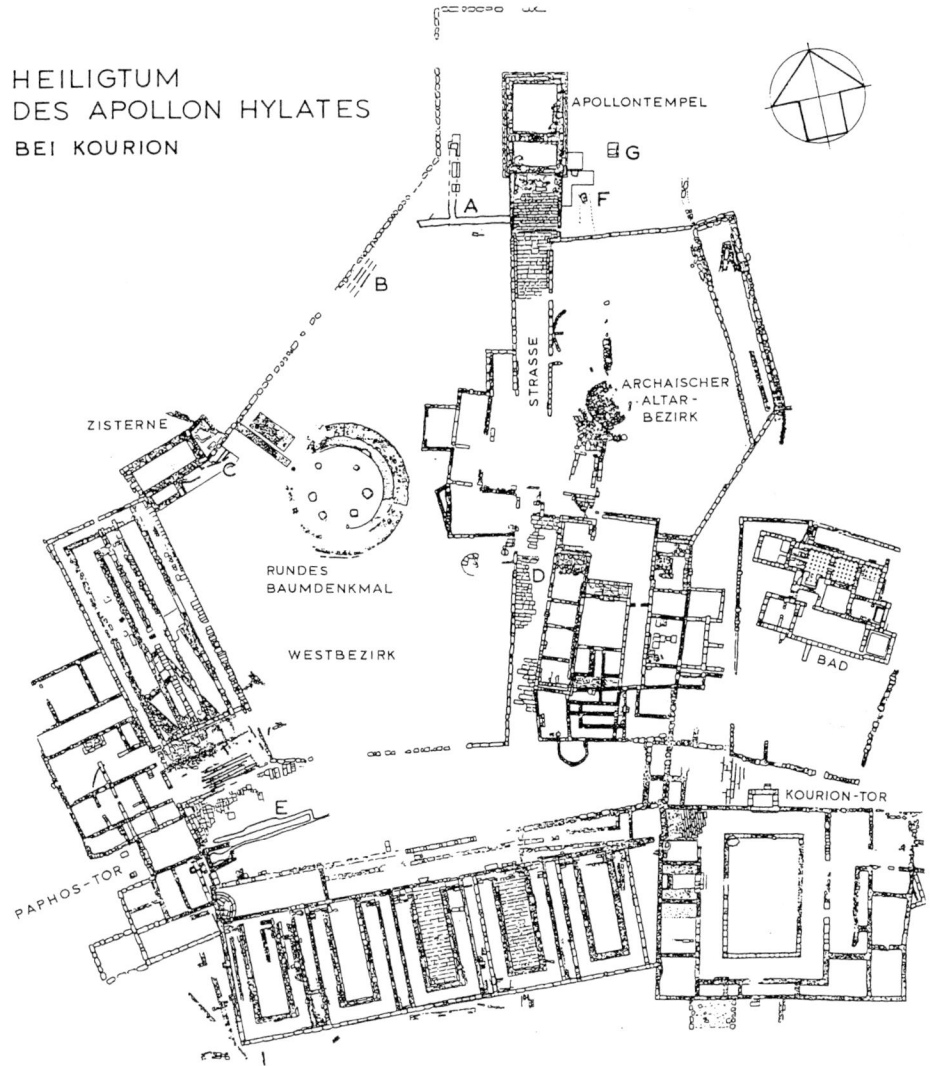

Abb. 55   Plan des Heiligtums des Apollon Hylates bei Kourion (J. Rutherford − J. Last − J. Huffstot − D. Soren). A-G Pflanzgruben oder -gräben

Abb. 56   Rundes Baumdenkmal mit Pflanzgruben für Bäume. Heiligtum des Apollon Hylates bei Kourion, von Westen

Abb. 56
Aus dem 6. Jahrhundert v. Chr. stammt ebenfalls ein kreisförmiges Denkmal im Apollonheiligtum bei Kourion, das als Baumheiligtum gedeutet wird. Das mit einem Durchmesser von 18 Metern recht stattliche Denkmal bestand aus sieben im gewachsenen Felsen eingegrabenen Baumgruben und einem gepflasterten Umgang. Bei einem Grubendurchmesser von 0,53−1,36 m und einer Tiefe von 0,18−0,71 m können die Bäume, die in diesen Gruben standen, jedoch nicht groß gewesen sein. Möglicherweise waren es sogar künstliche Bäume. Diese in hellenistischer und römischer Zeit restaurierte Anlage mag der Schauplatz von Tanzritualen um heilige Bäume gewesen sein, die im Kult des Apollon in seiner Eigenschaft als Gott der Wälder verehrt wurden. Gruppen von Votivstatuetten, die aus drei um einen Baum tanzenden Terrakottafiguren bestehen, belegen möglicherweise diesen Ritus.

Apollon als Gott der Wälder wurde vielerorts auf der Insel Zypern verehrt. Sein Name ist beispielsweise in Neu-Paphos, Kythrea, Alt-Paphos und Amathus belegt. In einer Inschrift aus dem Jahre 14 n. Chr. wird er als einheimischer zyprischer Gott bezeichnet.

Von der späten Bronzezeit bis ca. 500 v. Chr. wurde im ländlichen Heiligtum von Ayia Irini eine Naturgottheit verehrt, die Ernte und Vieh schützte. In archaischer Zeit wurden im ursprünglich bescheidenen Heiligtum Änderungen in der

Gestaltung des Kultplatzes vorgenommen, so wurde beispielsweise das Temenos selbst vergrößert, eine neue Umfassungsmauer und ein Altar im Zentrum des Temenos entstanden. Ähnlich wie im Aphroditekult in Alt-Paphos wurde die Gottheit hier in Form eines Steines dargestellt. In dieser Erweiterungsphase errichtete man einen 5,80×5,60 m großen Kultbau, der aus zwei kleinen, rechteckigen, zum Himmel hin offenen Räumen bestand. Die Mauern dieses Denkmals waren nur ein Meter hoch. Die untersuchte Erde in beiden Räumen wies eine lockere Konsistenz auf und war mit organischen Resten vermischt. E. Gjerstad, der zuständige Grabungsleiter, deutete das Gemäuer daher als Eingrenzung für heilige Bäume.

Zwei ähnliche, offene Räume wurden bei der Ausgrabung des archaischen Doppelheiligtums des Baal-Hammon und seiner Gemahlin Astarte oder Tanit bei Meniko in der Nähe von Nikosia freigelegt. Ob diese Einfassungen mit einer lichten Weite von ca. einem Meter für jeweils einen heiligen Baum bestimmt waren, bleibt ungewiß. Auf jeden Fall wurden in den Heiligtümern von Ayia Irini und Meniko Fruchtbarkeitsgottheiten verehrt. Bäume als Symbol dieser Fruchtbarkeit sind als Bestandteil der kultischen Anlage durchaus vorstellbar. Heilige Bäume hinter einer niedrigen Abgrenzung begegnen gelegentlich auf minoischen Siegelringen und Siegeln aus Kreta (s. Beitrag Schäfer), aber auch die Kultplätze Syriens sind ummauerte, mit Bäumen und Wasser verbundene, offene Temene. Gerade das Doppelheiligtum des Baal und der Astarte in Emar in Mesopotamien, das wohl auch Pflanzungen umfaßte (s. Beitrag Margueron), könnte als Parallele für das wesentlich bescheidenere Heiligtum von Meniko herangezogen werden.

Die Ursprünge der Verehrung von Fruchtbarkeitsgottheiten und der mit ihnen assoziierten Haine und Gärten liegen, wie diese Übersicht verdeutlicht, in der Frühzeit der zyprischen Geschichte. Schon seit der Steinzeit läßt sich die Existenz einer Fruchtbarkeitsgöttin nachweisen. Seit dem 13. Jahrhundert wurden große Kultplätze mit Gartenbezirken angelegt, die bis in römische Zeit großen Zulauf aus der Bevölkerung fanden. Im 7.–6. Jahrhundert v. Chr. kamen weitere Naturheiligtümer zu den bestehenden Tempelbezirken hinzu. Der nie abreißende Kontakt zu Syrien und die physische Präsenz der Phönizier vom 9.–6. Jahrhundert v. Chr. auf der Insel sorgten für die Verbreitung und Etablierung östlich orientierter Fruchtbarkeitskulte. Mit dem verheerenden Erdbeben im späten 4. Jahrhundert n. Chr., das viele alte Kultstätten wie Kourion in ein Trümmerfeld verwandelte, und dem offiziellen Verbot des Besuches heidnischer Tempel und der Teilnahme an heidnischen Opfern durch Kaiser Theodosius I. im Jahre 391 war die Glanzzeit der zyprischen Naturkulte vorbei. Die heidnische Verehrung von Naturgottheiten lebte aber unter dünnem christlichem Gewande weiter. Die Kirche der Panayia Katholiki unweit der Ausgrabungen in Alt-Paphos

(Kouklia) beispielsweise trug im frühen 20. Jahrhundert den Namen Chrysopoli-tissa, der den noch älteren Namen Panayia Aphroditissa ersetzte. Bis heute zünden junge Mütter Kerzen vor der alten Heiligtumsmauer in Alt-Paphos an, die für die »Milchgebende Mutter Gottes« bestimmt sind. Weit verbreitet ist auch nach wie vor die Verehrung von heiligen Bäumen auf Zypern. Beim Gebet zu einem Heiligen werden Taschentücher oder Stoffetzen an die Zweige eines Baumes gebunden, der in der Nähe eines Schreines oder einer Kirche steht. So wird der Ayia Solomoni in Neu-Paphos, der Heiligen Jungfrau oder St. Spyridons bei Kourion und der regenbringenden Mutter Gottes auf dem Berg nahe dem Kykko-Kloster gedacht. Diese Bräuche bezeugen die Zähigkeit und Langlebigkeit des Glaubens an die Kraft der Natur.

Taf. 18 (am linken Rand auf Höhe von »mes gebunden«)

Literatur

D. Birge, Ἄλσος and the Sanctuary of Apollo Hylates, in: Studies in Cypriote Archaeology, UCLA Monogr. 18, Hrsg. J. C. Biers und D. Soren (Los Angeles 1981) 153 ff.

E. Gjerstad, Finds and Results of the Excavations in Cyprus 1927–1931. Swedish Cyprus Expedition II (Stockholm 1935)

S. Glover, The Cult of Apollo Hylates at Kourion, in: An archaeological guide to the ancient Kourion area and the Akrotiri Peninsula, Hrsg. H. W. Swiny (Nikosia 1982) 70 ff.

J. Karageorghis, La grande déesse de Chypre et son culte (Lyon 1977)

V. Karageorghis, Two Cypriote Sanctuaries at the End of the Cypro-Archaic Period (Rom 1977)

V. Karageorghis, Cyprus from the Stone Age to the Romans (London 1982)

V. Karageorghis und M. Demas, The Pre-Phoenician Levels, Areas I and II. Excavations at Kition V (Nikosia 1985)

V. Karageorghis und J. Des Gagniers, La céramique chypriote de style figuré. Biblioteca di Antichità Cipriote 2 (Rom 1974).

S. Lloyd, The Archaeology of Mesopotamia. From the Old Stone Age to the Persian Conquest (London 1978)

F. G. Maier, Alt-Paphos auf Cypern. Trierer Winckelmannsprogramm 6, Hrsg. G. Grimm (Mainz 1984)

F. G. Maier und V. Karageorghis, Paphos, History and Archaeology (Mainz 1985)

B. Rutkowski, The Cult Places of the Aegean (New Haven 1986)

D. Soren, The Sanctuary of Apollo Hylates (Tucson 1987)

D. Soren und G. Sanders, The mysterious rock-cut channels of Kourion. Report of the Department of Antiquities Cyprus 1984, 285 ff.

Abbildungsnachweis

Abb. 49   Photo: F. G. Maier, Archäologische Expedition Alt-Paphos
Abb. 50   Cyprus Museum CM B1988 (Photo: Cyprus Museum, Nikosia)
Abb. 51   Nach F. Unger, T. Kotschy, Die Insel Cypern, ihrer physischen und organischen Natur nach (1885)
Abb. 52.53   Photo: Department of Antiquities Cyprus
Abb. 54   London, British Museum C838 (Photo: Trustees of the British Museum, London)
Abb. 55   S. Rutherford – J. Last – J. Huffstot – D. Soren
Abb. 56   Photo: D. Soren

M. Carroll-Spillecke

Griechische Gärten

Die Gartenschöpfungen, wie sie einige große Kulturen des Mittelmeerraumes hervorgebracht haben, waren bereits in der Antike weithin und über Jahrhunderte berühmt. So zählten die Hängenden Gärten Babylons zu den Wundern der damals bekannten Welt (s. Beitrag Margueron), auch die Paradiesgärten der persischen Könige waren Griechen wie Römern vertraut (s. Beitrag Kawami). Die Römer selbst waren leidenschaftliche Gartenliebhaber. Heute kennen wir die Villen- und Parkgärten der Römer nicht nur durch schriftliche Überlieferung, sondern vor allem auch aus bildlichen Wiedergaben in der Malerei und dank der archäologischen Erforschung urbaner Strukturen im römischen Pompeji und Herculaneum in Campanien. Griechische Gärten dagegen waren bisher eher Terra incognita im Feld der Studien zum antiken Gartenwesen. Diese Situation resultiert einerseits daraus, daß griechische ebensowenig wie römische Autoren die Gärten Griechenlands – im Unterschied zu den vielgelobten orientalischen Gärten – ausführlich beschrieben, andererseits Spuren gärtnerischer Tätigkeit in archäologischen Ausgrabungen selten beobachtet wurden, sei es, daß die Ausgräber nicht gezielt nach ihnen suchten oder daß sich vergängliche Pflanzenreste ohne eine konservierende vulkanische Deckschicht – wie in Campanien (s. Beitrag Jashemski) – in nur wenigen Fällen erhalten haben. Hilfreich dagegen sind die vielen Urkunden in Stein und auf Papyrus, die die Besitzverhältnisse der Bürger griechischer Poleis über mehrere Jahrhunderte festhielten. Hierzu gehören Verkaufslisten, Hypotheken- und Pachturkunden sowie Abrechnungen, Dekrete und relevante Korrespondenz. Der Garten (*Kepos*) wird in diesen Zusammenhängen oft als Bestandteil eines Hauses, Gutshofes oder Parks aufgeführt, auch tauchen Informationen über Äcker, Weinberge, Haine und Plantagen in diesen Urkunden auf. Die literarischen, epigraphischen, papyrologischen und archäologischen Quellen bieten ein Spektrum von Hinweisen auf antike griechische Gärten. Nur in einer Synthese all dieser Quellen ergibt sich ein umfangreiches und vielschichtiges Bild des Gartenbaus im antiken Griechenland.

GÄRTEN HOMERISCHER UND ARCHAISCHER ZEIT

Die Gesellschaft in der Epoche nach dem Zusammenbruch der mykenischen Königreiche und den darauffolgenden Migrationen und Kriegen war durch agrarische Strukturen geprägt. Literarische Quellen des 8. Jahrhunderts, die Einblicke in diese Ackerbaukultur vermitteln, sind die beiden Homerischen Epen, die *Ilias* und die *Odyssee*, und die *Werke und Tage* des Hesiod. Konkret informiert die Agrarreformgesetzgebung des athenischen Staatsmannes Solon über den Stand der Landwirtschaft des frühen 6. Jahrhunderts v. Chr.

Die griechische Bevölkerung bestand aus Gemeinschaften von Freibauern, die eine gemischte Landwirtschaft aus Getreide- und Obstanbau, Weinbau und Gemüsezucht betrieben. So selbstverständlich war die Ausübung der landwirtschaftlichen Tätigkeit allen Griechen, daß in den Epen die Berufsbezeichnung ›Bauer‹ *(Georgos)* noch nicht entwickelt war. Jeder Bürger erhielt eine Parzelle *(Kleros)* Land bei der Auslosung des Grundbesitzes der Gemeinde. Aus dem gemeinsamen Besitz wurde zudem bei der Landnahme ein beackerbares Grundstück *(Temenos)* als Ehrengabe für den König oder einen besonders Verdienten ausgesondert und eingegrenzt.

Über das Aussehen der Güter und deren Bestellung lassen sich aus den Epen Anhaltspunkte gewinnen. Der Bauernhof des Laertes in Buch 24 der *Odyssee* (205 ff.) bestand aus einem Haus, Unterkünften für Sklaven, Stallungen für Tiere sowie Feldern und Wein- und Obstpflanzungen, die ummauert und durch Gräben bewässert waren. Angebaut wurden auf diesen Höfen der Frühzeit Getreide, Wein, Birn-, Apfel-, Feigen-, Granatapfel- und Olivenbäume; die Bäume und Weinstöcke setzte man immer in gerader Reihe *(Orch[at]os)* ein. Als ausdrücklich im Garten *(Kepos)* wachsende Vegetation nannte Homer Obstbäume, Gemüse und Mohn; in der Regel war der Kepos ein Obstbaumgarten. Der von Homer im 7. Buch der *Odyssee* (112 ff.) beschriebene Palast des Phaiakenkönigs Alkinoos glich eher einem großen Gutshof als einer königlichen Residenz, da zu ihm ausgedehnte bewässerte Obstbaumgärten mit Gemüsebeeten gehörten (s. Beitrag Schäfer).

Das Bauerndasein, wie es von Hesiod um 700 v. Chr. geschildert wurde, war ein hartes Los, das von vielen natürlichen Gegebenheiten wie Sonne, Regen, Klima und Bodenbeschaffenheit abhing, aber auch von negativen menschlichen Faktoren wie Landspekulation und Korruption bestimmt wurde. Seine *Werke und Tage* bezeugen eine Verarmung der Kleinbauern, die nicht selten durch Verschuldung oder Mißernten ihre Höfe verloren. Das ertragreiche Land blieb im Besitz adliger Großagrarier. So waren Boden- und Agrarreformen eine dringende Notwendigkeit geworden, als Solon Anfang des 6. Jhs. die attischen Bauern von ihrer Schuldenlast befreite und die Landwirte bewog, sich teils auf den

Anbau der Olive als gewinnversprechendes Agrarprodukt zu konzentrieren (Plutarch, *Solon* 15.24). Solons Aufteilung der attischen Bürger in Besitzklassen mit zugeordneten politischen Rechten basierte jedoch auf der Produktion von landwirtschaftlichen Erzeugnissen dreierlei Art (Getreide, Öl, Wein), die schon lange die Grundlage der griechischen Ökonomie bildeten.

Die vorklassische Literatur enthält auch Hinweise auf Gärten und Haine außerhalb des Bereichs der landwirtschaftlichen Betriebe. Heiligtumsgärten werden gelegentlich erwähnt. Odysseus (6,162 f.) besuchte den Apollonaltar auf Delos, neben dem eine Palme stand (oder bildete der Altar gar das Zentrum eines Palmenhains?). In der *Odyssee* (6,293 ff.) besaß auch Athena ein bepflanztes Heiligtum mit Bäumen, Wiesen und einer Quelle im Land der Phaiaken, Scheria. Die um 600 v. Chr. lebende Dichterin Sappho beschrieb einen heiligen Bezirk der Aphrodite, genannt die »Kyprische«, in dem Apfelbäume und Wiesenblumen wuchsen und eine Quelle sprudelte (33−44 Frgt. 2 Page). Archäologisch belegt sind heilige Gärten und Haine der Aphrodite und anderer Gottheiten vielerorts auf Zypern (s. Beitrag Karageorghis und Carroll-Spillecke). In der *Ilias* (6,419 f.) schließlich wurden Haine auch um Gräber angelegt, die als Heroa oder Heiligtümer fungierten (s. Beitrag Schäfer).

Die Quellen belegen, daß der private Hausgarten in dieser frühen Zeit immer ein reiner Nutzgarten war. Er fand sich in ländlichen Gegenden oder Ansiedlungen von Bauernhöfen in dörflichem Umfeld. Der Garten ist vor dem historischen Hintergrund und im Kontext der Städtegründungen homerischer und archaischer Zeit zu sehen. Noch wurde Griechenland weithin von verstreuten Kleinsiedlungen geprägt, obwohl der Stadtstaat − das auch für spätere Zeit charakteristische, epochenbestimmende unabhängige politische Gebilde aus Stadt und Territorium (*Polis*) − schon entwickelt war. Im 8. Jahrhundert bildeten sich beispielsweise die Stadtstaaten Megara, Korinth, Theben und Sparta.

Megara entstand als Polis aus einer Zusammensiedlung von fünf Dörfern. Aufschlußreich ist hier die Äußerung des Aristoteles im 4. Jahrhundert (*Pol.* 1252 b), daß die Partnerschaft mehrerer Dörfer einer vollentwickelten Polis gleichzuachten sei. Die Poleis entsandten einen Teil ihrer Bürger in die Fremde zur Gründung von Kolonien. Eine Stadt zu gründen bedeutete, das Land des ausgewählten Territoriums und das Bauland der Stadt gerecht und gleichmäßig als ›Landlose‹ zu verteilen. Die Ausgrabungen archaischer Städte wie Metapont in Süditalien, Megara (Hyblaea) in Sizilien, Halieis in der Argolis oder Herakleia Pontike am Schwarzen Meer zeigen, daß diese Neugründungen von einer Einteilung des Landes und der Stadt in gleich große Parzellen geprägt waren. Im rechtwinkligen, regelmäßigen Straßennetz solcher Städte war das Wohnhaus ein Bestandteil eines ganzen Straßenblocks. Das gesamte Baugrundstück wurde vom Wohnhaus in Anspruch genommen, so daß keine Fläche für einen Garten frei blieb. Hier zeigt es sich, daß die wachsende Urbanisierung archaischer Zeit eine strenge Trennung zwischen der überbauten Wohnfläche der Stadt, in der es keinen Platz für Gärten gab, und dem landwirtschaftlich genutzten Umland forderte.

GÄRTEN KLASSISCHER ZEIT

Für Gärten des 5.−4. Jahrhunderts v. Chr. ist die Quellenlage wesentlich günstiger als für die vorklassische Zeit. Dies liegt zum einen in der Fülle erhaltener Inschriften, von denen die Mehrzahl aus Attika stammt, zum anderen im Forschungsstand, was die Kunst- und Bodendenkmäler klassischer Zeit angeht, begründet. Anknüpfend an die archäologischen Erkenntnisse zum Städtebau archaischer Zeit sollen hier sodann die Wohnhäuser, Insulae und das Straßennetz der griechischen Städte der darauffolgenden Epoche betrachtet werden. Diese sind Gegenstand zahlreicher archäologischer Untersuchungen der letzten Jahrzehnte gewesen.

In den alten, sukzessiv gewachsenen Städten der Frühzeit wie Athen haben die Wohnhäuser unregelmäßige Größe und Gestalt, sie grenzen direkt an die Straße. Herakleides Kritikos beschrieb Athen in seiner *Geographie* (I,1) als eine von winkligen Straßen unschön durchschnittene Stadt, eine Anlage, wie sie bei Städten alten Ursprungs üblich war. Die hohe Bebauungsdichte dieser Städte im 5. und 4. Jahrhundert ließ die Schaffung von Grünflächen und Gärten im innerstädtischen Bereich nicht zu. In den geplanten Rasterstädten klassischer Zeit, die wie Olynth entweder in Anlehnung an die alten Streifenstädte der Kolonialzeit oder

Abb. 57 nach den Regeln des großen im 5. Jahrhundert tätigen Städtebauers Hippodamos von Milet angelegt wurden, bestehen die Insulae aus Reihenhäusern, die Mauer an Mauer stehen und an die Straße reichen. Die Durchschnittsgröße der Baugrundstücke griechischer Städte lag bei 250 m². Auf dieser Fläche mußten Haus, Hof und Nebengebäude untergebracht werden, so daß für einen Garten kaum Platz blieb.

Nun drängt sich jedoch die Frage auf, ob zumindest der in allen Häusern vorhandene Innenhof als Garten gestaltet gewesen sei. Der relativ enge, ca. 50−56 m² große Innenhof war meistens mit einem Estrichfußboden bzw. einem festen Belag aus Steinen, Steinplatten oder Mosaik versehen, der diese Fläche für
Abb. 58 eine Gartenanlage ungeeignet machte. Die einfachen Stampfböden zeigen ebenfalls keine Spuren gärtnerischer Aktivität. Schließlich ist zu bedenken, daß diese kleine, zentrale Fläche als Freiluft-Arbeitsraum von Familienmitgliedern genutzt werden mußte. Hier wurde gekocht, Obst und Gemüse verarbeitet, gewaschen

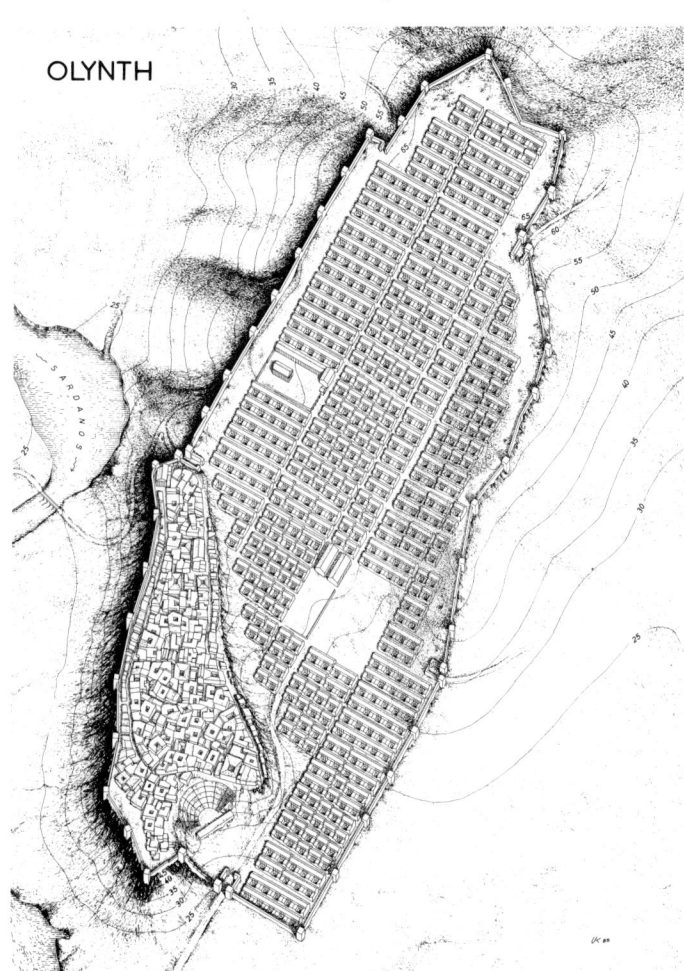

OLYNTH

Abb. 57   Olynth, iso-
metrische Rekonstruk-
tion des Stadtplanes
nach der Neugründung
von 432 v. Chr.

und geputzt, hier wurden Haustiere gehalten. Zisternen, Brunnen und Hausal-
täre beanspruchten ebenfalls ihren Platz im Hof. Aus einer hellenistischen
Inschrift der Stadtverwaltung (Astynomoi) Pergamons, die auch für die klassische
Zeit relevant ist, geht hervor, daß es ausdrücklich verboten war, Pflanzungen
direkt an die Mauer eines Hauses zu setzen. Diese Inschrift spielt auf die Gefähr-
dung an, die durch die sich ausbreitenden Wurzeln eines Baumes für die üblicherweise aus Lehmziegeln gebauten Hausmauern gegeben war. Auch hätte eine
Baumkrone das nahezu fensterlose griechische Wohnhaus der einzigen natürlichen Lichtquelle beraubt.

Wenn auch das Stadthaus somit keinen Garten besaß, muß doch angenommen werden, daß in vorstädtischen und ländlichen Gebieten Gärten in Hausnähe

Griechische Gärten   157

Abb. 58   Olynth, Blick von Süden in den gepflasterten Hof eines Wohnhauses

lagen, da die Bewohner dort nicht unter vergleichbar beengten Bedingungen lebten. Dies machen die Schriftquellen deutlich.

Der Begriff Kepos ist ähnlich weit und vieldeutig wie unser Wortfeld Garten.
Eine Analyse der literarischen und epigraphischen Quellen ermöglicht eine weit-
gefächerte Kategorisierung der griechischen Gärten nach Funktion und Gestal-
tungsform: Nutzgärten, Blumengärten, Baumgärten, Plantagen, Weingärten,
Parks und Agorai, heilige Haine und Heiligtumsgärten, schließlich Grabgärten.

Für Nutzgärten, die in den Quellen vorstädtischen oder ländlichen Bereichen
zugeordnet werden, ist eine gemischte Anbauform aus Obstbäumen und Gemüsebeeten charakteristisch. Namentlich genannt werden Feigen, Maulbeerbäume,
Myrte, Minze und Gemüse. Gemüsearten wie Kürbis, Salat oder Zwiebeln brauchen viel Wasser und waren gartentypisch. Die Gärten (Kepoi) auf Bauernhöfen
wurden von Getreidefeldern, Weinbergen und Olivenhainen begleitet, die die alt-
hergebrachte Grundlage der griechischen Landwirtschaft bildeten. Nutzgärten
befanden sich nicht nur in Privathand, sondern waren auch im Besitz von Tempeln und Körperschaften, die sie dann zur Pacht ausgaben.

Der Bedarf an Blumen zu kultischen Zwecken war sehr groß. Wildwachsende
Blumen wurden gesammelt und auf dem Markt verkauft. Man findet sie aber
auch angepflanzt in Kepoi in Heiligtümern und auf dem Lande, wo sie zum Ver-

kauf für den Fest- und Zeremonienbedarf gezogen wurden. So hat man beispielsweise Rosen und Veilchen gezüchtet, wie Demosthenes (*Nikostratos* 53,16) und Theophrast (*Historia Plantarum* 6,8,1—4) berichten. Auf der Athener Agora konnte man fertige Kränze und Girlanden aus Veilchen, Myrte, Lilien, Hyazinthen und Rosen erwerben. Die heilige, mit Blumen assoziierte Patronin des Gartenbaus war die Göttin Aphrodite, die außerhalb Athens und in Alt-Paphos auf Zypern Gartenheiligtümer besaß. Die Bewässerung eines mythischen Blumengartens ist auf einer Hydria im Athener Nationalmuseum dargestellt; hier tritt Eros, *Abb. 59* der Sohn Aphrodites, als Gärtner auf.

Dekorative, blühende Pflanzen im Haus sind weder durch Schriftquellen noch durch archäologische Funde bezeugt. Tontöpfe, wie sie aus einigen Häusern des 4. Jahrhunderts in Olynth zutage gekommen sind, dienten sicherlich eher der Zucht von Küchenkräutern. Auch häusliche Schnittblumen können, mit Ausnahme der Myrte, nicht nachgewiesen werden. Die weißen Blüten der Myrte *Taf. 19* symbolisierten Reinheit. Bei Hochzeitsfesten wurden ganze Zweige des Myrtenbaums in große Gefäße gesteckt und als Blumenschmuck ins Haus gebracht. *Abb. 60*

Eine besondere Art Pflanzen in der häuslichen Sphäre bilden allerdings die sogenannten ›Adonisgärtchen‹. Bei der von Frauen veranstalteten Adonisfeier wurden Samen oder Setzlinge in mit Erde gefüllte Tongefäße gesteckt. Nach einigen Tagen schossen die Pflanzen aus den auf dem Hausdach aufgestellten Töpfen empor und verwelkten bald wieder. Dieser Zyklus symbolisierte Tod und Wiederauferstehung des Adonis. Das ›Adonisgärtchen‹ war mithin nichts anderes als solch ein mit Grün bepflanzter Topf, gleichwohl nannte man auch ihn ›Kepos‹.

Baumgärten, in denen Obst- und Nußbäume als Nutzpflanzen wuchsen, sind gelegentlich als private Hausgärten oder als verpachtete Tempelgärten in den Quellen faßbar. Das Heraklesheiligtum auf Thasos z. B. besaß einen Garten mit Feigen-, Nuß- und Myrtebäumen, die vom Pächter zu hegen und zu pflegen und, wenn nötig, durch Neupflanzungen zu ergänzen und zu ersetzen waren. Neben Baumgärten solcher Art gab es auch geschlossene Haine aus bestimmten Baumsorten wie Lorbeer oder Granatapfel, die jedoch nicht als Kepoi bezeichnet wurden.

Plantagen, definitionsgemäß ein großes bepflanztes, in Monokultur bewirtschaftetes Stück Land, fehlten in der Landwirtschaft der klassischen Zeit. Die Bauernhöfe dieser Zeit hatten oft einen sehr bescheidenen Umfang, der durchschnittlich bei ca. 3,6—5,3 ha lag. Ausnahmen von Großgrundbesitz sind belegt, doch ist es unwahrscheinlich, daß diese Ländereien auf den Anbau eines einzigen Gewächses spezialisiert waren. Ein solches, auf Monokultur abgestelltes privates Gut wäre gänzlich aus dem Rahmen der üblichen Betriebe gefallen, bei denen Mischkultur mit Wein, Oliven und Feigen vorherrschte.

Abb. 59   Eros begießt Blumen im Garten. Vasenbild auf einer Hydria in Athen, Nationalmuseum 1424

Abb. 60   Frauen stecken Myrtenzweige in große Gefäße als Blumenschmuck für eine Hochzeit. Vasenbild auf einem Epinetron in Athen, Nationalmuseum 1629

Der Weingarten oder Weinberg war wesentlicher Bestandteil eines typischen landwirtschaftlichen Betriebes in klassischer Zeit. In den Komödien des Aristophanes (*Frieden* 1159−1170; *Acharner* 231 f. 512) preisen die Bauern oft ihre Weinpflanzungen. Auf der Halbinsel von Herakleia am Schwarzen Meer (Chersonesos) wurde vom 4. bis ins 2. Jahrhundert v. Chr. Wein intensiv und großflächig angebaut. Die Ländereien des Chersones belieferten mit ihren reichen Erträgen andere Regionen der griechischen Welt − also ein frühes Beispiel kommerziell motivierter Spezialisierung auf ein bestimmtes hochwertiges Agrarprodukt.

Die bei weitem bekanntesten Parks im antiken Griechenland, die auch dem gebildeten Rom nicht unvertraut waren, sind die der drei ältesten Gymnasien in den Vororten Athens. Die Parks der Akademie, im Lykeion und dem Kynosarges *Abb. 61* bestanden aus bewässerten Gärten und Hainen an einem einer Gottheit oder einem Heros geheiligten Ort. Plutarch (*Kimon* 13) informiert uns, daß der athenische Staatsmann Kimon im 5. Jahrhundert für die Anpflanzung von Bäumen (Platanen, Ulmen, Pappeln, Oliven) in der Akademie sorgte, die in der späteren Literatur gelobt wurden. Der Athener Lykurg, dem Beispiel Kimons folgend, pflanzte vor 335 v. Chr. Bäume und erbaute eine Palaistra im Lykeion. Schließlich rühmten antike Autoren wie Herakleides (I,1) auch die Bäume und Wiesen in Kynosarges. Diese athenischen Parks besaßen einen natürlichen Waldbestand und waren von Menschenhand um weitere Bäume und Anpflanzungen ergänzt worden. Die Haine entstanden im Zusammenhang mit den Sportanlagen oder Heiligtümern, die oft nach altüberlieferter Tradition der Natur verbunden waren, wie Pausanias' Reisebeschreibung (3,14,8. 6,23,1−6. 10,8,8) etwa aus den Städ-

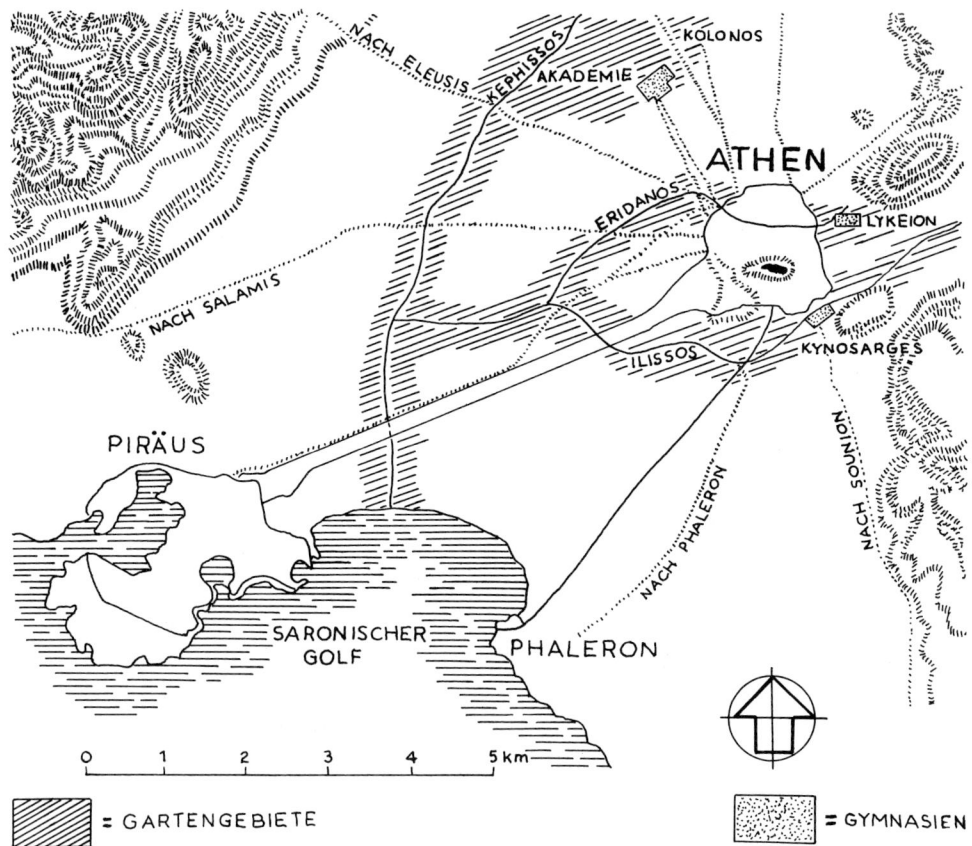

Abb. 61   Athen, die Stadt und Umgebung mit Gartengebieten (nach J. Travlos)

ten Sparta, Elis und Delphi zeigt. Diese Parks, zu deren Ausgestaltung auch Bauten und Spazierwege beitrugen, dienten nicht in erster Linie dem Müßiggang und der Erholung, obwohl der Aufenthalt in ihnen von den antiken Besuchern als durchaus angenehm empfunden wurde.

Die Philosophen des 4. Jahrhunderts, Platon, Aristoteles, Theophrast und Epikur, gründeten in den grünen Vororten Athens ihre Schulen, die mit Gärten, Spazierwegen, Häusern und Statuen ausgestattet waren. Der Garten des Theophrast war den Musen geweiht, hier lag auch seine Grabstätte. Diese von Diogenes Laertius (3,20; 5,14.39.51 ff.; 10,10.17 ff.) beschriebenen Philosophengärten mit Rasenflächen, Wegen und Standbildern waren z. T. wie Parks im kleinen gestaltet. Es ist aber auch anzunehmen, daß die Gärten teils als Nutzgärten für den Bedarf der dort wohnenden Schüler und Anhänger angelegt wurden. Wiederum andere Bereiche der Gärten waren als Kultstätte oder Totengarten gestaltet.

Nach Plutarch (*Kimon* 13) ließ Kimon nicht nur die Akademie bepflanzen, auch die Athener Agora wurde nach seinen Anordnungen mit Platanen verschönert. Diese wuchsen, wie intensive archäologische Untersuchungen des Platzes gezeigt haben, in den Feuchtzonen entlang den Dränage- und Bewässerungsleitungen am Rande der Agora. Die Bepflanzung der Athener Agora war keine Ausnahme, die Pflanzungen auf der Agora in Anthedon in Böotien sind durch Herakleides (*Geographie* I,2−3) belegt. In Athen umgab zudem ein kleiner heiliger Hain den Altar der 12 Götter auf der Agora, wozu eine Parallele auf der Agora in Metapont im Zusammenhang mit einem Apollonheiligtum existiert. Diese Beispiele machen deutlich, daß die Agora im Herzen der Stadt mit Bäumen bepflanzt werden konnte, um eine kühle und schattige Atmosphäre für die Besucher zu schaffen. Eine grüne Kulisse im Häusermeer der Stadt galt möglicherweise nicht nur aus praktischen, sondern auch aus ästhetischen Gründen als wünschenswert. *Taf. 20*

In den antiken Schriftquellen werden wiederholt die Haine aus Oliven, Pinien, Zypressen, Eichen-, Lorbeer- oder Obstbäumen um die Tempel und Heiligtümer erwähnt. Diese bepflanzten Bezirke (Temene), die die natürliche Bewaldung der Frühzeit ablösten, waren von einer Mauer oder sonstiger Abgrenzung umgeben. Die griechische Mythologie liefert ein heroisches Vorbild für die Anpflanzung von Bäumen in heiligen Bezirken. Der Dichter Pindar schildert in seiner 3. Olympischen Ode (16−34), daß Herakles selbst für die Begrünung der Wettkampfstätten in Olympia sorgte. Literarisch berühmte wie auch in der antiken Literatur nicht erwähnte Tempelhaine waren in den letzten Jahren häufig Gegenstand archäologischer Untersuchungen. Baum- und Pflanzgruben sowie Gräben, die auf Bepflanzungen deuten, sind beispielsweise in heiligen Bezirken auf der Athener Agora, am Asklepiostempel in Korinth, südlich des Zeustempels in Nemea und im Heiligtum des Apollon Hylates bei Kourion auf Zypern freigelegt worden. Die großen, außerstädtischen Haine hatten weitaus bescheidenere Parallelen in den heiligen Hainen der Stadtkerne. In Rhodos waren die offenen Flächen und Haine im Akropolisbereich bis in römische Zeit bekannt. Auf dieser Anhöhe, die anfangs weitgehend unbebaute Freifläche war, konnten sich Heiligtümer und Nymphaia großzügig unter Einbeziehung von Hainen entfalten. *Taf. 22*

Tempelland umfaßte auch Kepoi oder Gärten, die als reine Nutzgärten gestaltet und verpachtet wurden. Viele kultische Organisationen waren für das Weiterbestehen ihrer Einrichtung auf das Einkommen aus Verpachtung angewiesen. Die detaillierte Buchführung des Apollonkultes auf Delos z. B. verewigte in Stein Bedingungen und Dauer der Gartenpacht sowie das Anbauspektrum aus Wein, Obst- und Nußbäumen. Die Pachtzeit belief sich auf zehn Jahre, aber auch Pachtzeiten von fünf, zwanzig, dreißig oder vierzig Jahren sind bekannt. Neben Gärten verpachtete der Tempel auch Getreidefelder und Weideland.

Platon (*Nomoi* 12,947) sah in seinem Idealstaat besondere Grabstätten in einem Grabhain für verdiente Persönlichkeiten vor. Diese Begräbnissitte herrschte tatsächlich in klassischer Zeit. Im 4. Jahrhundert entstanden in Kleinasien, beispielsweise in Kalydon oder Trysa, große Heroa und Grabdenkmäler mit einem eingezäunten Bezirk, der als Hain bepflanzt war. Auch auf dem Athener Friedhof im Kerameikos befanden sich vermutlich Pflanzungen aus Bäumen und Sträuchern in den großen, von einer Mauer eingefaßten Prunkgräbern, die *Abb. 62* von deutschen Ausgräbern rekonstruiert wurden.

Die in dieser Übersicht aufgeführten schriftlichen Quellen bestätigen den archäologischen Befund, daß die Mehrzahl der Gärten klassischer Zeit außerhalb der Stadt in Gebieten vorstädtischen Charakters oder in ländlichen Regionen lag. Diese Gärten waren Bestandteil privater Wohnhäuser, Bauernhöfe, Gymnasien und Heiligtümer. In einem Grüngürtel um die Stadt wuchsen die Nutzgärten der Häuser und Gartenkolonien, die die Stadtbevölkerung mit Nahrung versorgten. Cato d. Ä. schrieb im Jahre 160 v. Chr. in seinen Empfehlungen und praktischen Anweisungen *De Agricultura* (9.10), der Vorstadtgarten römischer Städte solle eine brauchbare Anlage zur Aufzucht von Blumen (zur Kranzherstellung), Zwiebeln, Hochzeitsmyrte, Lorbeer und Nußbäumen sein. Diese Beschreibung paßt ebensogut zum griechischen Vorstadtgarten klassischer Zeit. Obwohl Hausgärten in der Stadt fehlten, war doch durch die Anlage von Gärten und kleinen Hainen in Heiligtümern und durch die Bepflanzung der Agorai in begrenztem Maße eine Begrünung auch des inneren Stadtbereiches gegeben.

Die Gärten außerhalb der Stadt waren an Flüssen und Bächen angelegt, deren Wasser ihren Bestand garantierte. Hinweise auf Gärten in bewässerten Zonen, sei es beispielsweise in Attika oder Böotien, finden sich öfters in den Schriften von Theophrast, Herakleides und Pausanias. Die Inschriften, die die Gärten mit Ortsangabe aufführen, bestätigen die vorstädtische und ländliche Lage klassischer Gärten nahe einer Wasserquelle. Wasserleitungen, die Heiligtumsgärten und Gutsbetriebe mit dem lebenswichtigen Naß versorgten, sind vielerorts um *Abb. 61* Athen, in Metapont und um die Siedlungen am Schwarzen Meer entdeckt worden. Die Wasserversorgung der griechischen Städte war oft schwierig, so daß man sich bei dem hohen technischen Aufwand und in Anbetracht der störungsanfälligen unterirdischen Tonleitungen auf das Notwendige beschränken mußte. Erst in römischer Zeit wurden private Wohnhäuser an das städtische Wasserleitungsnetz angeschlossen.

Für den Beruf des Bauern gab es – wie bereits gesagt – in der Frühzeit keinen eigenen Begriff, da alle Griechen Landwirte waren. Im späteren 6. Jahrhundert aber bildeten die Bauern (*Georgoi*) beispielsweise eine der drei Gesellschaftsgruppen Attikas, die mit den Aristokraten und den Handwerkern die demokratischen Geschicke Athens bestimmten. Gärtner (*Kepouros*) als Berufsbezeichnung

Abb. 62   Athen, Grabdenkmäler und heutige Bepflanzung im Kerameikos

wird erst kurz vor 400 durch ein attisches Dekret belegt sowie auch durch Theophrast im 4. Jahrhundert (*Historia Plantarum* 7,5,2) erwähnt. Zu den Aufgaben eines Gärtners gehörte Pflanzenzucht und -pflege einschließlich Bewässerung. Dem Gärtner oblag die Anpflanzung der Bäume und sonstigen Gewächse nach üblichem Schema in geraden Reihen. Xenophon (*Oikonomikos* 19 f.), als wohlhabender Gutsbesitzer, bestand auf gleichmäßiger Ansaat und gerade ausgerichteten Baumreihen. Auch der Bauernchor in Aristophanes' *Acharnern* (995 ff.) preist seine ordentlichen Weinstock- und Feigenbaumreihen. In klassischer Zeit blieb der Beruf des Gärtners selten, da Gärten und Äcker der kleinen, unabhängigen Bauernhöfe noch von den Besitzern selbst und ihren Sklaven bewirtschaftet wurden. Im Laufe des 4. Jahrhunderts und besonders in hellenistischer Zeit aber entstanden große Gutsbetriebe, die teils auch mit angestelltem

Personal wirtschafteten. Mit der verstärkten Nachfrage nach Fachkräften werden Gärtner in späterer Zeit geschätzte Mitarbeiter.

GÄRTEN HELLENISTISCHER ZEIT

Abb. 63

Abb. 64

Die Städteneugründungen hellenistischer Zeit verfügten in der Regel über ein streng regelmäßiges Straßennetz wie ihre klassischen Vorgänger. In diesen Poleis standen, wie in den gewachsenen Städten, die Wohnhäuser unmittelbar nebeneinander und grenzten direkt an die Straße, so daß auch jetzt kaum Platz für Gärten übrigblieb. Wie beengt die räumlichen Verhältnisse in der Stadt waren, zeigen die Baugesetze Alexandriens *(Dikaiomata)*, aus denen hervorgeht, daß ein Abstand von einem Fuß zwischen den Wohngebäuden eingehalten werden mußte.

Abb. 65

In der hellenistischen Wohnarchitektur behielt der Innenhof die zentrale Stelle im Haus, war jedoch nicht mehr so schlicht gestaltet. Manche Innenhöfe wurden als Peristylhöfe von Säulen umgeben. Entsprechend der allgemeinen Tendenz zu

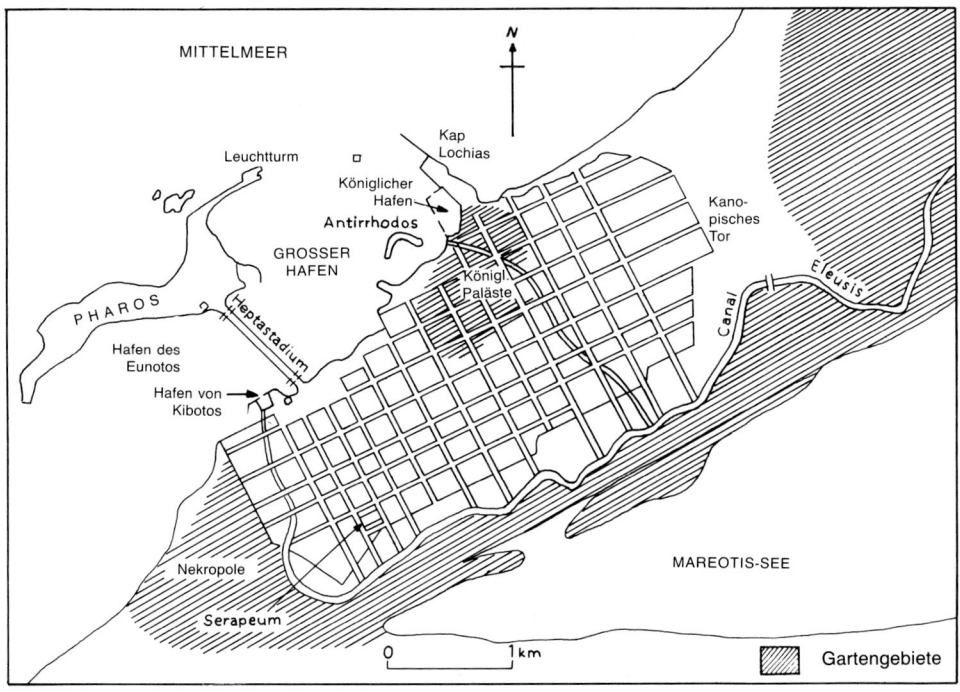

Abb. 63 Alexandrien, die Stadt und Umgebung mit Gartengebieten (nach M. M. Austin)

166 M. Carroll-Spillecke

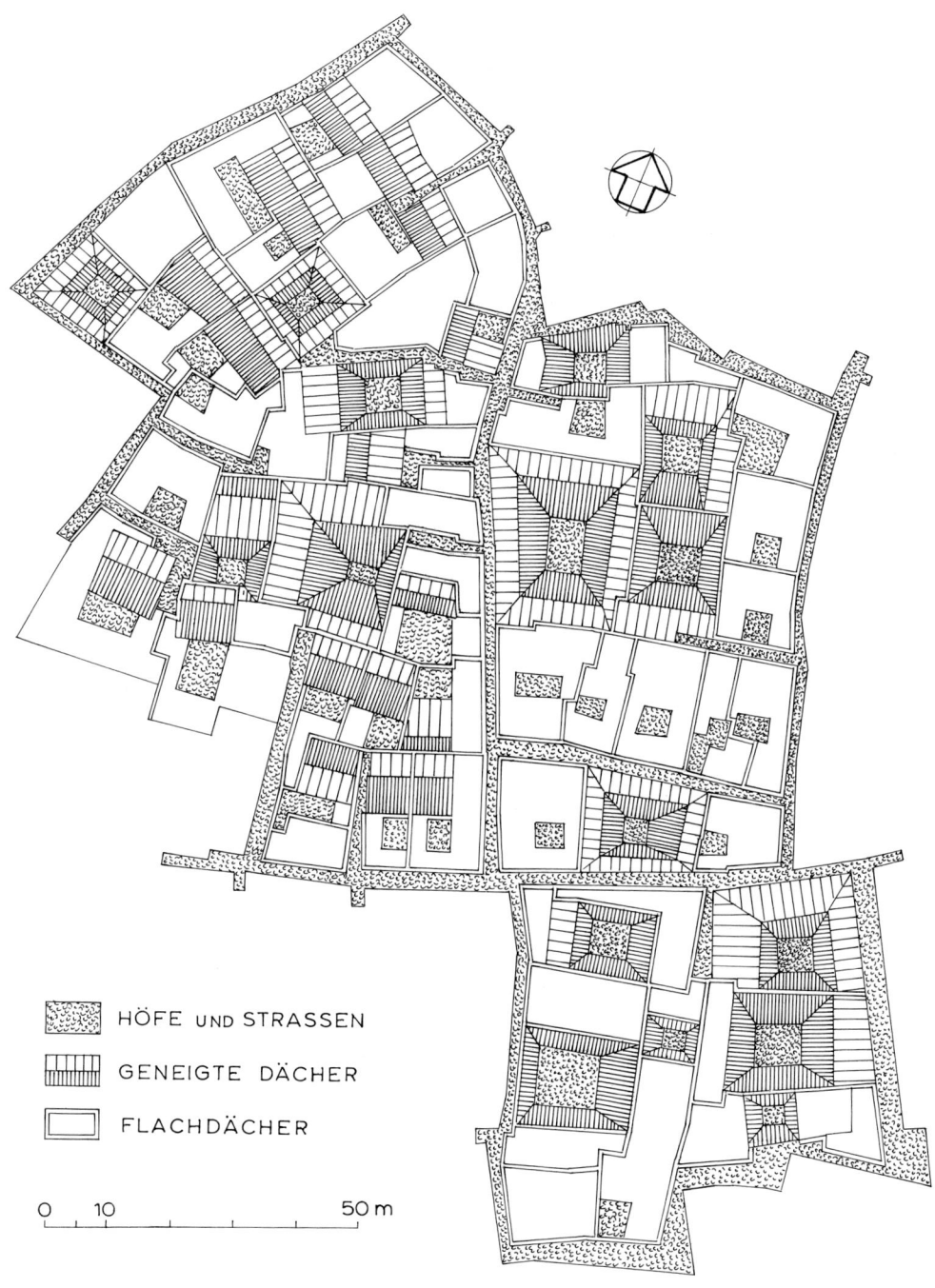

HÖFE UND STRASSEN

GENEIGTE DÄCHER

FLACHDÄCHER

O   10   50 m

Abb. 64   Delos, Plan und Dachaufsicht des unregelmäßig angelegten Theaterviertels
nach 166 v. Chr.

Abb. 65   Delos, Blick in den Innenhof eines Wohnhauses (Haus des Hermes)

luxuriöserer Gestaltung der Häuser wurden auch Höfe mit Mosaiken geschmückt. Auf Delos dienten die Peristylhöfe zugleich als Impluvium (Regenwassersammelbecken). Gärten sind in diesen Höfen keinesfalls anzunehmen.

Seit dem späten 4. Jahrhundert entstanden in Städten wie Pella, Demetrias, Vergina und Pergamon neben ärmlichen Kleinbehausungen palastartige Stadtvillen. Die durch Ausgrabungen dokumentierten hellenistischen Paläste und Stadtvillen sind weiträumig angelegt, doch grenzten auch sie unmittelbar an Nachbarbauten. Gärten in Villennähe waren kaum möglich. In den Innenhöfen dieser untersuchten Bauten fanden sich Reste von festen Bodenbelägen. In Pella war die Oberfläche zweier Höfe einer Stadtvilla in Sektor IV mit Tonscherben in der Art eines Mosaiks gepflastert, in Pergamon wiesen die Palastbauten der Baugruppe IV einen mit Andesitplatten gepflasterten Hofboden auf, der mit einem Estrich überzogen war. Auch andernorts fehlen Indizien, die für eine Bepflanzung der Peristylhöfe sprechen könnten.

Man hat angenommen, daß die reichen hellenistischen Paläste und Häuser mit ihren Peristylhöfen vorbildlich für den Typus römischer Hausgärten in Villen mit Peristylia gewirkt hätten. Nun finden Elemente römischer Hausgärten wie Hermen, Statuen und Statuetten zwar Parallelen auch in griechischen Häusern des Hellenismus sowie etwa bekanntermaßen in den Höfen der Häuser auf Delos, doch darf die statuarische Ausstattung solcher Häuser nicht als Hinweis auf Gärten im Innenhof verstanden werden. Gerade auf der wasserarmen Insel Delos wäre der Garten im Haus undenkbar.

Abgesehen davon, daß es zunächst grundsätzlich verfehlt scheint, den Innenhof eines römischen mit dem eines griechischen Hauses zu vergleichen: Weder der zentrale Raum des griechischen Hauses, der offene Innenhof, noch der des römischen Hauses, das Atrium, wurde als Garten gestaltet. Der Garten des römischen Hauses des 4. und 3. Jahrhunderts v. Chr., der anfangs ein Küchengarten war, lag üblicherweise hinter dem Haus, wie die Ausgrabungen in der römischen Stadt Cosa zeigten. Im 2. und 1. vorchristlichen Jahrhundert und in der frühen Kaiserzeit wurde der kleine Garten hinter dem Haus vom Peristylhof in Form eines üppigen Gartens immer mehr verdrängt. Den Architekturtypus des Peristylhofs übernahmen die Römer von der griechischen Wohnarchitektur, die Gestaltung der Hoffläche als Garten jedoch ist ein Ausdruck römischer Agrartraditionen und Wohnbedürfnisse. Die Ausstattung der römischen Peristylgärten mit Statuen, Naiskoi und Kultgegenständen verrät, daß griechische Heiligtumsgärten, Parks und Gymnasien zu den Vorbildern der Hofgärten gehörten. In einer direkten Anspielung auf die Gymnasien und Philosophengärten des 4. Jahrhunderts nennt Cicero in seinen Briefen an Atticus (1,4−6) seine Villa mit der statuarischen Ausstattung eines Gymnasions sogar seine ›Akademie‹. Der römische Peristylgarten war mithin eine formale Verschmelzung des griechischen Peristylhofs und der statuengeschmückten öffentlichen Haine Griechenlands zu einer aus römischer Tradition erwachsenen Verbindung von Haus und Garten.

In den hellenistischen Städten der Griechen scheinen nur den Palastbauten der Ptolemäer in Alexandrien Haine angegliedert gewesen zu sein. Diese wurden von Abb. 63 Strabon in seiner *Geographie* (17,1,9) beschrieben. Im Palastviertel lagen die Paläste, Heiligtümer, Kultgebäude und Gräber, die traditionsgemäß mit Hainen verbunden sein konnten. Die Grünanlagen des Palastes sind auch als Ausdruck der pharaonischen Tradition Altägyptens, einen Garten am Wohnort des Königs anzulegen, zu verstehen (s. Beitrag Hugonot).

In einer Neugründung hellenistischer Zeit wie Alexandrien, das eine größere Flächenausdehnung als die Städte des Mutterlands hatte, waren von vornherein Möglichkeiten gegeben, Grünflächen großzügiger auszulegen. Im Westen und Osten vor der Stadt lagen die Grabgärten der Nekropole, im Süden am Mariotissee muß auch eine Grünzone bestanden haben. In ihrer reichen Vielfalt an Gärten und Hainen ist die Stadt Alexandrien jedoch weder typisch für hellenistische Städte, noch läßt sich bisher ein Einfluß auf die Stadtplanung anderer Städte in diesem Punkte nachweisen.

Hellenistische Bildwerke, Darstellungen von Fischern, Hirten, Greisinnen, Nymphen, Musen und Satyrn, wie sie die Römer zu kopieren und in ihren Gärten aufzustellen liebten, sind oft als Vertreter einer profanen griechischen Gartenplastik verstanden worden. Es ist aber sehr wahrscheinlich, daß die Standorte solcher hellenistischen Skulpturen nicht Privatgärten, sondern heilige Bezirke und öffentliche Plätze wie Agorai und Gymnasien waren. Diese konnten zwar, wie gezeigt, mit Gärten verbunden sein, besitzen aber stets einen öffentlich-sakralen Charakter. Tatsächlich liefern weder archäologische noch schriftliche Quellen einen Hinweis auf die Existenz griechischer Lustgärten. Selbst die Parks in Alexandrien, Daphne bei Antiochia (s. Beitrag Brubaker–Littlewood) und in Rhodos oder Rhodini stehen in sakraler und kultischer Tradition.

Literarische, epigraphische und papyrologische Quellen hellenistischer Zeit deuten darauf, daß alle Gartentypen der klassischen Zeit weiter existierten. Die Besitzeinheit Kepos und Wohnhaus wird in allen Gebieten Griechenlands registriert. Dieser Garten war ein Nutzgarten mit gemischtem Anbau aus Gemüse und Obst, auch Wein kam jetzt hinzu. In den Nutzgärten wuchsen Melonen, Salat, Kohl, Spargel, Lauch, Wein, Feigen und Datteln.

In Ägypten unterhielten die ptolemäischen Könige landwirtschaftliche Großbetriebe, die bis ins letzte Detail organisiert und technisiert waren. Zahlreiche Papyri sind erhalten, die uns ein klares Bild der Landwirtschaft und Verwaltung der Ländereien im Fayum vermitteln. Die Baumgärten der Ptolemäer möchte man wegen ihrer Dimensionen und ihrer Spezialisierung auf bestimmte Baumsorten eher als Plantagen bezeichnen; sie lieferten Oliven, Obst und Nadelhölzer. Auch riesige, mit Knoblauch bepflanzte Felder gehörten zu den Ländereien, die alle Märkte des Mittelmeerraumes belieferten. Speziell war den Ptolemäern daran gelegen, den Boden Ägyptens in Rebland zu verwandeln. Weingärten, die von angeworbenen griechischen Winzern bestellt wurden, umfaßten aber nicht nur Weinstöcke, sondern auch Gemüsebeete für Melonen, Kürbisse und Zwiebeln, die zwischen den Weinstockreihen angelegt wurden. Die Winzer waren anteilmäßig an den Erlösen aus dem im Weingarten gezogenen Gemüse beteiligt. Die Weingärten Ägyptens waren in der Regel sehr groß. Von Weinreben und 1700 Setzlingen auf den Ländereien ist in einer einzigen Papyrusschrift die Rede. Auch auf Delos erreichten die Weinpflanzungen der Tempelgüter beträchtliche Ausmaße. Auf Rheneia, der Nachbarinsel von Delos, gab es Pflanzungen von 20000 Weinstöcken auf einer Fläche von 78 ha. Die Tempelgüter auf Delos und Rheneia waren auf Weinbau spezialisiert, während beispielsweise die Insel Mykonos vor allem Obstbaumgärten aufwies.

Kleinere, in den Tempelinschriften aufgeführte Kepoi des Apollonkultes in der städtischen Siedlung auf Delos lassen sich in der Nähe von Heiligtümern und dem Hippodrom lokalisieren. Ursprünglich lagen diese Gärten in einer unbebauten Zone östlich des heiligen Sees am Rande der Stadt; infolge des Bevölkerungswachstums im 2. Jahrhundert v. Chr. jedoch wurden sie aufgekauft und vernichtet, um das Gelände für Bauprojekte freizumachen.

Pflanzungen am Rande der Athener Agora und am Altar der 12 Götter, ebenfalls auf der Agora, sind, wie gezeigt, für die klassische Zeit nachgewiesen worden. In der hellenistischen Epoche kam eine weitere Begrünung der Agora in Form eines Gartens aus Lorbeer- und Granatapfelbäumchen um den Hephaistostempel hinzu. Die Baumgruben im felsigen Boden, die schätzungsweise 48 Pflanzungen aufnahmen, wurden während der Ausgrabung des Bezirks freigelegt und anschließend mit Sträuchern wieder bepflanzt. In den Gruben fanden sich noch die Tonkübel, in denen die Sträucher einst standen. Der Hain des Hephaisteions wurde, wie die Bäume am Altar der 12 Götter, mit Wasser aus einem Kanalisationssystem bewässert. *Taf. 20* *Abb. 66*

Eine hellenistische Entwicklung der schon in klassischer Zeit belegten Grabgärten ist die dezidiert kommerzielle Nutzung der Gartenfläche am Grab. Die Grab- oder Heroonsgärten wurden, wie die zeitgenössischen Tempelgärten, verpachtet. Der Gewinn diente der Aufrechterhaltung des Kultes. Bekannte Beispiele solcher Grabgärten gab es in Halikarnassos, Larissa und auf Kos. Im Vorort Nekropolis westlich der Stadt Alexandrien, in dem die Friedhöfe lagen, befanden sich ebenfalls Grabgärten, die verpachtet wurden. Aus den Papyri geht hervor, daß in einigen dieser Grabgärten Obst und Gemüse angebaut wurden; die Gärten waren auf der Basis von Fünfjahresverträgen zu einem monatlichen Zins von zwanzig Drachmen zur Pacht ausgetan. *Abb. 63*

Schließlich sei noch eine andere Gartenform erwähnt, deren Ursprünge in Persien liegen (s. Beitrag Kawami). Dem Paradeisos oder Paradiesgarten begegneten die Griechen in Persien bereits im 5. und 4. Jahrhundert v. Chr. Es war dies ein exotischer, umzäunter Baum- und Tierpark, welcher der königlichen Jagd diente. Die eigentlichen Paradeisoi wurden später in hellenistischer Zeit in den Schriftquellen erwähnt, auf griechischem Boden aber waren sie immer als große Plantagen in nichtstädtischen Gebieten gestaltet. Die Paradeisoi in Ägypten, am Euphrat und Chabur bei Dura Europos in Mesopotamien waren Pflanzungen von Lorbeer-, Oliven-, Feigen-, Granatapfel-, Aprikosen- und Mandelbäumen sowie Rosen und Wein. Sie sind keineswegs als königliche Lustgärten zu verstehen, sondern aus Obstplantagen und Baumgärten bestehende reine Nutzanlagen.

Selbstverständlich waren die großen Landgüter hellenistischer Zeit für ihre Pflege und Erhaltung auf Fachkräfte angewiesen. Der Beruf des Gärtners war

Abb. 66   Athen, Pflanzgrube mit Tonkübel für Wurzelballen eines Bäumchens im
Felsen am Hephaisteion

denn auch in dieser Zeit häufig anzutreffen. Von angestellten Gärtnern und Winzern in Memphis und Philadelphia in Ägypten, in Sikyon und Pergamon erfahren wir aus den Papyri und Schriftquellen. Der Gärtner zog Pflanzen, pflegte
Bäume und ersetzte sie nach Bedarf durch Setzlinge, bewässerte und düngte sie.
Ein anderes Berufsbild wieder war das des Gartenkünstlers oder Topiarius: Ihm
oblag die künstlerische Ausgestaltung des Gartens mit Efeu sowie Büschen und
Bäumen in geometrischer Anordnung. Die Erfindung, Bäume durch Formschnitt
als Figuren zu gestalten, wurde laut Plinius (*Historia Naturalis* 12,6,13) dem
Römer Gaius Matius zugeschrieben, der in augusteischer Zeit lebte. Zu dieser
Zeit waren künstlerische Ziergärten ein beliebtes Sujet in der römischen Wand-

malerei. Es gibt keine Anhaltspunkte, daß vor den Römern die Griechen diese Art von Gartenbau praktiziert hätten. Erst mit fortgeschrittener Wasserbautechnik, der Zuleitung von Wasser aus Aquädukten, wie sie im 1. vorchristlichen Jahrhundert in Italien verstärkt gebaut wurden, in Wohnhaus und Garten, wurde der Unterhalt von solchen künstlich bewässerten Ziergärten möglich (s. Beitrag Jashemski).

*
* *

Die Lage einer antiken griechischen Stadt oder Polis bestimmten praktische und strategische Erwägungen. Mittelpunkt des Polisgebiets war die Stadt, die eine prägende Ausstrahlung auf das dazugehörige Territorium hatte. Die einzelnen Bauelemente der griechischen Stadt nutzten die natürlichen topographischen Gegebenheiten zunächst unter praktischen Gesichtspunkten. So bot sich eine Hanglage ideal für das Theater an, Heiligtümer und Heroa wurden oft auf exponierten, naturverbundenen Plätzen angelegt, und die Gymnasien pflegte man wenn möglich an Flußufern zu bauen, wo Wasser die Planung solcher Einrichtungen begünstigte. Die Stadt selbst war durch eine schützende Stadtmauer abgeschirmt. Diese Abschottung gegen die freie Landschaft aber bedeutete, daß die Stadtbewohner Wälder, Haine und Felder des Umlands nur dann wahrnehmen konnten, wenn sie die Stadt verließen, um Heiligtümer und Gymnasien zu besuchen oder ihre Gärten und Felder zu bestellen. Diese lagen jedoch im Regelfalle nur wenige hundert Meter vom Wohnhaus in der Stadt entfernt. Nur im sakralen und öffentlichen Bereich war eine begrenzte Begrünung des innerstädtischen Areals möglich. Hier boten die wenigen Heiligtumsgärten und bepflanzten Agorai Abwechslung vom dichtbebauten Stadtbild.

Den Verlauf der Stadtmauer und das Straßennetz festzulegen, waren die ersten Planungsvorgänge bei einer Stadtneugründung. Gründungsinschriften weisen darauf hin, daß im entworfenen Raster die besten und günstigsten Plätze für Agora, Heiligtümer, Theater und öffentliche Bauten reserviert wurden. Die restlichen Flächen schließlich nahmen die Wohnviertel in Anspruch.

In hellenistischer Zeit ist das Bestreben der griechischen Baumeister, Städte und ihre Bauten effektvoll in eine natürliche Umgebung einzubeziehen, sehr deutlich erkennbar. Von dieser bewußten Verbindung zwischen Landschaft und Architektur jedoch blieben die Wohnviertel griechischer Städte im wesentlichen unberührt; diese Bezirke waren nicht auf das natürliche landschaftliche Ambiente hin orientiert, zumal die Wohnhäuser nach außen abgeschlossene Einheiten bildeten. In keiner Quelle, keinem Bodenbefund kommt zum Ausdruck, daß die Natur in Form von Gärten als ein Element der Erhöhung der Wohnqualität des griechischen Hauses gegolten hätte.

Die Griechen legten ihre Gärten nur dort an, wo die Bodenbedingungen günstig waren. Hier am Rande der Stadt in der Nähe eines Flusses oder anderer Wasserquellen wurden die Gärten, die die Stadt in einem grünen Gürtel umgaben, gepflegt und gehegt. Das heimliche gartenästhetische Ideal, die präzise Ordnung gerade ausgerichteter Reihen von Pflanzungen, spiegelt die Methodik und Rationalität des griechischen Denkens wider.

Taf. 21

Literaturhinweise

P. Bruneau, Deliaca. Les jardins urbains de Délos. Bulletin de Correspondance Hellénique 103, 1979, 89 ff.

M. Carroll-Spillecke, Κῆπος: Der antike griechische Garten. Wohnen in der klassischen Polis III (München 1989)

M. I. Finley, Studies in Land and Credit in Ancient Athens, 500−200 B.C. The Horos Inscriptions (New Brunswick 1951)

G. Garbrecht, W. Eck, F. Glaser und H. Fahlbusch, Die Wasserversorgung antiker Städte. Geschichte der Wasserversorgung Bd. 2 (Mainz 1987)

M. Gothein, A History of Garden Art (London 1928)

V. Hehn, Kulturpflanzen und Haustiere in ihrem Übergang aus Asien nach Griechenland und Italien (Berlin 1911)

N. Himmelmann, Über Hirten-Genre in der antiken Kunst (Opladen 1980)

W. Hoepfner und E.-L. Schwandner, Haus und Stadt im klassischen Griechenland. Wohnen in der klassischen Polis I (München 1986)

W. F. Jashemski, The Gardens of Pompeii, Herculaneum and the Villas destroyed by Vesuvius, Bd. I (New Rochelle 1979)

J. H. Kent, The Temple Estates of Delos, Rheneia and Mykonos. Hesperia 17, 1948, 243 ff.

D. C. Kurtz und J. Boardman, Thanatos. Tod und Jenseits bei den Griechen (Mainz 1985)

H. Lauter, Die Architektur des Hellenismus (Darmstadt 1986)

A. G. McKay, Römische Häuser, Villen und Paläste (Feldmeilen 1980)

W. K. Pritchett, The Attic Stelae, Part I; The Attic Stelae, Part II. Hesperia 22, 1953, 225 ff.; Hesperia 25, 1956, 178 ff.

W. Richter, Die Landwirtschaft im homerischen Zeitalter. Archaeologia Homerica II, Kap. H (Göttingen 1968)

B. S. Ridgway, Greek Antecedents of Garden Sculpture, in: Ancient Roman Gardens. Dumbarton Oaks Colloquium on the History of Landscape Architecture 7, 1979, Hrsg. E. B. Macdougall und W. F. Jashemski (Washington 1981) 9 ff.

M. Rostovtzeff, Gesellschafts- und Wirtschaftsgeschichte der hellenistischen Welt (Darmstadt 1955)

D. B. Thompson, The Garden of Hephaistos. Hesperia 6, 1937, 396 ff.

D. B. Thompson, Garden Lore of Ancient Athens. Excavations of the Athenian Agora, Picture Book 8 (Princeton 1963)

J. Travlos, Bildlexikon zur Topographie des antiken Athen (Tübingen 1971)

C. Vatin, Jardins et vergers grecs, in: Mélanges helléniques offerts à G. Daux (Paris 1974) 345 ff.

Abbildungsnachweis

Abb. 57.58   Nach W. Hoepfner und E.-L. Schwandner, Haus und Stadt (1986) Abb. 24.43

Abb. 59.60   Photo: Archäologisches Nationalmuseum, Athen

Abb. 61   Neuzeichnung B. Carroll nach J. Travlos, Bildlexikon zur Topographie des antiken Athen (1971) Abb. 213

Abb. 62   Photo: Deutsches Archäologisches Institut, Athen

Abb. 63   Neuzeichnung B. Carroll nach M. M. Austin, The Hellenistic World (1981) Abb. 5

Abb. 64   Nach M. Carroll-Spillecke, Κῆπος: Der antike griechische Garten (1989) Abb. 23 (Zeichnung: C. Haase)

Abb. 65   Nach P. Bruneau, L'Ilot de la Maison des Comédiens. Exploration archéologique de Delos (1970) Abb. 29

Abb. 66   Photo: American School of Classical Studies. Agora Excavations

f. 19   Blühende Myrte (Photo: S. Jashemski)

. 20   Hephaisteion und Agora von Athen mit wiederhergestelltem Garten um den Tempel, von Nordosten (Photo: ▷
erican School of Classical Studies, Agora Excavations)

f. 21   Blick von den Ruinen der Stadt Priene auf die noch heute in geraden Reihen gepflanzten Bäume der Haine
(Photo: Verfasserin)

. 22   Olympia von Westen, Blick auf das Heiligtum mit heutiger Bepflanzung, den Kronoshügel (links) und das ▷
heiostal (rechts) (Photo: Deutsches Archäologisches Institut, Athen)

Taf. 23   Blick vom Merkurturm auf die Stadtmauer Pompejis und die Via di Mercurio, im Hintergrund das Foru
(Photo: S. Jashemski)

Taf. 24   Blick von der Pergola auf die Wasserbecken im unteren Garten im Haus des Loreius Tiburtinus, Pom
(Photo: S. Jashemski)

Taf. 25 Detail eines Gartengemäldes im Haus der Venus Marina, Pompeji (Photo: S. Jashemski)

Taf. 26 Taube und Oleander (*Nerium oleander* L.) in einem Wandgemälde eines Raumes neben dem Atrium Haus des Obstgärtners, Pompeji (Photo: S. Jashemski)

Taf. 27 Weiße Taube oder Turteltaube im Weißdornbusch (*Crataegus monogyna* Jacquin), daneben ein Schne
ballstrauch (*Viburnum tinus* L.) mit weißen Blüten. Wandmalerei im Haus der Hochzeit Alexanders, Pomp
(Fotografia Foglia)

Taf. 28 Ernten, Säen und Pflügen, aus einer Kopie der *Homilien* des Gregorios v. Nazianzos, Jerusalem (Tapl
14, fol. 33r), 11. Jh. (Photo: A. Tselikas)

καιρὴμωτ
υτὸμιρύ
αιπὸὰ
οισκιϲ
ιὀπαιο
ἀρτι
ιμϭμομ
κϛϛϭομα
τοισ,ὁὁϲ
ιϱοθϭ
ϊἀϲιοι
ιαιπὸϑ
θλϕιϲ
ὀϭλιἀϲ
υοϭμ
αιϟὰπῖ
ϛϛορρ
κϑυμϭά·
ρτοϲάρὁ
υταιἁί
λιαιτὸμ
ωϭϑαι
ϲκαιπϯὸ
ϲάϱότημ·
μικϥαμ
ϊπαιτ
ϱαιμϭαι

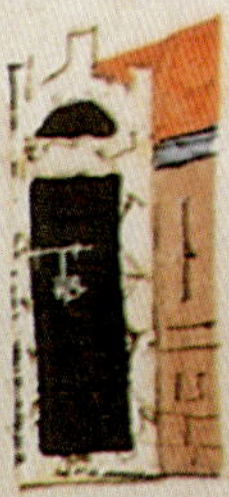

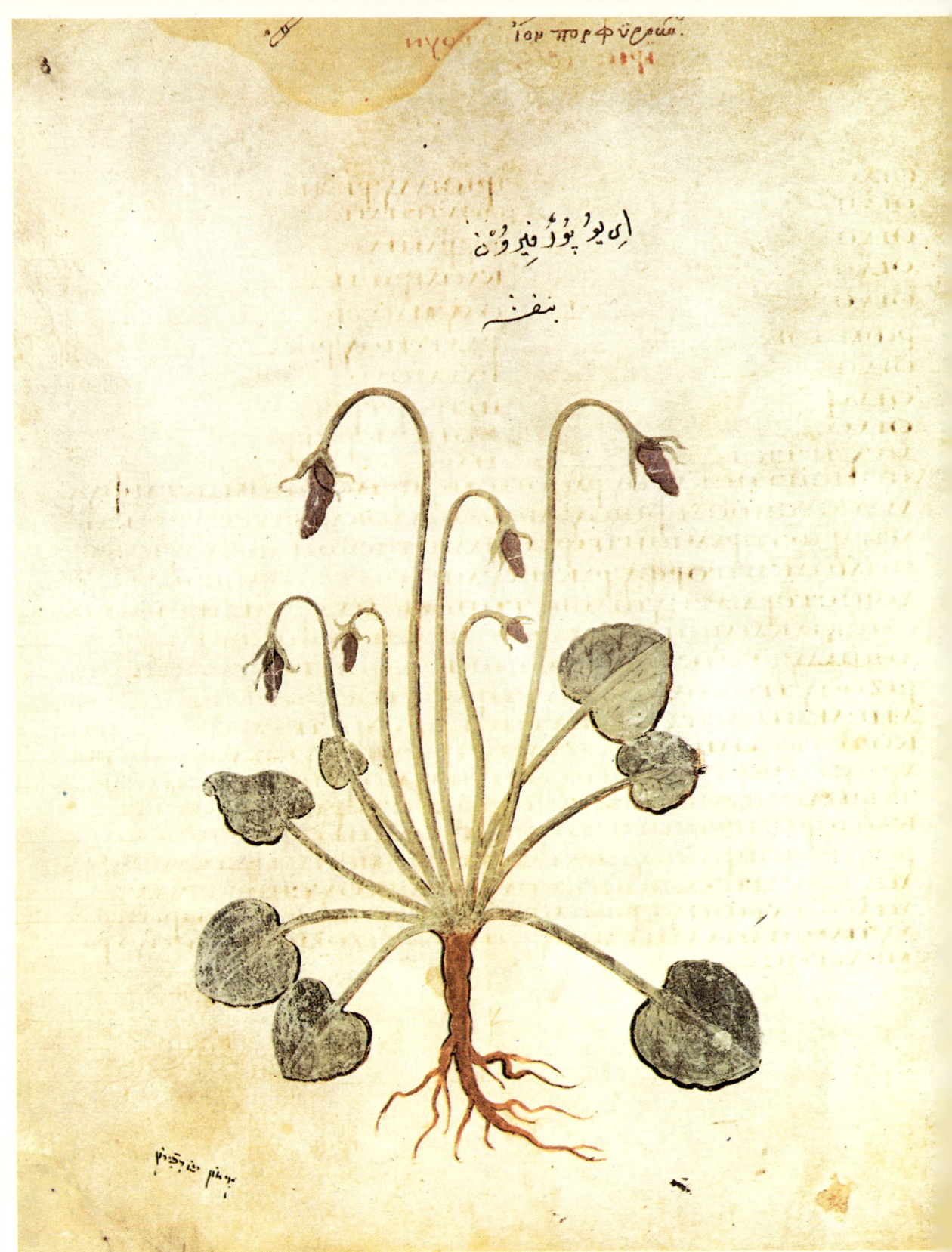

Taf. 29 Veilchen, aus Dioskurides' *De materia medica*, Wien (Nationalbibliothek, cod. suppl. gr. 28, fol. 4
(Photo: Nationalbibliothek, Wien)

Taf. 30 Gregorios v. Nazianzos predigt über Hagel, aus einer Kopie seiner *Homilien*, Paris (Bibliothèque Nation
cod. gr. 510, fol. 78r), 9. Jh. (Photo: Bibliothèque Nationale, Paris)

Taf. 31 Ernten, Pflügen, ein Weingarten und ein Obstgart[en] aus einem *Menologion*, Berg Athos (Esphigmenou 14, fol. 386v) (Photo: Ekdotike Athenon, Athen)

Taf. 32   Kanontafel aus einem Evangeliar, Venedig (Biblioteca Marciana, cod. I.8, fol. 5v), 10. Jh. (Photo: Biblioteca Marciana, Venedig)

Taf. 33   Gartenlandschaft, aus der Großen Moschee in Damaskus, 8. Jh. (Photo: Editions d'Art Albert Skira, Ge~

Taf. 34   Paradies, aus den *Homilien* des Mönchs Jakob Kokkinobaphos, Paris (Bibliothèque Nationale, c~
gr. 1208, fol. 47r), 12. Jh. (Photo: Bibliothèque Nationale, Paris)

οἱ μῶται ἀναμιξ τοῖς λόγοις ὁ δυ
μηρ' ἔπει δσι:—

Taf. 35 Der aus der Mitte des 13. Jhs. stammende *Roman de la Rose* bringt ein Gartenbild (ca. 1485), das d[e]
Lustgarten-Plan des Albertus Magnus weitgehend entspricht. Allerdings ist die Rasenbank hier durch Zäune ers[e]
(British Library London, MS, Harley 4425, fol. 12v; Photo: British Library, London)

36 Im Ostermorgen-Bild („noli me tangere") vom Meister des Göttinger Barfüßeraltars (um 1410) sind mehr
15 verschiedene Pflanzenarten zu erkennen. Darunter befinden sich christliche Symbolpflanzen wie Akelei,
rien-Lilie, Osterglocke und Schwertlilie. Der Garten wird durch einen Flechtzaun begrenzt (Photo: Staatsgalerie
Stuttgart)

37 Das Paradiesgärtlein des Oberrheinischen Meisters (um 1420) zeigt viele christliche Symbolpflanzen, die ▷
tandteile neuzeitlicher Bauerngärten sind. Bepflanzte Rasenbank und Brunnen gehörten offenbar zum Inventar
mittelalterlicher Gärten (Photo: Städelsches Kunstinstitut, Frankfurt)

Taf. 38 Einen guten Einblick in eine städtische Gartenanlage mit deutlich abgegrenzten Beeten und breiten Weg
bietet die „Madonna mit dem Kind" vom Meister des Blicks auf St. Gudula (um 1470) (Photo: Musée diocésa
Liège)

Taf. 39 Das März-Bild aus dem Breviarium Mayer van den Bergh (15. Jh.) zeigt die Bestellung des Gartens
Frühjahr. Neben der Gartenanlage ist u. a. auch die Begrenzung der Beete durch Bohlen gut zu erkennen (Ph
Museum Mayer van den Bergh, Antwerpen)

W. F. Jashemski

Antike römische Gärten in Campanien

Durch die Katastrophe des Vesuvausbruchs vom August des Jahres 79 n. Chr., der die blühenden campanischen Städte Pompeji und Herculaneum samt den zahlreichen Villen der Umgebung verschüttete, sind kostbare Spuren von römischen Gärten und Äckern konserviert worden, wie sie die Archäologie von anderen Stätten der Antike nirgends kennt. Der letzte Zustand, in dem sich die volkreichen Städte und florierenden ländlichen Gutshöfe vor dem Ausbruch befanden, wurde für immer in den vulkanischen Schichten authentisch festgehalten. Ungefähr drei Viertel der Fläche Pompejis sind bislang aufgedeckt. Hier in Pompeji ist es möglich, Aufschlüsse über die gesamte Stadtanlage und die Landnutzung innerhalb des Stadtareals zu gewinnen. Im Detail lassen sich Verteilung und Charakter der öffentlichen Bauten, Geschäfte, Läden und Wohnhäuser studieren. So ist denn auch die Möglichkeit gegeben, die herausragende Rolle des Gartens im Alltagsleben der Stadtbewohner zu fassen. Wegen des harten, tuffähnlichen vulkanischen Auswurfs, der Herculaneum begrub, schreiten die archäologischen Untersuchungen in dieser Stadt dagegen nur sehr langsam und mühselig voran. Lediglich vier Baublöcke (Insulae) sowie Teile von vier oder fünf anderen Bereichen und nur 34 Gärten konnten bisher freigelegt werden.

Taf. 23

Anläßlich vieler Grabungskampagnen in Italien hatte ich Gelegenheit, in jedem in den Vesuvstädten ausgegrabenen Garten Untersuchungen vorzunehmen. Ich habe auch das Glück gehabt, viele verschiedenartige Gärten in Pompeji und in der großzügigen Villa von Oplontis (unter dem heutigen Ort Torre Annunziata) sowie Ackerland bei der vor kurzem entdeckten Villa rustica von Boscoreale archäologisch erforschen zu können. Durch diese Untersuchungen bin ich zu der Erkenntnis gelangt, daß der Garten mit vielen Aspekten des Alltagslebens der Besitzer, mit der Architektur ihrer Wohn- und öffentlichen Bauten, mit ihrer Malerei, Skulptur, Ästhetik, Wirtschaftsweise, Religion, Arbeitsorganisation, ihrem Freizeitverhalten und ihren Städtebaukonzepten in enger Beziehung gesehen werden muß.

Zumindest *ein* Garten war in den meisten Häusern vorhanden. Ein elegantes Wohnhaus mochte drei oder gar vier große Peristylgärten besitzen. Solche Gärten konnten von einer ein-, zwei-, drei- oder vierseitig umlaufenden Säulenstellung eingefaßt sein. Zu einigen älteren Häusern gehörte der mit Gemüse, Obstbäumen und wenigen Weinstöcken bepflanzte Garten im hinteren Teil des Anwesens. Manche Häuser kannten nur einen einfachen, von Räumen umgebenen Hofgarten, ein bescheidenes Haus besaß vielleicht lediglich einen winzigen ›Lichtschacht‹, der als Kleinstgarten gestaltet war. Wir begegnen den Behausungen einfacher Handwerker, die in den Räumen hinter ihren Läden wohnten und kostbaren Platz dem Garten überließen. Der Wunsch nach pflanzlichem Grün, einigen wenigen Kräutern oder vielleicht auch Blumen scheint im römischen Charakter tief verwurzelt zu sein. Der gleiche Impuls veranlaßte den Ladenbesitzer, der im oberen Stockwerk über seinem Ladenlokal lebte, ein paar schattenspendende Weinranken auf seinem Balkon zu ziehen. Ein Fenster mit Blick auf den Garten des Nachbarn war nur wenigen glücklichen Bewohnern dieser dichtbevölkerten innerstädtischen Quartiere vergönnt. Nach der Romanisierung Pompejis im 1. vorchristlichen Jahrhundert hatten die Stadtmauern ihre Funktion als Verteidigungsanlage eingebüßt. Luxuriöse mehrgeschossige Villen wurden über der Stadtmauer errichtet, die Dachgärten besaßen und einen spektakulären Blick auf den Hafen erlaubten. Seneca d. J. (*Epistulae* 122) spottet über solche Gärten, in denen die Dächer für Baumpflanzungen zweckentfremdet wurden.

Gärten konnten in gleicher Weise mit Gasthäusern, Eßlokalen, Schulen und Geschäften verbunden sein, Tempel und Palästren waren von Gärten umgeben. Das Alltagsleben spielte sich großteils im Freien ab. Die Städte besaßen stets ihre öffentlichen Grünanlagen mit großem, stattlichem Baumbestand. Eine Überraschung bedeutete die Entdeckung von großen kommerziell genutzten Wein- und Obstgärten sowie Blumen- und Gemüsegärten auf Flächen innerhalb der Stadtmauern. Die Erkenntnis, daß kostbares Land im innerstädtischen Bereich auch auf diese Weise bepflanzt und genutzt wurde, ist für unser Verständnis von Städtebau und Landaufteilung nach Funktionstypen von großem Gewicht. Außerhalb der Stadtmauern und entlang den auf die Stadt zuführenden Straßen befanden sich die Gräber, von denen viele mit Gärten ausgestattet waren. Gärten zierten auch die zahlreichen, luxuriösen, in der Landschaft verstreuten Villen.

Nach dieser knappen Übersicht wenden wir uns nun einigen ausgewählten Beispielen dieser verschiedenen Gartentypen zu.

PERISTYLGÄRTEN

Der Typ des Wohnhauses mit Peristylgarten ist nicht so zahlreich vertreten, wie allgemein geglaubt wird. Weniger als 300 solcher Häuser sind in der Umgebung des Vesuvs freigelegt worden, davon übrigens einige von sehr bescheidenen Ausmaßen. Das Aussehen dieser Gärten ist Gegenstand von mancherlei Spekulationen gewesen. Viele der bekannteren Häuser Pompejis weisen heute eine formal durchdachte Gartenanlage auf, die der Besucher unbewußt für ein lebendes Nachbild des antiken Gartens zu halten geneigt ist. Leider gibt es nur wenige Anhaltspunkte bezüglich der Gestaltung dieser Gärten in der Antike. Selten nur interessierten sich die älteren Ausgräber für Wurzellöcher oder Pflanzenreste im Boden. Kostbare in den Grabungsberichten nicht dokumentierte Befunde gingen so unwiederbringlich verloren. Ich habe vergebens nach einer detaillierten Grabungsdokumentation über nur einen einzigen Peristylgarten gesucht. Die wissenschaftliche Untersuchung eines Gartens in Angriff zu nehmen erschien uns verlockend, als wir die willkommene Entdeckung machten, daß das Haus des Polybius (IX.xii.1–3), ein edles samnitisches Haus in der Via dell'Abbondanza, einen Peristylgarten besaß. Untersuchungen nahmen wir im Jahre 1973 in diesem Hause vor.

Wie ein Garten zur Zeit des Vesuvausbruchs tatsächlich ausgesehen hat, kann allein in einer Ausgrabung festgestellt werden. Als die Pflanzen und Bäume abstarben, verfaulten ihre Wurzeln. Die Lapilli oder Bimssteine des vulkanischen Auswurfs, die die Stadt begruben, verfüllten die langsam entstehenden Hohlräume. Bei der Untersuchung dieser Wurzellöcher wandten wir folgendes Verfahren an: Wir entfernten die Lapilli bis auf das Niveau des Gartens vom Jahre 79 n. Chr. und räumten dann vorsichtig die Wurzellöcher mit Spezialwerkzeugen aus. Danach wurden die Hohlraumwandungen mit schwerem Drahtgeflecht verstärkt und die Löcher mit Zement aufgefüllt, den wir drei bis vier Tage aushärten ließen. Schließlich wurde die Erde um den Zementabguß abgetragen, und die Form der antiken Wurzel trat in Erscheinung.

Überraschend in diesem Garten war die Entdeckung von fünf großen Bäumen sowie einigen Sträuchern und kleineren Bäumen, einschließlich einer Reihe von Spalierbäumen entlang der westlichen Gartenmauer. Im Zentrum des Gartens *Abb. 67* stießen wir auf die Abdrücke einer außerordentlich langen und schmalen Leiter, die in südöstlich-nordwestlicher Richtung lag. Die Leiter war 8 m lang, 50 cm am unteren Ende und nur 30 cm oben breit. Die Form dieser sich verjüngenden Leiter ist für die Arbeit in großen und dichtbelaubten Obstbäumen bestens geeignet. In Größe und Form gleicht die antike Leiter den leichten Holzleitern, die heute noch in dieser Gegend für die Kirsch- und Birnenernte benutzt werden.

Dr. Carlo Fideghelli vom Istituto di Frutticoltura, Ministero dell'Agricoltura in

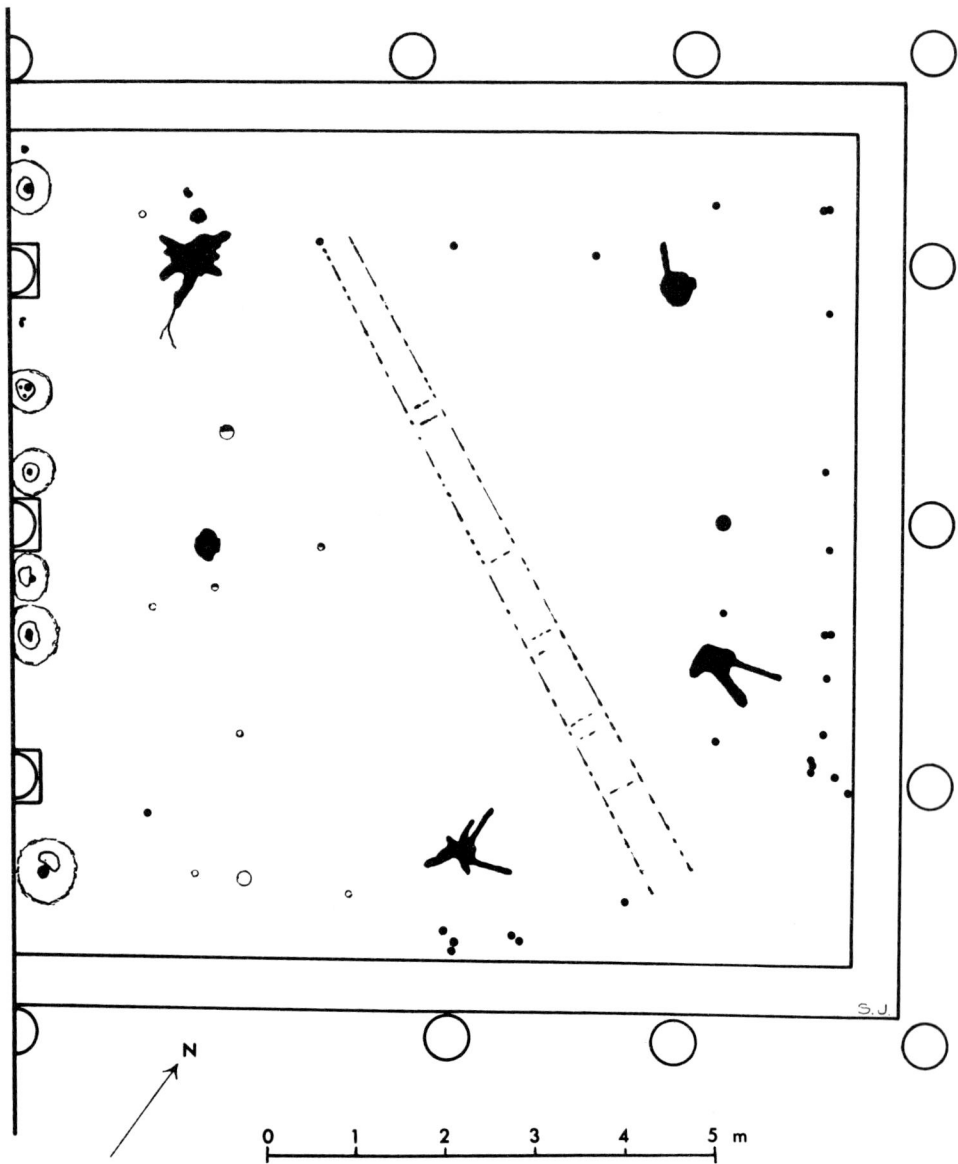

Abb. 67   Haus des Polybius, Pompeji, Plan des Peristylgartens

Rom, der die Form der modernen Baumwurzeln in Campanien zum Gegenstand von Studien gemacht hat, untersuchte auch unsere Wurzellöcher und die davon genommenen Abgüsse. Seine Untersuchungen ergaben, daß die großen Wurzellöcher im nordwestlichen und südöstlichen Teil des Gartens im Haus des Polybius Ähnlichkeit mit den Wurzeln eines Feigenbaumes im Alter von 30–35 Jahren aufwiesen. Die Äste dieser Bäume waren, wie bei Feigenbäumen üblich, gestützt. Im Umkreis der Bäume entdeckten wir zahlreiche unregelmäßig gestaltete Holzkohlebrocken, die von Dr. Frederick G. Meyer, Chefbotaniker am Herbarium des amerikanischen National Arboretum in Washington, D.C., als Feigen (*Ficus carica* L.) bestimmt wurden. Die großen Baumwurzellöcher im Nordosten und das Wurzelloch in der Mitte der südlichen Seite des Gartens scheinen von Obstbäumen, von Kirsch-, Birn- oder Apfelbäumen, zu stammen. Das Vorhandensein der hohen Leiter ließe sich durch die Existenz eines Kirsch- oder Birnbaums plausibel begründen. Das Baumwurzelloch in der Mitte auf der westlichen Seite hatte die Wurzelform eines jungen Olivenbaums. Die von Professor G. W. Dimbleby vom Archäologischen Institut der Universität London auf Pollenreste untersuchten Bodenproben enthielten Olivenpollen (*Olea europaea* L.) und kleine Mengen vom Pollen der Haselnuß (*Corylus* sp.). Die in den Wurzellöchern der Spalierbäume gefundenen Bruchstücke von tönernen Pflanzenkübeln mit einem Bodenloch und drei Löchern in der Gefäßwand dürften einen Hinweis auf die hier vertretene Baumart liefern. Plinius d. Ä. (*Historia Naturalis* 12,16) legt dar, daß Zitrusbäume in mit Löchern für die wachsenden Wurzeln versehenen Kübeln transportiert wurden. Ist es möglich, daß Polybius exotische Zitrusbäume oder vielleicht die Zitrone in seinem Garten pflanzen ließ? Zitronen übten einen eigenen Reiz auf die antiken Bewohner Pompejis aus; wir finden diese Baumart häufig in ihren Gartenmalereien dargestellt. In der Region um Pompeji werden Zitronenbäume heute noch aus Ablegern in Tontöpfen gezogen.

Unsere Entdeckungen im Garten des Hauses des Polybius warfen grundsätzliche Fragen bezüglich der Bepflanzung von Peristylgärten, insbesondere der Gestaltung dieser Gärten mit Bäumen, auf. Der Befund in diesem Haus wich vom bis dahin generell für gültig gehaltenen Bild des römischen Peristylgartens in wesentlichen Punkten ab. Wir hielten es daher für angezeigt, bereits früher ausgegrabene Hausplätze nach übriggebliebenen Spuren von Pflanzungen erneut zu untersuchen. Antike Wurzellöcher in längst ausgegrabenen Gärten ließen sich gleichwohl noch nachweisen, wenn die Wurzeln der modernen Bepflanzung nicht zu viel Schaden angerichtet hatten. So nahm ich in allen Peristylgärten, die während der letzten intensiven Grabungsperiode von 1951 bis 1961 im südöstlichen Teil Pompejis, in Regio I und II, freigelegt worden waren, Untersuchungen vor, da diese Gärten der Verwüstung durch Verunkrauten und Witterung noch nicht so lange ausgesetzt waren. Wir fanden hier Wurzellöcher in sieben Gärten. Außerdem stellten wir fest, daß Bäume in fünf dieser Gärten gepflanzt und die Peristylgärten oft als Nutzgärten angelegt worden sind. Locker angeordnete Pflanzungen waren dabei nicht ungewöhnlich. Nur ein Garten (I.xii.11) wies eine formal geplante Gestaltung auf. Dieser kleine, von einem dreiseitigen

Säulenportikus umgebene und auf der rückwärtigen Wand mit einem Tiergemälde verzierte Garten wurde mit Sträuchern nach einem strengen Plan angelegt. Bei den Sträuchern handelte es sich zweifellos um immergrüne Pflanzen, höchstwahrscheinlich beschnittene Buchsbäume. Unser Befund ergänzt und präzisiert die wenigen Berichte über freigelegte Gärten aus vorausgegangenen archäologischen Untersuchungen. Er zwingt uns, die allgemeine Sicht der Pflanzungen in Peristylgärten drastisch zu revidieren. Es ist nun offensichtlich, daß große Bäume in locker angelegten Peristylgärten eine häufige Erscheinung waren, aber auch, daß gleichzeitig und daneben formal gestaltete Gärten existierten.

WASSER UND SKULPTUREN IM GARTEN

Mit dem Bau des Aquädukts in augusteischer Zeit, der einen großzügigeren Umgang mit Wasser ermöglichte, wandelte sich das Aussehen der Gärten Pompejis. Bis zu diesem Zeitpunkt konnten nur Pflanzen im Garten eingesetzt werden, die auch bei geringem Wasserangebot gediehen. Bäume waren natürlich unter diesen Umständen ideale Gartengewächse. Obwohl nun größere Wasservorräte durch den Aquädukt zur Verfügung standen, wäre ein Gartenbesitzer wie Polybius wohl nicht geneigt gewesen, seine alten Nutzbäume und Schattenspender einfach fällen zu lassen.

Das Dargebot von aus dem Aquädukt abgeleitetem Wasser in ausreichenden Mengen förderte den Einzug von Wasserbecken und Brunnen in den Gärten. Diese kleinen Wasserquellen erhöhten den Charme und die Vielfalt der Gestaltungsmöglichkeiten der Gärten. Das Wasserbecken bildete den Mittelpunkt vieler Gärten und beeinflußte in starkem Maße den gestalterischen Plan eines Gartens.

Das Wasserbecken war jedoch keineswegs das zentrale Element eines jeden Gartens. Viele Gärten besaßen kein Becken, in anderen wieder war es von sekundärer Bedeutung oder nur eines unter weiteren Gartendenkmälern. Kleine Gartenskulpturen zierten zahlreiche Gärten. Diese waren in den meisten Fällen aus weißem Marmor, wenn auch gelegentlich Bronze oder Buntmarmor als Material verwendet wurden. Hellenistische Sujets und Stilrichtungen sind in vielen Gartenskulpturen evident, doch ist auch der Einfluß der griechischen Plastik archaischer und klassischer Zeit auf die römischen Werke spürbar. Kein Garten wurde mit so vielen verzierten Brunnen oder Gartenornamenten ausgestattet wie der schöne sonnenlichtdurchflutete Peristylgarten im Haus der Vettier (VI.xv.1). In den letzten Jahren der Stadt erfreute sich eine aufwendige Form des Mosaikbrunnens, wie der wohlbekannte Brunnen im Haus des Großen Brunnens (VI.viii.2), großer Beliebtheit.

Wasser wurde sehr effektvoll in der Gestaltung der Gärten eingesetzt. Im Haus *Abb. 68* mit dem bronzenen Stier (V.i.7/9) war die Rückwand des Gartens als eine prächtige Nymphäumfassade konstruiert, von der Wasser aus drei Aediculae in ein großes Becken hinunterfloß. Die Gärten im Haus des Loreius Tiburtinus (auch *Taf. 24* bekannt als das Haus des D. Octavius Quartio, II.ii.2) und im Haus der Julia Felix (II.v) in der Via dell'Abbondanza besaßen verschwenderische Wasseranlagen, die aus einem Ensemble von Becken, Brunnen, kleinen Brücken und Skulpturen bestanden.

GARTEN- UND TIERGEMÄLDE

Nicht selten waren eine oder mehrere Wände von Gärten in Pompeji und Herculaneum mit Gartenmalereien verziert, um einen kleinen Hausgarten optisch zu *Abb. 69* vergrößern. Das Wohnhaus war eine nach außen abgeschlossene Einheit, und der Garten wurde durch die ihm anliegenden und ihn umfassenden Räume des Hauses eingegrenzt. Mittels eines Gartengemäldes jedoch gelang es dem antiken Hausbewohner, die Illusion eines weitläufigen ländlichen Gartens in seinen ›vier Wänden‹ herzustellen. Hinter einem niedrigen gemalten Zaun wuchs eine Fülle von blühenden Sträuchern und Bäumen; auch Statuen und Brunnen, die in Wirklichkeit den Rahmen des Gartens gesprengt hätten, wurden auf diese Weise dem genießenden Auge erreichbar. Gleichzeitig waren die Innenwände der *Taf. 25* Hausräume gelegentlich mit Gartenmalereien verziert, so daß der Betrachter hätte meinen können, inmitten eines Gartens zu stehen. Anmutig-schöne Gemälde von Gärten und Hainen sind in zwei Cubicula im Hause des Obstgärt- *Taf. 26* ners (I.ix.5) in Pompeji entdeckt worden. Noch beeindruckender sind die Gartendarstellungen im Besuchersalon *(diaeta)* oder Gartenzimmer vor dem formal angelegten Garten im kürzlich ausgegrabenen Haus der Hochzeit Alexanders *Taf. 27* (VI.Insula Occidentalis.39–41), das über der westlichen Stadtmauer von Pompeji gebaut wurde.

Viele Gartenwände trugen auch große gemalte Darstellungen von annähernd lebensgroßen wilden Tieren. Der Garteninhaber, der seinen Garten in großem Stil erweitern wollte, ließ nicht nur Brunnen, Bäume, Vögel und Blumen malen, sondern auch Seen oder Bäche in einer bergigen, von Tieren bevölkerten Landschaft. Der typische Hausbesitzer in der Stadt konnte, wenn er sich in seinem mit solchen Gemälden geschmückten Garten aufhielt, so gleichsam seinen eigenen Paradiesgarten, Paradeisos, genießen. Dann mochte er sich fühlen wie die wohlhabende römische Oberschicht auf ihren riesigen, von Tieren wimmelnden Landgütern. Aus den Schriften des griechischen Historikers Xenophon erlangte die römische Welt Kenntnis von den Paradeisoi oder Gütern und königlichen

Antike römische Gärten in Campanien 183

Abb. 68   Haus mit dem bronzenen Stier, Pompeji, Peristylgarten

Abb. 69   Gartenmalereien im Haus der Venus Marina, Pompeji

Parks der persischen Könige (s. Beitrag Carroll-Spillecke). Diese königlichen Gärten waren große Gehege mit Obst- und Zierbäumen, Blumen, Vögeln und wilden Tieren.

PFLANZEN IM GARTEN

Wasserbecken, Brunnen, Statuen, Gartenmobiliar und sogar Zäune liefern viele Hinweise zu Aussehen und Charakter römischer Gärten, die Pflanzen jedoch, die den Garten erst lebendig machten, haben weniger greifbare Spuren hinterlassen. Leider gingen viele pflanzliche Überreste unwiederbringlich verloren. Eine eingehende Auswertung aller in den Schriften der antiken Autoren erhaltenen Bemerkungen zum Gegenstand ergibt ein zwar nicht abgeschlossenes, aber doch informatives Bild. Diese Hinweise aus der Literatur, nimmt man sie zusammen mit den archäologischen Quellen, erlauben eine Rekonstruktion der antiken Verhältnisse.

Pflanzen der formal angelegten Gärten, die von den lateinischen Autoren immer wieder erwähnt werden, sind Efeu, Buchsbaum, Lorbeer, Myrte, Akanthus und Rosmarin. Diese scheinen überwiegend für Villengärten charakteristisch zu sein. Der Garten war zunächst ein ›grüner‹ Garten, mit immergrünen Gewächsen bepflanzt, die je nach Saison um einige Blumen ergänzt wurden. Zu den jahreszeitlich wechselnden Gartenblumen zählten die weiße Myrte, der Efeu mit seinen grünlich-gelben Blüten, der weiße Schneeball, Chrysanthemen und die schneeweiße Madonnenlilie; farbige Akzente setzten die Rose, das Veilchen und der Mohn. Blumen spielten freilich allgemein eine untergeordnete Rolle im römischen Garten. Rosen, Lilien und Veilchen treten am häufigsten auf.

Unmittelbare, nicht karbonisierte Überreste der Pflanzen sind selten erhalten, jedoch liefern auch Stengel, Äste, Wurzeln, Samen, Früchte, Nüsse, Gemüse in verkohltem Zustand, sowie Pollen, Wurzellöcher und Bodenbefunde Anhaltspunkte zur Identifizierung antiker Pflanzungen. Die in den Wandmalereien dargestellten Pflanzen sind eine weitere wichtige Informationsquelle. Hilfe bei der Bestimmung der Pflanzen der Gemälde leistete Dr. Frederick Meyer, der in der gesamten Region um den Vesuv botanische Untersuchungen vorgenommen hat. Er kam zu dem Ergebnis, daß die in den Gemälden abgebildeten Pflanzen denen entsprechen, die heute noch in dieser Gegend vertreten sind.

Die Vögel in den Gartenmalereien sind noch detaillierter dargestellt als die Blumen und Bäume. Sie sind von Dr. George Watson, Kustos der Abt. Vögel und Leiter des Fachgebietes Zoologie an der Smithsonian Institution in Washington, D.C., dessen Spezialgebiet mediterrane Vögel sind, identifiziert worden. Seine Studie hat ergeben, daß die in der Malerei vertretenen Vögel typisch für diese

Region sind. Große Vögel wie der Blaue Pfau *(Pavo cristatus)*, der Fisch- oder Graureiher *(Ardea cinerea)* oder der Seiden- und Silberreiher *(Egretta* sp.) oder auch die Ente *(Anas* sp.), ein Steinhuhn *(Alectoris* sp.) und ein Teichhuhn *(Gallinula chloropus)* sitzen auf oder vor einem Zaun. Dargestellt sind zahlreiche Tauben *(Columba* sp.). Auch der Waldkauz *(Strix aluco)* ist vertreten. Daneben läßt sich eine Fülle von kleinen Vögeln beobachten. Der Pirol *(Oriolus oriolus)* wird in Obstbäumen gezeigt. Andere Vögel sind die Singdrossel *(Turdus philomelos)*, der Eichelhäher *(Garrulus glandarius)*, die Turteltaube *(Streptopelia turtur)*, die Rauchschwalbe *(Hirundo rustica)*, der Mittelmeersteinschmätzer *(Oenanthe hispanica)*, der Würger *(Lanius* sp.), die Samtkopfgrasmücke *(Sylvia melanocephala)*, der Grünfink *(Carduelis chloris)*, der Bienenfresser *(Merops apiaster)* und der Rosenstar *(Sturnus roseus)*, neben manchen anderen. Am häufigsten vertreten jedoch sind die vielen kleinen, nicht näher bestimmbaren Singvögel.

DER GARTEN IN DER GARUM-FABRIK

In den letzten Jahren der Stadt wurden viele Häuser zu Läden und Geschäften umgestaltet. Ein bescheidenes Wohnhaus (I.xii.8) im Südosten der Stadt erwies sich als der einzige bisher entdeckte, für die Herstellung von diversen Fischsaucen eingerichtete Laden, die ein wichtiger Bestandteil des römischen Speisezettels waren. Die Geschäftsaktivitäten fanden im Peristylgarten statt. Hier stießen die Ausgräber auf große Tonbehälter oder Dolia und Amphoren, die noch zahlreiche kleine Fischgräten, die Reste des Garum mit seinem ausgeprägten Fischgeruch, enthielten. Trotz dieser Produktionsstätte behielt das Peristyl seinen Gartencharakter. Wir fanden die Hohlräume von zwei großen Baumwurzeln, höchstwahrscheinlich von Feigenbäumen, die den Arbeitern ein wenig Schatten und Schutz vor der brennenden campanischen Sonne geboten haben mögen. Eine Reihe von kleineren Wurzellöchern entlang der Ostwand rührt wohl von Kräutern oder kleinen Büschen her. Eine Latrine für die Arbeiter befand sich in der nordöstlichen Ecke des Peristyls. Gleich zu Anfang oder vielleicht auch etwas später wurde die hintere Gartenwand zu beiden Seiten der Tür mit einem Gartengemälde geschmückt, auf dem kleine Singvögel in einem von Pfauen bevölkerten Dickicht aus Myrte und Oleander sitzen.

DER GARTEN IM HAUS MIT DEM SCHIFF EUROPA: EIN KOMMER-
ZIELL GENUTZTER OBST- UND GEMÜSEGARTEN

Gegenüber der Garum-Fabrik standen zwei Häuser mit Eingängen auf der Nordseite der Insula; ein großer kommerziell genutzter, in zwei Ebenen angelegter
Obstgarten erstreckte sich hinter diesen Häusern, die zusammen die ganze
Insula in Anspruch nahmen. Wegen des Höhenunterschieds zwischen den die
nsula eingrenzenden Straßen liegt der Gartenbereich unmittelbar hinter den
Häusern viel höher als der untere Gartenteil. Im unteren Gartenbereich fanden   *Abb. 70 a-b*
wir zwei planmäßig angelegte Gemüsegärten. Der nördliche Gemüsegarten
bestand aus neun eindeutig identifizierbaren, durch Furchen getrennten Beeten,
der südliche Garten besaß fünf Beete. Noch vorhanden waren 31 Wurzellöcher
von unregelmäßig gesetzten, kleinen Bäumen, wie sie ähnlich heute noch in
Gemüsegärten zu sehen sind. Ein Großteil des unteren Gartens war mit Weinstöcken bepflanzt, jeweils im Abstand von 4¹/₂ römischen Fuß. Ein Mittelweg
gewährte den Zugang zu den verschiedenen Teilen der Anlage. Die Wurzellöcher auf den schmalen Rampen, die an den Seitenmauern entlang zum unteren
Garten führten, sowie diejenigen des oberen Gartens stammen vermutlich von
Bäumen.

Zu den bedeutendsten Funden in diesem Garten gehören die 28 Tonkübel, die
in unterschiedlichen Tiefen im Gartenboden vor den vier Wänden lagen. Acht
Töpfe befanden sich unmittelbar unter der Erdoberfläche, 14 ruhten auf der
Sohle von Wurzelgruben in einer Tiefe zwischen 17 und 42 cm. Mit einer Ausnahme weisen alle Kübel ein Bodenloch und drei Löcher in der Gefäßwand auf.

Das in diesem Garten geborgene verkohlte organische Material hilft bei der
Bestimmung der Gartenpflanzen. Obwohl viele organische Reste zusammen mit
dem vulkanischen Auswurf zweifellos bei der ersten Ausgrabung entfernt wurden, fanden wir noch Fragmente von Haselnußschalen (*Corylus avellana* L.),
einer Mandel (*Prunus dulcis* [Mill.] D.A. Webb), einer Feige, sowie ganze
Weintrauben (*Vitis vinifera* L.), Weintraubenkerne und eine Anzahl von Acker-
oder Saubohnenkernen (*Vicia faba* L. var. *minor* [Peterm. und Harz] Beck). Dr.
John Kingsolver, Entomologe beim amerikanischen Landwirtschaftsministerium,
entnahm aus zwei Bohnen Körperteile von Insekten, die er als Erdbeerkäfer
(*Bruchus* sp.) identifizierte. Die verkohlten Dattelkerne mit anhaftendem Frucht-
fleisch (*Phoenix dactylifera* L.) können nicht von einer in einem pompejanischen
Garten gewachsenen Dattelpalme stammen, da die Früchte der Dattelpalme in
Pompeji nicht zur Reife gelangen. Vielleicht war die Dattel Bestandteil des Mit-
tagsmahles des Gärtners. Verkohlte in Geschäften und Läden gefundene Datteln
deuten darauf, daß diese Früchte von den Pompejanern importiert wurden.

Der Aquädukt erreichte dieses Gebiet nicht, der Garten war also auf Regen-

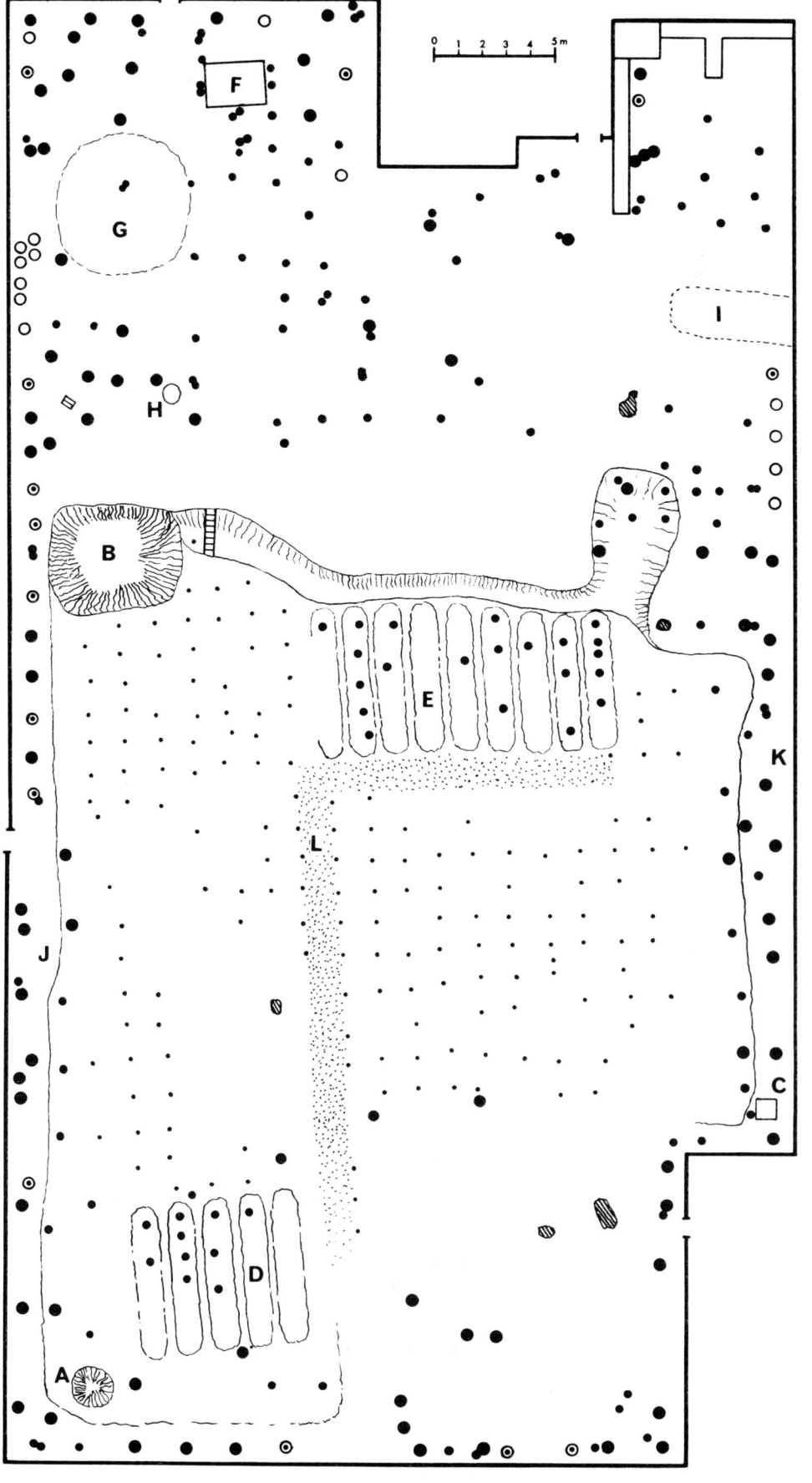

Abb. 70 b   Ballonaufnahme des Gartens im Haus mit dem Schiff Europa, Pompeji

◁ Abb. 70 a   Haus mit dem Schiff Europa, Pompeji, Plan des kommerziellen Obstgartens,
D und E: Gemüsegärten

- · = Weinstockwurzeln
- ● = Wurzeln mit einem Durchmesser von 10 cm oder weniger
- ● = Wurzeln mit einem Durchmesser zwischen 11 und 29 cm
- ❀ = Baumwurzeln mit einem Mindestdurchmesser von 30 cm
- ○ = Kübel
- ☉ = Wurzellöcher mit Kübeln

wasser angewiesen. Regenwasser vom Dach floß durch einen Kanal entweder direkt in den Garten oder in eine Zisterne hinein. Eine verwitterte Wasserrinne zeigt, an welcher Stelle das Wasser vom oberen Garten in den unteren zur Bewässerung der Gemüsebeete, jungen Weinreben und Bäume abgeleitet wurde.

DER GARTEN DES HERCULES: EIN KOMMERZIELLER BLUMENGARTEN

Von ganz anderer Art als die bis dahin bekanntgewordenen Gärten ist der große Garten, der mit einem bescheidenen, westlich der großen Palästra stehenden Haus (II.viii.6) verbunden ist. Dieser Garten wurde 1953−54 erstmals oberflächlich ausgegraben, doch als wir 1971−72 die übriggebliebenen Bimssteine oder Lapilli entfernten, konnten wir einen großen Garten freilegen, in dem allem Anschein nach Blumen zu bestimmten Jahreszeiten zu kommerziellen Zwecken *Abb. 71* gezüchtet wurden. Der Boden hatte unter dem Einsatz von Lastwagen bei der ersten Ausgrabung gelitten, doch dort, wo eine beträchtliche Schicht Lapilli eine Decke bildete, stießen wir auf in der Erde erhaltene Umrisse sowie Hohlräume von Wurzeln und Pfählen.

Ein Weg führte vom Bereich vor der Haustür bis in die Mitte des Gartens, bog dann nach links ab und setzte sich bis zu einem großen Triclinium, einem Speiseraum für drei Bankettbetten, und einem Altar fort, der vor einem an der Ostwand angebauten Schrein stand. In der Nähe des Schreins fand man eine wohl ursprünglich im Schrein aufgestellte Marmorstatuette des Hercules, die diesem Garten seinen Namen gab. Südlich des Tricliniums stand eine Hundehütte, die aus einer Hälfte eines längs durchschnittenen Fasses (*Dolium*) auf einem gemauerten Sockel bestand.

Komplizierte Erdumrisse zeigten an, daß der Garten in zahlreiche Beete unterteilt war. In einem guterhaltenen Beet waren die kreisförmigen, eingetieften Wasserrinnen um die einst dort wachsende Pflanze noch deutlich sichtbar. Kleine Pflanzen bedurften einer ausreichenden Wassermenge. Regenwasser vom Dach wurde in großen, zu beiden Seiten der Tür zum Garten stehenden Dolia sowie im nahegelegenen Becken gesammelt. Zusätzliches Wasser, das von außerhalb dem Garten zugeführt werden mußte, wurde von der Straßenseite der nördlichen Hausmauer in eine in der Mauer eingebaute Amphora mit abgebrochener Spitze hineingeleitet, die sich in das darunter stehende Faß leerte. Wenn das Faß überlief, floß das Wasser weiter durch einen Kanal entlang der Mauer. Das aus Kanälen entlang den Gartenmauern und aus dem Becken und der Zisterne entnommene Wasser wurde in die Rinnen geführt, die den Garten in breite Beete unterteilten. Auf diese Weise erfolgte die Bewässerung der verschie-

Abb. 71   Ballonaufnahme, Garten im Haus des Hercules, Pompeji

denen Blumenbeete. Eine Luftaufnahme zeigt die Lage der Wurzellöcher und
Pfähle deutlich und macht sogar beschädigte Umrisse im Gartenboden sichtbar,
die wir vom Boden aus nicht hätten wahrnehmen können. Die Beete waren nicht
alle auf der gleichen Ebene angelegt, wegen des Nord-Süd-Gefälles des Geländes
liegen die nördlichen Blumenbeete höher als die südlichen. Um die gleichmä-
ßige Wasserzufuhr vom höher gelegenen bis in den tieferen Bereich zu sichern,
ragten die Wasserkanäle im Norden über das Niveau der Beete hervor, während
sie im Süden in den Boden eingetieft waren. Noch heute kennen die pompejanischen Bauern dieses Kanalisationsverfahren.

Wir entdeckten 11 Wurzelhohlräume mit einer Tiefe bis über 30 cm sowie
einige kleinere Baumwurzellöcher. Der riesige, leider teilweise verschüttete Wur-

zelhohlraum, der von der Gartenoberfläche eine Tiefe bis 2 m erreichte, scheint von einem alten, ehrwürdigen Olivenbaum zu stammen. Die verkohlten Sauerkirschen (*Prunus cerasus* L.) gehörten wohl zu einem der von uns festgestellten Bäume. In den Wurzelgruben entlang den Mauern entdeckten wir acht fast vollständig erhaltene und eine Anzahl fragmentarischer Tonkübel, die Ähnlichkeit mit den in den Gärten im Haus des Polybius und im Haus mit dem Schiff Europa gefundenen Töpfen aufweisen. Die Mehrzahl der Hohlräume jedoch rührt von Pfählen oder Pflöcken her, die Abdeckungen für die Jungpflanzen in den Beeten stützten. Heute dienen Pfosten um die Beetränder als Auflager für Strohmatten oder Plastikplanen, die den jungen Pflanzen Schutz geben.

Unter den Funden dieses Gartens befanden sich eine gut erhaltene Harke, ein *Sarculum*, und eine antike Hacke oder *Dolabella*, die in allen Einzelheiten der Martinella gleicht, die unsere Grabungsarbeiter zur Beseitigung des Gestrüpps benutzen. Wir fanden außerdem zahlreiche Fragmente von gläsernen Parfumflaschen und Salbgefäßen aus Ton im Garten. Die fruchtbare, vulkanische Ebene Campaniens, in der Pompeji liegt, war in der Antike ein Zentrum der Blumenzucht in Italien. Blumen wurden zu Girlanden geflochten, die eine wichtige Rolle in Leben und Kult der Römer spielten. Die antiken Autoren belegen, daß diese Region für ihre Parfums und Salben berühmt war. Pompeji ist immer noch ein wichtiges Zentrum für die Zucht von Blumen, nur werden sie heute ihrer Samen wegen von vielen internationalen Saatgutfirmen gezüchtet, die das Ackerland zum Blumenanbau pachten. Blumen gelangen hier in etwa drei bis vier Monaten zur Blüte.

Eine bedeutsame Entdeckung in diesem pompejischen Garten waren die Reste von Pollen und Sporen. Der Pollen der Olive dominierte, geringere Mengen von anderen Pollenarten ließen sich nachweisen. In Bodenproben aus dem Bereich vor der Mauer konnten zahlreiche Polypodiumsporen (Tüpfelfarn) bestimmt werden.

DIE CAUPONA DES EUXINUS

Gartenkneipen waren im antiken Pompeji ebenso beliebt wie in heutiger Zeit. Die Caupona des Euxinus, in geringer Entfernung vom Amphitheater gelegen, trug am Eingang ein Wirtshausschild mit einer gemalten Darstellung eines Phönix und zweier Pfauen. Unterhalb des Phönix ließ Euxinus, dessen Name passenderweise soviel wie »der Gastliche« bedeutet, einen Werbespruch anbringen, der lautet: »Der Phönix ist glücklich, mögest Du es auch sein (wenn Du meine Kneipe besuchst)« *(Phoenix Felix et tu)*. Auf der Mauer unter dem Bild liest man die Empfehlung des Euxinus und eines Iustus, die Herren A. Postumius und M.

Cerrinus in das Ädilenamt zu wählen. Unter den vielen im Eckraum gefundenen Amphoren waren drei, die Namen und Adresse des Kneipenbesitzers preisgeben. Sie waren nämlich »an den Gastwirt Euxinus, beim Amphitheater in Pompeji« adressiert.

Diese Caupona war ein einigermaßen geräumiges Etablissement. Die Gäste wurden an der Theke nahe dem Eingang, im Eßraum oder im Garten bedient. *Abb. 72* Im Garten konnten sie zwischen zwei kleinen Gartenräumen oder Tischen im Freien wählen. Wir legten die Wurzellöcher von zwei Bäumen, die Schatten spendeten, sowie von 32 Weinstöcken frei. Der Weingarten lieferte möglicherweise einen Teil des in der Kneipe ausgeschenkten Weines. Hier standen noch zwei große Fässer oder Dolia aus Ton, in denen der Traubensaft bis zum Ende der Gärung aufbewahrt wurde.

In der Caupona wurden auch Kulthandlungen vollzogen. Im Tresenraum fand sich ein Larariumgemälde. An der hinteren, östlichen Mauer des Gartens war ein Lararium in einer Ädikula, vor dem ein gemauerter Altar stand. Ein zweiter gemauerter Altar mit einer Ablage für die Opferutensilien stand im nordöstlichen Teil des Gartens. Die Asche des letzten Brandopfers wurde bei der Ausgrabung des Gartens noch auf dem Altar verstreut angetroffen. Der sorgfältig begrabene, von uns freigelegte Schweineknochen mag einem Hund vorgeworfen worden sein, nachdem ein Gast das Opfer vollzogen hatte, worauf Götter und Mensch ihre Anteile aus Opfermahl erhielten. Die hier verehrten Götter wechselten wahrscheinlich je nach den individuellen Anliegen der Gäste. Eine Votivgabe, ein kleiner, primitiver Terrakottakopf vom Typ des bärtigen Zeus (6,5 cm), wurde in der Nähe des Altars gefunden.

EIN GROSSER WEINGARTEN

Der große Platz nördlich des Amphitheaters in Pompeji war vor über 200 Jahren als das Foro Boario oder der Viehmarkt bekannt. Diese Stätte wurde während der ersten beschränkten Ausgrabungen des Jahres 1755 in dieser Insula so bezeichnet. 1814 hat man die Südmauer der Insula, einschließlich des Eingangs, freigelegt. Während der 50er Jahre des 20. Jahrhunderts wurde der Hauptteil der Insula mit Ausnahme des Nordostens – hier steht ein modernes Haus – und eines Bereichs im Nordwesten, in dem sich ein antikes Gebäude zu befinden schien, archäologisch erforscht. Die beiden Räume dieses antiken Baus, die freigelegt wurden, waren für die Weinerzeugung ausgestattet. Dieser Fund hätte bereits als Anzeichen dafür gewertet werden können, daß man auf diesem Areal in der Antike Wein angebaut hat, jedoch hielten die Ausgräber noch an der Identifikation des Platzes als Viehmarkt fest.

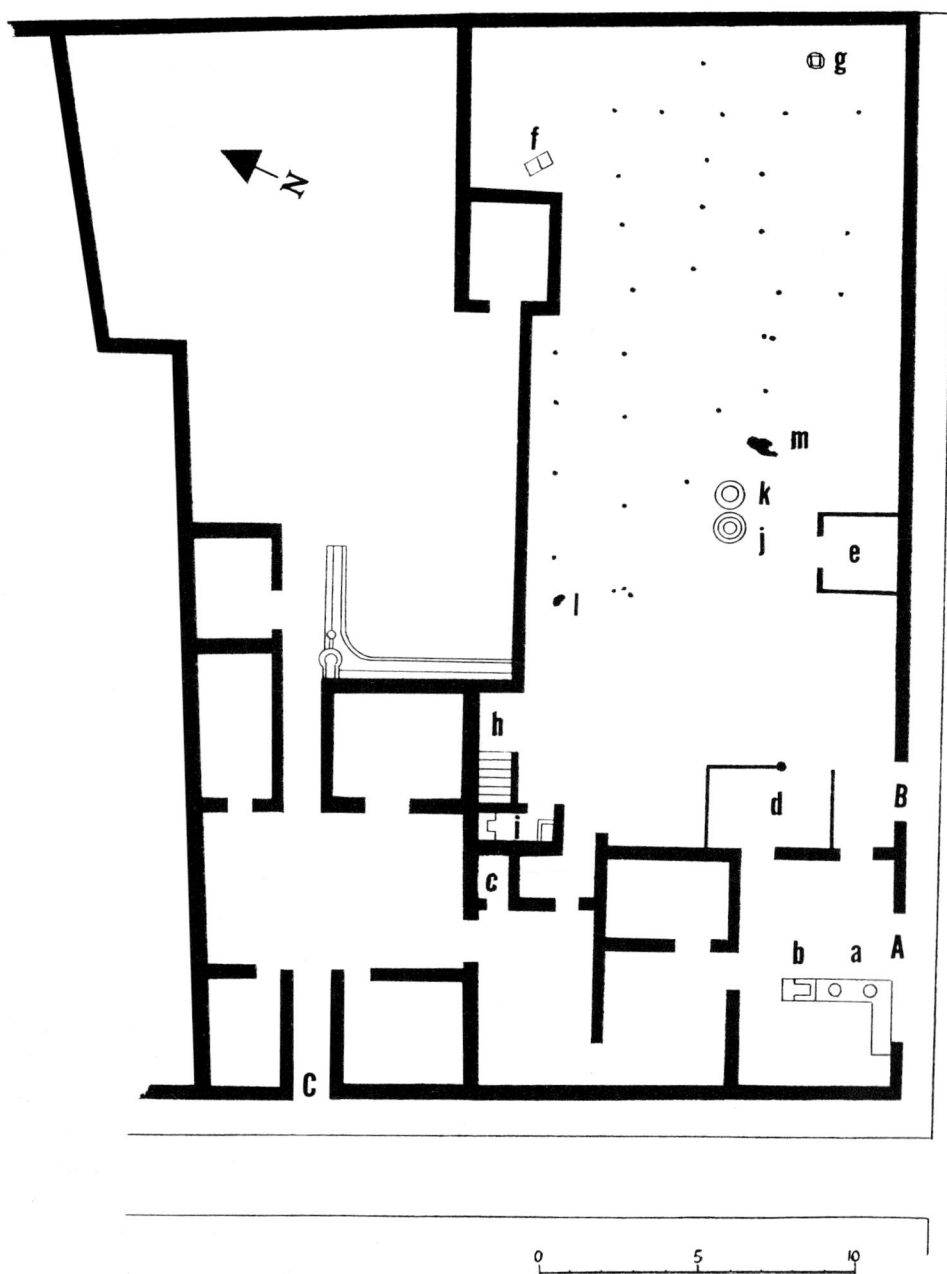

Abb. 72   Plan der Caupona des Euxinus, Pompeji

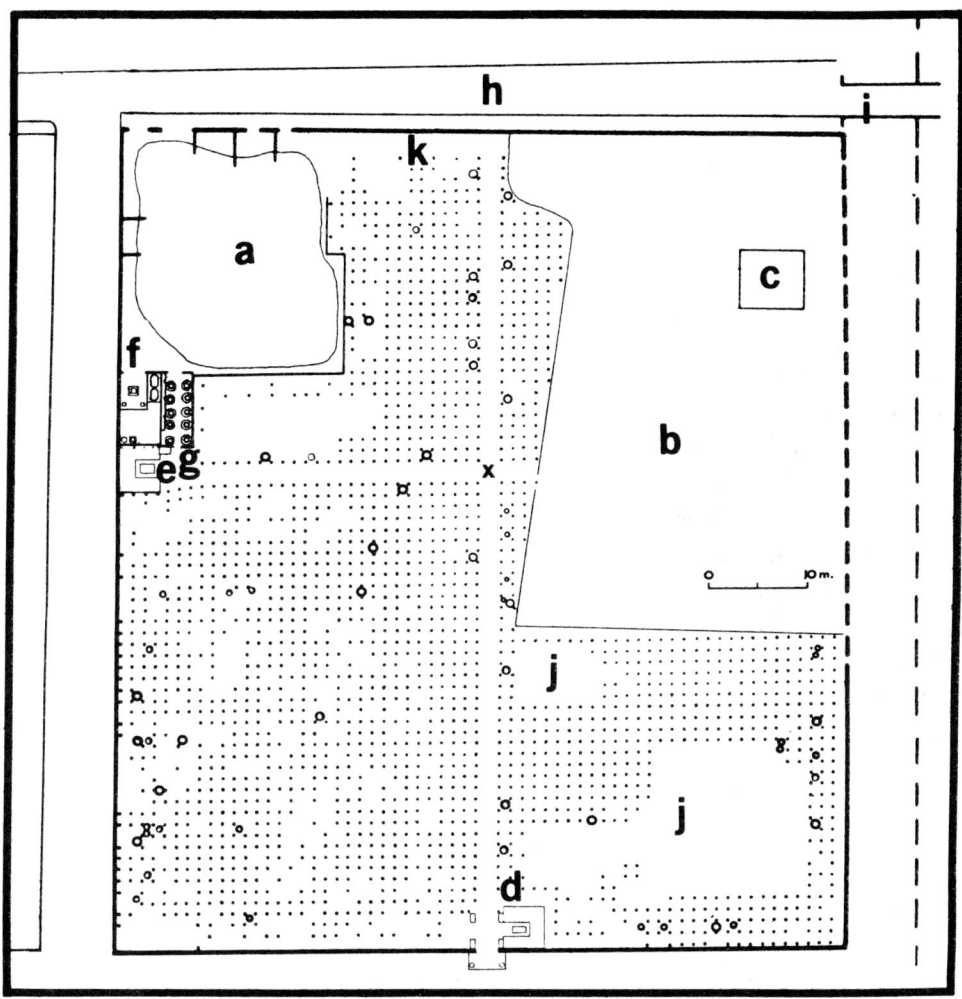

Abb. 73 Plan eines großen Weingartens (II.v), Pompeji

a, b: nicht untersuchte Bereiche

d, e: gemauerte Triclinia

f: Raum mit einer Weinpresse

g: Schuppen mit Tonfässern

j: unausgegrabene Abraumhalde von 1954-55

x: Wegekreuzung

· = Weinstockwurzeln

o = Bäume mit einem Wurzeldurchmesser von 10 cm oder weniger

○ = Mittelgroße Baumwurzeln

● = Baumwurzeln mit einem Mindestdurchmesser von 30 cm

Antike römische Gärten in Campanien   195

Nur eine tiefer greifende Ausgrabung des Areals konnte den Nachweis einer Bepflanzung dieses hochwertigen Grundstückes mit Wein bringen. Als ich 1966 meine Untersuchungen hier begann, stellte ich fest, daß die Ausgräber der 50er Jahre die vulkanische Auffüllung bis zum Gehniveau des Jahres 79 n. Chr. entfernt hatten. Später deponierten sie hier jedoch ihren Aushub, der hoch aufgehäuft und durch Lastwagenverkehr verdichtet wurde. Unsere Ergebnisse waren zunächst enttäuschend, aber schließlich stießen wir auf eine große Anzahl Wurzellöcher von Reben. Die Störung des Bereichs war jedoch zu groß, um feststellen zu können, ob der jeweils zweite, in Verbindung mit dem Wurzelloch stehende Hohlraum von einem weiteren Weinstock oder einem Rebenpfahl herrührte. Die Bedeutung dieses Weingartens veranlaßte uns, einen bis dahin unausgegrabenen Bereich bis zu einer Tiefe von ca. 6,00 m im Nordosten der Insula zu untersuchen. In diesem Teil der Insula lag das Gehniveau des Jahres 79 n. Chr. noch unter dem vulkanischen Auswurf begraben.

Abb. 73

Die Hohlräume hier waren von älteren archäologischen Aktivitäten noch unberührt. So fanden wir, daß die Lochpaare aus einem Wurzelloch, das sich aufgrund der Form leicht identifizieren ließ, und einem Rebenpfahlloch bestanden. Bei Beendigung der Grabungssaison 1970 hatten wir 2014 Wurzellöcher und entsprechend 2014 Pfahllöcher freigelegt. Um jede Zweiergruppe aus Weinstock und Pfahl beobachteten wir drei oder vier Eintiefungen für Wasser, die tiefer waren und sich deutlicher abzeichneten als die im gestörten Teil des Weingartens gefundenen Wasserrinnen. Die Weinstöcke standen in regelmäßigen Abständen von fast genau vier römischen Fuß (1 Fuß: 30,5 cm). Zwei Beispiele von Ablegern für die Vermehrung der Weinstöcke konnten vermerkt werden.

Abb. 74 a-b

Wir entdeckten zwei sich kreuzende Wege im Weingarten, genau entsprechend den Empfehlungen der antiken Agrarschriftsteller. Die Hohlräume zu beiden Seiten des Weges waren einwandfrei erhalten. Die großen Hohlräume stammten von Pfosten, die kleineren Löcher seitlich des Pfostens hinterließen die verfaulten Weinstockwurzeln. Die Pfosten, die einen wesentlich größeren Durchmesser hatten als die oben erwähnten Rebpfähle, dienten als Stützen für einen Laubengang, für den es moderne Parallelen gibt. Sie bestanden vermutlich aus Kastanienholz. Dieses wurde in der Antike wegen seiner »trotzenden Haltbarkeit« und seiner Widerstandsfähigkeit gegen Fäulnis empfohlen. Die antiken literarischen Quellen belegen, daß Weide *(salix)* und Pappel *(populus)* angepflanzt wurden, um Weidenrute zum Anbinden von Reben zu gewinnen. Die Winzer der Region pflanzen noch heute Weide und Pappel zu diesem Zweck. 58 Baumwurzellöcher wurden im Weingarten freigelegt. Zwei angekohlte Oliven fanden sich in der Nähe eines Wurzellochs. Eine verkohlte, auf der Bodenoberfläche aufgelesene Bohne weist vielleicht darauf hin, daß auch Gemüse im Weingarten gezogen wurde. Die Mischung aus Baumkulturen, Wein und Gemüse ist heute

Abb. 75 a-b

196   W. F. Jashemski

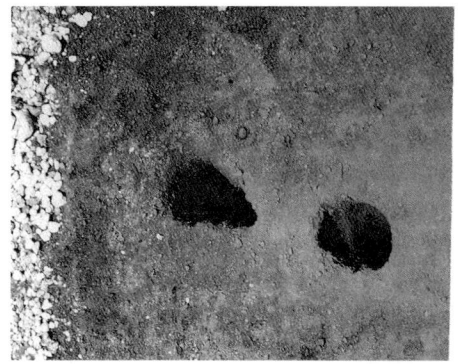

Abb. 74a Hohlräume von einer Weinstockwurzel und einem Reben-pfahl im großen Weingarten, Pom-peji

Abb. 74b Gipsabguß eines Re-benpfahllochs (links) und eines Weinstockwurzellochs im großen Weingarten, Pompeji

noch üblich in der pompejanischen Region. Wein wächst im Schatten der Bäume, unter den Weinranken wiederum gedeihen Mais, Tomaten und anderes Gemüse. So fruchtbar ist der Boden, so heiß ist die Sonne Campaniens. Die Ebene vor dem Vesuv war in der Antike für die Fruchtbarkeit und die gute Konsistenz ihres Bodens allgemein bekannt. Dies gilt heute unverändert.

52 Knochen kamen in den Grabungen im Weingarten ans Licht; in früheren Untersuchungen des Geländes wurden sicherlich viele Knochen schon wegge-räumt. Die während unserer Grabungen entdeckten Tierknochen wurden von Dr. Henry Setzer, Kustos der Abt. Säugetiere und Direktor des Forschungspro-jekts Afrikanische Säugetiere an der Smithsonian Institution in Washington, bestimmt. Er stellte fest, daß 11 Knochen Hiebspuren trugen, das bedeutet, die Knochen wurden zur Gewinnung des Knochenmarks, in der Antike eine Delika-tesse, aufgebrochen. Das Knochenmaterial stellt die Reste von Mahlzeiten dar, die auf Bankettbetten *(Triclinia)* lagernde Besucher im Weingarten verzehrten. Die Tierknochen geben Einblicke in die Eßgewohnheiten der Römer. Rinder- und Schafsknochen sind häufig vertreten, auch das Wildschwein, das als beson-ders delikat galt, konnte im Knochenfundmaterial identifiziert werden. Pferde-knochen, aus denen das Mark entnommen wurde, haben wir ebenfalls gefun-den. Pferdefleisch wird heute in Italien wegen seines angeblich hohen Nährwer-tes besonders Kindern und Alten gereicht. Die im Weingarten servierten Mahlzei-ten stellten möglicherweise eine wichtige Einnahmequelle für den Gartenbesitzer dar, der auf diese Weise einen Großteil seines eigenen Weines direkt vermarkten konnte.

Abb. 75a   Hohlraum von einer großen Baumwurzel im großen Weingarten, Pompeji

Abb. 75b   Gipsabguß einer großen Baumwurzel im großen Weingarten, Pompeji

DIE GROSSEN PALÄSTREN IN POMPEJI UND HERCULANEUM

Pompeji und Herculaneum bieten willkommene Gelegenheit, die Rolle der mit sakraler und öffentlicher Architektur verbundenen Gärten zu untersuchen. Hier können diese Bauten als Bestandteil einer größeren Umgebung und nicht, wie sonst üblich, als isolierte Strukturen betrachtet werden. Der römische Architekturtheoretiker Vitruv (*De Architectura* 5,11,4) empfahl in seiner Diskussion des Bautyps Palästra die Anlage von Promenaden zwischen Pflanzungen von Platanen. Die Große Palästra westlich des Amphitheaters in Pompeji nahm eine der größten Insulae der Stadt in Anspruch. Auf der Süd-, West- und Nordseite waren Portiken, in der Mitte des eingegrenzten Bereichs befand sich ein großes Schwimmbecken (34,55×22,25 m). Die Ausgräber beobachteten zwei Baumreihen mit einem Zwischenabstand von ca. 8,00 m am Rande des zentralen Bereichs im Süden, Westen und Norden. Lediglich einige verstreute Wurzellöcher wurden auf der Ostseite freigelegt. Die Form der Wurzellöcher zusammengenommen mit der bekannten Beliebtheit der Platane als Laubbaum in Palästren führte Amedeo Maiuri, den großen Pompejiforscher, zum Schluß, daß diese Wurzelgruben von Platanen stammen.

Die Palästra in Herculaneum beanspruchte ebenfalls eine ganze Insula, eine der größten der Stadt. Diese Palästra ist ungewöhnlich großzügig und aufwendig für eine Kleinstadt und mißt ungefähr zwei Drittel des Flächeninhalts der Palästra in Pompeji. Auch hier fand Maiuri Spuren von Baumpflanzungen, jedoch läßt sich die Anordnung dieser Pflanzungen wegen der zerstörerischen Eigenschaften des vulkanischen Auffüllmaterials nur sehr skizzenhaft rekonstruieren. Riesige Stücke eines verkohlten Baumstammes wurden in der Vulkanschicht nahe der südwestlichen Ecke gefunden, wo der Baum durch den Druck der sich vorwärtswälzenden Schlammlawine abbrach. Andere große Baumstämme wurden dort angetroffen, so wie sie in liegender Stellung in der schlammigen Masse eingeschlossen waren. Ausgehend von diesen Funden, vermutete Maiuri in den großen Bäumen Platanen, wie in der Großen Palästra in Pompeji. Die Mitte des zentralen Bereichs bildete ein stattliches, kreuzförmiges Wasserbecken mit einem monumentalen bronzenen Brunnen in Form einer fünfköpfigen Schlange, die sich um einen Baum windet und Wasser aus allen fünf Köpfen speit. Am nördlichen Ende der Palästra lag ein wesentlich tieferes, rechteckiges Schwimmbecken (30×3 m). Die Platanen müssen dem offenen Areal in beiden Palästren in Pompeji und Herculaneum eine gefällige, parkähnliche Atmosphäre verliehen haben.

DER DIONYSOSTEMPEL

Gärten wurden auch im Zusammenhang mit Badeanlagen, Theatern und Tempeln festgestellt. Einer der interessantesten dieser Tempel ist der des Dionysos, der außerhalb der Stadtmauern von Pompeji nur 700 Meter südlich des Amphitheaters stand. Die Reste dieses Tempels kamen überraschend nach Bombenzerstörungen im Zweiten Weltkrieg ans Licht. Die erhebliche Bedeutung des Tempels liegt darin, daß er ein samnitischer Tempelbau des späten 3. oder frühen 2. Jahrhunderts v. Chr. ist.

Zwei große gemauerte Bankettliegen oder Triclinia, welche die bisher in Pompeji gefundenen Triclinia an Größe übertreffen, standen im Tempelhof. Zwischen den Triclinia befand sich der Altar. Hinweise auf Triclinia zur Abhaltung von dionysischen Gelagen sind in den Inschriften enthalten, doch ist der bauliche Kontext und die Umgebung, in der solche Festmahle stattfanden, erstmalig hier in Pompeji belegt.

Der Tempel, der auf einem Grundstück in Privatbesitz entdeckt wurde, ist in den Jahren 1947−48 ausgegraben und mit einer modernen Mauer eingefaßt worden. Wegen des einmaligen Charakters dieser Stätte beschlossen wir im Jahre 1978, das Grundstück auf Spuren von Pflanzungen zu untersuchen. Zunächst entfernten wir das hoch wuchernde Gestrüpp auf dem Grundstück, mußten aber leider feststellen, daß der Bereich um den Tempel und innerhalb der Umfassungsmauer in früheren Zeiten als Abraumhalde benutzt worden ist. Nachdem wir den Schutt abgegraben hatten, begannen wir auf Wurzel- und Pfostenlöcher in der Nähe der Triclinia und der halbkreisförmigen Ruhebank oder Schola zu stoßen. Offensichtlich spendete eine mit Weinranken bewachsene Pergola den Triclinia Schatten und Schutz vor der Sonne. Die Weinstöcke an den Triclinia waren groß und sehr alt. Die Triclinia litten offensichtlich im Erdbeben des Jahres 62 n. Chr., sie wurden jedoch repariert und danach bis zum Vesuvausbruch weiter benutzt. Die beiden größeren Wurzellöcher zu beiden Seiten der Schola stammen entweder von sehr alten Weinstöcken oder von Bäumen. Die sich ausbreitenden Äste eines Baumes hätten der Schola vielleicht besseren Schutz vor der Sonne geboten.

Der ursprüngliche Zustand des Bodens zu beiden Seiten und im hinteren Grundstücksteil des Tempels war vollkommen zerstört, doch konnte sich mein Vorarbeiter, der auf der Grabung von 1947−48 tätig gewesen war, an die nach Entfernung der Lapilli deutlich gewordenen Furchen und Wurzellöcher erinnern. Der Abstand zwischen den Wurzellöchern deutete darauf, daß sie von Weinstöcken stammten. 1976 nahmen wir in einem Weingarten (III.vii) nördlich des Amphitheaters in Pompeji archäologische Untersuchungen vor. Die Bodenumrisse in diesem Weingarten wiesen gleichfalls die Form von deutlichen Furchen auf. Durch die Entdeckung des Dionysostempels ist es jetzt möglich, die Gelage der dionysischen Mysterien in Weingärten zu rekonstruieren, die unter dem Schutz des seinen Initianden ewige Seligkeit versprechenden Gottes standen.

GRABGÄRTEN

Es überrascht nicht, daß die alten Römer, denen der Garten im Leben so wichtig war, auch ihre letzten Ruheplätze mit Gärten umgaben. Römische Gräber legte man nicht in ruhigen, abgelegenen Friedhöfen, sondern entlang den vielbefahrenen Ausfallstraßen an. An der Gräberstraße außerhalb des Herculaner Tors (Porta Ercolano) in Pompeji liegen schöne Villen, aufwendige Gräber, bescheidene Gräber und vielbesuchte Läden auf mehr als 1,5 km Länge nebeneinander. Sogar im Tode wollten die Römer am geschäftigen Leben teilhaben.

Grabgärten in Pompeji definitiv zu lokalisieren ist schwer, da moderne Pflanzungen alle Spuren von Bodenbefunden und Wurzelresten vernichtet haben. Glücklicherweise stieß man während der Aushebung einer Baugrube für ein Gebäude im Bereich zwischen der Circumvesuviana-Eisenbahn und der Schnellstraße bei Scafati auf einen Grabgarten. Zweifellos waren sämtliche die Vesuvstädte miteinander verbindenden Straßen von Gräbern gesäumt, die noch in der campanischen Landschaft verborgen liegen. Das Grab bei Scafati lag in einem dreieckigen, von einer niedrigen Tuffmauer eingefaßten Bezirk an einer Landstraße. Die beiden längeren Mauern konnten nicht freigelegt werden, da sie sich unter der modernen Straße fortsetzen, die ausgegrabene, dem antiken Straßenverlauf folgende Mauer jedoch mißt 20,5 m Länge. Sechs große Baumwurzellöcher wurden innerhalb des Bezirks beobachtet. Diese wurden von den Bimssteinen geräumt und mit Zement aufgefüllt. Zwei Bäume standen hinter dem Grab, während vier weitere Bäume den Platz davor einnahmen.

Abb. 76

In der Mitte des Bereichs zwischen den vier Bäumen befand sich eine Bodenerhebung, ungefähr 20 cm hoch und mit einem Durchmesser von 50−60 cm. Diese wiederum war von einem ovalen Graben (3,10×2,10 m) umgeben. Das aus diesem Bodenbefund geborgene, verkohlte Material und die verbrannten Knochen weisen darauf hin, daß es sich hierbei um die Ustrina, den Scheiterhaufen, handelt. Ein eingezäunter Bezirk am Grab konnte, nach diesem Befund zu urteilen, sowohl eine Ustrina wie auch einen Garten umfassen.

Auf der gegenüberliegenden Seite dieser schmalen, nur 2 m breiten Landstraße stießen wir auf eine Reihe von sechs Wurzellöchern und darüber hinaus einen bepflanzten Bezirk, in dem sich die Furchen im Boden noch deutlich abzeichneten. Da keine Einfassungsmauer um diese Pflanzungen festgestellt werden konnte, erscheint der Schluß erlaubt, daß es sich hier lediglich um Pflanzungen am Straßenrand handelt, wie man sie noch heute in den ländlichen Gegenden um Pompeji beobachten kann.

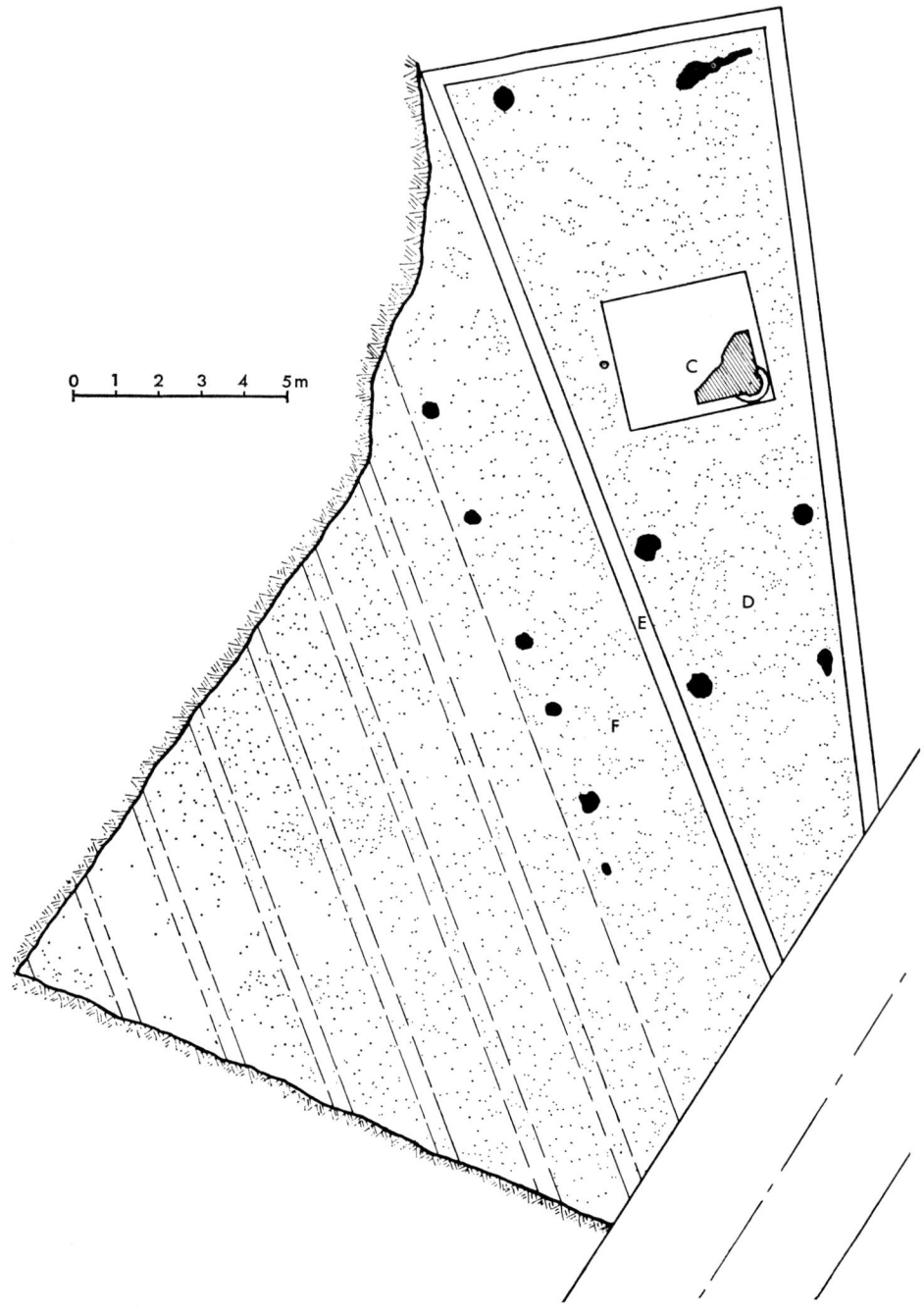

Abb. 76   Plan des Grabgartens von Scafati. ● = Baumwurzeln; C: Grabmal; D: Ustrina;
E: antike Mauer; F: antike Straße

DIE VILLA RUSTICA IN DER LOCALITÀ VILLA REGINA BEI BOSCOREALE

Die campanische Landschaft war zum Zeitpunkt, als der Vesuv ausbrach, durch eine große Anzahl von Villen geprägt. Leider sind nur wenige der untersuchten Villen heute zu besichtigen. Viele befinden sich auf Privatgrund, und sie wurden deshalb nur teilweise freigelegt, weil die Besitzer ihr Ackerland schnell wieder agrarischer Nutzung zuführen wollten. Die Villen unterscheiden sich in Größe, Ausstattung und Funktion erheblich voneinander, jedoch scheinen sie in der Mehrzahl echte landwirtschaftliche Güter oder *villae rusticae* gewesen zu sein.

Bei der Errichtung eines Gerüstes aus 80 großen Betonpfeilern für einen neuen Wohnungsbau bei Boscoreale an den Ausläufern des Vesuv ungefähr 1 km nördlich von Pompeji traten Reste einer antiken *villa rustica* zutage. Die Villa und das unmittelbar angrenzende Grundstück wurden glücklicherweise zur archäologischen Zone erklärt. Dr. Stefano De Caro, Grabungsleiter in Pompeji, legte den Gebäudekomplex in den Jahren zwischen 1977 und 1980 frei. 1980, 1982 und 1983 nahm ich hier Untersuchungen vor. Die Besonderheit dieser Grabungsstätte liegt darin, daß zum ersten Mal in der gesamten Vesuvregion hier bei Boscoreale landwirtschaftlich genutztes, in Verbindung mit einer Villa stehendes Land erforscht werden konnte. Unsere Ausgrabungen haben gezeigt, daß ein Großteil des die Villa umgebenden Landes als Weinberg bepflanzt war. Wir fanden ungefähr 300 als Relikte von Weinstöcken zu deutende Wurzellöcher und 195 Pfahllöcher. Die Bestimmung von 46 weiteren Löchern war wegen erheblicher Bodenstörungen nicht möglich. Weiterhin trafen wir auf 34 Baumwurzellöcher, die sich überwiegend im Weinberg befanden. Die teilweise verkohlten Oliven und Mandeln aus dem Weinberg bieten Anhaltspunkte für die Bestimmung der Baumarten. Das Fundmaterial enthielt auch verkohlte Traubenkerne und -stengel. Dieser Weinberg unterscheidet sich vom formal angelegten Weingarten nahe dem Amphitheater von Pompeji im wesentlichen darin, daß die Weinpflanzungen von Boscoreale nach keinem strengen Plan angelegt wurden. Die Weinstöcke wurden sowohl an Rebenpfählen wie auch Bäumen befestigt, eine Praxis, wie man sie heute noch in vielen Weingärten beobachten kann.

Ein antiker Feldweg verlief durch den Weinberg und führte direkt zum Haupteingang der Villa. Die Wagenrillen in der Oberfläche dieses Feldweges lassen erkennen, daß ein Wagen mit einer Spurweite von 1,32 m diesen Weg befahren hat. Tatsächlich wurde ein Wagen in der Villa gefunden, der genau diesen Radstand aufweist. Die Wagenspuren setzten sich bis zu einem unbepflanzten Bereich auf der linken Seite des Haupteingangs fort, wo die Wagen möglicherweise abgestellt wurden, wenn sie nicht in Gebrauch waren. Ein Fußweg führte durch den Weinberg zum Eingang des Nordportikus.

Abb. 77

Abb. 77 Antiker Feldweg vor der *villa rustica* bei Boscoreale mit Gipsabgüssen der Bäume entlang des Weges

Die Villa selbst enthielt zwei Räume (IX und IX bis), in denen die Trauben gekeltert wurden. Der gewonnene Traubensaft gärte in 18, im Boden des Peristylhofs (I) eingelassenen Dolia oder Tonfässern. Dazu paßt, daß der Weingott Dionysos im Lararium in einer kleinen Nische im Portikus des Peristyls verehrt wurde.

Rechts des Villeneingangs legten wir einen kleinen Gemüsegarten frei, dem eine zentral gelegene Zisterne das notwendige Wasser lieferte. Zweifellos gediehen hier jene hervorragenden Kohlköpfe und Zwiebeln, für die die Region um Pompeji in der Antike gerühmt wurde (Columella, *De re rustica* 10,127 ff. (135). 12,10,1; Plinius, *Historia Naturalis* 19,140). Der Garten war durch Bewässerungskanäle, die, wie heute, gleichzeitig als Gehwege fungierten, in kleine Beete unterteilt.

Große Aufregung löste die Entdeckung einer alten Landstraße aus, die an der Villa vorbeiführte und die Grenzen des Villengrundstücks definierte. Zwei Grenzsteine markierten die Grundstücksgrenze. Ein Weg, der ungewöhnlich tief war, aber die gleiche Breite hatte wie der Feldweg durch den Weinberg, führte vom Haupteingang der Villa zur Landstraße. Am Rande der Landstraße auf der der Villa zugewandten Seite fanden wir in einer Reihe angeordnete Wurzellöcher von sehr großen Bäumen, die sich von den kleinen Wurzellöchern der Nuß- und Obstbäume im Weingarten deutlich abheben. Eine Analyse des im 50×55 cm großen Wurzelloch Nr. 29 und im Wurzelloch Nr. 30 (56×80 cm) gefundenen Holzes ließ Dr. Francis Hueber, Kustos der paläobotanischen Abteilung der Smithsonian Institution, diese Bäume als die schöne Pinie od. ›Schirmkiefer‹ (*Pinus pinea* L.) identifizieren. Die anderen beiden Bäume waren eindeutig breitblättrige Laubbäume, doch war das Holz zu schlecht erhalten, um die Art der Bäume bestimmen zu können. Größe und Form der Wurzellöcher sind aber ein Indiz dafür, daß es sich hier wahrscheinlich um (Morgenländische) Platanen (*Platanus orientalis* L.) handelt. Es überrascht nicht, daß Professor Dr. Eberhard Grüger vom Institut für Palynologie und Quartärwissenschaften der Universität Göttingen, der unsere Erdproben auf Pollen analysierte, große Mengen *Pinus*-Pollen aus der Umgebung der Pinien nachweisen konnte. Weitere Pollenarten stammen vom Wein *(Vitis)*, einer Art *Olea*, Spelzweizen *(Triticum)* und vom Erdbeerbaum *(Arbutus unedo)*. Eine abschließende Analyse der Ergebnisse der Bodenproben von Boscoreale wäre aber zum jetzigen Zeitpunkt verfrüht, da die Untersuchungen noch andauern.

In das Alltagsleben der Villa vermittelt weiteres Fundmaterial Einblicke. Eine Vertiefung in der vulkanischen Asche, mit Zement ausgegossen, weist im Abdruck ein wohl auf dem Hof gezogenes Schwein nach. Die Tierknochen aus dem Weingarten belegen Schwein, Schaf/Ziege, Rind, Kröte/Frosch und Hund. Die Knochen eines Wasservogels, eines Bläßhuhns *(Fulica atra)*, wurden im Abfallhaufen gefunden, der in Baumnähe zusammen mit Küchenabfällen unweit des Haupteingangs der Villa lag.

Weitere Abfälle, auch von Mahlzeiten, wurden an der Grenze zum Nachbargrundstück auf der Südseite der Landstraße entdeckt. Hier fanden wir die Knochen einer Wasserralle *(Rallus aquaticus)* und den Schnabel eines Buchfinken *(Fringilla coelebs)*, eines kleinen Singvogels, dessen Fleisch als Delikatesse galt. Die Vogelknochen wurden von Dr. Storrs L. Olson, Kustos der Abt. Zoologie der Smithsonian Institution, bestimmt. Die Knochen einer Haselmaus (*Muscardinus avellanarius* L.), ebenfalls einer Delikatesse zu damaliger Zeit, lagen im Abfallhaufen. Zu den Tierknochen zählten schließlich auch die eines Hermelins oder Wiesels (*Mustela erminea* L.), eines Baummarders (*Martes martes* L.) sowie Skelettteile eines kleinen Nagers, einer Kleinwühlmaus (*Pitymys savii* de Selys Longchamps), und das fast vollständig erhaltene Skelett einer ›Rattenschlange‹. Dieses benachbarte Grundstück war auch mit Wein bepflanzt.

DIE VILLA DES L. CRASSUS TERTIUS

In dieser beim Bau einer Schule entdeckten *villa rustica* in Küstennähe bei Oplontis, 5 km von Pompeji, ist bisher kein Garten gefunden worden. In einem der Zimmer jedoch, die sich zur Südseite des Peristyls öffnen, lagen mehrere Kubikmeter verkohlten pflanzlichen Materials, das offenbar von einem Lagerplatz im oberen Stockwerk hinuntergefallen ist. Mit der Villa verbundenes Ackerland konnte nicht nachgewiesen werden; dieser einmalige Befund bietet jedoch die Gelegenheit, Proben der Vegetation zu studieren, die zur Villa gehöriges, agrarisch genutztes Land bedeckt haben muß.

Das verkohlte Fundmaterial wird zur Zeit sortiert, photographiert, studiert und identifiziert durch Professor Massimo Ricciardi vom Botanischen Institut des Landwirtschaftsseminars der Universität Neapel bei Portici sowie durch Dr. Francis Hueber. Von den 128 taxonomischen Einheiten, die Professor Ricciardi im Heu bestimmt hat, können jetzt, als bedeutendes Ergebnis, 81 Arten, 37 Gattungen und eine Familie zu der Liste der 408 für das 1. Jh. n. Chr. bislang bekannten Pflanzen hinzugefügt werden. Verkohlte Pollenkörner und Insekten befanden sich auch im Heu. Der hohe Anteil an Weinblättern, -ranken und -stengeln führte Professor Ricciardi zum Schluß, daß das Heu in einem Weinberg gesammelt worden ist. Die Blätter von *Prunus*, Olive und Eiche mischen sich ebenfalls mit dem Heu. Die Mehrzahl der bestimmten Pflanzen sind solche Hülsenfrüchte oder Gräser, die im Weingarten wachsen und sich zum Heumachen eignen. Hierzu zählen die Saatwicke (*Vicia sativa* L.), der Bockshornklee (*Trigonella corniculata* L.), verschiedene Lupinen, Luzerne und Kleearten einschließlich des Wiesenklees (*Trifolium pratense* L.). Spuren von Wildkräutern, von Sauerampfer, Vogelmiere, Senf, Minze, Sumpfdotterblumen, Storchschnabel, Malve, Johanniskraut, wilden Möhren, Klatsch-Mohn (*Papaver rhoeas* L.) und Acker-Stiefmütterchen (*Viola arvensis* Murray) ließen sich auch feststellen. Eine Fülle von Flachsspuren (*Linum usitatissimum* L.) im Heu deutet darauf, daß diese Pflanzenart in der Nähe wuchs und sich im Weingarten verbreitet hatte.

In jüngster Zeit konnten noch weitere Informationen über das Anbauprofil der Villa gewonnen werden. Die Abdrücke von Haselnüssen, die gesammelt und in der Villa gelagert wurden, waren noch sichtbar, obwohl sich die Nüsse inzwischen gänzlich aufgelöst hatten. Im Frühjahr 1984 konnte über eine Tonne Granatäpfel (*Punica granatum* L.) geborgen werden, die zwischen den Strohschichten lagerten. Diese wurden offenbar vor dem Vesuvausbruch am 24. August 79 hier deponiert. Zu diesem Zeitpunkt wären die Granatäpfel noch nicht reif gewesen. Wozu diese Früchte im unreifen Zustand gelagert waren, bleibt vorerst unklar, doch wurden laut Plinius (*Historia Naturalis* 13,113) grüne Granatäpfel in der Lederindustrie zum Gerben benutzt. Nach Plinius (*HN* 14,103) und Dioskurides (*De materia medica* 5,26) verwendete man Granatäpfel auch zur Weinherstellung.

DIE PRACHTVILLA DER POPPAEA BEI OPLONTIS

Die *communis opinio* lautet, daß diese prächtige Villa, die einen ganz anderen Charakter hat als die beiden zuvor behandelten *villae rusticae*, der Familie von Kaiser Neros Gattin Poppaea gehört haben soll. Die archäologischen Untersuchungen der Soprintendenzen von Neapel und Caserta begannen im Jahre 1964. Bisher konnte ich 13 Gärten im Bereich dieser Villa feststellen und freilegen. Die *Abb. 78* Villa bot die erste Gelegenheit, campanische Villengärten wissenschaftlich auszugraben. Die Gärten in der Villa ähneln denen der Stadthäuser. Einige waren Peristylgärten, andere Hofgärten, formal angelegte wie locker gestaltete Pflanzungen sind vertreten. Fünf Gärten waren überdies mit Gartenmalereien geschmückt, die den Umfang der Gärten optisch vergrößerten. Die Bedeutung dieser Villa liegt weiter darin, daß sie bislang die einzige ist, die archäologische Belege für die weitläufigen, parkähnlichen Gärten liefert, wie sie häufig in den Szenen von Seepromenaden und Villenlandschaften der kleinen Gemälde in der pompejanischen Wandmalerei dargestellt sind.

Die Gartengestaltung der Villa ist eng mit der Architektur verbunden. Der ursprüngliche, um die Mitte des 1. vorchristlichen Jahrhunderts entstandene Kern der Villa war ein kompakter Bau mit einem großen Atrium im Mittelpunkt und mehreren Gärten im Inneren des Hauses. Die Räume des zwischen 50 und 70 n. Chr. gebauten Ostflügels blickten auf ein Schwimmbecken von olympischen Dimensionen (60×17 m) und zwei schöne Gärten, von denen der eine am südlichen Ende des Beckens, der andere, skulpturengeschmückte, östlich des Beckens lag.

Die architektonische Anlage des großen parkähnlichen Gartens hinter der Villa spiegelt den Plan der Villa selbst wider. Vom Villeneingang blickte man durch das Atrium (5), einen Garten (20) und den großen Saal (21) mit einem monumentalen Eingang an der Rückfront und schließlich auf einen landschaftsgärtnerisch gestalteten Weg in der Hauptachse der Villa. Diese Promenade, von der man durch die ganze Villa bis aufs Meer zurückblicken konnte, und ein Gang im hinteren Teil der Villa waren von Sträuchern oder Bäumen gesäumt. Verkohlte Teile von Buchsbaum liefern vielleicht einen Hinweis auf die Art der Bäume entlang den Wegen. Am Rande des Gartens befanden sich zwei parallel zueinander verlaufende Durchgänge, die durch eine Reihe von riesigen Bäumen, deren Wurzellöcher in ihnen mindestens 100jährige Platanen erkennen lassen, getrennt waren. Östlich und westlich des zentralen Durchgangs zweigten vom

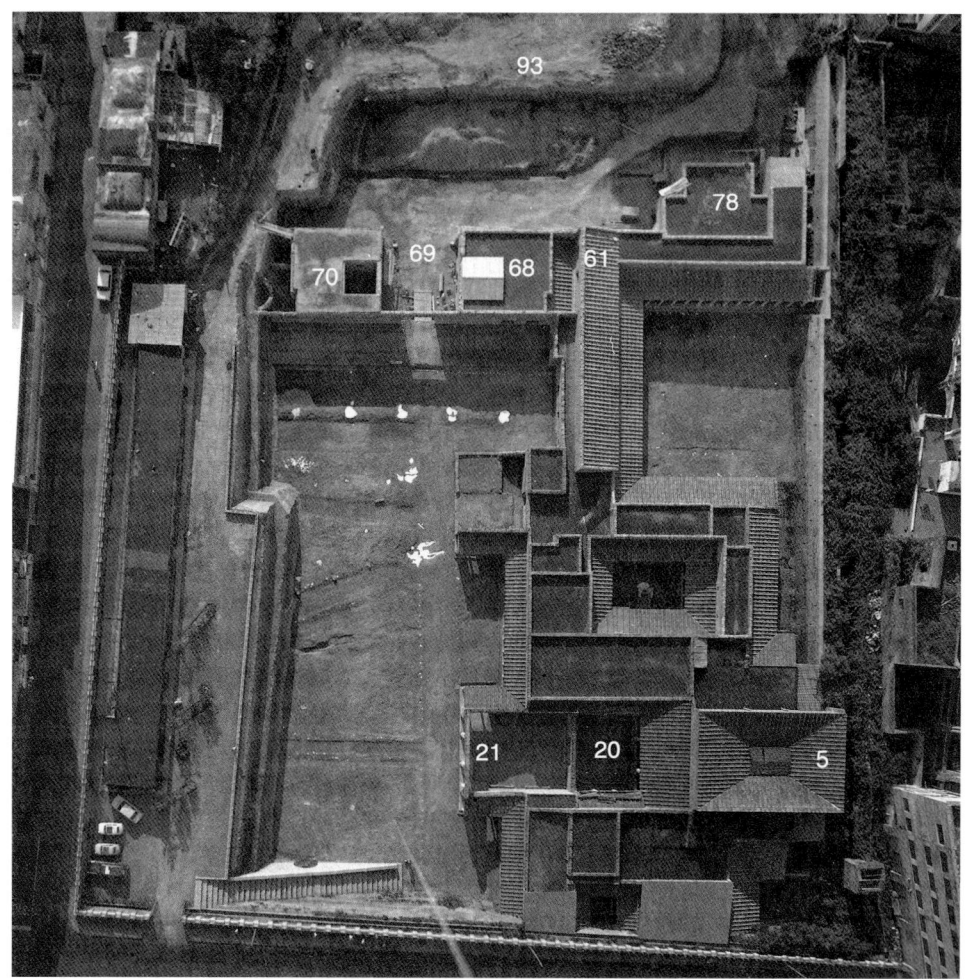

Abb. 78   Ballonaufnahme der Villa bei Oplontis (Torre Annunziata)

Weg zwei diagonal orientierte Wege ab. Hier sind archäologische Untersuchungen noch im Gange.

Vier gemauerte Sockel fanden wir am Rande des diagonalen Durchgangs. Auf diesen Sockeln erhoben sich Marmorpfeiler, die die vier in der Nähe gefundenen Marmorköpfe getragen haben. Dr. Stefano De Caro identifizierte einen der Köpfe als ein Frauenporträt der julisch-claudischen Zeit, einen zweiten als ein tiberisch-claudisches Porträt eines Knaben. Die beiden anderen Köpfe sind Bildnisse der Gottheiten Dionysos und Aphrodite. Diese Köpfe, auf kleinen Pfeilern, umgeben von einem dichten Gesträuch − wahrscheinlich Oleander −, erinnern an die

Gartengemälde, die Skulpturen inmitten von Oleandersträuchern darstellen. Wir fanden weiter die Sockel von drei der vier Kentaurenbrunnen, die zur Zeit des Vesuvausbruchs im hinteren westlichen Portikus der Villa aufbewahrt wurden.

Die großen Räume im Ostflügel der Villa waren auf die landschaftsgärtnerische Gestaltung engstens abgestimmt. Der repräsentative, aufwendig ausgestattete zentrale Raum (69) besaß, wie der Raum im hinteren Teil der Villa, ein extrem großes Fenster im Westen, das einen Ausblick auf den parkähnlichen Garten an der Rückseite der Villa erlaubte. Im Osten öffnete sich dieser Raum zum großen, mit Skulpturen geschmückten Garten (93) jenseits des Schwimmbeckens. Die Räume 65 und 74 waren wahrscheinlich Triclinia und boten auch einen schönen Blick auf den Skulpturengarten. Jeder dieser Räume besaß außerdem ein Fenster nach einem kleinen, mit Gartengemälden verzierten Garten zu beiden Seiten. Vom Hofgarten 87 im Norden des Ostflügels öffnete sich ein prächtiger Ausblick durch die großen Räume und die kleinen Hofgärten (70 und 68), die sie voneinander trennten, auf den winzigen, mit Gartengemälden versehenen Garten (61) im Süden des Ostflügels.

Die Südseite des Schwimmbeckens nahm ein formal angelegter Garten ein, dessen Atmosphäre durch die offenen Fenster eines schönen Besuchersalons, der *diaeta* (78), genossen werden konnte. Im Zentrum dieses Gartens und auf der Längsachse des Schwimmbeckens lag ein flaches, quadratisches Becken aus Marmor, in dem ein großer Kraterbrunnen aus weißem pentelischem Marmor stand. Dieser besitzt Ähnlichkeit mit den in den Gartengemälden der kleinen Hofgärten dargestellten Brunnen. Eine marmorne Skulpturengruppe aus einem Hermaphroditen und einem Satyr stand am südlichen Rand des Schwimmbeckens.

Auf der Ostseite des Beckens und auf einer etwas höheren Ebene als der oben angesprochene Garten lag der große, beeindruckende Skulpturengarten, in dem sich eine von bisher 13 festgestellten Bäumen gesäumte Allee abzeichnet. Eine Statuenbasis stand vor jedem Baum. Sechs der ursprünglich auf diesen Basen plazierten lebensgroßen Marmorstatuen und Hermen sind unter den Funden aus dem Garten. Auf dem Pfeiler vor dem dritten Wurzelloch von Süden stand ein Herculeskopf, daneben, vor dem vierten Wurzelloch, eine Statue eines Epheben, und schließlich zierte eine große Nikestatue aus weißem Marmor die Basis vor dem fünften Wurzelloch, von Süden gerechnet. Diesen Skulpturen genau gegenüber am nördlichen Ende des Beckens standen eine Nike vor dem zehnten Wurzelloch von Süden, eine Artemis- oder Amazonenstatue und ein Kopf des Hercules vor dem elften bzw. zwölften Wurzelloch.

Wir untersuchten sorgfältig die Baumwurzellöcher und weiteren Hohlräume, füllten sie mit Zement auf und entnahmen die Zementabgüsse aus dem Boden. Dr. Carlo Fideghelli, der die Wurzellöcher und die Abgüsse begutachtete, hält es für wahrscheinlich, daß die Wurzellöcher 1, 2, 4, 5, 10 und 11 von Süden alle von großen Bäumen, vermutlich von Platanen, stammen. Nur Wurzel Nr. 13 scheint von der Symmetrie der Pflanzungen abzuweichen. Dieser Baum hinterließ einen einzigen Wurzelhohlraum, der bis zu einer Tiefe von 78 cm einen Durchmesser von ca. 25 cm hat. In dieser Tiefe teilt sich die Wurzel in fünf große, bis zu 57 cm lange Wurzeln. Dieses Wurzelgebilde scheint von einer Zypresse zu stammen. An diesem Ende des Beckens zeigte der Garten möglicherweise ein anderes Pflanzschema. Prof. Grüger fand Zypressenpollen in den hier entnommenen Bodenproben. Die kleineren Wurzellöcher hinter den beiden einen Herculeskopf tragenden Pfeilern enthielten kein Wurzelmaterial und entziehen sich einer Identifizierung. Die winzigen Wurzeln in den Beeten hinter den Hermen sind vielleicht von der Myrte (*Myrtus communis* L.), von der wir Pollenkörner bergen konnten.

Die vier Statuenbasen vor den Wurzellöchern 6–9 standen dem offenen Saal in der Mitte des Ostflügels unmittelbar gegenüber. Die Pflanzungen hinter den Statuen müssen ein prächtiges Bild abgegeben haben, wenn der Blick von diesem Zimmer über die Wasserfläche hin zu ihnen schweifte. Eine Elektronenmikroskop-Photographie eines Astfragments von Baum 6, das aus einem kleinen Hohlraum im Bereich der noch nicht geräumten Lapilli geborgen wurde, läßt diesen kleinen Baum als einen Oleander (*Nerium oleander* L.) identifizieren. Wurzelloch 9 hatte ähnliche Größe und Form und scheint ebenfalls auf ein Oleanderbäumchen zurückzugehen. In 34 cm Entfernung hinter den Statuenbasen 6 und 9 fanden wir einen niedrigen Sockel; hinter jedem der Sockel lag eine große Anzahl Zweige eines kleinen Baumes, der durch elektronenmikroskopische Photographien gleichermaßen als Oleander identifiziert werden kann.

Elektronenmikroskop-Photographien des verholzten Materials von Baum 8 lassen erkennen, daß dieser Baum entweder ein Lorbeer (*Laurus nobilis* L.) oder ein Zitronenbaum (*Citrus limon* [L.] Burm. f.) gewesen sein muß. Als wir den Baum selbst ausgruben, stellten wir fest, daß er ursprünglich aus einem Ableger in einem Tonkübel gewachsen ist. Lorbeerbäume schlagen schnell Wurzeln und werden nie aus Ablegern gezogen. Bei Zitronenbäumen jedoch ist dieses Verfahren nicht unüblich. Dieser Befund lieferte den Nachweis dafür, daß Ablegergewächse, in Töpfen herangezüchtet, tatsächlich als Zitronenbäume zu identifizieren sind. In unserem Fall bestand der tönerne Behälter aus der oberen Hälfte einer zerschlagenen Amphora, aus deren Mundöffnung die Baumwurzel wuchs. Nach der Größe und Form der Baumwurzel 7 zu urteilen, war dieser Baum ebenfalls eine Zitrone. Die Pflanzungen müssen einen malerischen Anblick gewährt haben. Die exotische Zitrone wuchs hinter den beiden zentralen Statuen empor, Oleandersträucher standen hinter den zu beiden Seiten aufgestellten Statuen. Dieses Bild war auf jeder Seite von drei stattlichen Platanen eingerahmt, die den Lustwandlern am Wasserbecken Schatten spendeten und zugleich ihre Schattenspiele auf die marmorglänzenden Statuen warfen.

Am Modell dieser Villa können wir uns erstmalig das Aussehen der Villen- und Gartenanlagen der Antike plastisch vorstellen, von denen die literarischen und archäologischen Quellen bisher ein nur unvollkommenes Bild lieferten. Hier waren die vertrauten Gärten innerhalb der Villa, die großen formal angelegten Gärten ringsherum und der herrliche natürliche Rahmen aus Meer und Gebirge auf eine harmonische und gefällige Weise miteinander zu einem Gesamtkunstwerk integriert.

Langsam geben die Vesuvgärten ihre Geheimnisse preis!

Dankwort

Unterstützung für meine mehrjährigen Grabungskampagnen in Pompeji erhielt ich vom »National Endowment for the Humanities«, der Universität von Maryland, Dumbarton Oaks sowie den Soprintendenzen von Neapel, Caserta und Pompeji. Meine Arbeit wurde durch die großzügige Gastfreundschaft wesentlich erleichtert, die mir die nachfolgend Genannten gewährten: Prof. Alfonso de Franciscis, Soprintendent der Altertümer für die Provinzen Neapel und Caserta (1961–76), Dr. Giuseppina Cerulli, Grabungsdirektorin in Pompeji (1978–85) und Soprintendentin der Altertümer in Pompeji (1981–84), Dr. Stefano de Caro, Grabungsdirektor in Pompeji (1978–85), Dr. Antonio D'Ambrosio, Leiter des Deposito in Pompeji, Ferdinando Balzano, Assistent in Oplontis, Vincenzo Marone, Assistent in Boscoreale, und viele andere. Nicola Sicignano war unser tüchtiger Vorarbeiter. Ich bin ebenfalls vielen Naturwissenschaftlern in den USA und Europa zu Dank verpflichtet, die mit mir über die Gärten der Vesuvstädte zusammengearbeitet haben. Die jeweiligen Beiträge von 10 dieser Wissenschaftler sind im vorliegenden Text behandelt.

Literatur

S. De Caro, The Sculptures of the Villa of Poppaea at Oplontis, in: Ancient Roman Villa Gardens. Dumbarton Oaks Colloquium on the History of Landscape Architecture 10, 1984, Hrsg. E. B. Macdougall (Washington 1987) 79–133

W. F. Jashemski, The Discovery of a Market-Garden Orchard at Pompeii: The Garden of the House of the Ship Europa. American Journal of Archaeology 78, 1974, 399–400

W. F. Jashemski, The Excavation of a Shop-House Garden at Pompeii. American Journal of Archaeology 81, 1977, 217–227

W. F. Jashemski, The Garden of Hercules at Pompeii (II.viii.6): The Discovery of a Commercial Flower Garden. American Journal of Archaeology 83, 1979, 403–411

W. F. Jashemski, The Gardens of Pompeii, Herculaneum and the Villas destroyed by Vesuvius, Bd. I (New Rochelle 1979), Bd. II (New Rochelle 1990)

W. F. Jashemski, The Campanian Peristyle Garden, in: Ancient Roman Gardens. Dumbarton Oaks Colloquium on the History of Landscape Architecture 7, 1979, Hrsg. E. B. Macdougall und W. F. Jashemski (Washington 1981) 31–48

W. F. Jashemski, Recently excavated Gardens and cultivated Land of the Villas at Boscoreale and Oplontis, in: Ancient Roman Villa Gardens. Dumbarton Oaks Colloquium on the History of Landscape Architecture 10, 1984, Hrsg. E. B. Macdougall (Washington 1987) 33–75

H. Sigurdsson, S. Carey, W. Cornell und T. Pescatore, The Eruption of Vesuvius in A. D. 79. National Geographic Research I,3, 1985, 332–387

Abbildungsnachweis

Abb. 67.70a.72.73 Soprintendenza alle antichità della Campania-Napoli. Gartendetails: Stanley Jashemski

Abb. 70b.71.78 Photo: Julian Whittlessey Foundation

Abb. 68.69.74.75 Photo: Stanley Jashemski

Abb. 76 Bruno D'Agostino

Abb. 77 Photo: Francis Hueber

L. Brubaker—A. R. Littlewood

Byzantinische Gärten

Die von modernen Historikern geprägte Bezeichnung ›Byzantinisches Reich‹ läßt nicht ohne weiteres erkennen, daß damit die Fortsetzung des Römischen Reiches im Osten gemeint ist. Seit der Inauguration der neuen Hauptstadt (des alten Byzantion) unter dem Namen ›Stadt Konstantins, zweites Rom‹ im Jahre 330 n.Chr. bis zu ihrer Eroberung 1453 durch die Osmanen nannten sich die Einwohner in der Tat, allerdings meist auf griechisch, schlicht und einfach ›Römer‹. Dieses mittlerweile christianisierte, griechisch-römische Reich jedoch war bis zum Untergang der bürgerlich orientierten spätantiken Welt um die Mitte des 7. Jahrhunderts n.Chr. ein unverwechselbares und eindeutig eigenständiges Gebilde geworden, das sich danach in verstärktem Maße, nicht zuletzt wegen der von benachbarten Völkern ausgehenden Impulse, immer mehr änderte. Eine Untersuchung der Gärten des Byzantinischen Reiches unabhängig von den Gärten der römischen Welt ist wegen der relativ ungünstigen Quellenlage noch nie unternommen worden.

Antike Gärten sind durch archäologische Befunde, literarische oder kunsthistorische Quellen bezeugt. Die Archäologie hat bisher nur spärliche Hinweise auf Gärten erbracht; ein ›byzantinisches Pompeii‹ existiert nicht (s. Beitrag Jashemski). Das antike Gehniveau vieler byzantinischer Städte und Siedlungen liegt tief unter den modernen Überbauungen begraben. Außerdem haben Archäologen erst in jüngerer Zeit ihre Aufmerksamkeit Bodenbefunden zugewandt, die auf etwas so Vergängliches wie Gärten hindeuten könnten. Ausgrabungen haben im wesentlichen nur die Existenz öffentlicher Parkanlagen und Peristylgärten in privaten Wohnhäusern für die ersten nachchristlichen Jahrhunderte in der griechisch-römischen und byzantinischen Welt bestätigt; gelegentlich jedoch ergaben archäologische Untersuchungen, beispielsweise im schönen Vorort von Antiochia, Daphne, daß sich im 4. Jahrhundert n.Chr. das strenge Rastersystem der Stadt langsam durch großflächige Häuser entlang ungeraden Straßen und Gassen, die auf verstreute Gärten und Obstgärten schließen lassen, aufzulockern begann. Doch selbst über die Stadt Antiochia, »die schönste Krone des Ostens«

(Ammianus Marcellinus 22,9,14), besitzen wir nur die Angaben, die in den literarischen Beschreibungen überliefert sind. Diese beschränken sich im wesentlichen auf den enkomiastischen *Antiochikos* des 314 n. Chr. in Antiochia geborenen Rhetors Libanios (1,437–535 Foerster) und auf verschiedene Hinweise des Chronographen Ioannes Malalas. Ein Mosaik aus Daphne ergänzt die literarischen Anhaltspunkte zur Stadtgestalt; auf diesem Mosaik ist Megalopsychia von einem Rahmen umgeben, der den Betrachter auf einem topographischen Rundgang durch die Stadt führt.

Für die folgenden Jahrhunderte des Byzantinischen Reiches liefern archäologische Ausgrabungen bislang nur sehr spärliche Informationen. Die Reste eines Kanalisationssystems wurden beispielsweise an der als kaiserliches Mausoleum gebauten Pantokrator-Kirche aus dem 12. Jahrhundert in Konstantinopel (heute Zeyrek [Kilise] Camii) gefunden; diese Spuren bestätigen die in einer Version einer anonymen russischen Stadtbeschreibung überlieferte Erwähnung eines Brunnens und von Säulengängen (Majeska 153). Leider ging eine kostbare Informationsquelle verloren, als die im Zentrum des Bodenmosaiks im Großen Palast gefundene Gartenerde von Grabungsarbeitern entfernt wurde, bevor sie analysiert werden konnte.

Was Hinweise auf Gärten angeht, müssen wir uns daher fast gänzlich auf die Literatur und die Kunst der Zeit verlassen. Solche Informationsquellen, insbesondere die Literatur, für eine kultivierte gesellschaftliche Elite geschaffen, können jedoch, durch römisches und christliches Erbe beeinflußt, die Situation nicht gänzlich objektiv wiedergeben. Auch literarische Beschreibungen existierender Gärten basieren in der ganzen byzantinischen Geschichte im wesentlichen auf den traditionellen Beschreibungsmustern der klassischen Antike und der biblischen Schriften. Die rhetorischen Konventionen der Zweiten Sophistik legten die Schematik dieser Werke fest. Schon im 4. Jahrhundert schrieb Libanios in Anlehnung an solche topischen Formen rhetorische Übungsmodelle *(Progymnasmata)* wie Enkomien, d. h. Lobreden, auf den Ackerbau, die Palme und den Apfelbaum, oder auch Vergleiche zwischen Seefahrt und Ackerbau, zwischen Stadt- und Landleben, sowie *Ekphraseis* oder Beschreibungen des Frühlings und von Gärten (8,261–7. 273–7. 349–53. 353–60. 479–82. 485–6 Foerster). Viele Berichte stammen – sieht man von den Muslimen ab – von ausländischen, in ihrer Muttersprache schreibenden Pilgern, die mit der literarischen Tradition von Byzanz nicht vertraut waren. Sie interessierten sich naturgemäß in erster Linie für Kirchen und Reliquienschreine, weniger für die um die Kirchen angelegten Gärten und Parkanlagen. Eine weitere Begrenztheit der literarischen Quellen besteht in ihrer überwiegenden Fixierung auf die Hauptstadt selbst oder allenfalls, in den Anfangszeiten, auf die Metropole Antiochia. Es ist jedoch zu vermuten, daß sich die Großstädte in den Grundzügen ähnelten; eine Beschreibung von Thessalonike, das 904 durch Leo von Tripoli eingenommen wurde, macht dies deutlich (Theophanes Continuatus 493−6 Bekker).

Die Bildquellen zu byzantinischen Gärten füllen einen mit den literarischen Quellen vergleichbaren chronologischen Rahmen, jedoch decken sie einen sehr viel breiteren geographischen Raum ab. Darstellungen der Natur sind generell aspektreicher als schriftliche Überlieferungen, wie sie auch über einen längeren Zeitraum viele gestalterische Änderungen dokumentieren. Byzantinische Gartenbilder können jedoch leicht in vier Hauptgruppen unterteilt werden: agrarisch geprägte Szenen, Illustrationen einzelner Pflanzen, Alltagsszenen und religiöse Szenen. Landwirtschaftliche Darstellungen, die während der gesamten byzantinischen Epoche vorkommen, behandeln u.a. Landbestellung, Einbringen der Ernte oder Baumkultur. Diese Szenen können für sich stehen, einen Teil eines Bildkalenders oder Jahreszeitenzyklus bilden oder auch eine theologische Handschrift illustrieren, kommen jedoch vorwiegend in profanen Mosaiken frühbyzantinischer Zeit vor. Nach dem Ende des Bilderstreites, einer in den Jahren zwischen 726 (oder 730) und 843 heftig geführten doktrinären Auseinandersetzung über die Rolle der Kunst in der christlichen Kirche, treten solche Motive auch in der Buchmalerei auf. Illustrationen einzelner Pflanzen lebten über Jahrhunderte in der Buchkunst fort, gesammelt in den sogenannten Kräuterbüchern, deren begleitender Text die medizinischen Eigenschaften der Pflanzen erklärte. Diese Kräuterbücher liefern nicht nur wichtige Informationen über die Medizin im Mittelalter, sie sind auch unschätzbare Informationsquellen darüber, welche Pflanzenarten, zumindest in der Theorie, dem byzantinischen Gärtner zur Verfügung standen. Alltagsszenen, deren Schilderung man in Palästen oder Villen zu begegnen pflegt, sind in diesen privaten Kontexten ohne religiös-christliche Bedeutung. Dem Anschein nach reine Alltagsszenen existieren aber auch vom 4. Jahrhundert bis in die Zeit des Bilderstreits in byzantinischen Kirchen; sie finden sich nach dessen Beilegung ebenfalls in religiösen Handschriften. Die Mehrzahl der Gartenmotive ist jedoch in einem christlichen Kontext in Kirchen und theologischen Schriften fest verankert. Hier sind die dargestellten Gärten als Garten Eden oder eine anderweitige Allegorie des Paradieses zu verstehen. Sie bildeten aber auch die Bühne für erzählerische Szenen oder stellten, wie im 5.−7. Jahrhundert, die von Gott im Anbeginn erschaffene Welt dar. Im allgemeinen erscheinen Naturdarstellungen bis zum Bilderstreit gleichermaßen in profanen und religiösen Zusammenhängen, in der Architektur ebenso wie in der Buchmalerei. Im 10. bis zum 15. Jahrhundert traten rein pflanzliche Motive mit oder ohne religiöse Bedeutung lediglich als dekorative Elemente in der Ornamentik der Kirchenräume auf. Pflanzlicher Dekor wurde aber weiterhin in nichtreligiösen Zusammenhängen sowie mit wachsender Beliebtheit in der Buchmalerei verwendet.

Da uns eine exakte chronologische Wiedergabe der in Literatur und Kunst belegten Wandlungen byzantinischer Gärten nicht möglich erschien, haben wir im folgenden versucht, anhand datierter Quellen einen thematischen Überblick über die verschiedenen Gartenarten und das Verhältnis der Byzantiner zur Kulturform ›Garten‹ zusammenzustellen.

GARTENKULTUR UND LANDWIRTSCHAFT

Die traditionell griechisch-römische Einstellung, Acker- und Gartenbau als ehrbare Beschäftigung für Besitzer von Ländereien zu betrachten, wurde von den Byzantinern geteilt. Die Privatgärten dieser ›Gentlemen‹ waren nicht selten Schauplatz agrarischer Experimente, die zu landwirtschaftlichen Innovationen führten. Das Interesse an solchen Versuchen zeigt sich deutlich in den zahlreichen Beispielen von Metaphern aus dem Agrarbereich in der hochsprachlichen Literatur. Michael Psellos schrieb über den zukünftigen Kaiser Romanos III. Argyros, daß er »diesen feinen Steckling auf seine eigene, fruchtbare Olive propfte«, d. h., er vermählte den späteren Kaiser Konstantin IX. Monomachos mit seiner Nichte (*Chronographia* 6,15; vgl. ebenda 74 für eine Metapher zur Baumbeschneidung). Diese Freude an landwirtschaftlichen Experimenten war sogar Angehörigen der kaiserlichen Familie nicht fremd. Psellos schildert, wie Konstantin IX. (1042−55) geniale, arbeitssparende Geräte auf seinen Gütern einsetzte. Dabei produzierte er »Dinge scheinbar aus dem Nichts«; er schien »die Jahreszeiten zu besiegen« (ebd. 175). Während der fränkischen Besetzung von Konstantinopel zwang die Not zu solchen Neuerungen, für die lt. Theodoros Skutariotes (*Akropolites* 1,286−7 Heisenberg) und Nikephoros Gregoras (2,6) der in Nikaia im Exil lebende Kaiser Ioannes III. Vatatzes (1222−54) berühmt wurde.

In der Kunst setzte sich die landwirtschaftliche Bildsprache der Römerzeit direkt in der christlichen Welt der Spätantike fort. Sie bestand in byzantinischer Zeit weiter. Katakombenmalereien, Sarkophage und Mosaiken des 3.−4. nachchristlichen Jahrhunderts stellten Putti bei der Getreideernte oder der Weinlese neben biblischen Szenen oder in Christengräbern dar. Der Künstler oder Auftraggeber mag diese jahreszeitlich orientierten Motive wegen ihres christlichen Symbolgehalts gewählt haben (das Getreide weist auf das Brot des letzten Abendmahls, der Rebstock auf den Wein hin), nicht minder plausibel scheint aber, daß sie ausgesucht wurden, weil sie beliebte und vertraute Motive eines dekorativen Programms waren. Im Mosaik des frühen 3. Jahrhunderts aus Cherchel, in dem die Arbeit in den Feldern dargestellt wird, kann keine christliche Symbolik erkannt werden. Hier, in einer einfachen Szene des Landlebens, pflügen Bauern im Olivenhain, säen und pflegen einen Weinberg.

Abb. 79

Abb. 79 Landarbeiter in den Feldern. Mosaik aus Cherchel, 3. Jh.

Die *Homilien* oder Predigten des Gregorios v. Nazianzos, eines der großen Kirchenväter des 4. Jahrhunderts, enthalten eine für den ersten Sonntag nach Ostern geschriebene und deshalb ›Am Neuen Sonntag‹ genannte Oration (*Hom.* 44). In dieser Oration wird die Natur vielfach gelobt. In den Abschriften der *Homilien* — die meistkopierte nichtbiblische christliche Handschrift Byzantiums — wird die Osterpredigt häufig um bildliche Szenen ergänzt, die denen aus Cherchel ähneln. Ausschließlich auf Landwirtschaft bezogene Bilder begleiten einen dem allgemeinen Charakter nach religiösen Text. In einer Handschriftengruppe des 11.–12. Jahrhunderts (Jerusalem, Taphou 14; Athos, Panteleimon 66; Paris, Coislin. 239; Paris gr. 533) werden Männer dargestellt, die Bäume beschneiden, Felder pflügen oder mähen. Ähnliche Alltagsszenen, wie Ackerbestellung, Säen und Ernten, zieren weitere illuminierte byzantinische Handschriften, wie beispielsweise ein Menologion aus dem 11. Jahrhundert in einem Athoskloster (Esphigmenou 14), sowie Kopien der Geschichte des Balaam und Josaphat, von denen sich ein Exemplar des 13. Jahrhunderts im Iviron-Kloster auf Athos (cod. 243) befindet. In jüngeren Kirchenfresken, insbesondere in Kirchen regionaler Randlagen von Byzanz, treten Garten- und Ernteszenen sowohl als eigenständige Kompositionen auf (Curtea de Argeş in Rumänien) wie auch als Teil religiöser Bildzyklen (z. B. Kain pflügt die Erde, Dečani in Jugoslawien).

Der griechische, karthagische und römische Brauch, Handbücher über die Landwirtschaft mit immer reicheren Anweisungen über Gartenbau zu schreiben, setzte sich auch in Byzantium fort. Im 4. Jahrhundert entstanden zwei heute verschollene griechische Handschriften, die im wesentlichen eine Kompilation älterer Texte darstellen: die oft zur Zauberei tendierende Schrift *Georgika* des Didymos von Alexandrien und das eher nüchterne Kompendium des Vindanios Anatolios von Beirut. Letztere Handschrift ist in einer syrischen Übersetzung des 6. Jahrhunderts, in einer arabischen Übersetzung des 9. Jahrhunderts aus dem Syrischen und in einer armenischen Übersetzung des 13. Jahrhunderts aus dem Arabischen erhalten. Diese beiden Werke inspirierten eine Kompilation des 6. Jahrhunderts von Kassianos Bassos, der ein Kapitel über die günstigsten Jahreszeiten zur Weinpflanzung und eines über siderische Reben der Schrift hinzufügte. Im 10. Jahrhundert gab die Arbeit des Kassianos den Anstoß zur Anfertigung der *Geoponika*, eines für die gebildete Elite bestimmten Handbuchs, das Teil eines enzyklopädischen Programms war. Einige Bände dieses Werks waren auf Veranlassung des Kaisers Konstantin VII. Porphyrogennetos zusammengestellt, andere stammten von ihm selbst. Kurze Texte sind auch erhalten geblieben, einige davon den *Geoponika* verwandt. Die *Geoponika* jedoch stellten ohne Frage die wichtigste Schriftquelle zum Gartenbau Byzantiums dar. Viele der darin enthaltenen Anweisungen stehen in Einklang mit modernen, wissenschaftlich fundierten landwirtschaftlichen Praktiken, doch in dieser eklektischen Arbeit spielen auch wissenschaftsfremde, magische Elemente eine herausragende Rolle. Dies zeigt sich beispielsweise in dem empfohlenen Verfahren, einen unfruchtbaren Baum zum Tragen zu bringen: Man droht, den Baum mit einer Axt zu fällen, läßt jedoch nach abgesprochenen Einwänden einer dritten, zartfühlenden Person von diesem Vorhaben ab (10,83). Das Handbuch war nicht rein antiquarisch orientiert (1,14,11), sondern sollte von praktischem Nutzen sein. Dies zeigen der betonte Zuschnitt des Buchs auf die Verhältnisse des östlichen Mittelmeerraumes (mit speziellen Verweisen auf Konstantinopel: 12,1), die Übereinstimmung einiger Anweisungen mit den spärlichen Zeugnissen aus literarischen und bildlichen Quellen und indirekt die Behauptung des Patriarchen Photios im späten 9. Jahrhundert, daß − trotz ihrer Ungereimtheiten und heidnischen (griechischen) Fehler − die nützlichste Kompilation dieser Art diejenige des Vindanios sei, »wie ich durch häufiges Heranziehen des Buchs gelernt habe« (*Bibliotheca* 163). Die 20 Bücher der *Geoponika* beziehen sich hauptsächlich auf die Landwirtschaft, ihre Hauptthemen sind die Sternkunde und dementsprechend die Tätigkeiten auf dem Bauernhof im Rhythmus der Jahreszeiten, so Rebstockpflanzung und Weinerzeugung (letztere wird in fünf Büchern behandelt), Olivenanbau, Insektenvertilgungsmittel, die Zucht von Pferden, Rindern, Schafen, Vögeln und Fischen. Auch dem Gartenbau werden einige Textteile (bes. 10.−12. Buch) gewidmet. Im folgenden wollen wir mit aller notwendigen Vorsicht, was mögliche Anachronismen betrifft, die Anweisungen und Vorschriften der *Geoponika* über Gärten näher betrachten.

Ihnen zufolge ist der gesündeste Ort für ein Wohnhaus ein Platz in Meeresnähe, auf einem Hügel oder an einem Nordhang (2,3,1), an dem gutes Wasser und guter Boden vorhanden sind (2,4−7. 9−11). Sollte ein natürlicher baumbestandener Hügel fehlen, sei die Anpflanzung von Weide, Tamariske, Weißpappel, Fichte, Esche oder Ulme auf feuchtem Boden, Pinie auf sandigem Boden, Granatapfel sowie Olive auf trockenem Boden und schließlich Eiche und Kastanie in regnerischen Gegenden zu empfehlen (2,8). Den umfriedeten Garten selbst, der am besten gepflanzt werden sollte, wenn Jupiter im Sternbild Aries steht (1,12,6), lege man vorzugsweise im Umkreis oder zumindest in der Nähe der Gebäude an, »um nicht nur eine angenehme Aussicht für die Hausbewohner zu schaffen, sondern auch um das Haus mit einer gesunden, mit den Ausdünstungen der Pflanzen gemischten Luft zu umgeben« (10,1,1). Im allgemeinen sollten Pflanzen nicht durcheinander, sondern aus ästhetischen und praktischen Gründen nach Gattungen getrennt eingesetzt werden, den freien Raum zwischen den Bäumen jedoch fülle man mit Rosen, Lilien, Veilchen und Krokussen, da diese für Auge und Nase gefällig seien und auch Bienen anzögen (10,1,2−3). Diese wechselseitige Anordnung von Blumen und Bäumen, die unter dem Gesichtspunkt des Schattens für die Blumen und mit Rücksichtnahme auf das

Abb. 80   Die Welt Gottes umgeben vom Ozean. Mosaikboden aus der Großen Basilika
von Herakleia Lynkestis, um 500 n. Chr.

Abb. 80 Rastersystem der Bewässerungskanäle getroffen wird, ist in verschiedenen frühbyzantinischen Mosaiken dargestellt. Ein solches Mosaik in der Apsis der Großen Basilika von Herakleia Lynkestis in Makedonien, das ins späte 5. oder frühe
6. Jahrhundert datiert wird, zeigt Efeu, Rosen, Lilien und andere Blumen zwischen diversen Bäumen. Das Motiv ist häufig in der späteren Buchmalerei vertreten; ein besonders gutes Beispiel hierfür bietet das eine Sammlung der *Homilien*
des Gregorios v. Nazianzos aus dem 12. Jahrhundert vom Berge Athos schmük-
kende Bild, das die Bewässerungskanäle des Gartens deutlich darstellt (*Panteleimon* 6, fol. 37V).

BÄUME, BLUMEN, KRÄUTER

Bäume mit rein oder jedenfalls überwiegend dekorativem Charakter, zu denen
die besonders hochgeschätzten immergrünen Gewächse sowie Obst- und Nuß-
baumarten gehörten, waren regelmäßig in byzantinischen Gärten anzutreffen.
Unter den in den *Geoponika* besprochenen Bäumen und Sträuchern sind folgende Arten vertreten: Pinie, Fichte, Zypresse, Schwarz- und Weißpappel, Zeder,
Weide, Eiche, Esche, Ulme, Buche, Platane, Lorbeer, Ahorn, Myrte, Mastix,
Terebinthe, Erdbeerbaum, Buchs, Rosmarin, Wacholder, Weinrebe, Ölbaum,
Apfel, Birne, Pfirsich, Zitronenbaum, Quitte, Damaszenerpflaume, Kirsche, Gra-
natapfel, Feige, Dattelpalme, Brustbeere, Mispel, Johannisbrotbaum, Maulbeere,

Mandel, Walnuß, Pistazie und Kastanie. Weinrebe, Ölbaum, Myrte und Platane werden am häufigsten in anderen literarischen Quellen erwähnt. Das Handbuch bietet eine Fülle von Informationen über Vermehrung mit Samen, Wurzelsprossen oder Stecklingen, über Pflanzenpflege, Düngen, Baumbeschneidung, Umpflanzung, Pflanzenschutz, Ertragsverbesserung und das Kreuzen von Pflanzen. Pfropfverfahren und Okulieren werden angesprochen (z. B. 10,75.77), Verfahren, die beispielsweise dem hl. Clemens geläufig waren, als er im späten 9. Jahrhundert veredelte Baumsorten von Griechenland bis in die Region des heutigen Südwestjugoslawien transportierte, um die Qualität der Wildarten zu verbessern (*Patrologia Graeca* 126, Sp. 1232). Die *Geoponika* enthalten viele Ratschläge über Baumartkreuzungen, die letztlich biologisch unmöglich sind: Während beispielsweise die Walnuß nur auf den Erdbeerbaum, der Granatapfel auf die Weide und Lorbeer nur auf die Esche gepfropft werden sollten, konnte die Maulbeere mit der Kastanie, der Buche, dem Apfel, der Terebinthe, der Wildbirne, der Ulme und der Weißpappel gekreuzt werden. Die Quitte und die wilde Feige konnten einen Zweig von jeder Baumsorte annehmen (10,76). Gelegentlich änderte die Veredelung den Geschmack und den Duft der Frucht, so daß nach Myrte schmeckende Trauben (4,4) oder süße Birnen (gepfropft auf Apfel; 10,76,11) und süße Äpfel (gepfropft auf Quitte; 10,76,3) produziert wurden. Auf der anderen Seite konnte mit derartigen Manipulationen die Farbe der Frucht verändert werden; so wuchsen z. B. weiße Maulbeeren (auf der Weißpappel; 10,69,1. 76,1), rote Birnen und Zitronen (auf der Maulbeere; 10,76,2. 7) und

Äpfel (auf der Platane; 10,76,3). Weitere empfohlene, die Röte der Äpfel intensivierende Methoden sind angeblich das Begießen des Baumes mit Urin und das Zusammenbinden der früchtetragenden Äste über Wassergräben und -gefäßen. Die unter der Mittagssonne emporsteigenden Dämpfe sollten die Färbung der Früchte verstärken. Außerdem setzte man zu diesem Zweck ein magisches Ritual ein oder pflanzte Rosen unter dem Baum (10,19). Rosen unter dem Pfirsichbaum vertieften die Farbe auch dieser Frucht, doch konnte der Gärtner durch Hineingießen von Zinnober in den offenen Fruchtkern den gleichen Effekt erzielen (10,15). Das Okulieren von zwei unterschiedlichen Schößlingen ist das empfohlene Verfahren für die Zucht von Feigen, die auf einer Seite weiß und auf der anderen Seite schwarz oder rot werden sollten (10,53). Schon die Römer waren bemüht, die Natur zu ›verbessern‹, die in den *Geoponika* besprochenen Praktiken jedoch übertreffen an Vielfalt und Ideenreichtum die der Römer. Dem Leser wird gar geraten, in Papyrus gewickelte, aus Pfirsichkernen entnommene Samen zu pflanzen, in die zuvor Zeichnungen mit einem bronzenen Schreibgriffel eingeritzt wurden (10,14; auch für Feigen und Mandeln 10,47. 60; vgl. 14,10 zu Schriftzügen auf Eiern). Noch frappierender sind die Anweisungen, nach denen Früchte in Form von Vögeln, Tieren oder sogar von menschlichen Gesichtern gezüchtet werden könnten (10,9. 27), und zwar mit Hilfe von Gußformen, die über die heranreifenden Früchte des Birn-, Apfel-, Granatapfel- und Zitronenbaums zu stülpen seien.

Wenn auch die Menge der bekannten Blumenarten im Vergleich zu derjenigen der Bäume gering war, wurden Blumen ihrer Farbe, ihres Dufts und sogar ihres haptischen Reizes wegen sehr geschätzt (Libanios 8,482 Foerster). In den *Geoponika* werden Rosen, Veilchen, Narzissen, Lilien, Krokusse, Irisarten, Pimpernell und das bodendeckende Singrün erwähnt; die ersten fünf Sorten treten wiederholt auch in anderen Quellen auf. Der Ehrenplatz unter den Blumen gebührte der Rose, wohl auch deswegen, weil Rosenbüsche zu jeder Jahreszeit blühen können. Indem er die Rose auf trockenen Böden wachsen ließ oder Knoblauch zwischen den Rosenstöcken pflanzte, mochte der Leser des Handbuchs versuchen, den Duft der Rose zu intensivieren; dieser Duft erfreute nicht nur den Gärtner, sondern vertilgte gleichzeitig auch Ungeziefer (11,18. 13,16,3). Letztere Weisheit ist auf eine fälschlicherweise dem Aristoteles zugeschriebene Schrift zurückzuführen (*mir.* 845b2−3). Die Rose konnte als Solitärstrauch, in Reihen, in Körben oder in Kübeln gepflanzt und einem Apfelbaum aufgepfropft werden (11,18). Auch Efeu hatte eine dekorative Funktion, wenngleich die *Geoponika* sich darauf beschränken, den Mythos seines Ursprungs sowie Ratschläge für die Anpflanzung wiederzugeben (11,29−30).

Private Gärten und Klostergärten wurden nicht nur aus ästhetischen Gründen unterhalten, der Ertrag des Gartens stellte auch eine Einnahmequelle dar. Die

Geoponika, die unter anderem einen Kalender der Pflanzzeiten für Konstantinopel bringen (12,1), erwähnen eine Vielzahl von Gemüsesorten: Kohl, Grünkohl, Brokkoli, Spinat, viele Salatarten, Endivie, Rauke, Artischocke, verschiedene Bohnen, Kichererbse, Linse, Spargel, Gurke und andere kürbisartige Früchte einschließlich Melone, Rübe, Bete, Malve, Lauch, Zwiebel, Knoblauch und andere, für uns nicht mehr identifizierbare Sorten. Das Handbuch empfahl für manche Regionen die Anlage von zwei Gemüsegärten, einen für den Winter und einen für den Sommer (12,5,6).

Kräuter dienten nicht nur als Gewürz- und Heilpflanzen, sondern waren auch wegen ihres Duftes geschätzt. Sie wuchsen in Töpfen in den Innenhöfen, zwischen Gemüsepflanzen und Sträuchern, oder sie nahmen eine ganze Gartenfläche für sich in Anspruch. Im karolingischen Westen zeigt der St. Gallener Klosterplan des 9. Jahrhunderts eine ideale Klosteranlage, wodurch wir eine genaue Vorstellung auch von solchen mittelalterlichen Kräutergärten erhalten. In diesem Plan werden die Gartenkräuter wohl wegen ihrer wichtigen Rolle in der Medizin so detailliert aufgeführt. Zu den in den *Geoponika* aufgelisteten Kräutern zählen

Abb. 81

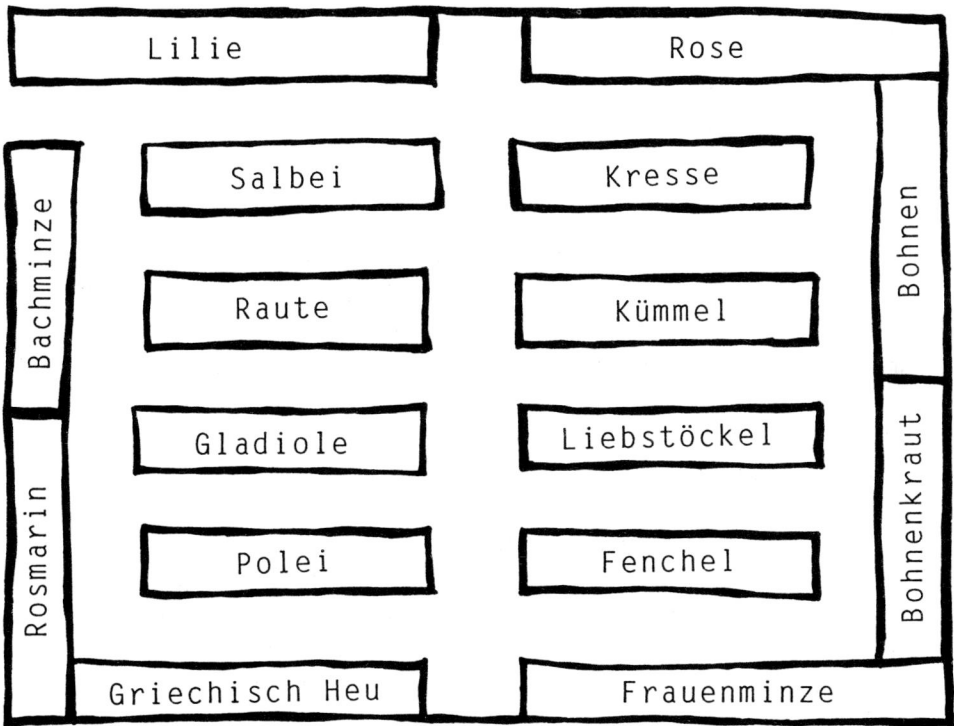

Abb. 81   Plan eines Kräutergartens (Herbularius). Umzeichnung aus dem St. Galler Klosterplan, 9. Jh.

Basilikum, Majoran, Bohnenkraut, Koriander, Safran, Dill, Raute, Petersilie, Minze und Frauenminze. Viele dieser Kräuter finden sich in den byzantinischen Kräuterbüchern, die eher die einzelnen in den Gärten wachsenden Pflanzen aufführen, als daß sie die eigentlichen Arbeitsgänge beim Säen und Ernten erörtern. Solche Kräuterbücher, von denen das weitaus populärste in Dioskurides' pharmakologischem Werk *De materia medica* überliefert ist, waren mit Illustrationen von verschiedenen Heilpflanzen versehen. Im Begleittext wurden die Anwendung der Pflanzen und die tatsächliche oder vermeintliche Heilwirkung angegeben. Die Illustratoren dieser Handschriften reproduzierten die Pflanzen botanisch möglichst getreu, da die Bilder als Hilfsmittel für Ärzte, Pharmakologen und weniger spezialisierte Leser bei der Identifizierung der Pflanzen gedacht waren. Zu den nicht in diesen Berufen tätigen Verehrern des Dioskurides zählte die byzantinische kaiserliche Familie. Ein Brief des Jahres 948 n. Chr. von Kalif 'Abd-ar-Rah'man III. in Cordoba (Dölger, Kaiserurkunden Nr. 657) an Romanos II., den Sohn und Mitregenten des Konstantin VII. Porphyrogennetos, ist erhalten, in dem der Kalif für das Geschenk eines illuminierten Exemplars der Handschrift des Dioskurides dankt. Die arabische Übersetzung im Besitz des Kalifen scheint mit Hilfe des geschenkten Exemplars von Romanos II. korrigiert worden zu sein, eine Aufgabe, an der ein Mönch namens Nikolaos beteiligt war. Drei Jahre später wurde Nikolaos wegen seiner Kenntnisse der altgriechischen Sprache nach Cordoba geschickt; die Handschrift des Dioskurides wurde erstmalig im vorangegangenen Jahrhundert aus dem Syrischen ins Arabische übersetzt.

In der Medizin der Antike und des Mittelalters bestand ein großer Bedarf an Kräuterbüchern; sie sind in vielen Kopien überliefert. Die prächtigste Kopie ist

Taf. 29 der Wiener Dioskurides (Wien, Nationalbibliothek, cod.med.gr. 1). Es ist dies eine überarbeitete Fassung von *De materia medica*, die kurz nach 512 der byzantinischen Aristokratin Iuliana Anicia von den Bürgern eines Vorortes von Konstantinopel, Honoratae, aus Dankbarkeit für die von ihr gestiftete Kirche Hagios Polyeuktos überreicht wurde. Die Wiener Handschrift ist außergewöhnlich aufwendig gestaltet; 383 der ursprünglich 435 Pflanzenbilder sind erhalten, und jedes Bild nimmt eine 39×33 cm große, volle Seite der Handschrift für sich in Anspruch.

Abb. 82 Für die bemerkenswerten Pflanzenillustrationen im Buch des Dioskurides in Wien stehe hier das Veilchen stellvertretend, das laut Dioskurides bei »einem brennenden Magen und Augenentzündungen« hilft. Der Maler hat die ganze Pflanze einschließlich der Wurzeln sehr genau abgebildet. Auch der moderne, Photographien gewohnte Betrachter vermag die herzförmigen Blätter und lilafarbenen Knospen des Veilchens noch deutlich zu erkennen. In späteren Kopien, wie beispielsweise einer Kopie des 7. Jahrhunderts (?) in Neapel (Biblioteca Nazionale, cod.suppl.gr. 28) und einem Exemplar des 10. Jahrhunderts in New

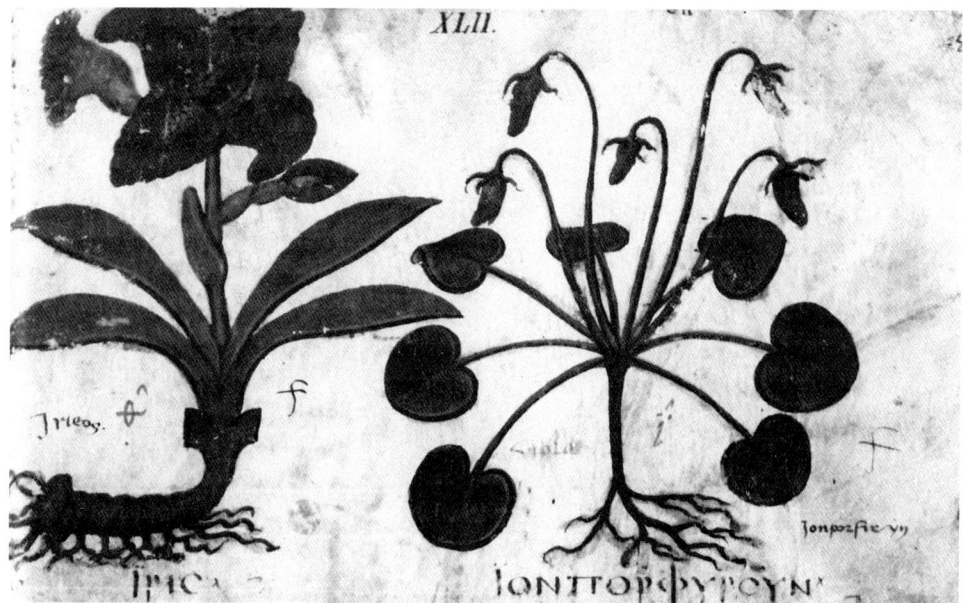

Abb. 82 Veilchen und Iris, aus Dioskurides' *De materia medica*, Neapel (Biblioteca Nazionale, cod. suppl. gr. 28, fol. 42r)

York (Pierpont Morgan Library, cod. M652), werden auf engerem Raum mehrere Bilder auf jeder Seite zusammengruppiert, wobei die Pflanzen jedoch ihre kennzeichnenden Eigenschaften behalten. Das Veilchen in der Handschrift in Neapel teilt die Seite mit der Iris, doch ist die Pflanze mit dem Wiener Veilchen eindeutig verwandt. Beide Pflanzen dieses Exemplars sind bis auf den Wurzelstock der Iris mit Genauigkeit dargestellt. Einige hiervon abgeleitete arabische Kopien andererseits büßen einen Großteil ihres praktischen Wertes ein, weil die Pflanzen schematisch starr und formal stilisiert dargestellt sind (so z. B. die Linse in einer Kopie in Istanbul, Topkapı Saray, cod. Ahmet III 2127, fol. 80R). Diese stilisierte Darstellungsform beruht weniger auf ästhetischen Überlegungen als vielmehr auf dem Fehlen einer bildlichen Vorlage und eines vollständigen, die Gattungen identifizierenden Textes in arabischer Sprache.

PRIVATE GÄRTEN

Doch richten wir nun unsere Aufmerksamkeit auf die Gärten selbst. Wir wissen, daß kleine Gärten neben den Häusern oder in einem Bereich im byzantinischen Stadthaus existierten. Größere Gärten begleiteten die umfangreicheren Wohnanlagen. Der am aufwendigsten, in zwei Briefen (*Progymnasmata* 2−3 Littlewood) beschriebene kleine Privatgarten ist der des Ioannes Geometres, des führenden Dichters des 10. Jahrhunderts; auch hier ist der Einfluß der romantischen und eschatologischen Traditionen offensichtlich. Der Garten lag auf dem vierten Hügel von Konstantinopel in der Nähe der Apostel-Kirche (heute Fâtih Camii) auf der wahrscheinlich südlichen Seite der »Mese« genannten Straße, die vom Forum Tauri zum Charsios-Tor (Edirne Kapı) führte. Der vom Haus und wahrscheinlich von den Treppen der Vorhalle leicht erreichbare Garten war »nicht im Boden versunken, wie viele Gärten, die ich kenne«, und er war im Norden und Süden vor Wind, Frost, großer Hitze und Regen durch Bauten geschützt. Schließlich besaß der Garten eine glatte Steinmauer entlang der Straße. Die einzigen von Geometres erwähnten Bäume, ein hoher spalierbildender Rebstock, ein Birnbaum und ein Lorbeer mit dreifacher Krone, waren alle von einem Standpunkt außerhalb des Hauses sichtbar. Die ersteren beiden boten ihre Früchte Spaziergängern zum Pflücken und Genießen an, der letztere, vom Besitzer detailliert beschriebene Baum bildete das Wahrzeichen des Hauses. Geometres rühmt sich der ganzjährigen Ernte von seinen Bäumen − er versucht, in der Sphäre der Literatur, den Garten des Phäakenkönigs Alkinoos aus Homers Odyssee (s. Beitrag Schäfer) zu übertreffen − und erwähnt seine bemerkenswerten Birnen, von denen einige rot und andere hell sind. Die Apostrophierung seines Gartens als »Schöpfung des Vergnügens« − als Lustgarten − dominiert allerdings klar in der Beschreibung, und Geometres läßt sich weitläufig über die Freuden aus, die beim Betreten des Gartens aufkommen: das Auge erfreue sich an seiner Schönheit, die Düfte und milde Luft des Gartens röchen süß, und die Bäume spendeten Schatten, in dem man mit Freunden glücklich philosophieren könne. Obwohl er verschiedene Blumen an anderer Stelle im Detail bespricht, in zwei Gedichten über einen neuen Garten Eden und den Frühling (*Patrologia Graeca* 106, Sp. 912−5. 982−7; vgl. ebenda 841), erwähnt er in diesen Briefen keine einzige Blume. Wir gehen daher sicherlich nicht fehl in der Annahme, daß sein Garten nicht viel mehr war als ein winziger Innenhof, der einige wenige Bäume und mit Kräutern bepflanzte Tonschalen aufwies. Doch sollten wir immerhin vielleicht einen Apfelbaum in seinem Garten voraussetzen, da drei *Progymnasmata* (4−6) des Geometres von Geschenken dieser Frucht handeln.

Eine ähnlich idyllische Betrachtungsweise zeigt sich in Darstellungen von Gärten und Landschaften in der Kunst, in denen eine scharfe Wahrnehmung der Natur zum Ausdruck kommt. Die Naturgewalten bedeuteten für den Menschen mitunter eine Gefahr, doch ist die Wiedergabe des Gartens von einem fast magischen Fluidum geprägt. In seltenen Schilderungen vernichtet Hagel die Ernte, in der Regel jedoch vermittelt der Garten eine idyllische Atmosphäre. Diese Einstellung entstammte einer Gesellschaft, die die Natur als eine der erhabensten

Taf. 30

Schöpfungen Gottes empfand und die an den römischen Literatur- und Bildtraditionen der ›bukolischen Landschaft‹ festhielt.

Die ideale, in dieser nichtjüdischen, römischen Tradition popularisierte Landschaft bestand in byzantinischen profanen Gartenbildern weiter. Gartenmotive zierten öffentliche Bauten. Eine bronzene Wetterfahne, die eines der Wunder Konstantinopels war, stellte in ihren Feldern arbeitende, von Schafen und Lämmern umringte Bauern sowie Putti dar, die »sich mit Äpfeln bewerfen« (Konstantin von Rhodos, *Beschreibung der Apostelkirche* 178−180; Niketas Choniates, *De signis* 4,856−7). Darstellungen von unverkennbar profanen Landschaften und Gärten wurden jedoch nicht immer von den Orthodoxen gebilligt. Asterios von Amaseia (ca. 400 n. Chr.) z. B. kritisierte die teuer gekleideten Leute, die mit »Wald und Felsen, Jägern und dem ganzen Repertoire der die Natur nachahmenden Malerei« bestickte Gewänder trügen (*Hom.* 1,3,3, S. 8,32−4 Datema). Das Genre aber lebte fort und ist noch für das 9. Jahrhundert belegt; bis ans Ende der byzantinischen Zeit treten solche Beispiele sporadisch auf.

PALASTGÄRTEN UND PARKS

Es war jedoch ohne Frage der Palast, welcher die größten Entfaltungsmöglichkeiten für die Anlage idyllischer Gärten in der Wirklichkeit und, bis ins 7. Jahrhundert, derartiger Gartentypen und bukolischen Landschaften in der Mosaikkunst bot. Ein byzantinischer Palast, ob er nun dem Kaiser, einem Angehörigen der kaiserlichen Familie oder einem wohlhabenden Bürger gehörte, bestand wie die herrlichen römischen *villae rusticae* nicht aus einem einzelnen, ausgedehnten Bau, sondern war ein Gebäudekomplex mit Säulenhallen, Höfen und Gärten. In den Palästen der Vorstädte und auf dem Lande waren die Gärten natürlich weitläufiger als die der Stadtpaläste. Trotz zahlreicher Hinweise auf den Großen Palast in Konstantinopel existiert keine detaillierte Beschreibung dieses von Konstantin I. gebauten Komplexes, der mehr als 800 Jahre lang als offizielle kaiserliche Residenz bestand, mehrfach renoviert, umgebaut und erweitert wurde, bis der Palast schließlich auf mehreren Terrassen das ganze Areal vom Hippodrom und den Bädern des Zeuxippos den steilen Hang hinunter bis zum Marmarameer beanspruchte. Der Palast litt stark infolge des Frankeneinfalls im 13. Jahrhundert und wurde von den Palaiologen zugunsten des Blachernen-Palastes aufgegeben. Seine Ruinen waren für Mönche eine Oase der Ruhe, für das Volk eine Art öffentlicher Latrine geworden. In seiner Blüte jedoch war der Palast ein prächtiger Gebäudekomplex aus Wohnquartieren, öffentlichen Audienz- und Banketthallen, Kirchen, Kapellen, Bädern, Pavillons, Gärten und Sportplätzen, deren jeweilige Lokalisation anhand des *Buchs der Zeremonien* des Konstantin

VII. in etwa rekonstruiert werden kann. Wie viele Gärten der Palast besaß, wissen wir nicht, wenn auch die Namen zweier Gärten erhalten sind: das *Anadendradion* des Magnaura-Palastes und das oberhalb des Polofelds gelegene *Mesokepion*. Letzterer wurde von Konstantin VII. als gutbewässert und »mit allen Pflanzenarten blühend« (Theophanes Continuatus 329 Bekker) beschrieben. Wir erfahren etwas über Gemüsegärten und einen Fischteich (ebd. 338), und Georgios der Mönch erwähnt kurz (ebd. 815–6) einen mit einem Palast verbundenen Garten. Dieser befand sich in dem im 9. Jahrhundert gebauten Wohnkomplex des Theoktistos, des Logotheten, der als Minister der Kaiserin Theodora und Erzieher von Michael III. diente und aufgrund dieser Funktionen dem Zentrum der Macht nahe sein wollte.

Die Bemerkung Michael Psellos', daß die (im 11. Jahrhundert lebenden) Kaiserinnen Zoe und Theodora über ihren eifrigen Versuchen, Parfums im Palast herzustellen, frische Luft, Wiesen und Gärten verachteten (*Chronographia* 6,64), mag uns ein Indiz dafür sein, welche generelle Wertschätzung diese Palastgärten bei den byzantinischen Imperatoren genossen. Der herausragende kaiserliche Landschaftsgärtner war aber zweifellos der Kaiser Konstantin IX. In leicht satirisch gefärbtem Ton beschreibt Psellos die Begeisterung und die Fachkenntnisse Konstantins: »Wenn immer er einen Hain anlegen oder eine Einfassungsmauer um einen Park errichten oder eine Rennbahn verbreitern lassen wollte, verwirklichte er nicht nur seinen ursprünglichen Plan, sondern geriet darüber auf immer neue Gedanken. Während manche Wiesen mit Erde zugeschüttet waren, wurden andere eingezäunt; Weinstöcke und Bäume wurden mal herausgerissen, mal als früchtetragende Gewächse spontan zusammen gepflanzt. Wie bewältigte man dies? Wollte der Kaiser ein unbepflanztes Feld in eine fruchtbare Wiese verwandelt sehen, so ging sein Wunsch sofort in Erfüllung. An anderer Stelle wachsende Bäume samt ihren Früchten wurden herantransportiert und in den Boden gesetzt, während man die Fläche mit aus Berghainen entnommener Erde auffüllte. Und wenn dann Zikaden nicht unverzüglich in den frisch gepflanzten Bäumen und Nachtigallen in seinem Hain zu zwitschern und zu singen anhoben, war der Kaiser sehr verärgert...« (ebd. 173–4; zu Zikadengeräuschen in einem suburbanen Park bei Amaseia vgl. *Anthologia Palatina* 6,668). Außerdem »vollbrachte (Konstantin) Wunder zum großen Erstaunen der Bevölkerung, die am dritten Tag einen Acker an einem Orte sah, an dem tags zuvor eine Ebene sich erstreckt und zwei Tage davor ein Hügel gestanden hatte« (*Chronographia* 6,175). Im nordöstlichen Bezirk des Großen Palastes begründete Konstantin einen Palast, die Kirche und das Kloster des Hagios Georgios Manganai (Manganen-Kloster) bzw. baute sie um; diese Baulichkeiten waren in ein Gartenareal eingebettet, das zahlreiche Rasenflächen mit am Rande angepflanzten oder sich quer durch die Mitte des Rasens ziehenden Blumenbeeten, schattenspendende

Bäume, hängende und traditionell gestaltete Gärten, Wasserkanäle und Brunnen aufwies. Psellos betont sowohl die allgemeine Harmonie des Plans wie auch die der einzelnen Teile, in denen sich zur Freude der Spaziergänger immer neue Details entdecken ließen (ebd. 186−7). In einem heute noch nicht lokalisierten Palastviertel ließ Konstantin einen Pavillon in der Nähe eines versteckten Schwimmbeckens inmitten fruchtbarer Obstbäume bauen. In dieser schönen Umgebung, so berichtet Psellos, badete er; auch konnte er amüsiert zusehen, wie gelegentlich Apfeldiebe aus Versehen ins Wasserbecken stürzten (ebd. 201).

Die Palastbrunnen waren oft sehr aufwendige Anlagen: Ein von Konstantin VII. beschriebener Brunnen spritzte Wasserstrahlen durch Skulpturen in Form von Hähnen, Ziegen und Widdern in ein Schalenbecken, während Trinkwasser für Passanten von unten hochgeleitet wurde (Theophanes Continuatus 327−8 Bekker). Ein weiterer Brunnen, der Mystische Brunnen des Trikonchos-Palastes, spendete mitunter Ananassaft; Pistazien, Mandeln und Früchte füllten die Schüssel, und Wasser entströmte den Mäulern von zwei nahe stehenden bronzenen Löwen (ebd. 141−2). Technologische Naturnachahmung trieb der Kaiser Theophilos (829−42 n. Chr.) auf die Spitze. Theophilos wetteiferte in seiner Hofhaltung mit dem Kalifenhof. Unter den zahlreichen Anekdoten über solche Erfindungen ragt der Bericht des italienischen Gesandten Liutprand von Cremona im 10. Jahrhundert heraus: »Vor dem kaiserlichen Thron stand ein vergoldeter Baum. Auf dessen Ästen saßen Vögel jeglicher Gattung, und auch die Vögel waren aus vergoldeter Bronze. Jeder Vogel sang sein arteigenes Lied... (Der Thron) war von Löwen bewacht..., die den Boden mit dem Schwanz peitschten und mit offenem Maul und zitternder Zunge brüllten.« Wie Liutprand beteuert, habe ihn dieser Anblick nicht schrecken können, da er schon vorher informiert war, was ihn im Palast erwartete (*Antapodosis* 6,5). Allem Anschein nach war ein solcher Baum keine Einzelerscheinung (Psichari 628−33).

Die Gärten des Großen Palastes, wie wohl auch die Gärten anderer Güter und öffentlicher Anlagen der Stadt, waren mit einer Vielzahl von bronzenen und marmornen Skulpturen ausgeschmückt. Diese Kunstwerke wurden von anonymen patrigraphischen Sachverständigen katalogisiert, eine Liste der von den Franken im Jahre 1204 zerstörten Skulpturen trug der Historiker Niketas Choniates zusammen. Nicht nur Statuen von Kaisern und Heiligen waren vertreten; zahlreiche erstrangige heidnische Kunstwerke wurden von der Elite wegen ihrer Schönheit und insbesondere als Zeugnisse des Fortlebens der langen griechischrömischen politischen und kulturgeschichtlichen Traditionen im Byzantinischen Reich geschätzt. Wie wir jedoch aus den *Parastaseis* und anderen Quellen erfahren, spielten ästhetische Qualitäten nicht selten eine untergeordnete Rolle im Vergleich zum vermeintlich praktischen Nutzwert der Bildnisse. So wird uns beispielsweise von abfallfressenden Kröten oder Schildkröten berichtet, die in der

Vorstellung des Volkes jede Nacht zum Leben erwachten, um die Straßen der Hauptstadt zu reinigen (Majeska 296).

Wie in vielen römischen Häusern und Villen waren bis ins 7. Jahrhundert die Fußböden, Wände und Decken auch in byzantinischen Palästen mit Gartenszenen in Malerei und Mosaikkunst verziert. Das bekannteste Beispiel befand sich im Großen Palast. Hier sehen wir Szenen aus Jagd, Gartenbau und Alltagsleben vor einem weißen Hintergrund in einem Fußbodenmosaik eines ursprünglich einen Palastgarten umgebenden Peristyls. Dieser Mosaikboden, der das Landleben in der Manier alter römischer Mosaiken in aristokratischen Landhäusern darstellt, zierte einen vor der kaiserlichen Audienzhalle, auf direktem Weg vom Hippodrom, gelegenen Raum. Das Mosaik ließ bei den Bittstellern, die Zugang zum Kaiser oder der Kaiserin zu erlangen suchten, wohl Gedanken an die alte römische Senatorenklasse wach werden, deren Exponent nunmehr der Kaiser war. Das außerordentlich qualitätvolle Mosaik läßt sich nach stilistischen Kriterien schwer datieren, auch die archäologischen, für eine Datierung wichtigen Befunde sind widersprüchlich. Details wie der Hintergrund aus in Halbkreisen gesetzten Mosaiksteinchen, die Form der umgebenden Akanthusrolle und die Tesseraetechnik machen eine Datierung ins 5. oder 6. Jahrhundert wahrscheinlich. Dies deutet darauf hin, daß das uns heute bekannte Mosaik eben dasjenige war, das Tiberios I. (578−82) überbauen ließ. Tiberios »zerstörte einen schönen Garten, der in der Mitte des Palastes gelegen war und früheren Kaisern eine Freude bereitet hatte« (Johannes von Ephesos, *Kirchengeschichte* 3,23), um neue Wohnbauten errichten zu können.

Auch Theophilos ließ seinen Palast mit Gartenbildern schmücken. Zusätzlich zu seinem oben erwähnten wundersamen goldenen Baum mit mechanisch trillernden Vögeln wählte er Wandmosaiken, die obstpflückende Gestalten zeigten, und »Mosaiken, deren Hintergrund ganz aus Gold ist mit Bäumen und grünen, ornamentalen Motiven« (Theophanes Continuatus 144−6 Bekker). Diese Art von Gartenmosaik am Palast spiegelt sich vielleicht in den Wandmosaiken des im 12. Jahrhundert erbauten normannischen Palasts des Roger II. in Palermo wider, der von der byzantinischen Kunst stark beeinflußt war. Andere byzantinische Kaiser folgten dem Beispiel Theophilos'. Konstantin VII. ließ eine vergoldete Decke mit »verschiedenen modellierten, den Stengeln und Blättern des Weins und der Erscheinung von Bäumen ähnelnden Formen« (ebd. 20) schmücken und verwandelte den Chrysotriklinos des Großen Palastes »durch ein aus sehr kleinen, die Farben von frischen Blumen imitierenden Mosaiksteinchen gelegtes Mosaik in einen blühenden und süßduftenden Rosengarten« (ebd. 33).

Um 1300 staunte der Dichter Manuel Philes, der sicherlich eine viel ältere Decke, möglicherweise aus dem Großen Palast, beschrieb, wie der Maler eine so täuschend echte Gartenszene habe darstellen können (2,127−31 Miller). In dieser Szene sah er Obstbäume, Blumen, vermutlich zahme Vögel und Pfauen in Volieren, wilde Vögel, deren einer die Samen aus einem Blütenstand pickt, Tiere, von anderen Tieren gejagt, eine Gruppe von Hasen sowie eine Löwin mit ihren Jungen hinter einem Gatter, das sie von den Beutetieren fernhält. Pfauen wurden gezüchtet, wie wir aus den *Geoponika* (14,18) erfahren, und im Garten gehalten. Der Pfau hat aber auch eine herausragende symbolische Bedeutung als Paradies-attribut (s. z. B. Gregorios v. Nazianzos, *Hom.* 28,24; Georgios von Pisidien, *Hexaemeron* 1245−9. 1286−92) und Chiffre der Unsterblichkeit. Die Pfauen in der Deckenmalerei im Zusammenhang mit Vegetation und wilden Tieren sollten vermutlich auf die Schöpfung verweisen, die als Werk Gottes entstanden ist und die der byzantinische Kaiser unter seiner weltlichen Herrschaft hält. Der Künstler hatte aus dieser Welt Schwalben, Nachtigallen und Schwäne ausgespart, da diese, wie Philes es sich zurechtlegt, den Frieden der kaiserlichen Kammer hät-ten stören können. Eine Erklärung dieser Komposition als Sinnbild der irdischen Welt erscheint eher plausibel als der Gedanke, daß das Gemälde etwa konkret einen ländlichen Park darstellte, der gleichzeitig als Menagerie oder Jagdrevier gedient hätte.

Der berühmteste dieser zum Amüsement und der Entspannung des Kaisers geschaffenen Parks war der in den byzantinischen Quellen erwähnte *Philopa-tion*, der vor dem Charsios-Tor lag. Odo von Deuil, der Kaplan Ludwigs VII. auf dem 2. Kreuzzug, beschrieb 1147 diese Parkanlage als »ein schönes und geräu-miges Areal mit Kanälen und Teichen«, wo die Kaiser »sehr erhabene und prächtige Paläste« bauten und wilde Tiere jagten, die »Höhlen und Grotten anstelle von Wäldern zum Versteck« benutzten (*de Profectione* 3,31). Im glei-chen Jahrhundert, etwas später, erwähnte Iohannes Kinnamos aber auch Bäume im Park (2,14). Ein ähnlicher, von Wildeseln und Rehen bevölkerter Park, den der kaiserliche Gesandte Liutprand auf Einladung des Kaisers Nikephoros II. Phokas besichtigte, wurde von ihm weniger schmeichelhaft beschrieben. Noch über die kränkende Behandlung, die ihm in Konstantinopel zuteil geworden war, verärgert, beschrieb er die Anlage als »ziemlich groß, hügelig und bewal-det, jedoch ganz und gar kein angenehmer Aufenthalt« (*Legatio* 37−8). Andere ländliche Erholungsanlagen konnten sehr viel stärker landwirtschaftlich orien-tiert sein. Das kleine, mit Bäumen, Wiesen und einem Garten versehene Gut, das mit Blick auf die Hauptstadt nur vier Kilometer vom asiatischen Ufer entfernt lag, wurde im 4. Jahrhundert durch Kaiser Iulianos (Apostata) selbst um einen Weinberg bereichert. Er behielt das Gut in Erinnerung als einen Ort, an dem man im Freien liegen und ein gutes Buch lesen konnte (*Ep.* 4 Bidez-Cumont). Hier sollte auch eine wegen des völligen Fehlens von Bäumen untypische Anlage in der Nähe von Konstantinopel erwähnt werden, über die die Historikerin Anna Komnena berichtete. Der Bezirk Aretai war »allen Winden ausgesetzt und völlig busch- und pflanzenlos, so daß man meinen könnte, der Hügel sei von Holzfällern kahlgeschlagen worden«; doch wählte der Kaiser Romanos IV. Diogenes im 11. Jahrhundert diese Stätte wegen ihrer bezaubernden Lage und des gemäßigten Klimas zur Schaffung einer herrlichen Erholungsanlage (*Alexias* 2,8).

Abgesehen von der kaiserlichen Familie besaßen auch Aristokraten überwiegend in Kleinasien, bis dieses Gebiet an die Türken verlorenging, und hohe Hofbeamte in und um die Hauptstadt oder sogar innerhalb der Bezirke des Großen Palastes Wohnsitze, die als Paläste bezeichnet zu werden verdienen. Wenn auch der Palast des Theodoros Metochites, dessen Lage, wahrscheinlich in der Stadt, unbekannt ist, nach seiner Exilierung von Andronikos III. im Jahre 1328 geplündert wurde, hinterließ Theodoros eine Beschreibung seines Besitzes in einem etwas später entstandenen Gedicht (Hrsg. R. Guilland, *Revue des Études Grecques* 35, 1922, 82–95). Verschiedene Bauten einschließlich einer Kapelle und einer Badeanlage waren inmitten schöner Rasenflächen mit raffiniert konzipierten Wasserkanälen und antiken Skulpturen gruppiert. Die Hauptattraktion bildete ein kreisförmiger, vor der Sonne geschützter Weg, der wegen seines feinen, weißen Sandes für Spaziergänge und als Reitbahn besonders geeignet war.

Abb. 83 Gärten auf Mosaikböden sind in den frühen Privatvillen, wie in den kaiserlichen Palästen, zahlreich vertreten. In Nordafrika zeigt das Fußbodenmosaik des späteren 1. Jahrhunderts in Zliten Blumenpflück- und Ernteszenen. Ein großes Mosaik des 4. Jahrhunderts aus dem Haus des Dominus Julius in Karthago stellt den Hausherrn und seine Gattin, denen die Gaben der Jahreszeiten dargebracht werden, in den ihre Villa umgebenden Gärten dar. Schließlich sehen wir in einem um 400 zu datierenden Mosaik von Tabarka eine von Bäumen, spalierbildenden Rebstöcken und Vögeln umgebene Villa.

Idyllische Gärten treten auch in der Buchmalerei auf. Besonders qualitätvolle, ländliche Regionen im Frühling darstellende Bilder begleiten eine wohl von Johannes von Damaskus geschriebene Predigt über die Geburt Jesu in einem Menologion des 11. Jahrhunderts aus einem der Athosklöster (Esphigmenou 14). Die Eingangsminiatur zeigt einfach eine hügelige, mit Bäumen und Blumen bewachsene Landschaft vor einem Goldhimmel. Die drei darauffolgenden Bilder sind in Register unterteilt und weisen auch Darstellungen von Menschen und Tieren auf. Kühe, Schafe, Ziegen, ein Hirsch, Vögel und Wasservögel schweben über den Bäumen und einem frisch gepflügten Feld. Als nächstes sehen wir vor ihrer Herde singende Schafhirten, die in der heißen Sonne unter drei Bäumen im Gras liegen. Schließlich pflügen und ernten Männer oberhalb von Rebstöcken Taf. 31 und Bäumen, von denen üppige Früchte hängen.

Die *Ekphraseis* oder rhetorischen Beschreibungen von Gärten, die in den byzantinischen Romanen und Epen in Mode kamen, liefern einen indirekten Nachweis für die Gärten und Parks in den Palästen kaiserlicher und aristokrati-

Abb. 83   Mosaik des Dominus Iulius aus Karthago, 4. Jh.

scher Familien (Littlewood, *Romantic Paradises* 110–4). Obwohl diese *Ekphra-seis* aus einer Tradition erwuchsen, die bis auf Homer zurückgeführt werden kann und der sich eschatologische Einflüsse hinzugesellten, spiegeln die darin beschriebenen, immer raffinierteren Gebäude und Kunstwerke byzantinische Gärten wider. Die üblichen Versatzstücke in diesen *Ekphraseis*, die auf ausführ-liche und gleichzeitig etwas ermüdende Weise von Theodoros Meliteniotes im 14. Jahrhundert in seiner *Sophrosyne* ausgebreitet werden, sind: Bäume, die häufig im Wind flüstern und deren Äste zu schattigen Lauben zusammenge-flochten sind; Blumen, oft frisch und unvergänglich, darunter insbesondere die Rose; ein mäßiger Wind, für gewöhnlich ein Zephir, der die Äste und Blätter der Bäume bewegt oder den Duft der Blumen sanft dahinträgt; eine technisch immer aufwendiger gestaltete Mauer, oft mit unsichtbarem Fugenschluß; Wasser, das aus einer milden Quelle in raffinierte Brunnen oder Bäder sprudelt; singende Vögel; Gartenpavillons; Kunstwerke wie Statuen, Mosaiken oder Malereien, oft der wichtigste Bestandteil; ein Altar, Schrein oder eine Kapelle. Eine gedankliche Verbindung zum Großen Palast in den *Ekphraseis* stellen die automatischen Vorrichtungen − die Wasserkünste − her. Diese sind schon vor der Zeit Theophilos' in den *Dionysiaka* des Nonnos (3,169−79) belegt, jedoch treten sie auf denkwürdigste Weise bei dem Brunnen im ins 12. Jahrhundert zu datierenden Werk *Hysmine und Hysminias* (1,5−6) des Eustathios Makrembolites auf. Hier bildeten spalierte Myrtenbäume eine Art Dach über einem Kreis von Marmorsitzen, die einen mit mehrfarbigen Steinen, welche das Wasser erglitzern ließen, verzierten Brunnen umgaben. Über dem Brunnen spritzte ein vergoldeter Adler mit ausgebreiteten Schwingen Wasser aus seinem Schnabel, als wollte er sein Gefieder putzen, während unten eine vom Ziegenhirt gemolkene Ziege trank. Zu den Skulpturen des Brunnens gehörten weiterhin ein seine Schnauze putzender Hase, eine Schwalbe, ein Pfau, eine Taube, eine Turteltaube und ein Hahn, aus deren Mundöffnung Wasser sprühte, wozu die für jede Art charakteristischen Stimmen und Laute ertönten.

DER GARTEN IN DER SAKRALEN KUNST

Wenden wir uns nun dem kirchlichen Bereich zu, so stellen wir fest, daß die Kirche die Anlage von Gärten aus zwei Beweggründen förderte. Auf der einen Seite spielte der Wunsch, in begrenztem Maßstab das Paradies auf Erden nachzubilden, eine Rolle. Zum anderen orientierte sich die Kirche an den Anspielungen auf Gärten in vielen Gleichnissen des Neuen Testaments und an spezifischen Leitsätzen wie dem in Psalm 127(128),2: »Du wirst die Früchte Deiner Arbeit genießen. Wohl Dir! Es geht Dir gut.« Noch bündiger wird dieses Gebot in Jeremias 29,5 (= 28) formuliert: »Pflanzt Gärten und eßt ihre Früchte.« Außerdem galt besonders in der Frühzeit physische Arbeit weitab von den Versuchungen der Stadt als eine gesunde Tätigkeit für den Geist; der Gärtner wurde zum Asketen (vgl. z. B. Eusebios, *Kirchengeschichte* 2,17,5). Das kurzlebige, unproduktive und prunkhafte ›Adonisgärtchen‹ dagegen (s. Beitrag Carroll-Spillecke) wurde von Gregorios v. Nazianzos als Allegorie für die auffällig und geschmacklos herausgeputzte Frau benutzt (*Carm.* 1,2,29).

Im 4. Jahrhundert lobte Basilios, die für das byzantinische Mönchstum folgenreichste Gestalt, die rauhe Landschaft, in die sich zurückzuziehen er plante. Seine Beschreibung des Ortes erinnert stark an die klassischen *Ekphraseis* des »locus amoenus« (*Ep.* 14). Zwei Jahrhunderte später verwandelte Cassiodorus sein Gut bei Scylaceum (Squillace in Kalabrien) in ein Kloster, genannt »Viridarium« oder Garten, wo er Einsiedlern wohltuende Einsamkeit und gleichzeitig ihren schwächeren Brüdern den Luxus gutbewässerter Gärten und die Annehmlichkeiten römischer Landgüter bot (*Variae* 8,32. 12,15; *Institutiones* 1,28−9). Später jedoch hatte, obwohl die meisten ländlichen Klöster der byzantinischen Welt einen − mitunter schriftlich dokumentierten − Garten besaßen (z. B. in Süditalien, Robinson 15, 134. 151), die Gartenanlage in der Regel einen reinen Nutzcharakter.

Klöster und Kirchen in der Stadt und in den Vororten der Städte waren eher von Gärten umgeben, die nicht nur aus praktischen, sondern auch aus ästhetischen Erwägungen angelegt waren. Diese Komplexe waren teils die Nachfolgebauten heidnischer, klassischer Tempel und Heiligtümer, die sich auf einem Gelände mit Rasen, Brunnen, schattigen Wegen und insbesondere Hainen ausbreiteten (s. Beitrag Carroll-Spillecke). Hierunter können die berühmten Gärten bei Daphne, dem Vorort von Antiochia, gezählt werden. Einer dieser Gärten um den Tempel des Apollon und der Artemis hatte einen Umfang von ungefähr 16 Kilometern, wenn Strabon mit seinen Angaben nicht übertreibt (16,2,6). Auch in Konstantinopel näherte man sich der Hauptkirche der Hagia Sophia von Westen durch ein säulenumgebenes Atrium, das eine zypressengesäumte Brunnenanlage (oder weniger wahrscheinlich Lorbeerbäume; s. Majeska 201) aufwies. Der benachbarte Palast des Patriarchen besaß einen Obstgarten, wie Dobrinja Jadrejković, der zukünftige Erzbischof Antonius von Nowgorod, in dem Bericht über seinen Besuch in der Stadt um 1200 andeutete (Loparev 23). Die vollständigste Beschreibung einer byzantinischen Kirche und ihres Umfeldes findet sich jedoch in der Lobrede auf die Apostel-Kirche (Kap. 3−6), die in der Zeit zwischen 1198 und 1203 von Nikolaos Mesarites, dem Sakristan der Kirchen im Großen Palast, geschrieben wurde. Obwohl dieses Werk bestimmte Passagen wortwörtlich aus der Beschreibung von Daphne in Libanios' *Antiochikos* übernimmt, können wir Mesarites im allgemeinen vertrauen. Wir haben es hier mit einem byzantinischen Autor zu tun, der, auch wenn er gewisse Vorbilder hatte, bemüht war, die realen Gegebenheiten zu dokumentieren. Außerdem läßt Mesarites bestimmte Textstellen des Libanios weg, die für Konstantinopel eindeutig unzutreffend wären. Wir erfahren, daß die Apostel-Kirche auf fruchtbarem, für Wein- und Obstbau geeignetem Boden stand: »Man kann Safran auf dem Gelände um diese Kirche wachsen sehen, auch Balsam und Lilien, frischen Klee und Hyazinthen, Rose und Oleander, und alle duften süß... hier gibt es viele Gärten, die Annehmlichkeiten der Aquädukte, zahlreiche Quellen, hinter Bäumen versteckte Häuser, Theater, Singvogelchöre, eine milde Brise, süße Gewürzdüfte...eine Quelle jeglichen Wohlbehagens, Weinstöcke, Feigen- und Granatapfelbäume, die diejenigen der Kanaaniter übertreffen...Wer sollte die von Menschenhand geschaffenen Wasserquellen um die Kirche, die Wasserbecken, die Säulengänge nicht lieben...?« Weiterhin konnte man von der oberen Galerie den außerhalb der Stadt gelegenen Park des *Philopation* sehen. Den Nachweis dafür, daß eine solche Kulisse für die Kirchen keinesfalls vereinzelt dastand, liefert Psellos in seiner Beschreibung der Manganen-Kirche (s. o.) und der Kirche der Anargyroi (Kosmas und Damian), die »mit lieblichen Bädern, zahlreichen Brunnen, schönen Rasenflächen und allen Freuden für Auge und Sinne als geschlossene Ensembles verbunden waren« (*Chronographia* 4,31). Die Beschreibung von Nikaia in Theodoros Metochites' Lobrede auf die Stadt erwähnte Klostergärten und -parks, Obst und Blumen (Sathas, *Mesaionike Bibliotheke* 1,139−53).

Noch enger mit den heidnischen Parkbezirken von Daphne verwandt sind die Gärten der Kapelle von Zoodochos Pege (heute Balıklı Kilise) unweit des *Philopation* außerhalb der Mauern der Hauptstadt. Im 6. Jahrhundert lobte Prokop den dichten Zypressenhain, die Blumenwiesen und den Garten mit Blütenpflanzen, Sträuchern und einer sprudelnden Quelle (*De aedificiis* 1,3,6). Die gleichen Worte gebrauchte 800 Jahre später Nikephoros Kallistos Xanthopoulos (*Kirchengeschichte* 15,25). Dieser schöne Zufluchtsort fern vom hektischen Treiben der Stadt blieb bis in neuere Zeit ein beliebtes Ausflugsziel für die Griechen Istanbuls.

Die von byzantinischen Künstlern geschaffenen Gartenbilder in sakralem Kontext umfassen das gesamte Spektrum von anscheinend profanen Szenen in Wand- oder Fußbodenpaneelen bis hin zu Darstellungen des Paradieses in Buchmalerei und Kirchenornamentik. Gärten sind ebenfalls als Bildelement in erzählenden Szenen aus dem Alten und Neuen Testament anwesend, und Pflanzen überziehen die Deckblätter und Bordüren zahlreicher byzantinischer illumi-

Taf. 32 nierter Handschriften. Schließlich war die Natur für die Byzantiner ein so fester Bestandteil des Lebens, daß der mittelalterliche Betrachter aus der Äderung marmorner Wandvertäfelungen Landschaftspanoramen herauszulesen vermochte.

Reine Landschaftsszenerie ohne religiöse Bedeutungsdimension mochte freilich bei manchem Betrachter Befremden auslösen. Im frühen 5. Jahrhundert rügte Nilos aus Sinai das Vorhaben eines Amtsbruders, die Wände seiner neuen Kirche mit »allen möglichen Jagdszenen ... und Bildern von verschiedenen Vögeln, Tieren, Reptilien und Pflanzen« auszuschmücken (*An den Präfekten Olympiodoros, Patrologia Graeca* 79, Sp. 577). Nichtsdestoweniger gehörten zum dekorativen Ausstattungsprogramm der im 6. Jahrhundert von Justinian gebauten Hagia Sophia, der Hauptkirche des Byzantinischen Reiches, Marmorintarsien, die Pflanzen und Tiere darstellten. Hier waren »Füllhörner ineinander verschränkt, strotzend von Früchten, Blumenkörbe und Zweige, und auf denselben sitzende Vögel. Ringsumher schlingt sich in schönen Windungen Weinlaub mit goldenen Blättern, aus dem Laube leuchten die Trauben...« (Paulos Silentiarios, *Beschreibung der Hagia Sophia* 647−57). Nicht nur in der Hagia Sophia existierte ein solches dekoratives Programm. In einer zwischen 536 und 548 entstandenen Beschreibung des Chorikios wird ein von Wiesen gesäumter Fluß erwähnt, eine Szene, die die Seitenschiffswände der Stephanoskirche bei Gaza schmückte (*Laudatio Marciana* 2,50). Die Autoren enthielten sich expliziter Hinweise auf eine religiöse Bedeutungsebene der Gartenbilder, doch konnten seit dem 5. bis hinein ins 7. Jahrhundert Landschaften die von Gott erschaffene Welt symbolisieren. In der Folgezeit wurden die die Hauptszenen ergänzenden Gartenmotive in der byzantinischen Dekoration der Kirchen akzeptiert, sofern sie als chiffrenhafte Visualisierung der Güte Gottes interpretiert werden konnten. Größere Genreszenen jedoch, die sich auf die Landschaftsdarstellung konzentrierten, waren Gegenstand häufiger Kritik. Als die Gegner einer Ausstattung der Kirchen mit figürlicher Kunst 726 während des Bilderstreits die Oberhand gewannen, übertünchten oder zerstörten sie religiöse Kunstwerke; Landschaften und Gartenszenen in der Kunst dagegen ließen sie unberührt. Dieses eklektische Handeln wurde später heftig kritisiert: »Soweit ... Darstellungen von Bäumen oder Vögeln oder Fabeltieren und insbesondere den teuflischen Pferderennen, Jagden, Theater- und Hippodromszenen existierten, wurden diese (von den Bilderstürmern) verschont, ja in ihrer Pracht noch gesteigert« (*Vita des Stephanos d. J.* 1112–3 Heikel). Die Vertreter der bilderfreundlichen Partei warfen den Ikonoklasten vor, figürliche Szenen von den Wänden der Kirchen gekratzt zu haben, um sie durch »Mosaiken aus Bäumen und allen möglichen Vogel- und Tierarten und sich windenden, Kraniche und Pfauen umschlingenden Efeublättern zu ersetzen. So beraubten sie die Kirchen, wenn ich so sagen darf, all ihres Schmuckes« (ebd. 1120). Die byzantinischen Mosaiken einer idyllischen Gartenlandschaft aus dem frühen 8. Jahrhundert in der Großen Moschee in Damaskus lassen erahnen, wie *Taf. 33* die von den Bilderstürmern bevorzugten Garten- und Landschaftsdarstellungen ausgesehen haben mögen.

Nach der biblischen Vorlage im Buch Genesis stellten die Byzantiner den Garten Eden als baumbestandenen Park dar. Im Gegensatz zu den Bildern der realen irdischen Welt als Schöpfung Gottes zeigten die Darstellungen des Paradieses normalerweise nur schematisch-abstrahierte Vegetation. Botanisch nicht identifizierbare Blumen blühen unter gattungsunspezifischen Bäumen, die oft von den vier Paradiesflüssen bewässert werden. Da das Paradies nichts mit der alltäglichen Welt gemein hatte, beschränkten sich die byzantinischen Künstler offenbar darauf, die Idee eines weitläufigen Gartens auszudrücken, statt eines Realismus, der spezifische, im Paradies vorstellbare Pflanzenarten wiederzugeben versucht hätte. Nur in seltenen Fällen, wie in der Cotton-Bibel des 6. Jahrhunderts in London (British Library Cotton Otho B.VI), schuf der Künstler ›kenntliche‹ Blumenporträts. Soweit die Vegetation überhaupt in realistischem Detail vorkam, begegneten in der Regel der Apfel-, der Feigenbaum oder die Dattelpalme. Der Apfel natürlich war mit dem Baum der Erkenntnis des Guten und Bösen assoziiert (wohingegen apokryphe Texte und legendäre Berichte die Feige oder Dattelpalme mit dem Baum des Lebens in Eden identifizierten). Die literarischen Beschreibungen vom Paradies dagegen spezifizierten, wie auch die Bilder in der Cotton-Bibel, die Vegetation oft. Diese Beschreibungen weisen viele Affinitäten auf zu den Schilderungen von wirklichen profanen Gärten, auf denen sie natürlich basieren und mit denen sie die älteren klassischen Quellen teilen. Die literarische Darstellung des Paradieses legt aber viel mehr Wert auf die besondere Qualität des Atmosphärischen und das Bild einer Pflanzenwelt, die den Unbilden des Klimas und der Jahreszeiten nicht unterworfen scheint. Alles wächst und gedeiht, ohne daß der Mensch sich plagen muß. Beide Merkmale sind aber schon in heidnischen Beschreibungen von Paradies- und Idealgärten vertreten; sie beeinflußten die leicht idealisierende Einstellung des Byzantiners zu seinem eigenen Garten. Die Anschauung von der Fruchtbarkeit und robusten Unempfindlichkeit der Pflanzen wird durch die Autorität der Bibel gestützt. In der selten gelesenen Apokalypse (22,2) heißt es, daß der ›Baum des Lebens‹ 12 Ernten im Jahr produzierte. Chorikios in seiner Beschreibung des Bildschmucks der Kirche des Hagios Sergios bei Gaza (*Laudatio Marciona* 1,35) jedoch bedient sich des bekannten Zitats aus Homers Odyssee (*Od.* 7,115−8; s. Beitrag Schäfer), um dieses Phänomen literarisch zu belegen.

Bildzyklen nach der Genesis, die Paradiesgärten darstellen, sind in der Reliefplastik und in der Wand- und Buchmalerei über die gesamte byzantinische Epoche vertreten. Die Cotton-Bibel wie auch die Wiener Genesis (Wien, Nationalbibliothek cod.theol.gr. 31) sind qualitätvolle, frühe Beispiele. Umfangreiche mittelbyzantinische Darstellungen sind in den Ausgaben des *Oktateuch* und den *Taf. 34* illustrierten *Homilien* des Mönchs Jakob Kokkinobaphos enthalten. Die Fresken des 14. Jahrhunderts in Dečani zeigen einen späten Bildzyklus. Einzelne Darstellungen des Paradieses, die nicht zusammen mit anderen Bildern einem Zyklus angehören, sind auch belegt. Das Apsismosaik der ins 6. Jahrhundert zu datie- *Abb. 84* renden ravennatischen Basilika von Sant'Apollinare in Classe beispielsweise hebt den Titelheiligen zusammen mit den Apostel symbolisierenden Lämmern vor den grünen, mit Bäumen und Blumen bewachsenen Hügeln des Paradieses hervor. Die Tatsache, daß diese aus unabhängigen Quellen erwachsenen Bilder über einen Zeitraum von 800 Jahren eine Verwandtschaft miteinander aufweisen, macht eindringlich erfahrbar, daß die Vorstellung des Paradieses als idealisierter Garten den Byzantinern (und denen, die in ihrer künstlerischen Nachfolge standen) ungemein vertraut war. Die byzantinische Darstellungsweise hängt zwar von der biblischen Beschreibung des Paradieses ab, jedoch kann die herausragende Beliebtheit des Paradiesgartens im christlichen Osten nicht einfach als gleichsam bildliche Antwort auf die Genesis erklärt werden. Christliche Maler des Mittelalters und der Folgezeit im Westen widmeten Gartenbildern nie die Aufmerksamkeit, wie sie das Genre der byzantinischen Paradiesdarstellun-

Abb. 84   St. Apollinaris im Paradies. Apsismosaik der Basilia Sant'Apollinare in Classe in Ravenna, 6. Jh.

gen genoß. Aus irgendeinem Grunde scheinen die Byzantiner besonders empfänglich gewesen zu sein für die bildliche Gleichung von Paradies und Gärten. Es ist verlockend, diese eigentümliche Sensibilität in Zusammenhang zu sehen mit der langlebigen rhetorischen Praxis, nüchterne Erzählungen durch Einschübe von Liedern über die Herrlichkeiten der Natur zu unterbrechen. In beiden Fällen sind durch Tradition kanonisierte Formeln evident, doch fragt man sich, warum gerade diese Kunstformen nie erloschen sind. Warum blieb das Bild des Gartens ein fester Motivkomplex der Kunst und Literatur Byzantiums? Es mag sein, daß die alte Assoziation von Landschaft mit der Vorstellung einer idealisierten, ländlichen, von der römischen Senatorialaristokratie favorisierten Existenz weiterhin ihre Faszination auf die byzantinische Stadtbevölkerung ausübte, die diese Kunstwerke schuf und an die diese Bilder und Schriften sich wandten.

Im späten 5., im 6., bis hin zum frühen 7. Jahrhundert erreichte die byzantinische Darstellung der Natur ihren Höhepunkt. Viele dieser in Mosaiken oder in nach frühbyzantinischen Vorlagen illustrierten Handschriften dargestellten Bilder zeigen die Welt, wie sie in der Genesis beschrieben und von den Kirchenvätern in ihren großen Predigten und Kommentaren zum *Hexaemeron* (und in gewissem Grade auch in den Kommentaren zum Lied der Lieder) erörtert und ausgelegt wurde. Einen herausragenden Platz nimmt hier die 28. *Homilie* des Gregorios v. Nazianzos ein, die am Ostersonntag des Jahres 380 in Konstantinopel gehalten wurde. Diese komplexe Welt liebten die Künstler in verkürzter Form als Garten darzustellen.

Eine der bekanntesten Wiedergaben der Welt als Garten erscheint im Mosaikboden des 6. Jahrhunderts in der Basilika des Dometios in Nikopolis. Zypressen, Apfel-, Granatapfel- und Birnbäume stehen hoch über einer Blumenwiese, während Vögel — immer ein wesentliches Element byzantinischer Gärten — die Lüfte bevölkern. Das Mosaik deutet die Welt als Schöpfung Gottes; der Mosaizist wählte einen erkennbar byzantinischen Garten, um das göttliche Werk bildlich auszudrücken. Ähnliche Bilder kehren in mittelbyzantinischen Kopien der *Christlichen Topographie* des Kosmas Indikopleustes, eines Pfefferhändlers des 6. Jahrhunderts, und in anderen Büchern mit aus diesem Werk entnommenen Illustrationen wieder. Ganz wie sie sich das Paradies im Bilde der anmutigen Szenerie ihrer eigenen Gärten vorstellten, so bevorzugten byzantinische Betrachter und Künstler die Darstellung der irdischen, von Gott geschaffenen Welt in Gestalt eines mit fruchtbaren Bäumen und blühenden Pflanzen angelegten Gartens. Man braucht sich nur das Fehlen jeglicher nennenswerten Schilderung von Gärten in der Ausmalung der Sixtinischen Kapelle des Michelangelo ins Bewußtsein zu rufen, um zu erkennen, welch überragende Bedeutung dem Garten im byzantinischen Verständnis vom Wesen des irdischen Daseins zukam.

Ein faszinierendes Beispiel der als ein bevölkerter Garten dargestellten Welt begegnet uns im oben angesprochenen Mosaikboden in der großen Basilika von Herakleia Lynkestis in Makedonien. Neun verschiedene Arten von Bäumen *Abb. 80* zusammen mit den zugeordneten Tieren und Vögeln stehen für den Kreislauf der Jahreszeiten. Ein mit zwei Hirschen und zwei Rehen gefüllter Kranz — die Hirsche symbolisieren chiffrehaft die Erlöserkraft Christi, die Taufe und das Abendmahl — teilt diese zyklische Gartenszene in zwei Bereiche. Der hier im Mosaik gezeigte byzantinische Hain verdeutlicht den kosmischen Sinn der natürlichen Welt; um jedoch dieser Botschaft bildlichen Ausdruck zu geben, wählte man, wie in Nikopolis, das vertraute Bild des Gartens. Aus dem profanen, oder zumindest teilweise profanen Bereich bietet sich die im Gedicht des Philes (s. o.) beschriebene Decke des Kaiserpalasts in Konstantinopel als Parallele. In der Literatur wird Pflanzen (und Tieren) ein christlicher Sinngehalt bescheinigt, über den das Studium der Bibel Aufschluß gibt. Ein bemerkenswertes anonymes Werk jedoch, das nicht sicher datierbare *Theoretikon Paradeission* (ed. M. H. Thomson, *Le Jardin Symbolique*), geht in seiner Chiffrierung viel weiter (so auch einige Kommentare zum *Hexaemeron*). In diesem Werk symbolisierte beispielsweise die Lilie Armut, der Granatapfel Mut, die Palme Gerechtigkeit, die Feige Sanftmut, die Zitrone Reinheit, die Olive Erbarmen und die Weinrebe die Freuden des Geistes.

Bedenkt man den Stellenwert von Gärten für die byzantinische Mentalität, ist es nicht überraschend, daß kleine Gartenflächen in zahlreichen biblischen Szenen auftreten, die eigentlich keiner solchen Illustrationen bedürften. Bilder von Gärten waren besonders in Verkündigungsszenen und, wie wir gesehen haben, in den die *Homilien* oder Predigten des Gregorios v. Nazianzos begleitenden Miniaturen beliebt. Die Verkündigung bot sich für den Einsatz von Gartenmotivik an, da das Fest der Verkündigung am 25. März, dem ersten Tag des byzantinischen Frühjahres, gefeiert wurde. In seinem im 8. Jahrhundert geschriebenen Predigttext über die Verkündigung nannte Germanos dieses Fest »das Frühjahrsfest der Feste« (*Patrologia Graeca* 98, Sp. 320C). Autoren konnten auf den Fundus der rhetorischen Konventionen der *Ekphraseis* dieser Jahreszeit zurückgreifen. In metaphorischer Sichtweise signalisierte die Ankündigung der Geburt Christi eine frühlingshafte Erneuerung des Geistes, die Wende von der heidnischen Abgötterei hin zum Christentum. Gärten hatten somit in Darstellungen der Verkündigung ihren angemessenen Platz. Meist erscheinen sie als begleitendes Beiwerk, so z. B. als Dachgärten, wie in der berühmten um 1180–1200 datierten *Abb. 85* Ikone im Katharinenkloster im Sinai. Apokryphen Texten folgend geschieht die Verkündigung an die heilige Anna auch oft in einem mit brütenden Vögeln und fließenden Brunnen (beide symbolisieren die Geburt) belebten Garten oder Hof. Stellvertretend hierfür stehe das Mosaik aus dem 2. Jahrzehnt des 14. Jahrhun-

Abb. 85   Die Verkündigung. Ikone im Katharinenkloster im Sinai, 12. Jh.

derts in der Kirche des Chora-Klosters (Kariye Camii) in der Hauptstadt Konstantinopel.

Die Liebe der Byzantiner zum Garten fand auch im Bereich der rein ornamentalen Dekoration ihren Ausdruck. Beispiele pflanzlichen Ornaments als Wandverzierung sind oben schon angesprochen worden, jedoch existierte auch unabhängig eine umfängliche Gattung vegetalen Dekors, wie er am häufigsten in der Buchmalerei vertreten ist. Ab dem 9. Jahrhundert entwickelten sich Kopfleisten, die als bildliche Trennung zwischen Kapiteln oder Unterkapiteln dienten, von einfachen Linien oder einer Reihe von Sternchen bis hin zu prunkvollen Gebilden, die oft eine halbe Manuskriptseite beanspruchten. Wegen des häufigen Auftretens stilisierter vegetaler Motive ist die beschreibende Bezeichnung ›Blumenblattornament‹ heute ein gängiger Topos auf dem Gebiet der Interpretation byzantinischer Buchmalerei geworden. Solche Kopfleisten nahmen sogar gelegentlich die Gestalt stilisierter Gärten an. So ist z. B. in einer ins Jahr 941 datierten Kopie der *Homilien* von Gregorios v. Nazianzos im Johanneskloster auf Patmos (Nr. 33, S. 213) eine rechteckige Kopfleiste mit drei Pflanzen und zwei Vögeln ausgestaltet; drei weitere Vögel flankierende Bäume wachsen oben aus der Kopfleiste empor. Auch ein Evangeliar des 13. Jahrhunderts vom Berge Athos (Dionysiou 4, foll. 113R. 178R. 279R) zeigt zahlreiche vegetale, von Bäumen und Vögeln übergipfelte Motive, während in einem Kollektenbuch des 14. Jahrhunderts, auch vom Athos (Chilandari 14m, fol. 1R), stilisierte, in einem Rautenmuster arrangierte Blumen, flankiert von ornamentalen Bäumen, eine rechteckige Kopfleiste füllen. *Abb. 86*

Vegetales Ornament zierte auch die Textteile der Handschriften. Kanontafeln, eine in Spalten angeordnete Konkordanz der vier Evangelien, dienten in fast allen byzantinischen Evangelientexten als Einleitung. Diese Tafeln standen mehr oder weniger von Anfang an in einem architektonischen Rahmen, auch waren die Dächer dieser Rahmen schon in der Frühzeit und insbesondere nach dem Bilderstreit als Dachgärten gestaltet. Gelegentlich flankieren Vögel, Bäume und *Taf. 32* Pflanzen einen Brunnen, der, obwohl an sich häufiges Element byzantinischer Prachtgärten, in diesem speziellen Kontext das Wasser des Lebens symbolisierte. Diese Zusammenstellung finden wir in einem Evangeliar des Jahres 964 in Paris (Bibliothèque Nationale, gr. 70, fol. 8R) und in einer ins 11. oder 12. Jahrhundert zu datierenden Handschrift in einem Athoskloster (Iviron 2, foll. 14R. 15R). Mit dem Motivschmuck blühender, durch Vögel belebter Pflanzen begnügt sich ein Evangeliar des 10. Jahrhunderts in Venedig. Nicht nur Kanontafeln waren von ornamentalem Dekor umgeben. In den *Homilien* im Johanneskloster auf Patmos beispielsweise rahmen Bäume, Pflanzen und Vögel den in Form eines Kreuzes geschriebenen Text auf Seite 7, auch die darauffolgende Seite zeigt einen Text, der in einen von Vögeln und Tieren bevölkerten Garten eingebettet ist.

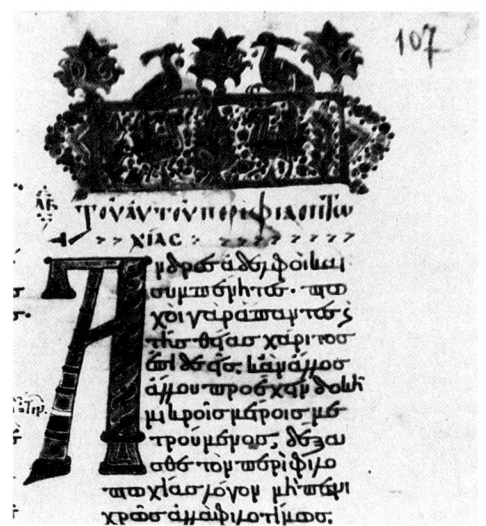

Abb. 86 Pflanzlich gestaltete Kopfleiste, aus den Homilien des Gregorios v. Nazianzos, Patmos (Johanneskloster, cod. 33, S. 213), 10. Jh.

GARTEN UND LANDSCHAFT

In ihren Architekturbeschreibungen übernahmen die Byzantiner oft die Terminologie von Garten und Landschaft, doch klingen diese Allegorien für heutige Ohren recht ungewohnt. Ein außergewöhnliches Beispiel aus dem profanen Bereich ist die Beschreibung der Bibliothek des Leon III. (717–741 n. Chr.) durch Konstantin Manasses (*Chron.* 4257–69); er nennt sie einen anmutigen Obstbaumhain mit Bäumen, die Bücher statt Früchte tragen, und einen Garten Eden der Freuden, in dem Adam nie verwelkende Pflanzen pflegte. Eine der typischeren Passagen lautet: »Wie sich aus der Fläche des Meeres eine Insel erhebt, geschmückt mit Fruchtfeldern, Weinbergen, blühenden Wiesen und bebuschten Hügeln ..., so erscheint demnach in der Mitte des geräumigen Tempels turmähnlich erhaben den Augen der Ambo, seinerseits geschmückt mit blumigen Steinen und Zierden der Kunst« (Paulos Silentiarios, *Beschreibung des Ambos in der Kirche der Hagia Sophia* 224–31). Prokop zeigte sich empfänglich für die Schönheit der Galerien der Kirche Hagia Sophia und beobachtete, daß »man den Eindruck haben könnte, auf eine blühende Wiese gestoßen zu sein« (*De aedificiis* 1,1). Der Brauch, abstrakte Architekturformen mit Bezeichnungen aus dem Formenrepertoire der Natur zu versehen, setzte sich in byzantinischer Rhetorik lange fort. Die Tendenz, die Architektur mit natürlichen Phänomenen in Analogie zu setzen, ist auch einesteils auf die Art und Weise des Erlebens zurückzuführen, in der die gebildete byzantinische Elite ihre Bauten wahrnahm; andererseits beeinflußte sie wiederum diese Sehweise. Uns erscheint dieses Spiel der Einbildungskraft nur schwer nachvollziehbar, doch ist es wohl auch unabhängig von rhetorischer Theorie anzutreffen.

In den detaillierten Beschreibungen zweier byzantinischer Kirchen aus der Mitte des 6. Jahrhunderts ist von Marmororthostaten die Rede, die nach bestimmtem Prinzip sorgfältig ausgesucht wurden. Insbesondere in der Stephanoskirche in Gaza wurden die Platten der Wandvertäfelung »so zusammengefügt, daß das Ergebnis wie eine Schöpfung der Natur aussah« (Chorikios, *Laudatio Marciana* 2,40). Ein anonymer Autor rechnete es dem Kaiser als Verdienst an, daß er einen gewissen Manasses den weiten Weg bis zur Insel Prokonnesos schickte, um für den Fußboden der Hagia Sophia »Marmorplatten zu schneiden, die die Erde andeuten, und grüne Platten, die Assoziationen an ins Meer fließende Flüsse wecken sollten« (*Narratio de Sancta Sophia* 28. 107−8 Preger). Es existieren zudem Stellenausschreibungen aus dem 6. Jahrhundert, die um Fachleute warben, welche geäderte Marmorplatten so geschickt schneiden und zusammenfügen konnten, daß sie den Anblick der Natur zu imitieren schienen (Cassiodorus, *Variae* 1,6). Die solcherart durch die Äderung in marmorner Wanddekoration angedeuteten Landschaften würden für unsere Augen zweifellos reichlich ›abstrakt‹ wirken, jedoch unterstreicht diese Praxis die synkretistische Sichtweise der Byzantiner, nach der sie Natur und Architektur in ihren bildlichen und rhetorischen Traditionen zu verschmelzen neigten.

Die reale Einwirkung der Rhetorik und insbesondere der rhetorischen Beschreibungen (*Ekphraseis*) auf konkrete bildliche Darstellungen ist auch belegt. Maguire argumentiert z. B., daß die in den Szenen der Verkündigung so häufig erscheinenden Gärten von den Frühlingsbeschreibungen inspiriert wurden, und daß sie deswegen in den Predigten über die Verkündigung häufig auftreten, weil dieses Fest am ersten Frühjahrstag gefeiert wurde. Während der Zeit der Palaiologen beeinflußte wiederum die Kunst die Literatur. So liegen Wandteppiche aus dem Westen den Beschreibungen des Frühlings sowie eines Prinzen und einer Prinzessin in einem Garten von Manuel II. Palaiologos (*Patrologia Graeca* 156, Sp. 577−80) und von Ioannes Eugenikos (Boissonade, *Anecdota Nova* 340−6) zugrunde. Letzterer beschreibt auch einen Wandteppich oder ein Gemälde einer Phantasielandschaft (ebd. 331−5). Theodoros Hyrtakenos beschrieb ebenfalls ein Gemälde des Gartens der heiligen Anna (Boissonade, *Anecdota Graeca* 3, 59−70). Diese Zitate gehören, wenngleich im Falle der Teppiche westliche Inspiration am Anfang steht, alle zu einer etablierten literarischen Tradition in Byzanz.

Nach dieser Durchsicht der zahlreichen, verstreuten Hinweise und Darstellungen kristallisiert sich uns ein allgemeines, wenn auch noch unscharfes Bild der echten byzantinischen Gärten in natura heraus. Sie waren häufig aus ästhetischen Gründen geschätzt, obwohl sie als Nutzgärten angelegt waren; sogar Blumen nutzte man kommerziell für die Parfumherstellung. Stadtgärten waren in der Regel recht klein (zumal in der dichtbevölkerten Hauptstadt), oft kaum mehr als ein Weinstockspalier und in Kübeln gepflanzte Kräuter, Sträucher oder Bäume in einem Innenhof oder einfache Dachgärten. Die Vegetation in den größeren Gärten bestand überwiegend aus Rasenflächen, Obstkulturen, Weingärten oder spalierbildenden Weinstöcken, schattigen Laubengängen, Sträuchern und Blumenbeeten. Sehr geschätzt und um des Effekts willen kombiniert wurden kontrastierende Farben von (speziell immergrünen) Bäumen, von Knospen, Früchten und Blüten blühender Bäume und Sträucher, denen man oft vor Blumen den Vorzug gab. Es wurde darauf geachtet, daß die Farben zu den verschiedenen Jahreszeiten miteinander harmonierten. Terrassen und Hügel, mitunter künstlich angelegt, unterbrachen das Ordnungsschema von geraden statt sich windenden Wegen, gerade ausgerichteten Baumreihen, Blumenbeeten und dominierenden Wasserläufen. Wasser war eindeutig ein wesentliches ästhetisches und praktisches Element des Gartens. Häufig sprudelte es aus Röhren in Terrassen oder Statuen in Brunnen und floß in Becken oder marmorne Bassins hinunter. So wurde gleichzeitig die Luft gekühlt; im angenehmen Plätschern des Wassers assoziierten byzantinische Schriftsteller das Flüstern von Blättern und singende Vögel. Die größten Gartenanlagen in den Vororten und auf dem Lande umfaßten auch Wiesen und Wälder, die die byzantinische Jagdleidenschaft zu befriedigen bestimmt waren. Prächtige Gärten der Frühzeit kombinierten, in Anlehnung an römische Vorbilder, Meer und Land (z. B. *Anthologia Palatina* 9,663−5), doch lag die Mehrzahl byzantinischer Gärten im Landesinneren oder benutzte, an der Küste situiert, das Meer lediglich als pittoreske Kulisse. Informationen über Dörfer sind in den Quellen spärlich anzutreffen; sicherlich war aber die städtische Raumnot hier kein bestimmender Faktor. Weinberge und Obstgärten waren, im Unterschied zu eindeutigen Lustgärten, in Dörfern häufig vorhanden, wie der Rhetoriker Ioannes Eugenikos im 15. Jahrhundert in seiner Beschreibung des Dorfes Petrina in der Nähe von Sparta, von dessen Schönheit er sehr angetan war, illustriert (Lambros, *Palaiologeia kai Peloponnesiaka* 1,49−55).

Byzantinische Gartendarstellungen, wie auch die literarisch fixierten Beschreibungen von Gärten, waren von einer in den Städten wohnenden Gesellschaft für einen überwiegend städtischen Betrachter- und Leserkreis geschaffen. Wenngleich der byzantinische Gärtner sich des menschlichen Herrschaftsauftrags über die von Gott erschaffene Welt bewußt war, war er doch nicht minder mit den die Erde verwüstenden Erdbeben, Dürren, Hagelstürmen und sonstigen Katastrophen vertraut, durch die Gott die Sünder der Erde bestrafen konnte. Die idyllischen und paradiesähnlichen Züge der byzantinischen Gartendarstellungen sind daher nicht verwunderlich, da diese Bilder eine Landschaft heraufbeschwören, die, wenn sie denn in einer Stadt erreichbar war, sicherlich von den Gärtnern als Nachahmung der göttlichen Schöpfung intendiert war und der mithin Naturkatastrophen nichts anzuhaben vermochten. Die *Geoponika* empfahlen den Gartenbau »der Gesundheit und der Genesung von Krankheit wegen«; den Garten sollte man in der Nähe des Hauses anlegen, »um die Freude des Schauens und die angenehme Empfindung der süßen Düfte genießen zu können« (12,2). Trotz mancher Lücken in unserem Kenntnisstand zeichnet sich als vorläufiges Fazit ab, daß der byzantinische Garten, ob groß oder klein, als willkommenes Refugium, als Manifestation menschlicher Dankbarkeit für die göttliche Schöpfung und der Teilnahme des Menschen an diesem Werk sowie als ein, wenn auch unvollkommenes Nachbild jener Welt verstanden werden kann, nach der sich alle Menschen sehnten und in die sie eines Tages einzugehen hofften.

Dankwort

A.R.L. ist den Professoren R. Browning (Birkbeck College, London) und A. Cutler (Pennsylvania State University) sowie Dr.J.P. Thomas zu Dank verpflichtet; L.B. dankt Professor A.A.M. Bryer (University of Birmingham) für viele fruchtbare Diskussionen.

Literatur

G. Åkerstrom-Hougen, *The Calendar and Hunting Mosaics of the Villa of the Falconer in Argos: a Study in Early Byzantine Iconography* (Stockholm 1974)

A. Arber, *Herbals: their Origin and Evolution*, 2. Aufl. (Cambridge 1987)

M. van Berchem, The Mosaics of the Dome of the Rock in Jerusalem and of the Great Mosque in Damascus, in: K.A.C. Cresswell, *Early Muslim Architecture I* (Oxford 1932) 151−228

M. Blagojević, *Zemljoradnja y Srednjovekovnoj Srbiji (Agriculture in Medieval Serbia*; English summary) (Belgrad 1973)

W. Blunt und S. Raphael, *The Illustrated Herbal* (New York 1979)

A.A.M. Bryer, Byzantine Agricultural Implements: the Evidence of Medieval Illustrations in Hesiod's *Works and Days. Annual of the British School of Archaeology at Athens* 81, 1986, 45−80

A. Cameron und J. Herrin, *Constantinople in the Early Eighth Century: The Parastaseis Syntomoi Chronikai* (Leiden 1984)

K. Dunbabin, *The Mosaics of Roman North Africa* (Oxford 1978)

R. Ettinghausen, *Arab Painting* (New York 1962)

M. Faulhaber, *Hohelied-, Proverbien-, und Prediger-Catenen* (Wien 1902)

G. Galavaris, *The Illustrations of the Liturgical Homilies of Gregory of Nazianzus* (Princeton 1969)

H. Gerstinger, *Die Wiener Genesis* (Wien 1931)

H. Gerstinger, *Dioscorides, Codex Vindobonensis med. gr. 1 der Österreichischen Nationalbibliothek* (Graz 1970) (vollständiges Faksimile)

M.L. Gothein, *Geschichte der Gartenkunst I* (Jena 1926) 143−148

C. Hahn, The Creation of the Cosmos: Genesis Illustration in the Octateuchs. *Cahiers archéologiques* 28, 1979, 29−40

W. Horn und E. Born, *The Plan of St Gall* (Berkeley 1979)

R. Janin, *Constantinople Byzantine* (Paris 1964)

E. M. Jeffreys, *The question of western influence on Greek popular verse romances, with particular reference to the garden-castle theme* (Oxford B.Litt. Dissertation 1968)

R. Kolarik, The Floor Mosaics of Eastern Illyricum. *Eisageseis tou Dekatou Diethnous Synedriou Christianikes Archaiologias, Hellenika* 26, 1980, 173—203

B. Langkavel, *Botanik der späteren Griechen vom 3. bis zum 13. Jahrhundert* (Berlin 1866)

A. R. Littlewood, Romantic Paradises: the Rôle of the Garden in the Byzantine Romance. *Byzantine and Modern Greek Studies* 5, 1979, 95—114

A. R. Littlewood, Gardens of Byzantium, *Journal of Garden History* 12, 2, 1992, 126—153

H. Maguire, *Art and Eloquence in Byzantium* (Princeton 1981)

H. Maguire, *Earth and Ocean, the Terrestrial World in Early Byzantine Art,* Monographs on the Fine Arts 43 (University Park, Pennsylvania, und London 1987)

G. P. Majeska, *Russian Travelers to Constantinople in the Fourteenth and Fifteenth Centuries,* Dumbarton Oaks Studies XIX (Washington 1984)

C. Mango, *The Art of the Byzantine Empire 312—1453: Sources and Documents* (Englewood Cliffs 1972)

C. Mango und I. Lavin, The Great Palace of the Byzantine Emperors. *Art Bulletin* 42, 1960, 67—70

S. Miranda, Étude sur le Palais Sacré de Constantinople. *Byzantinoslavica* 44, 1983, 41—49. 196—204

H. Omont, Miniatures des homélies sur la Vierge du moine Jacques (MS grec 1208 de Paris). *Bulletin de la Société française de reproductions de manuscrits à peintures* 11, 1927

J. Onians, Abstraction and Imagination in Late Antiquity. *Art History* 3, 1980, 1—23

S. Pelekanidis et al., *The Treasures of Mount Athos, Illuminated Manuscripts I—III* (Athens 1973—9)

J. Psichari, L'arbre chantant, in: *Mélanges offerts à M. Émile Châtelain* (Paris 1910) 628—33

D. Talbot Rice, *The Great Palace of the Byzantine Emperors, Second Report* (Edinburgh 1958)

J. P. Richter, *Quellen der byzantinischen Kunstgeschichte* (Wien 1897)

G. Robinson, *History and Cartulary of the Greek Monastery of S. Elias and S. Anastasius of Carbone, Orientalia Christiana* 11. 15. 19 (1928—30)

G. Rouillard, *La Vie rurale dans l'Empire byzantine* (Paris 1953)

O. Schissel, *Der byzantinische Garten,* Akademie der Wissenschaften in Wien, Phil.-hist. Klasse, Sitzungsberichte 221.1 (1942) (zu den Gärten in den Romanen)

C. Singer, The Herbal in Antiquity and its Transmission to the Later Middle Ages. *Journal of Hellenic Studies* 47, 1927, 1—52

J. L. Teal, The Byzantine Agricultural Tradition, *Dumbarton Oaks Papers* 25, 1971, 34—59

M. H. Thomson, *Textes grecs inedits relatifs aux plantes* (Paris 1955)

M. H. Thomson, *Le Jardin symbolique* (Paris 1960)

A. M. Watson, *Agricultural Innovation in the Early Islamic World* (Cambridge 1983) insbes. 117—9

K. Weitzmann, *Die byzantinische Buchmalerei des 9. und 10. Jahrhunderts* (Berlin 1935)

K. Weitzmann, *Ancient Book Illumination* (Cambridge, Massachusetts 1959)

K. Weitzmann und H. L. Kessler, *The Cotton Genesis, British Library Codex Cotton Otho B.VI* (Princeton 1986)

Ausführliche bibliographische Angaben zu den herangezogenen Literaturquellen s. bei:

H.-G. Beck, *Kirche und theologische Literatur im byzantinischen Reich* (München 1959)

H.-G. Beck, *Geschichte der byzantinischen Volksliteratur* (München 1971)

H. Hunger, *Die hochsprachliche profane Literatur der Byzantiner I-II* (München 1978)

Abbildungsnachweis

Abb. 79.83.84   Photo: Deutsches Archäologisches Institut, Rom

Abb. 80   Nach G. Cvetković-Tomašević, Les mosaïques paléobyzantines de Pavement (1978) Abb. 46

Abb. 81   Zeichnung B. Carroll

Abb. 82   Photo: Biblioteca Nazionale, Neapel

Abb. 85   Photo: K. Weitzmann, Alexandria-Michigan-Princeton Expedition to Sinai

Abb. 86   Photo: Johanneskloster, Patmos

U. Willerding

Gärten und Pflanzen des Mittelalters

EINFÜHRUNG

Eine schöne und zugleich oftmals erstaunliche Vielfalt von Blumenformen und -farben erfreut den Besucher von gelungenen Gartenanlagen. Die genauere Betrachtung der Zierpflanzen ergibt, daß darunter nur wenige einheimische Arten vertreten sind. Dazu gehören u.a. Akelei *(Aquilegia vulgaris)* und Maiglöckchen *(Convallaria majalis)*. Die Mehrzahl der Gartenpflanzen stammt aus fremden Regionen. Aus Südeuropa, dem Mittelmeergebiet oder Südwestasien kommen beispielsweise Arten wie Goldlack *(Cheiranthus cheiri)*, Löwenmaul *(Antirrhinum maius)*, Marien-Lilie *(Lilium candidum)* oder Pfingstrose *(Paeonia officinalis)*. Die gebräuchlichen deutschen Namen dieser Pflanzen sind sehr volkstümlich. Hierdurch wird deutlich, daß diese Gartenpflanzen von der Bevölkerung nicht mehr als Fremdlinge empfunden werden. Das ist verständlich, da es sich hier um Arten handelt, die bereits während des Mittelalters in Kloster- und Burggärten angepflanzt worden sind.

Anschaulich und meist auch volkstümlich sind allerdings ebenfalls Namen vieler Zierpflanzen, die erst im Laufe der Neuzeit nach Mitteleuropa gelangten. Es sind dies u.a. die in Nordamerika heimischen Arten wie Goldball *(Rudbeckia laciniata)*, Mädchenauge *(Coreopsis laciniata)*, Sonnenauge *(Heliopsis scabra)*, Sonnenblume *(Helianthus annuus)* und Sonnenhut *(Rudbeckia fulgida)* oder aus Ostasien kommende Pflanzen wie Taglilie *(Hemerocallis fulva)*, Tränendes Herz *(Dicentra spectabilis)* und Winteraster *(Chrysanthemum indicum)*.

Die bunten Ziergärten sind also angefüllt mit vielen, eigentlich exotischen Arten, die mehrheitlich aus Ländern der nördlichen Hemisphäre stammen. Der geringe Anteil von Zierpflanzen mitteleuropäischer Herkunft wird verständlich angesichts der Tatsache, daß Mitteleuropa von Natur aus bewaldet ist. Bei diesen Wäldern handelt es sich seit mehr als 2000 Jahren überwiegend um Rotbuchenwälder oder Laubmischwälder mit einem mehr oder minder hohen Rotbuchenanteil. Nach dem Laubaustrieb im Frühjahr bleibt den Bodenpflanzen in solchen Wäldern nur wenig Licht. Es ist daher nicht erstaunlich, daß aus derartig dunklen Wäldern kaum eine im Sommer blühende Zierpflanze kommt.

Bei den wenigen einheimischen Zierpflanzen handelt es sich daher vor allem um Frühlingsblüher aus dem vor der Belaubung noch relativ hellen Dunkelwald. Dies betrifft u. a. die Ausgangsarten der zahlreichen Zuchtformen der Schlüsselblume (*Primula elatior, P. officinalis, P. vulgaris*). Im Sommer blühende Arten wie Akelei (*Aquilegia vulgaris*) und Pfirsichblättrige Glockenblume (*Campanula persicifolia*) stammen hingegen aus lichteren Waldformen bzw. lockeren Gebüschformationen. Diese standen beispielsweise in den Nutzungsformen von Nieder- und Mittelwald zur Verfügung. Entsprechend helle Wuchsräume gibt es aber auch ohne menschliche Eingriffe auf Standorten, wo die Rotbuche nicht mehr konkurrenzkräftig ist. Dies kann u. a. durch den Temperatur- bzw. Wasserfaktor bedingt sein. Die sich auf warmen und trockenen Standorten ausbreitenden Gehölze wie Eiche, Elsbeere oder Feld-Ahorn lassen genug Licht in den Bestand, so daß die blütenökologischen Voraussetzungen für das Gedeihen von Sommerblühern mit leuchtenden Farben gegeben sind. Das gilt entsprechend auch für montane Grau-Erlenwälder, aus denen die Himmelsleiter (*Polemonium coeruleum*) stammt, oder für subalpine Hochstaudenfluren, wo der Blaue Eisenhut (*Aconitum napellus*) beheimatet ist.

Würde man auf die aus fremden Ländern stammenden Zierpflanzen der Gärten verzichten, gäbe es die Farbenpracht nicht, die Bauerngärten im Sommer und Frühherbst so attraktiv macht. Wenn heute von verschiedener Seite zur Bevorzugung einheimischer Arten im Garten aufgerufen wird, so kann dies eigentlich nur in Unkenntnis historischer und geographischer Zusammenhänge erfolgen. Jedenfalls haben bunte, blühende Gärten offensichtlich auch früher den Menschen erfreut. Dies läßt sich an spätmittelalterlichen und frühneuzeitlichen Gartendarstellungen ebenso ablesen wie an Bildern alter römischer, persischer oder ägyptischer Gärten (Thacker 1979, Wengel 1985).

Solche frühen Ziergärten dienten der Freude, der Erholung und wohl oftmals auch der Repräsentation. Sie wurden gern als Nachbildungen des Paradieses bzw. vergleichbarer Vorstellungen interpretiert. Auf alle Fälle handelt es sich um Flächen, die mit großem Arbeitsaufwand gestaltet worden sind, ohne sie in den Dienst der Nahrungsproduktion zu stellen. Dadurch ergibt sich die Frage nach ihrer Häufigkeit. Die meisten Menschen konnten sich wohl den Luxus nicht leisten, derartige Flächen kontinuierlich aus der Produktion zu nehmen. Daher ist es wahrscheinlich, daß es Ziergärten vor allem im Bereich sozial und ökonomisch bessergestellter Kreise gegeben hat. Ein Vergleich mit den neuzeitlichen Parkanlagen von Schlössern und Herrenhäusern drängt sich auf.

Zierpflanzen können jedoch in gewissem Umfang auch in Nutzgärten gewachsen sein, ähnlich wie in den Bauerngärten (Griessmair u. Kompatscher 1987, Willerding 1989). Dort stehen sie oft in enger Nachbarschaft zu Nutzpflanzen wie Gemüse, Gewürz- und Heilpflanzen sowie Obstarten.

Offenbar gab es während des Mittelalters verschiedenartige Formen des Nutzgartens (u.a. Janssen 1986, Vogellehner 1984, Willerding 1984a, 1984b). Den unterschiedlichen Nutzungsintentionen entsprechend, wurden folgende Gärten unterschieden: Gemüsegärten (Kohlgärten, Krautgärten), Gewürzgärten (Würzgärten), Kräutergärten (Heilpflanzengärten), Obstbaumgärten (Baumgärten), Hopfengärten und Weingärten. Ihre Verbreitung dürfte von den lokalen Bedürfnissen ebenso abhängig gewesen sein wie von den naturräumlichen Gegebenheiten.

Allen Gartentypen gemeinsam war die Abgrenzung gegenüber anders genutzten Flächen. Bei der Umfriedung handelte es sich um ein konstitutives Element des Gartens, das einen besonderen Rechtsraum geschaffen hat (Kroeschell 1984). Zugleich dienten die Zäune dem Schutz vor dem Betreten des Gartens durch Unbefugte und ebenso vor Tieren.

QUELLEN

Über Gärten und Gartenpflanzen des Mittelalters in Zentraleuropa bieten verschiedenartige Quellen Informationen. Neben den archäologisch erschließbaren Funden von Pflanzenresten und Gartengerätschaften können Grabungsbefunde stehen, die Auskunft geben über die Bodenverhältnisse im Garten sowie über die Art der Garten- bzw. Beetanlage. Während einige dieser Quellen erst in neuerer Zeit verstärkt erschlossen werden (Willerding 1984a, 1984b), sind zeitgenössische schriftliche und bildliche Quellen bereits seit längerer Zeit ausgewertet worden (u.a. Behling 1967, Fischer 1929, Fischer-Benzon 1894, Janssen 1986, Wein 1914).

Erfreulicherweise tragen die unterschiedlichen Quellengattungen oftmals zur Absicherung der Erkenntnisse über einzelne Themenbereiche bei. Das gilt für Pflanzen mittelalterlicher Gärten ebenso wie für das Arbeitsgerät. Zeitgenössisches Fundgut und zeitgenössische Schrift- und Bildquellen können sich dabei wertvoll ergänzen oder auch ihren Aussagewert gegenseitig bestätigen. So läßt sich die Artzugehörigkeit von Frucht- oder Samenresten aus Grabungsproben in der Regel sicher bestimmen. Das gilt entsprechend für viele Pflanzendarstellungen in der Buch- und Tafelmalerei des Mittelalters (Behling 1967). Hingegen ist die Artzuordnung manchen frühen, schriftlich belegten Pflanzennamens immer noch nicht gesichert. Ein Vergleich von archäologischem Fundgut und Bildquelle erlaubt darüber hinaus auch Einsichten in die Zuverlässigkeit bildlicher Darstellungen. Das ist äußerst wichtig, weil bislang — jedenfalls aus Mitteleuropa — kaum zuverlässige archäologische Befunde über mittelalterliche Gartenanlagen zur Verfügung stehen (Janssen 1986).

Da die aus zeitgenössischen Bildern und archäologischem Fundgut entnehmbaren Informationen über Gartenpflanzen und Gartengeräte sich weitgehend entsprechen bzw. gegenseitig bestätigen, ist anzunehmen, daß die Darstellungen von Gartenanlagen, Beeten, Wegen, Hecken und Brunnen auch weitgehend die Realität wiedergegeben haben. Sofern sich die Archäologie der Erforschung des mittelalterlichen Gartens zuwenden sollte, könnten sich hier wichtige Grundlagen einer Grabungsstrategie ergeben.

Zu erwähnen sind auch einige indirekte Quellen wie frühe Kochbücher und frühneuzeitliche Früchte- bzw. Blumenstilleben. Aus ihnen geht hervor, daß bestimmte Gartenpflanzen zur Verfügung gestanden haben bzw. bekannt gewesen sind.

Das Vorhandensein der verschiedenartigen Quellentypen ist auch deshalb so wertvoll, weil nicht alle Quellen über das ganze Mittelalter hinweg in gleicher Weise zur Verfügung stehen. So gibt es aus dem Frühen Mittelalter mit dem *Capitulare de villis* (ca. 800 n. Chr.), dem Klosterplan von St. Gallen (ca. 820) und dem *Hortulus* des Reichenauer Abtes Walahfrid Strabo (ca. 830) vor allem drei, allerdings besonders wertvolle Zeitzeugnisse. Archäologisches Fundgut aus diesem Zeitraum wäre daher sehr willkommen. Da die Beachtung von Pflanzenrestfunden leider noch nicht allenthalben üblich ist, liegen aus dem Frühmittelalter Pflanzenreste bislang aber erst von relativ wenigen Fundplätzen vor. Hier zeichnet sich ein Desiderat ab, das bei Ausgrabungen in Bereichen früher Klöster und Pfalzen zu berücksichtigen ist.

Schriftliche Quellen allgemeiner Bedeutung, die den Garten und Gartenpflanzen betreffen, setzen im Hohen Mittelalter mit dem Werk der heiligen Hildegard von Bingen (ca. 1150) ein. Es schließen sich die Schriften des Albertus Magnus und des Petrus de Crescentiis um 1260 bzw. 1305 an (Vogellehner 1984). Mit Beginn der Frühen Neuzeit folgen die Kräuterbücher und die Hausväter-Literatur (Schröder-Lembke 1984).

Schriftliche Überlieferungen über einzelne Regionen oder Siedlungen mit Aussagen zum Gartenbau beginnen meist erst im 13. oder 14. Jahrhundert. So ist beispielsweise für Göttingen das Vorhandensein von verschiedenen Gartenformen ab 1313 belegt (Willerding 1984a). Die paläo-ethnobotanische Untersuchung pflanzlicher Reste aus Grabungskomplexen könnte daher wesentlich zum Ausbau des Kenntnisstandes in zeitlicher und räumlicher Hinsicht beitragen. Bislang gibt es entsprechende Aussagen aufgrund pflanzlichen Fundgutes vor allem für das späte Hochmittelalter, das Spätmittelalter und die Frühe Neuzeit.

Dies hängt u.a. damit zusammen, daß aus diesem Zeitraum zunehmend Fundstellen erhalten sind. Dabei handelt es sich neben Überresten von Verteidigungsanlagen vor allem um Reste von Versorgungs- und Entsorgungseinrichtungen, die meist im Zusammenhang mit der zunehmenden Bevölkerungszahl in den Städten geschaffen worden waren. So sind Ablagerungen aus Stadtgräben, Brunnen, Kloaken oder bis in den Grundwasserbereich eingetieften Abfallgruben auch wertvolle Quellen für die Erforschung mittelalterlicher Gärten durch die Paläo-Ethnobotanik.

Allerdings müssen bei der Auswertung archäologisch erschlossener Pflanzenreste zahlreiche methodische Probleme berücksichtigt werden (Willerding 1984 b, 1991). Früchte und Samen von Gartenpflanzen haben nämlich − anders als Getreidekörner − eine relativ geringe Chance zu verkohlen. Während dort bei der Zubereitung, Konservierung oder während der Lagerung Körner verkohlen können, gibt es für Zierpflanzen, Gemüse und Obst kaum derartige Gelegenheiten. Ihre unverkohlten Belege bleiben daher nur in solchen Ablagerungen erhalten, wo sie infolge Sauerstoffmangels dem Abbau durch Mikroorganismen entzogen waren. Daher sind die oben genannten Fundstellentypen besonders geeignet für die Erforschung des mittelalterlichen Gartenbaus.

Neben derartigen allgemeinen Problemen gibt es auch solche, die für einzelne Arten bzw. Artengruppen spezifisch sind. So fällt es beispielsweise schwer, Zierpflanzen nachzuweisen; deren Früchte bzw. Samen sind meist noch nicht ausgereift, wenn Reste verblühter Blumensträuße in den Abfall geraten. Das gilt entsprechend auch für Salat- und Gemüsearten, die in der Regel bereits lange vor der Fruchtbildung genutzt werden. Lediglich Arten wie Portulak, bei dem die Samenreife schon sehr früh einsetzt, besitzen eine bessere Nachweischance. Werden von Gewürzpflanzen wie Dill und Fenchel außer Blättern auch Früchte verwendet, ergeben sich relativ gute Erfassungsmöglichkeiten. Ähnliches gilt für Gewürzkräuter, von denen nur die Früchte genutzt werden, so für Koriander und Kümmel. Entsprechend steht es je nach Verwendungsform bei den Heilpflanzen. Wie die oftmals großen Mengen von Fruchtsteinen, Steinkernen, Nüßchen oder Samen erkennen lassen, können die Obstarten gut erfaßt werden. Dies gilt ebenso für die Nüsse.

Insgesamt ergibt sich demnach eine unterschiedlich gute Nachweismöglichkeit für die einzelnen Gartenpflanzengruppen mit Hilfe ihrer fossilen Reste. Daher ist es sehr wertvoll, daß zeitgenössische Schrift- und Bildquellen zur Erweiterung der Kenntnis beitragen können. Das ist besonders wichtig, wenn Arten wie Knoblauch (*Allium sativum*), Porree (*Allium porrum*) und Zwiebel (*Allium cepa*) kaum durch fossile Belege nachgewiesen werden können. Sehr interessant ist es auch dort, wo an den fossilen Belegen nicht erkennbar ist, um welche Zuchtform oder Sorte es sich handelt. So ermöglichen derartige Quellen einen Einblick in die mittelalterliche und frühneuzeitliche Sortenfülle, beispielsweise von Apfel oder Kohl (Willerding 1984 a, Wiswe 1970). Oft zeigt sich jedoch auch, daß durch fossile Belege nachgewiesene Gartenpflanzen in synchronen schriftlichen Quellen vom gleichen Ort nicht genannt werden. Das gilt beispielsweise für das

Göttinger Zollbuch von 1410, in dem Maulbeere *(Morus nigra)*, Mispel *(Mespilus germanica)* und Pfirsich *(Prunus persica)* nicht aufgeführt sind (Willerding 1987).

Andererseits berichten spätmittelalterliche Bilder vom Vorhandensein der rotblühenden *Rosa gallica* und der weißblütigen *Rosa alba* (Behling 1967, Nissen 1988). An den fossilen Früchten der Gattung *Rosa* wäre diese Unterscheidung wohl kaum möglich.

Schließlich ist zu erwähnen, daß auch experimentelle Befunde zur besseren Kenntnis des mittelalterlichen Gartenbaus beitragen können. So wurden in dem auf der Ruine Plesse bei Göttingen angelegten mittelalterlichen Kräutergarten Beobachtungen über die Konkurrenzkraft einheimischer Heilpflanzen gemacht. Dabei stellte sich heraus, daß beispielsweise die von der heiligen Hildegard von Bingen empfohlenen Heilpflanzen Gänse-Fingerkraut *(Potentilla anserina)* und Gundermann *(Glechoma hederacea)* außerordentlich wuchskräftig sind. Wenn sie nicht betont kurz gehalten werden, be- und verdrängen sie manche der aus dem Mittelmeergebiet stammenden Heilkräuter. Das deutet darauf hin, daß manche einheimischen Heilkräuter während des Mittelalters wohl kaum im Garten vertreten waren. In der aufgelichteten Landschaft des Siedlungsumlands gab es offenbar genügend geeignete Wuchsplätze für diese Arten.

ANLAGE UND FUNKTION

Archäologische Befunde über mittelalterliche Gärten liegen aus Zentraleuropa bislang kaum vor (Janssen 1986, Stoffler 1978, Willerding 1984 b). Beispielsweise ist an die Erschließung typischer Gartenelemente wie Zaun, Beetbegrenzungen, Wege oder auch Pflanz- bzw. Pfostengruben zu denken. Gebiete alten Gartenbaus lassen sich im Bereich der Städte meist gut erkennen durch mächtige, schwarze Hortisole. An der Untergrenze dieser an Schwarzerde erinnernden Bodenprofile könnten gelegentlich Zeugnisse der erwähnten Gartenelemente oder auch Spuren der Arbeit mit dem Spaten erhalten sein. Wegen seiner hohen biologischen Aktivität ist allerdings im Humushorizont des Hortisols selbst kaum etwas Derartiges zu erwarten. Sofern nicht derart mächtige, homogene Böden vorliegen, dürfte die archäologische Nachweisbarkeit eher besser sein. Dies zeigen u. a. archäologische Untersuchungen der Privatgärten des Ludwigsburger Schlosses (Walliser 1987).

Wie aufschlußreich archäologische Untersuchungen von Gärten sein können, legt Carroll-Spillecke (1989) am Beispiel antiker Gärten Griechenlands dar, desgleichen Taylor (1983) für England. Dank der in den Aschenablagerungen des Vesuv besonderen Erhaltungsbedingungen ist es Jashemski (1979) gelungen, in

Pompeii sensationelle Befunde freizulegen, die wesentlich zur Verbesserung der Kenntnis über die alten römischen Gärten beitragen. Ähnlich wichtig sind die Ergebnisse, die Cunliffe (1981) über römische Gärten in Britannien aufgrund archäologischer Grabungen – beispielsweise in Fishbourne – ableiten konnte.

Entsprechend grundlegende archäologische Ergebnisse über mittelalterliche Gärten stehen aus Zentraleuropa bislang nicht zur Verfügung. Zur Klärung von Anlage und Funktion bieten sich daher zeitgenössische Bild- und Schriftzeugnisse an. Sie sind in einer Fülle einschlägiger Veröffentlichungen ausgewertet worden, wobei in der Regel Fragen der Gartenkunst im Vordergrund des Interesses standen (u. a. Allinger 1950, Berrall 1978, Crisp 1979, Gothein 1926, Harvey 1981, Hennebo 1962 u. 1987, Huxley 1978, Macdougall 1986, Meyvaert 1986, Thacker 1979, Vogellehner 1984, Wengel 1985). Daher kann hier von einer ausführlichen Darstellung einzelner Details abgesehen werden.

Im Klosterplan von St. Gallen, der ältesten bildlichen Gartendarstellung Mitteleuropas, sind bereits vier unterschiedliche Gartentypen eingetragen (u. a. Hecht 1983, Sörrensen 1962). Der Garten im Kreuzgangbereich südlich der Klosterkirche erinnert stark an den römischen Peristylgarten, wie er insbesondere von Jashemski (1981) beschrieben wurde. Ein Wegekreuz führt zum Zentrum der Anlage, wo vermutlich ein Sadebaum vorgesehen war (Fischer 1929). Derartige Kreuzganggärten waren offenbar Vorbilder für die Bauerngärten der Neuzeit (s. u.), wobei in der Mitte – wie bei vielen anderen Kreuzganggärten – meist ein Brunnen stand. Ob die beiden kleineren Kreuzgangbereiche östlich der Kirche ebenfalls als Gärten gestaltet werden sollten, ist aus der Planzeichnung nicht zu ersehen.

Abb. 87

bezirk abgegrenzt. Gemüsegarten und Kräutergarten sind ähnlich geplant und enthalten jeweils zwei Reihen schmaler und mehr oder minder langer Beete; der Kräutergarten ist zudem umgeben von acht weiteren Beeten, die an seinen Rändern liegen. Die Beete sind jeweils deutlich von den Wegen abgesetzt, so daß an eine Begrenzung durch Bretter zu denken ist, wie dies wenig später von Walahfrid Strabo in seinem Hortulus beschrieben wird.

Für die 18 Beete des Gemüsegartens waren nach Vogellehner (1984) u. a. folgende Kulturpflanzen vorgesehen: Zwiebel, Porree, Sellerie, Koriander, Dill, Schlaf-Mohn, Rettich, Mangold, Knoblauch, Schalotte, Petersilie, Kerbel, Salat, Bohnenkraut, Pastinak, Kohl und Schwarzkümmel. Im Kräutergarten sind u. a. notiert: Marien-Lilie, Rose, Bohnenkraut, Frauenminze, Bockshornklee, Rosmarin, Minze, Garten-Salbei, Weinraute, Schwertlilie, Polei-Minze, Kreuzkümmel, Liebstöckel und Fenchel. Die Nachbarschaft zu Arzthaus und Spital zeigt, daß diese Pflanzen als Heilpflanzen angesehen wurden. Ein großes Sortiment von

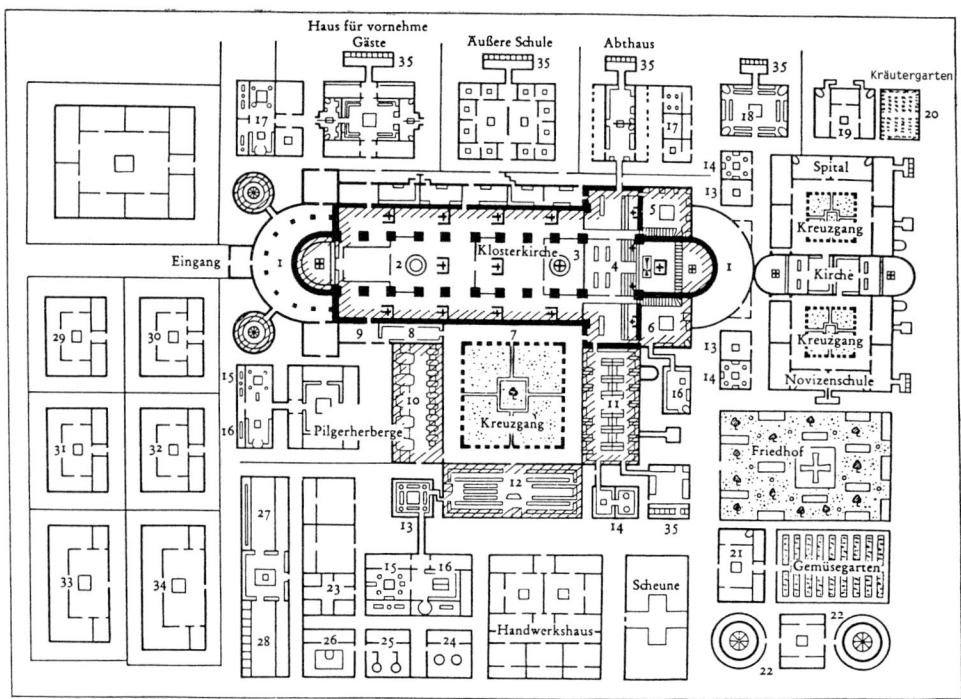

Abb. 87 Der aus dem Jahr 816 stammende Klosterplan von St. Gallen läßt das Vorhandensein verschiedener Gartenformen erkennen. Auf der Ostseite der Klosteranlage befinden sich drei unterschiedliche *Nutzgärten*. 18 lange und schmale Beete umfaßt der im Südosten liegende *Gemüsegarten*. Nördlich folgt der Friedhof, der zugleich als Obstbaumgarten geplant ist. Im Nordosten befindet sich direkt neben dem Arzthaus der *Kräutergarten* mit 16 Beeten. Die jeweils vorgesehenen Pflanzen sind in den Beeten bzw. neben den Baumdarstellungen vermerkt. Ganz zentral liegt der große Kreuzgangsgarten südlich der Klosterkirche. Ob in den beiden ähnlichen, jedoch kleineren Kreuzgangsbereichen neben dem Novizen- und Krankenhauskirche umfassenden Gebäude östlich der Klosterkirche auch Gärten liegen, geht aus der Zeichnung nicht hervor

Obstgehölzen ist im Bereich des Obstbaumgartens bzw. Friedhofes eingetragen: Apfel, Birne, Pflaume, Speierling, Mispel, Lorbeer, Eßkastanie, Feige, Quitte, Pfirsich, Haselnuß, Mandel, Maulbeere und Walnuß.

Die für die Gärten des St. Galler Klosterplans vorgesehenen Nutzpflanzen sind bereits weitgehend im etwas älteren *Capitulare de villis* erwähnt (u. a. Brühl 1971, Fischer 1929, Fischer-Benzon 1894).

Walahfrid Strabo beschreibt in seinem *Liber de cultura hortorum*, kurz *Hortulus* genannt, weitere Pflanzen: Eberraute, Flaschenkürbis, Melone, Wermut, Andorn, Muskateller Salbei, Betonika, Odermennig, Schafgarbe und Katzenminze (Marzell 1974, Stoffler 1978, Vogellehner 1984). Interessanterweise sind darunter neben ausgesprochen wärmeliebenden Arten wie Flaschenkürbis und Melone auch einige einheimische Wildpflanzen wie Betonika und Odermennig. Aufgrund der anschaulichen Schilderung Walahfrids wird allgemein angenommen, daß er die von ihm genannten Pflanzen auch tatsächlich in seinem Kräutergarten auf der Reichenau angebaut hat. Walahfrids Garten umfaßte 24 als *Areolae* bezeichnete Beete, die ähnlich angeordnet waren wie im St. Galler Kräutergarten. Auf ihnen wurde jeweils nur eine Art kultiviert.

Abb. 88

Die Anbauflächen für Gemüse und Obst innerhalb der Klostermauern reichten offensichtlich für die Versorgung der Klosterbewohner nicht aus. Daher ist damit zu rechnen, daß es entsprechend strukturierte Nutzgärten auch im Umkreis des Klosters gab. Das mag eventuell auch für die Heilkräutergärten gegolten haben. Auf diese Weise gelangten Kenntnisse über Kulturpflanzen, Anbaumethoden und Gartenanlage zu den Menschen außerhalb der Klöster. Dies war auch im Zusammenhang mit der Gründung neuer Klöster von Bedeutung. So trugen insbesondere Benediktiner und Zisterzienser zur Ausbreitung der Kenntnisse über Landeskultur und speziell den Gartenbau in Mitteleuropa wesentlich bei.

Außer den dem Anbau von Nutzpflanzen dienenden Gartenbereichen gab es offenbar schon im St. Galler Klosterplan einen Gartentyp, der nicht der Produktion diente. Angesichts der im Plan sonst üblichen Beschriftung muß man davon ausgehen, daß im Kreuzganggarten jedenfalls zunächst keine Kultur von Nutzpflanzen vorgesehen war. Er sollte offenbar ein Ort der Ruhe, der Kontemplation und des Gebetes sein. So boten die verschiedenen Klostergärten die Voraussetzungen für die *Vita activa* und *Vita contemplativa* (Janssen 1986).

Wie aus den Schriften des Albertus Magnus (Mitte 13. Jahrhundert) hervorgeht, hat die Bedeutung der nicht der Pflanzenproduktion dienenden Gartenbereiche während des Hochmittelalters offenbar zugenommen. In seinem Plan eines Lustgartens gibt es zwar noch einen Kräutergarten. Der größere Teil der Gartenanlage ist jedoch ein Grasgarten. Rasenbank, z. T. von Zierpflanzen bewachsen, Quelle und begrenzende Baumreihen sind seine Kennzeichen. Bilder wie die Illustration zum *Roman de la Rose* von 1485 zeigen, daß es derartige Lustgärten auch im Spätmittelalter noch gab.

Abb. 89

Taf. 35

Manche der als Heilpflanzen angebauten Arten hatten auch als Symbolpflanzen im christlichen Glaubenszusammenhang Bedeutung erlangt. Dies läßt sich auch aus vielen Beispielen spätmittelalterlicher Buch- und Tafelmalerei ersehen (Behling 1967, Harthan 1977, Delaissé, Liebaers u. Masai 1958). Dabei ist im einzelnen oft nicht klar, wie die Zusammenhänge zustande gekommen sind. So ist daran zu denken, daß wirksame Heilpflanzen, als Geschenk des Schöpfers aufgefaßt, einen entsprechenden religiösen Stellenwert bekamen. Andererseits können Pflanzen wegen ihrer Blütenfarbe einen Symbolwert erlangt haben und

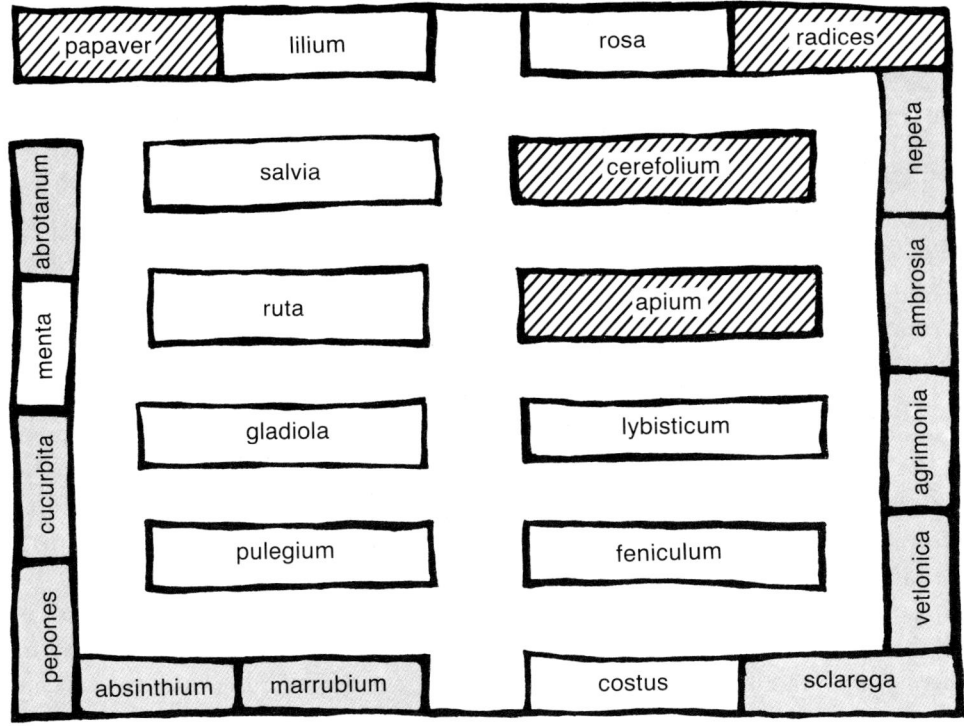

Abb. 88 Mehr als 20 Pflanzenarten nennt Walahfrid Strabo in seinem Hortulus aus dem Jahr 827. Sie lassen sich durch Teilung der Außenbeete durchaus in den Kräutergarten im St. Galler Klosterplan einfügen. In der Darstellung sind die Beete hell belassen, bei denen es sich um Arten handelt, die bereits im St. Galler Kräutergarten eingetragen waren. Schraffiert wurden die Beete mit Arten aus dem St. Galler Gemüsegarten, gerastert sind schließlich die Beete mit Arten, die im Hortulus neu hinzukommen

daher auch als Heilpflanze angesehen worden sein. Dies mag u. a. für die blauen Marienblumen Akelei, Schwertlilie und Veilchen oder für weiße Verkündigungsblumen wie Marien-Lilie und Maiglöckchen sowie für die Weiße und Rote Rose gegolten haben. Dementsprechend sind einzelne Arten bestimmten christlichen *Taf. 36* Darstellungen zugeordnet, beispielsweise der Verkündigung, dem Ostermorgen oder der Maria im Rosenhag.

Auf alle Fälle wird in diesem Zusammenhang klar, daß der schmückende Charakter solcher Arten erkannt worden ist. Dies wird auch in den Aussagen des Albertus Magnus deutlich, der Pflanzen wie Marien-Lilie, Rose, Schwertlilie, Akelei, Veilchen, Salbei, Basilikum, Weinraute und Ysop für den Ziergarten empfiehlt (Vogellehner 1984). Sie sind in vielen Gartendarstellungen des Spätmit *Taf. 37* telalters zu erkennen, so im »Paradiesgärtlein« des Oberrheinischen Meisters.

258   U. Willerding

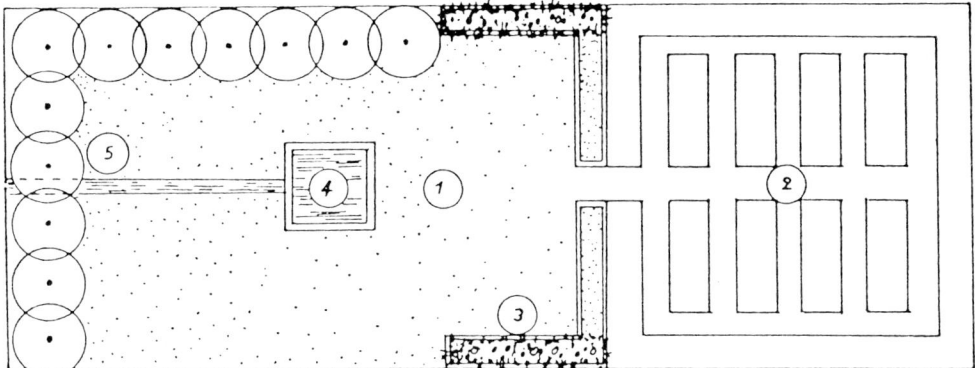

Abb. 89   Recht unterschiedliche Gartenbereiche umfaßt der Plan eines Lustgartens, der nach den Anweisungen des Albertus Magnus in der Mitte des 13. Jhs. entworfen wurde. Der *Kräutergarten* (2) erinnert noch an den des St. Galler Klosterplanes. Er wird durch eine seitlich mit Blumen bepflanzte Rasenbank (3) von dem *Grasgarten* (1) abgetrennt, in dem sich eine gefaßte Quelle mit Becken und Ablauf (4) befindet. Den Abschluß im Süden und Westen bilden Baumpflanzungen (5)

Dort lassen sich u. a. folgende Symbol- und Zierpflanzen bestimmen: Akelei, Ehrenpreis, Eibisch, Goldlack, Immergrün, Levkoje, Maiglöckchen, Marien-Lilie, Märzenbecher, Pfingstrose, Rote Rose, Salbei, Schlüsselblume, Veilchen und Wald-Erdbeere.

Die von Albertus Magnus vorgeschlagenen Elemente des Lustgartens Rasenbank, gefaßte Quelle und Grasgarten sind hier durchaus noch vorhanden. Allerdings ist die vor der Mauer im Hintergrund befindliche Rasenbank durchweg bepflanzt und auch die Grasfläche von zahlreichen buntblühenden Pflanzen durchsetzt.

Auch Darstellungen mittelalterlicher Burggärten zeigen das Vorhandensein von Rasenbank, Rasenfläche und oft auch einem Brunnen. Die Idealvorstellung, das »Paradiesgärtlein«, wird dabei jedoch nicht erreicht. Daneben gab es mit Brettern oder Steinen abgegrenzte Beete, ähnlich denen im Kräutergarten des Albertus Magnus (s. o.).

Ob und in welchem Umfange auch die Gärten in Stadt und Dorf dem Ideal nahegekommen sind, bleibt unklar. Bilder wie das vom Meister des Blicks auf St. Gudula sprechen jedoch dafür, daß die Gärten reicherer Bürgerfamilien zumin- *Taf. 38* dest im Spätmittelalter durch Wege und davon abgesetzte Beete gegliedert waren. Das ist vermutlich auch in den anderen Gärten entsprechend gewesen.

Mit den im »Paradiesgärtlein« dargestellten Pflanzen ist der Grundstock der späteren Bauerngartenpflanzen gegeben. Mehrere davon, wie Akelei, Marien-Lilie, Schwertlilie und Veilchen, sind bereits während des Mittelalters in die Gärten

Abb. 90 In der Gartendarstellung des Hans Weiditz von 1557 ist die Abgrenzung der Beete durch Bretter, die von kleinen Pflöcken gehalten werden, erfaßt. Vor den im Hintergrund befindlichen Weinreben stehen auf einer Bank Blumentöpfe, deren Pflanzen z. T. durch Flechtwerk gestützt werden. Bemerkenswert sind schließlich zahlreiche Gartengeräte; neben einer kleinen Handhacke standen u. a. Holzspaten mit Metallschuh und Kreuzhacke zur Verfügung

von Burgen und Städten gelangt, wie aus entsprechenden Bildern zu ersehen ist. Das Vorhandensein der Akelei in Stadtgärten wird auch durch Samenfunde aus Kloaken wahrscheinlich gemacht. Für dörfliche Gärten fehlen Bildzeugnisse ebenso wie fossile Belege. Dennoch ist anzunehmen, daß manche Zierpflanze selbst dort vorkam. Das Wissen um die ursprüngliche Bedeutung vieler Symbolpflanzen im christlichen Glauben ging allerdings später verloren, vermutlich auch unter dem Einfluß der Reformation.

Der Anbau von Gemüse, Gewürzen und Heilpflanzen dürfte allenthalben auf

Abb. 87
Taf. 39

Abb. 90

Der Anbau von Gemüse, Gewürzen und Heilpflanzen dürfte allenthalben auf Beeten erfolgt sein, wie sie bereits im St. Galler Klosterplan dargestellt sind. Diese Beete waren durch Bohlen begrenzt, die beim Umgraben entfernt werden konnten. Sie dienten dem Festhalten des Bodens, wie schon Walahfrid Strabo berichtet (s. o.). Die Fixierung der Bohlen erfolgte mit Hilfe von Pflöcken. Dies war

besonders dann erforderlich, wenn — ähnlich wie bei einem modernen Hoch-
beet — der Boden wesentlich höher reichte als die angrenzenden Wege.

Die Ziergärten wurden im Barock mit deutlichem Zentralitätsbezug angelegt,
wie beispielsweise am Furttenbachschen Garten in Ulm zu erkennen ist. Damit
erinnern sie an die Kreuzganggärten mittelalterlicher Klöster (s. o.) und die alten *Abb. 91*
römischen Peristyl-Gärten. Allerdings fehlt im Barock, ähnlich wie beim Bauerngarten, der früher übliche, deutliche Bezug auf das umgebende Bauwerk. Die
Beete sind deutlich höher als die inzwischen mit Platten ausgelegten Wege und
daher von diesen durch Bohlen abgegrenzt. Später werden sie meist durch nied-
rige Buchsbaumhecken ersetzt. Damit kehrt ein anderes altes Gartenelement
zurück, das schon aus römischen Gärten Britanniens bekannt ist (Cunliffe 1981).
In herrschaftlichen Barockgärten und Parkanlagen werden dann häufig mehrere
derartige zentralorientierte Flächen zu einem größeren Muster zusammengefügt.

Abb. 91 „Der Furttenbach'sche Garten" zu Ulm zeigt neben der bereits barocken Gartenanlage viele Pflanzen, vor allem Lilien, Osterglocken und Tulpen (Jonas Arnold/Rem-
bold: Kupferstich nach einem Vorbild von Josef Furttenbach, Anfang 17. Jh.)

Der Wandel gegenüber den Ziergärten des Mittelalters zeichnet sich aber auch im Pflanzeninventar ab, wie sich aus dem Frühlingsaspekt des Furttenbachschen Gartens mit seiner größeren Fülle von Frühjahrsgeophyten, deren Heimat überwiegend im Vorderen Orient liegt, erkennen läßt. Interessanterweise gibt es von diesen Zwiebel- und Knollenpflanzen oft schon mehrere Sorten. So berichtet Furttenbach (1641) bei den Tulpen »über hundert Farben, darunter fürnemblich schön marbelirte, geflammete, gerissene, gesprengte, getupffte«. Auch von Anemonen, Crocus, Iris, Lilien und Narzissen werden mehrere Sorten erwähnt.

Obgleich der Ziergarten des Barock hinsichtlich der Form seiner Anlage noch etwas an die alten Vorbilder erinnert (s. o.), macht er sich − jedenfalls bei kleineren Gärten − durch den fehlenden Bezug auf die umgebenden Gebäude frei von der alten architektonischen Gebundenheit. Hierdurch wird zugleich die Kombination der zunächst einem einzelnen kleineren Garten entsprechenden Muster in größeren Anlagen oder Parks ermöglicht. Derartige Gefüge erinnern an die Variationen eines Themas, wie sie so gut in den Fugen der Barockmusik zum Ausdruck kommen. Dieser Freude an Fülle von Formen und Aussagemöglichkeiten entspricht wohl auch der Anbau der zahlreichen, offensichtlich schon züchterisch bearbeiteten Sorten von Tulpen und anderen Frühlingspflanzen. Die ebenfalls aus dem 17. Jahrhundert stammenden Tulpen-Miniaturen von Robert (1981) lassen das ähnlich erkennen. In entsprechender Weise ist die im Barock übliche Vorliebe für die figural geformten Buchsbaum- bzw. Eibenhecken zu verstehen. Die Fülle dieser neuartigen Phänomene zeigt, daß mit dem Barock die Neuzeit im Gartenbau begonnen und der Mensch seine Rolle als Gestalter bzw. Experimentator auch hier verstanden hat. Während Spätmittelalter und Renaissance war sich der Mensch hingegen der Schätze der Natur und seiner Rolle als Beobachter und Nutzer bewußt geworden.

Über die Lage mittelalterlicher Gärten im Bereich der Stadt informiert u. a. die Verbreitung der Hortisole (s. o.). Ihre mächtigen Humushorizonte verdanken ihre Entstehung in erster Linie der reichlichen Düngung mit Haushaltsabfällen und Fäkalien. Vermutlich hat sich die dadurch herbeigeführte Nährsalzkonzentration bei der Selektion leistungsfähiger Gemüsesorten positiv ausgewirkt.

Daß hinter den Häusern der Innenstadt längere Zeit Gartenflächen bestanden haben, zeigen die oftmals dort vorhandenen mächtigen Hortisole. Vermutlich handelte es sich dabei ebenso um Zier- wie um Nutzgärten. Schriftliche Quellen berichten z. T. ebenfalls über das Vorhandensein derartiger Gärten (Berndt u. Neugebauer 1968, Willerding 1984 a, 1987). Auch paläo-ethnobotanische Befunde weisen auf eine derartige Nutzung der Hinterhöfe hin: Aus den dort befindlichen Kloaken liegen große Mengen von Belegen typischer Gartenunkräuter vor (u. a. Knörzer 1975: Neuss; 1983: Duisburg; 1987: Köln; Willerding 1984 a, 1987: Göttingen).

Abb. 92 Die mit PS monogrammierte Ansicht der Stadt Braunschweig von Westen aus der Zeit um 1545 (Peter Spitzer zugeschrieben) läßt erkennen, daß vor den Toren der Stadt Gärten gelegen haben. Sie waren meist von Flechtzäunen umgeben, in denen sich Pforten bzw. Tore befanden (Ausschnitt)

Besonders gut sind Hortisole oftmals in den unbebauten Gebieten direkt inner-halb der Stadtmauer entwickelt. Daß in diesen innerstädtischen Bereichen Gar-tenland vorhanden war, ist auch aus vielen frühneuzeitlichen Stadtansichten zu ersehen. Vermutlich handelte es sich dabei vorwiegend um Nutzgärten im Sinne von Kohl- und Obstbaumgärten. Bodenprofile zeigen ebenso wie zeitgenössische Abbildungen, daß es Gärten auch direkt vor den Toren der Stadt gegeben hat. *Abb. 92*

Abb. 93 Zwischen den Mauern der Stadt Göt-tingen befanden sich während der frühen Neuzeit Gärten, wie aus einer Darstellung der Stadtbelagerung von 1642 zu ersehen ist (Ausschnitt)

Gärten und Pflanzen des Mittelalters 263

Abb. 93

Selbst zwischen den verschiedenen Mauern städtischer Befestigungsanlagen können — wie in Göttingen — Flächen als Gartenland genutzt worden sein. Diese Gärten in der unmittelbaren Umgebung der Stadt haben zur Versorgung der Bevölkerung mit Gemüse, Gewürzen, Obst und vielleicht auch Heilpflanzen wesentlich beigetragen (Irsigler 1982).

Daß es Nutzgärten auch in den benachbarten Dörfern gegeben hat, geht beispielsweise aus Zollunterlagen hervor, die über Marktzölle für die einzelnen in die Stadt gelieferten Waren berichten. Im Göttinger Zollbuch von 1410 ist z.B. notiert, daß die Stadt mit Kohl, Kresse, Lauch, Knoblauch, Petersilie, Zwiebeln, Äpfeln, Birnen, Kirschen, Pflaumen und Quitten aus dem Umland versorgt wurde. Angesichts der damaligen Transportmöglichkeiten ist ein Ferntransport weitgehend auszuschließen.

Während Kohl- oder Krautgärten ebenso wie Obstbaumgärten im Bereich von Städten und Dörfern offenbar weit verbreitet waren, gilt dies für Sonderkulturen kaum. So waren Weingärten an besonders günstige Standorte auf mehr oder minder südexponierten Hängen gebunden. Für die Anlage von Hopfengärten wurden feuchtere Unterhänge und Talrandlagen mit nährsalzreichen Böden bevorzugt. Über die Lagebeziehungen derartiger Nutzflächen unterrichten zeitgenössische Akten ebenso wie gelegentlich auch Flurbezeichnungen, beispielsweise »Wyenberg an den Herberhuser Wege« bei Göttingen. Anderenorts können zeitgenössische Abbildungen, Reste alter Weinbergsterrassen oder Josephs-Kapellen, in denen wie bei Corvey der Heilige der Weingärtner verehrt wurde, entsprechende Rückschlüsse erlauben (Willerding 1987). Ein interdisziplinärer Forschungsansatz würde hier viele Möglichkeiten bieten, Entwicklung, Anlage, Funktion und Lageverhältnisse früher Gärten zu erfassen.

PFLANZEN

Neben Anlageformen, Funktionen und Lagebeziehungen mittelalterlicher sowie frühneuzeitlicher Gärten können die in den Gärten kultivierten Pflanzen Auskunft geben über Herkunft und Entwicklung dieser Form der Landnutzung. Als Quellen kommen hier neben zeitgenössischen Schriften und Bildern (s.o.) vor allem paläo-ethnobotanisch untersuchte Pflanzenreste aus mittelalterlichen Fundstellen in Betracht (s.o.). Bei deren archäologischer Erschließung werden in neuerer Zeit zunehmend auch die fossilen Pflanzenreste berücksichtigt. Allerdings stammt die Mehrzahl der Fundkomplexe aus Spätmittelalter und früher Neuzeit; Funde aus dem Früh- und Hochmittelalter sind immer noch spärlich.

Die nachfolgende Übersicht bringt eine Auswahl wichtiger paläo-ethnobotanisch untersuchter Fundstellen und nennt ihre Bearbeiter:

Braunschweig	Hellwig (1990), Willerding (1984c)
Bruchsal	Maier (1988)
Burg Brüggen, Kr. Viersen	Knörzer (1979)
Cottbus	Lange (1989a)
Düna, Kr. Osterode/Harz	Andrae (1989)
Duisburg	Knörzer (1983)
Gliechow, Kr. Calau	Lange (1989b)
Göttingen	Willerding (1987)
Haithabu	Behre (1978, 1983)
Haus Meer b. Meerbusch, Kr. Grevenbroich	Knörzer (1971)
Höxter	Willerding (1986a)
Kloster Seehausen, Kr. Prenzlau	Lange (1988)
Köln	Knörzer (1987)
Konstanz/Bodensee	Küster (1989)
Lübeck	Kroll (1978, 1980); Lynch u. Paap (1982), Paap (1982)
Lüneburg	Behre (1981)
Neuss	Knörzer (1975)
Northeim	Willerding (1978)
Schleswig	Behre (1978)
Sindelfingen	Körber-Grohne (1978)
Wasserburg Eschelbronn/ Heidelberg	Körber-Grohne (1979)
Wüstung Leisenberg, Kr. Northeim	Willerding (1978)

Aus den angrenzenden Ländern Mitteleuropas stehen entsprechende paläo-ethnobotanische Arbeiten zur Verfügung, von denen nachfolgend einige genannt werden. Zum Teil handelt es sich dabei um zusammenfassende Publikationen:

Niederlande	van Zeist (1970); van Zeist, de Roller, Palfenier-Vegter, Harsema u. During (1986); van Zeist, Cappers, Neef u. During (1987)
Dänemark	Jensen (1979, 1986)
Polen	Klichowska (1972); Wasylikowa (1958, 1965, 1978)
Tschechoslowakei	Hajnalová (1980, 1981); Opravil (1963, 1971, 1972a, 1972b, 1976, 1984, 1986); Tempír (1968, 1969)

Ungarn	Gyulai (1988, 1989); Hartyányi u. Nováki (1975)
Österreich	Werneck (1949, 1961)
Schweiz	Jacomet (1981); Jacquat, Pawlik u. Schoch (1982)

Über die bislang mit Hilfe der verschiedenen Quellen erfaßten Belege der einzelnen im Garten kultivierten Pflanzenarten informieren die Tabellen 1−5. Da bei Untersuchungen zur Geschichte des Gartenbaues vor allem die jeweils ältesten Belege besonders interessant sind, wurden diese in den Tabellen erfaßt. Dabei handelt es sich überwiegend um Belege in den frühen Schrift- und Bildzeugnissen, also um das *Capitulare de villis*, den St. Galler Klosterplan, den *Hortulus* des Walahfrid Strabo sowie die Schriften der heiligen Hildegard von Bingen und des Albertus Magnus. Bei den nachmaligen Zierpflanzen konnten auch Buchmalerei und Tafelbilder herangezogen werden.

Die aus archäologisch erschlossenem Fundgut paläo-ethnobotanisch untersuchten fossilen Belege unterstützen die Aussagen der zeitgenössischen Quellen durchaus, sind aber überwiegend etwas jüngeren Datums. Falls man der Vorstellung zuneigt, daß die frühesten Quellen des Mittelalters vor allem durch Aussagen der römischen Agrarschriftsteller beeinflußt seien (vgl. Vogellehner 1984), so ist doch festzustellen, daß die meisten der genannten Pflanzen durch fossile Belege aus etwas jüngerer Zeit in Mitteleuropa erfaßt sind. Besonderes Interesse kommt daher dem Fundgut des späten Frühmittelalters aus Haithabu (Behre 1978, 1983), aus Köln (Knörzer 1987) und Haus Meer (Janssen 1986, Knörzer 1971) zu. Aus den älteren Abschnitten des Mittelalters sind in diesem Zusammenhang die Obstfunde aus den Alamannengräbern von Oberflacht (Bertsch 1927, 1941) und dem fränkischen Grab von Gellep (Hopf 1963) zu erwähnen.

Frühmittelalterliche Funde aus dem großmährischen Reich, wie die von Mikulčice/ČSFR (Opravil 1972 a), sowie aus Polen (Klichowska 1972) und Ungarn (Hartyányi u. Nováki 1975; Gyulai 1988, 1989) können als Hinweise auf Traditionen oströmischen Gartenbaues von Byzanz aus aufgefaßt werden (Willerding 1984 b). Hierauf deuten u. a. das frühe Auftreten der Gurke *(Cucumis sativus)* und verschiedener Obstarten wie dem Pfirsich *(Prunus persica)* hin.

Ob für die zentralen Bereiche Mitteleuropas analog eine Übernahme weströmischer Gartenbaukenntnisse anzunehmen ist, läßt sich nicht einfach beantworten. Immerhin sprechen dafür bestimmte Formen des Klostergartens (s. o.) ebenso wie die Tatsache, daß die meisten Gartenpflanzen des Mittelalters aus Südeuropa, dem Mittelmeergebiet oder Südwestasien stammen. Viele Arten sind zudem auch aus römischem Fundgut in der *Germania Romana* belegt bzw. werden von Palladius erwähnt (Harvey 1981).

Auf alle Fälle haben die Römer nördlich der Alpen Gartenbau betrieben. Von ihnen beim Eindringen vermutlich angetroffene einfachere Formen des Gartenbaus wurden hinsichtlich des Arteninventars und wohl auch der Anlageform stark überformt. Ob und in welchem Umfange eine Übernahme der römischen Gartenbaukenntnisse in der *Germania Libera* erfolgte, ist mangels entsprechender Befunde oder Nachrichten unklar. Der Mangel an einschlägigen Funden und Befunden läßt derzeit auch keine genaueren Vorstellungen zu über einen vorrömischen Gartenbau in Mitteleuropa, speziell bei Kelten und Germanen.

Ob und in welcher Form es ein Kontinuum des Gartenbaues von der Römerzeit bis ins Frühmittelalter gegeben hat, ist angesichts der Ereignisse der Völkerwanderungszeit ungewiß. Falls es zu einem Neubeginn der Gartenkultur in Mitteleuropa während des Frühmittelalters gekommen ist, wurde dieser jedenfalls wesentlich durch die Kenntnis des römischen Gartenbaus beeinflußt. Das zeigt sich u. a. auch in den älteren zeitgenössischen Quellen, die viele Aussagen der römischen Agrarschriftsteller übernahmen. Die zentrale Rolle, die gerade weltliche Herrschaft *(Capitulare de villis)* und Klöster (St. Galler Klosterplan und *Hortulus)* bei der Ausbreitung der Gartenkultur in Zentraleuropa gespielt haben, könnte als Indikator für einen weitgehenden Neubeginn aufgefaßt werden. Dabei ist nicht auszuschließen, daß manche Art oder Gartenbauanregung auch durch die im Frühmittelalter vordringenden Araber nach Mitteleuropa gelangen konnte. Es würde sich dabei vermutlich weitgehend um mediterranes »Gemeingut« an Kulturpflanzen gehandelt haben, das sich aus der Antike gehalten hat.

Obgleich in den Tabellen 1–5 eine gewisse Vollständigkeit angestrebt wurde, konnten nicht alle in Betracht kommenden Arten aufgenommen werden. Dies ergibt sich z. T. aus den Schwierigkeiten bei der Übertragung der alten Pflanzenbezeichnungen in die modernen Artnamen. So wurde beispielsweise darauf verzichtet, die in verschiedenen Auswertungen alter Quellen genannte Fehlinterpretation »Stangen-Bohne« *(Phaseolus vulgaris* ssp. *vulgaris)* aufzuführen. Diese aus Südamerika stammende Kulturpflanze stand im Mittelalter Europas noch nicht zur Verfügung. Auch Arten mit eindeutig mediterranem Anbaugebiet fehlen in den Tabellen 1–5; damit soll aber nicht behauptet werden, daß ihr Anbau während des Frühmittelalters in klimatisch begünstigten Gebieten Mitteleuropas unmöglich gewesen sei (vgl. Vogellehner 1984). Bei den Heilpflanzen wurde angesichts der Fülle der von der heiligen Hildegard von Bingen (1974) im 12. Jahrhundert genannten, überwiegend einheimischen Arten eine Auswahl erforderlich. Hierbei ist zu berücksichtigen, daß viele Heilpflanzen zudem in der Natur gesammelt werden konnten. Siedlungsbedingt aufgelichtete Flächen boten hinreichend viele geeignete Standorte, so daß ein Anbau dieser Arten nicht zwingend war.

Mit insgesamt etwa 120 Arten vermitteln die Tabellen 1–5 ein recht vollständiges Bild der Pflanzenwelt mittelalterlicher Gärten. Wie aus den Angaben über

Tab. 1: Zierpflanzen

Deutscher Name	Lateinischer Name	Herkunftsort	Nachweis seit
Akelei	*Aquilegia vulgaris*	Eurasien	12.Jh.
Christrose	*Helleborus niger*	Europa	12.Jh.
Dachwurz	*Sempervivum tectorum*	Europa	9.Jh. (R)[1]
Eisenhut	*Aconitum napellus*	Europa	13.Jh.
Goldlack	*Cheiranthus cheiri*	östl. Mittelmeergebiet	13.Jh.
Immergrün	*Vinca minor*	Europa	15.Jh.
Levkoje	*Matthiola incana*	Mittelmeergebiet	15.Jh.
Löwenmäulchen	*Antirrhinum majus*	Mittelmeergebiet	15.Jh.
Maiglöckchen	*Convallaria majalis*	Europa	15.Jh.
Margerite	*Chrysanthemum leucanthemum*	Eurasien	15.Jh.
Marien-Lilie	*Lilium candidum*	östl. Mittelmeergebiet	9.Jh. (R)
Märzenbecher	*Leucojum vernum*	Eurasien	15.Jh.
Maßliebchen	*Bellis perennis*	Eurasien	15.Jh.
Nachtviole	*Hesperis matronalis*	Eurasien	14.Jh.
Osterglocke	*Narcissus pseudonarcissus*	Europa	13.Jh.
Pfingstrose	*Paeonia officinalis*	Südeuropa	12.Jh.
Rose			
Rote Rose (Apotheker-Rose)	*Rosa gallica*	Mittelmeergebiet	9.Jh. (R)
Weiße Rose	*Rosa alba*	Mittelmeergebiet	9.Jh. (R)
Rote Lilie	*Lilium bulbiferum*	Südeuropa	15.Jh.
Schlüsselblume			
Hohe S.	*Primula elatior*	Europa	15.Jh.
Arznei-S.	*P. officinalis*	Europa	10.Jh.
Stengellose S.	*P. vulgaris*	Europa	12.Jh.
Schwertlilie	*Iris germanica*	östl. Mittelmeergebiet	9.Jh. (R)
Stockrose, Malve	*Alcea rosea*	östl. Mittelmeergebiet	15.Jh.
Veilchen	*Viola odorata*	Europa	9.Jh.
Vergißmeinnicht	*Myosotis sylvatica*	Europa	15.Jh.

[1] (R): bereits aus der Römerzeit belegt

das Nachweisalter im Mittelalter zu ersehen ist, muß nach dem schlagartig anmutenden Beginn im 9. Jahrhundert mit einer allmählichen Entwicklung gerechnet werden.

Mit 26 Arten ist die Zahl der erfaßten Zierpflanzen (Tab. 1) besonders groß. Wie bereits dargelegt, muß berücksichtigt werden, daß viele dieser Pflanzen zunächst als Heilkräuter verwendet worden sind. Dank ihrer wirksamen Inhaltsstoffe haben sie z. T. bis in neuere Zeit ihre Bedeutung als Lieferanten von Heildrogen behalten. Dies gilt z. B. für *Aconitum napellus*, *Convallaria majalis*, *Paeonia officinalis* und *Primula officinalis*.

Wohl im Zusammenhang mit derartigen Heilwirkungen wurden viele Arten zu Bedeutungsträgern im christlichen Glaubenszusammenhang, so Akelei, Schlüsselblume und Veilchen. Vermutlich hängt es mit ihrer Bedeutungsträgerschaft zusammen, daß es einige einheimische Arten geschafft haben, zu Gartenpflanzen zu werden. Die blauen Blüten von Akelei und Veilchen wiesen sie ebenso wie die der mediterranen Schwertlilie als Marienblumen aus. Ähnlich dürfte es Maiglöckchen und Märzenbecher gegangen sein. Sie paßten mit ihren weißen Blüten als einheimische Arten zu der ebenfalls mediterranen Marien-Lilie als Verkündigungsblume.

Um als christliche Symbolpflanzen angesehen zu werden, genügte die Heilwirkung allein offenbar nicht. Das zeigen die in Tab. 4 genannten mittelalterlichen Heilpflanzen, aber auch die Gewürzpflanzen von Tab. 3. Manche Gewürzarten lassen sich auch als Heilpflanzen einsetzen. Daß es hier unklare Übergänge geben kann, macht beispielsweise die Weinraute *(Ruta graveolens)* deutlich. Diese gelbblühende Würzpflanze wurde von Albertus Magnus auch für den Ziergarten empfohlen (Vogellehner 1984). Wie andererseits bei mehreren paläo-ethnobotanischen Untersuchungen von Gräbern festgestellt werden konnte (Willerding 1984a), waren blühende Zweige dieser Art den Toten ins Grab gelegt worden. Hier mag an die konservierende Wirkung gedacht worden sein, die auf antiseptisch bzw. antibakteriell wirkenden Inhaltsstoffen beruht. Interessanterweise wurde diese regional »Totenkräutel« genannte Pflanze in Oberösterreich jedoch in Form von Kränzen ins Grab gelegt, die beim Jüngsten Gericht golden leuchten sollten (Marzell 1977). Offensichtlich handelt es sich bei der

Tab. 2: Gemüse

Deutscher Name	Lateinischer Name	Herkunftsort	Nachweis seit
Amaranth	*Amaranthus lividus*	östl. Mittelmeergebiet	12.Jh. (R)[1]
Feldsalat	*Valerianella locusta*	Mittelmeergebiet	12.Jh. (N)[1]
Garten-Melde	*Atriplex hortensis*	West-Asien	9.Jh. (R)
Gurke	*Cucumis sativus*	Vorderindien	9.Jh. (R)
Kohl	*Brassica oleracea*	Mittelmeergebiet	9.Jh. (N)
Kohlrübe	*Brassica rapa*	Mittelmeergebiet	12.Jh. (R)
Lauch, Porree	*Allium porrum*	Mittelmeergebiet	9.Jh. (R)
Mangold	*Beta vulgaris*		
	ssp. *vulgaris*	Europa	9.Jh. (R)
Mohrrübe	*Daucus carota*	Eurasien	9.Jh. (N)
Pastinak	*Pastinaca sativa*		
	ssp. *sativa*	Eurasien	9.Jh. (N)
Portulak	*Portulaca oleracea*		
	ssp. *sativa*	Mittelmeergebiet	12.Jh. (R)
Rettich	*Raphanus sativus*	Mittelmeergebiet	9.Jh. (R)
Rote Rübe	*Beta vulgaris*		
	ssp. *rapacea*	Europa	13.Jh.
Salat	*Lactuca sativa*	östl. Mittelmeergebiet	9.Jh. (R)
Sellerie	*Apium graveolens*	Mittelmeergebiet	9.Jh. (N)
Spinat	*Spinacia oleracea*	West-Asien	15.Jh.

[1] (N) bzw. (R): bereits aus dem Neolithikum bzw. der Römerzeit belegt

Abb. 94   Das Küchenstück des Joachim Beuckelaer (1564) gibt einen Eindruck von dem reichhaltigen Gemüse- und Obstangebot. Neben Rüben, Maulbeeren, Möhren, Blumenkohl, Meerrettich, Ackerbohnen und Erbsen gab es Sauerkirschen, Gurken, Zwiebeln, Wirsingkohl, Weißkohl, Süßkirschen, Pfirsiche, Äpfel, Walnüsse, Pflaumen, Birnen, Haselnüsse und Weintrauben (von links nach rechts)

Weinraute um eine weitere Auferstehungsblume, die wie Osterglocke und Schlüsselblume (»Himmelsschlüssel«) gelbe Blüten hat. Allerdings hat sie sich, anders als diese, in ihrer Symbolwirkung nicht allgemein durchgesetzt.

Für die Gemüsegärten des Mittelalters stand mit 16 Arten ein recht großes Sortiment zur Verfügung (Tab. 2), z. T. bereits seit dem frühen 9. Jahrhundert. Anders als bei den nachmaligen Zier-, Gewürz- und Heilpflanzen stellt sich hier die Frage nach dem Züchtungsstand der einzelnen Gemüsearten. Dabei können die Abbildungen in den frühneuzeitlichen Kräuterbüchern helfen und vor allem *Abb. 94* die ebenfalls frühneuzeitlichen farbigen Küchen- und Marktstücke. Die dort erkennbare Formen- und damit wohl auch Sortenfülle ist überraschend groß. Wenngleich für das Mittelalter selbst vielleicht noch nicht eine derartige Vielfalt anzunehmen ist, muß jedoch mit einem gewissen Formenschwarm gerechnet werden, der die Grundlage für die später erkennbare Entwicklung lieferte.

Da aus zahlreichen mittelalterlichen Quellen hervorgeht, daß die Leguminosen Ackerbohne *(Vicia faba)*, Erbse *(Pisum sativum)* und Linse *(Lens culinaris)*

270   U. Willerding

zur Mehl- und Breibereitung dienten (Willerding 1984 a, 1987), wurden sie nicht in die Liste der Gemüsearten aufgenommen. Den zeitgenössischen Zeugnissen entsprechen die paläo-ethnobotanischen Befunde, daß es sich bei den verkohlten Belegen nahezu ausnahmslos um Reste ausgereifter Samen handelt.

Abgesehen von dem erst im 15. Jahrhundert nach Mitteleuropa gelangten Spinat sind alle anderen Gemüsearten bereits aus römischen Quellen bezeugt und meist auch durch Großreste aus römischen Fundkomplexen der *Germania*

Tab. 3: Gewürzpflanzen

Deutscher Name	Lateinischer Name	Herkunftsort	Nachweis seit
Anis	*Pimpinella anisum*	östl. Mittelmeergebiet	9. Jh. (R)[1]
Balsamkraut	*Chrysanthemum balsamita*	SW-Asien	9. Jh.
Basilikum	*Ocimum basilicum*	Nordafrika	12. Jh. (R)
Beifuß	*Artemisia vulgaris*	Eurasien	12. Jh.
Bockshornklee	*Trigonella foenum-graecum*	Mittelmeergebiet	9. Jh. (R)
Bohnenkraut	*Satureja hortensis*	östl. Mittelmeergebiet	9. Jh. (R)
Dill	*Anethum graveolens*	östl. Mittelmeergebiet	9. Jh. (R)
Dost	*Origanum vulgare*	Eurasien	12. Jh. (R)
Eberraute	*Artemisia abrotanum*	östl. Mittelmeergebiet	9. Jh. (R)
Fenchel	*Foeniculum vulgare*	westl. Mittelmeergebiet	9. Jh. (R)
Gartenkresse	*Lepidium sativum*	westl. Asien	9. Jh. (R)
Gurkenkraut	*Borago officinalis*	westl. Mittelmeergebiet	13. Jh.
Kerbel	*Anthriscus cerefolium*	östl. Mittelmeergebiet	9. Jh. (R)
Knoblauch	*Allium sativum*	westl. Asien	9. Jh. (R)
Koriander	*Coriandrum sativum*	östl. Mittelmeergebiet	9. Jh. (R)
Kreuzkümmel	*Cuminum cyminum*	Asien	9. Jh. (R)
Kümmel	*Carum carvi*	Europa	9. Jh. (N)[1]
Liebstöckel, Maggikraut	*Levisticum officinale*	Süd-Iran	9. Jh.
Majoran	*Origanum majorana*	östl. Mittelmeergebiet	12. Jh. (R)
Meerrettich, Kren	*Armoracia rusticana*	Eurasien	12. Jh.
Muskateller Salbei	*Salvia sclarea*	Mittelmeergebiet	9. Jh.
Petersilie	*Petroselinum hortense*	Mittelmeergebiet	9. Jh. (N)
Polei-Minze	*Mentha pulegium*	Europa	9. Jh.
Safran	*Crocus sativus*	östl. Mittelmeergebiet	13. Jh. (R)
Salbei	*Salvia officinalis*	Mittelmeergebiet	9. Jh.
Sauer-Ampfer	*Rumex acetosa*	Eurasien	12. Jh.
Schalotte	*Allium ascalonicum*	Vorderer Orient	9. Jh.
Schnittlauch	*Allium schoenoprasum*	Eurasien	9. Jh. (R)
Schwarzer Senf	*Brassica nigra*	Mittelmeergebiet	12. Jh. (R)
Schwarzkümmel	*Nigella sativa*	Mittelmeergebiet	9. Jh. (R)
Süßdolde	*Myrrhis odorata*	Europa	16. Jh.
Thymian	*Thymus vulgaris*	westl. Mittelmeergebiet	9. Jh. (R)
Weinraute	*Ruta graveolens*	östl. Mittelmeergebiet	9. Jh. (R)
Wermut	*Artemisia absinthium*	Eurasien	9. Jh.
Ysop	*Hyssopus officinalis*	Eurasien	12. Jh.
Zitronen-Melisse	*Melissa officinalis*	östl. Mittelmeergebiet	12. Jh. (R)
Zwiebel	*Allium cepa*	West-Asien	9. Jh. (R)

[1] (N) bzw. (R): bereits aus dem Neolithikum bzw. der Römerzeit belegt

Romana belegt. Von Feldsalat, Kohl, Möhre und Pastinak gibt es Nachweise bereits aus dem Neolithikum. Allerdings bleibt meist unklar, ob die Arten schon genutzt oder gar angebaut wurden. Eine Nutzung als Wildgemüse ist jedenfalls denkbar.

Mit insgesamt 37 Arten stellen die Gewürzpflanzen die größte hier erfaßte Gruppe dar (Tab. 3). Die meisten stammen aus dem Mittelmeergebiet bzw. dem Orient. So ist es nicht verwunderlich, daß 24 Arten bereits aus der Römerzeit bekannt und meist auch durch Belege aus der *Germania Romana* paläo-ethno-botanisch erfaßt sind.

Diese erstaunlich hohe Anzahl der Gewürzarten wird angesichts der möglichen Verwendung als Heilpflanze verständlich. Die meist die Bekömmlichkeit und Verdauung fördernden Inhaltsstoffe haben angesichts der Umweltverhältnisse im Mittelalter auch in ernährungshygienischer Hinsicht eine große Bedeutung gehabt. Herdtechnik und wohl auch die noch relativ große Härte pflanzlicher Produkte sowie die u.a. durch Sehnenreichtum bedingte Zähigkeit des Fleisches machten zudem meist längere Garungszeiten erforderlich. Hier sorgten die reichlich verwendeten Gewürze schließlich für eine geschmackliche und z.T. auch optische Aufbesserung der Speisen. So fand Petersilie beispielsweise auch zur Grünfärbung des Essens Verwendung (Willerding 1984a, 1987).

Die in Tab. 4 notierte Auswahl mittelalterlicher Heilpflanzen enthält nur wenige Arten ausgesprochen mediterraner Herkunft. Viele Arten sind in größeren Regionen Eurasiens beheimatet, können also auch im Mittelmeergebiet vorkommen. In Mitteleuropa verbreitete Wildpflanzen wie Baldrian, Beinwell, Betonika, Haselwurz, Lungenkraut oder Sanikel sind ebenfalls vertreten. Die Entdeckung dieser einheimischen Arten als Heilpflanzen ist wohl z.T. der Signaturenlehre zu verdanken. Jedenfalls ist hier − anders als bei allen anderen behandelten Pflanzengruppen − der Einfluß mediterraner bzw. römischer Überlieferung ziemlich gering. Zum Teil mag es sich auch um alte Heilpflanzen mitteleuropäischer Tradition handeln. Von einigen Arten liegen beispielsweise Belege seit dem Neolithikum (Eisenkraut und Odermennig) oder der Bronzezeit (Seifenkraut) vor (Willerding 1986b). Allerdings bleibt unklar, ob diese Pflanzen bereits so früh verwendet worden sind. Freilich beruhen die von der Volksmedizin überlieferten Kenntnisse oft auf sehr alten Traditionen.

Wiederum anders ist die Situation beim Obst (Tab. 5). Die meisten Arten werden bereits in den ältesten mittelalterlichen Quellen genannt und sind zudem auch seit der Römerzeit belegt. Aus Kloaken und Brunnen römischer Anlagen in der *Germania Romana* konnten Großreste mehrerer dieser Pflanzen geborgen werden.

Bei den aus dem Neolithikum erfaßten Resten einzelner Obstarten handelt es sich offenbar um Belege von wildem, einheimischem Sammelobst. Zum Anbau

Tab. 4: Heilpflanzen

Deutscher Name	Lateinischer Name	Herkunftsort	Nachweis seit
Alant	*Inula helenium*	Eurasien	12. Jh.
Andorn	*Marrubium vulgare*	Eurasien	9. Jh.
Baldrian	*Valeriana officinalis*	Eurasien	12. Jh.
Balsamkraut	*Chrysanthemum balsamita*	SW-Asien	9. Jh.
Beinwell	*Symphytum officinale*	Eurasien	12. Jh.
Betonika	*Betonica officinalis*	Eurasien	9. Jh.
Buchsbaum	*Buxus sempervirens*	Mittelmeergebiet	12. Jh. (R)[1]
Eisenkraut	*Verbena officinalis*	Eurasien	10. Jh. (R)
Haselwurz	*Asarum europaeum*	Eurasien	9. Jh.
Johanniskraut	*Hypericum perforatum*	Eurasien	12. Jh.
Katzenminze	*Nepeta cataria*	Eurasien	9. Jh.
Lungenkraut	*Pulmonaria officinalis*	Eurasien	12. Jh.
Odermennig	*Agrimonia eupatoria*	Eurasien	9. Jh.
Osterluzei	*Aristolochia clematitis*	Mittelmeergebiet	12. Jh.
Pfefferminze	*Mentha spicata*	Eurasien	9. Jh.
Pimpinelle	*Pimpinella saxifraga*	Eurasien	17. Jh.
Ringelblume	*Calendula officinalis*	Mittelmeergebiet	12. Jh. (R)
Sanikel	*Sanicula europaea*	Eurasien	10. Jh.
Seifenkraut	*Saponaria officinalis*	Eurasien	11. Jh.
Eibisch	*Althaea officinalis*	Eurasien	9. Jh.
Zichorie	*Cichorium intybus*	Eurasien	9. Jh.

[1] (R): bereits aus der Römerzeit belegt

Tab. 5: Obst

Deutscher Name	Lateinischer Name	Herkunftsort	Nachweis seit
Apfel	*Malus domestica*	Eurasien	9. Jh. (N)[1]
Aprikose	*Prunus armeniaca*	Asien	9. Jh. (R)[1]
Birne	*Pyrus communis*	Eurasien	9. Jh. (N)
Hasel	*Corylus avellana*	Eurasien	9. Jh. (N)
Judenkirsche	*Physalis alkekengi*	Eurasien	MA[2] (N)
Maulbeere	*Morus nigra*	SW-Asien	9. Jh. (R)
Mispel	*Mespilus germanica*	Südeuropa	9. Jh. (R)
Pfirsich	*Prunus persica*	China	9. Jh. (R)
Pflaume	*Prunus insititia*	Orient	9. Jh. (R)
Quitte	*Cydonia oblonga*	Transkaukasien	9. Jh. (R)
Rote Johannisbeere	*Ribes rubrum*	Europa	15. Jh.
Sauer-Kirsche	*Prunus cerasus*	Europa	9. Jh.
Süß-Kirsche	*Prunus avium*	West-Asien	9. Jh. (N)
Speierling	*Sorbus domestica*	Südeuropa	9. Jh. (R)
Stachelbeere	*Ribes uva-crispum*	Eurasien	13. Jh.
Walnuß	*Juglans regia*	östl. Mittelmeergebiet	9. Jh. (R)
Wein	*Vitis vinifera*	Europa	9. Jh. (N)
Zwetschge	*Prunus domestica*	SW-Asien	MA

[1] (N) bzw. (R): bereits aus dem Neolithikum bzw. der Römerzeit belegt

[2] MA: Mittelalter

von Obstarten scheint es erst in der Römerzeit gekommen zu sein. Die mittelalterliche Obstkultur beruht demnach auf Traditionen der Antike, wie sie von den römischen Agrarschriftstellern wie Plinius niedergelegt worden sind.

Von der Sortenvielfalt des Obstes in der frühen Neuzeit berichten wiederum Kräuterbücher und zeitgenössische Bilder. Schriftliche Quellen erwähnen mehrere Apfelsorten (Willerding 1984a, Wiswe 1970). Wie Behre (1978) an Funden von Pflaumensteinen aus Haithabu und Alt-Schleswig ableiten konnte, lassen sich mehrere Formenkreise morphologisch unterscheiden. Danach gab es in der Wikingerzeit während des 9. und 10. Jahrhunderts im Gebiet um Haithabu zwei Pflaumensorten. Vom 12. Jahrhundert an breiteten sich weitere Formenkreise aus. Bemerkenswerterweise gibt es keine Übergänge zwischen ihnen. Das bedeutet, daß neue Sorten ins Gebiet gebracht worden sein müssen und sich nicht am Ort entwickelt haben. Entsprechende Formenkreise der Pflaume wurden u.a. auch in Lübeck (Kroll 1980) und Braunschweig (Hellwig 1990) beobachtet. Vermutlich gelangten neue Obstsorten vor allem durch die Ausbreitung der Klöster ins Land. In diesem Zusammenhang sind auch die Obstfunde aus dem Zisterzienserkloster Seehausen/Uckermark (Lange 1988) von Interesse.

Die in vielen städtischen Fundplätzen oft reichlich auftretenden Belege müssen nicht allein vom Frischverzehr des Obstes stammen. Schriftliche Quellen wie spätmittelalterliche Kochbücher zeigen, daß u.a. Fruchtmark oder Fruchtsaft bzw. -wein hergestellt worden sind. Offenbar fanden Sauerkirschen ähnlich wie Maulbeeren auch zum Färben von Wein Verwendung.

Einige der aus dem Mittelalter nachgewiesenen Arten sind im Obstsortiment Mitteleuropas inzwischen bedeutungslos geworden, so Judenkirsche, Mispel und Speierling.

GERÄTE

Über die im Gartenbau des Mittelalters verwendeten Gerätschaften geben wiederum verschiedenartige Quellen Auskunft. Neben schriftlichen Zeugnissen sind das vor allem zeitgenössische Bilder, auf denen gärtnerische Tätigkeiten dargestellt werden. Sie stehen insbesondere aus den spätmittelalterlichen Kalenderbzw. Stundenbüchern zur Verfügung; auch die Illustrationen der frühen Gartenbauliteratur — z.B. in den Werken des Petrus de Crescentiis — liefern wichtige Informationen (u.a. Brandt 1928, Hansen 1984, Husa 1971). Das gilt ebenso für Werke wie das Hausbuch der Mendelschen Zwölfbrüderstiftung zu Nürnberg, das Handwerkerbilder aus dem 15. und 16. Jahrhundert enthält (Treue et al. 1965). Gelegentlich sind Gartengeräte auch in der Tafelmalerei des Spätmittelalters abgebildet, so vor allem in vielen *Noli me tangere*-Darstellungen. Dort hält

274   *U. Willerding*

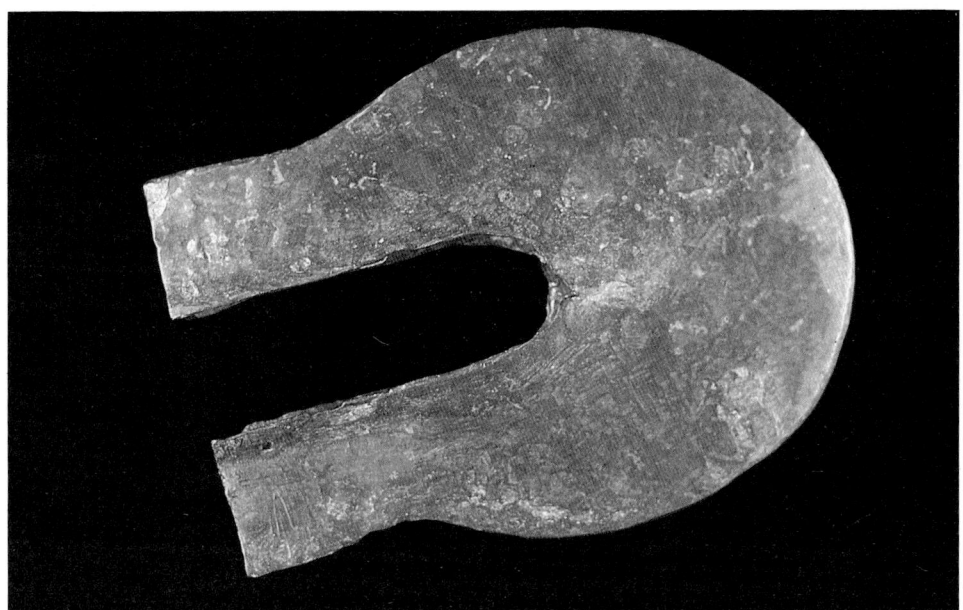

Abb. 95 Funde neuzeitlicher Spaten aus dem Göttinger Gebiet lassen erkennen, daß dieses Gerät seit dem Mittelalter (vgl. Taf. 36) kaum verändert wurde. Der Spatenbeschlag (16. Jh.) wurde im Bereich der Rieswarte bei Göttingen-Nikolausberg ausgegraben.

der auferstandene Christus oft einen Spaten in der Hand, weswegen Maria bei *Taf. 36* der Begegnung am Ostermorgen meint, »es sei der Gärtner«.

Von besonderem Wert sind die gelegentlich bei Ausgrabungen erschlossenen Reste von Gartengeräten (Beranová 1980, Willerding 1984). Allerdings ist aus *Abb. 95* derartigen Funden und ihren Fundzusammenhängen nicht zu ersehen, daß die Geräte tatsächlich im Gartenbau verwendet worden sind. So wäre beispielsweise bei Hacken, Schaufeln, Spaten und manchen Zugmessern auch an den Einsatz auf der Baustelle bzw. bei der Laubheugewinnung zu denken. Hier helfen *Abb. 90* jedoch die zeitgenössischen Abbildungen, die gleichartige Gerätschaften und *Taf. 36.39* ihren Einsatz im Gartenbau zeigen.

Da an den Fundstellen meist ungünstige Erhaltungsbedingungen für organisches Material herrschen, sind von den Gartengerätschaften in der Regel nur noch die Metallteile vorhanden. Hölzerne Stiele oder Griffe fehlen daher völlig oder sind lediglich im unmittelbaren Kontaktbereich zum Metall in Spuren nachweisbar. Daher ist der Kenntnisstand über Gartengeräte, die allein aus Holz angefertigt worden sind, vergleichsweise schlecht. Dies gilt beispielsweise für Harken bzw. Rechen und Pflanzhölzer (Vogt 1975).

Gärten und Pflanzen des Mittelalters 275

Bei schneidenden und den Boden öffnenden Geräten konnte jedoch kaum auf die Verwendung von Eisen verzichtet werden. So wird verständlich, daß diese Geräte recht gut belegt sind. Entsprechend gibt es mehrere mittelalterliche Funde von Reb-, Okulier- und Zugmessern bzw. Hacken, Spaten und Schaufeln. Da Sicheln und Sensen neben ihrem Einsatz im offenen Grünland vermutlich auch zur Pflege von Grasgärten herangezogen wurden, werden sie hier ebenfalls genannt.

Leider wird derartigen Funden oftmals nicht die erforderliche Aufmerksamkeit zuteil. Dies mag an der gelegentlich noch vorhandenen Geringschätzung ergologischer Fragen liegen. Hinzu kommt vermutlich die Tatsache, daß die Form dieser Geräte — funktionsbedingt — bis weit in die Neuzeit hinein kaum verändert wurde (u. a. Gebhard u. Sperber 1978, Hamm 1872, Slavkovský 1988, Vince 1984). Daher gleichen die Gartengeräte in volkskundlichen Sammlungen oder Bauernhausmuseen noch weitgehend denen des Mittelalters.

Angesichts der verschiedenartigen Quellen ergibt sich für die Verwendung der Gartengeräte im Mittelalter etwa folgendes Bild: Die Erschließung eines Gartengeländes und die Beseitigung des vorher vorhandenen Bewuchses erfolgte mit

Abb. 90

Hilfe der Axt und einer schweren Gartenhacke. Manche Hacke konnte ähnlich einer Kreuzhacke beidseitig eingesetzt werden. Diese Geräte dürften vor allem bei der Stockrodung gute Dienste geleistet haben. Für die Anlage und Zubereitung von Beeten fand der Spaten Verwendung. Wie zahlreiche Bildquellen und archäologische Funde (u. a. Küas 1961, Maczijewski 1973, Schütte 1984) erkennen lassen, handelte es sich dabei um Holzspaten, die lediglich einen eisernen Randbeschlag besaßen. So war trotz sparsamer Verwendung des kostbaren Metalls die Festigkeit des Spatens und ein effektives Arbeiten mit ihm gewährleistet. Mehrere Bilder zeigen, wie im Frühjahr die Beete mit derartigen Spaten umgegraben worden sind. Die Häufigkeit solcher Darstellungen, die in Stunden- bzw. Kalenderbüchern meist für den Monat März gebracht werden, läßt darauf schließen, daß die Beete vor der Frühjahrsbestellung regelmäßig umgegraben wurden. Gelegentlich ist auch zu sehen, wie mit dem Spaten Pflanzgruben für Bäume ausgehoben werden. Je nach den Bodenverhältnissen dürfte hierzu allerdings auch die schwere Gartenhacke verwendet worden sein. Bei sorgfältiger Untersuchung von Ausgrabungsbefunden lassen sich gelegentlich sogar noch Spuren der Arbeit mit dem Spaten erkennen (Dumitrache et al. 1987).

Taf. 36.39
Abb. 95

Für die Verlagerung von Bodenmaterial über kurze Entfernungen bot sich die ebenfalls belegte Schaufel an. Dies kam beispielsweise bei der Anlage von Wegen oder Rasenbänken in Betracht. Daß es verschiedenartige Formen des Düngens gegeben hat, geht aus den z. T. mächtigen Hortisolen hervor. Die Verteilung von Düngematerial wie Stallmist, Fäkalien oder verschiedenartigen anderen Siedlungsabfällen auf die Gartenbeete erfolgte vermutlich mit Forken, die wie eine

Mistgabel verwendet wurden. Wie die verschiedenartigen Quellen erkennen lassen, konnten diese Geräte aus Holz oder Eisen sein.

Vor der Aussaat bzw. dem Bepflanzen von Beeten müssen diese eine geglättete Oberfläche erhalten. Dafür standen leichte Gartenhacken und vermutlich auch Harken bzw. Rechen zur Verfügung. Während es sich bei letzteren zumindest überwiegend um Holzgeräte handelte, waren die Hacken aus Eisen hergestellt.

Bei den leichten Gartenhacken sind verschiedene Typen zu unterscheiden. Neben Blatthacken mit unterschiedlicher Form des Blattes gab es auch Geräte, bei denen dem Blatt gegenüber zwei Zinken standen. Daneben sind auch Hacken belegt, die zwei oder drei Zinken besaßen. Mit derartigen Geräten erfolgte vermutlich auch die Pflege der Beete zur Bekämpfung der Unkräuter und zur Auflockerung des Bodens. Den jeweiligen Bodenbedingungen und Intentionen entsprechend wurden dazu leichtere oder schwerere Formen verwendet, wobei der Stiel lang oder — wie bei einem modernen Handgerät — auch kurz sein konnte. Regionale Differenzierungen im Gartengerätebestand sind nicht auszuschließen, konnten allerdings bislang noch nicht erfaßt werden.

Abb. 90

Aus dem für das Mittelalter belegten Arteninventar (Tab. 1–5) geht hervor, daß einige Arten auch gepflanzt worden sind. Wie das Vorhandensein von Pflanzhölzern (Vogt 1975) zeigt, wurden dabei offensichtlich auch vorkultivierte Jungpflanzen verpflanzt. Dafür kommen u. a. einige Gemüsearten in Betracht.

Sofern in den Grasgärten bzw. in den mit Bäumen locker bestandenen Baumgärten nicht Schafe und Hausgeflügel für die Kurzhaltung des Rasens sorgten, kamen hier vermutlich Sense oder Sichel zum Einsatz. Dies ist vor allem für Rasenbereiche innerhalb eines Nutz- oder Ziergartens anzunehmen.

Abb. 89

Viele zeitgenössische Abbildungen bezeugen die Verwendung der Sense im Grünland, die der Sichel hingegen lediglich bei der Getreideernte. Angesichts relativ kleiner Grasflächen in den meisten Gärten könnte sich allerdings auch dort die Sichel als geeignetes Instrument erwiesen haben. Archäologische Belege beider Geräte aus dem Mittelalter gibt es jedenfalls in großer Formenfülle (u. a. Beranová 1975, 1980; Schütte 1984).

Für die Veredlung der Obstbaumarten durch Pfropfen oder Okulieren gab es verschiedenartige Messer. Dies gilt ebenso für die Pflege der Gehölze und insbesondere des Weinstockes. Neben den archäologischen Funden und den frühen Gartenbauschriften veranschaulichen hier wiederum Bilder aus Stunden- oder Kalenderbüchern die Handhabung der Gerätschaften.

Gartengeräte sind in z. T. größerer Menge auch aus römischen Fundzusammenhängen geborgen worden (Pietsch 1983, Pohanka 1986, Rees 1979, White 1970). Ein Vergleich mit dem mittelalterlichen Gerätebestand zeigt eine weitgehende Übereinstimmung bei den einzelnen Gartengeräten. Dies gilt für Spaten und Schaufeln ebenso wie für Hacken oder Messer. Daraus ergibt sich die Frage, ob dafür ein römischer Einfluß verantwortlich ist oder ob es sich eher um Folgen bestimmter Funktionalität handelt. So entsprechen beispielsweise auch die aus Griechenland belegten Gartengeräte (Carroll-Spillecke 1989) den römischen weitgehend. Wenn hier überhaupt eine Klärung möglich ist, kann dies erst durch die Erschließung weiteren Fundgutes geschehen. Es ist jedenfalls nicht unwahrscheinlich, daß neben funktionalen Zusammenhängen auch römische Einflüsse den Gartengerätebestand des Mittelalters wesentlich beeinflußt haben. Dabei bleibt noch offen, ob es sich um direkte und kontinuierliche Kontakte gehandelt hat oder ob erst durch die mittelalterlichen Klöster römische Traditionen aufgenommen und wieder ins Land gebracht worden sind.

AUSBLICK

Wie und wann der Gartenbau in Mitteleuropa begonnen hat, ist derzeit noch nicht im einzelnen bekannt. Einige kleinere Flächen in der Nähe der Häuser wurden vermutlich schon während des Neolithikums vom übrigen Land abgegrenzt, um dort bestimmte Pflanzenarten anzubauen. Der Zaun hatte vor allem die Aufgabe, Haus- und Wildtiere von diesen ältesten Gärten fernzuhalten. In der Umgebung der Siedlungen gab es damals hinreichend viele von Mensch und Tier aufgelichtete Gebiete, in denen zahlreiche lichtliebende einheimische Pflanzen gedeihen konnten. Das betrifft Wildobst ebenso wie Wildgemüse, Heil- oder Färbepflanzen. In den Gärten dürften daher von Anfang an vornehmlich gebietsfremde Arten angebaut worden sein. Da diese Pflanzen der Konkurrenz einheimischer Wildpflanzen und auch vieler Unkräuter kaum gewachsen waren, wurde eine vergleichsweise intensive Pflege der Gärten von Anfang an erforderlich. Sie bestand vornehmlich in der Bekämpfung der dort nicht erwünschten Arten.

Wesentlich besser gesichert sind die Kenntnisse über den Gartenbau im Bereich der *Germania Romana* und vor allem während des Mittelalters. In beiden Fällen wurden wiederum ausländische, vor allem aus dem Mittelmeergebiet stammende Pflanzen angebaut. Es handelte sich dabei überwiegend um Nutzpflanzen. Daneben gab es aber eine Reihe von Arten, die auf dem Wege über Symbolpflanzen allmählich zu Zierpflanzen geworden waren. So wurden die Voraussetzungen dafür geschaffen, daß neben den verschiedenen Typen von Nutzgärten auch Ziergärten entstanden. Diese dienten der Repräsentation, der Erholung, dem Vergnügen oder auch ›nur‹ der Freude über die Vielfalt von Farben, Formen und Düften der dort gedeihenden Blütenpflanzen.

Auf diese Weise wurden vermutlich erstmals Gartenflächen aus der Produktion von Nahrungspflanzen oder anderen, dem Menschen materiell nützlichen Gütern genommen. Das Beispiel des neuzeitlichen Bauerngartens mit der bezeichnenden Mischung von Nutz- und Zierpflanzen zeigt, daß die Herausnahme größerer Gartenbereiche aus der Produktion für die Mehrheit der Bevölkerung nicht in Frage kam. Zwar wurden viele aus Nordamerika bzw. Ostasien stammende Zierpflanzen in die Bauerngärten aufgenommen, das Wesen der Produktionsfläche Bauerngarten änderte sich dadurch aber nicht.

Die Differenzierung zwischen den verschiedenartigen Formen des Nutzgartens und den Ziergärten kann als Ausdruck unterschiedlicher sozioökonomischer und soziokultureller Bedingungen aufgefaßt werden. Das zeigt sich bereits bei Kloster- und Burggarten sowie den zeitgleichen ländlichen Gärten. Wohl noch deutlicher wird dies bei den Gartenanlagen der Barockschlösser oder später in den Landschaftsgärten von Guts- und Herrenhäusern. Diese Beispiele lassen erkennen, daß hierdurch auch einzelne Pflanzenarten bevorzugt eingesetzt worden sind. In den Barockgärten mit ihrer z. T. bizarren Formgebung waren das vor allem gut schnittverträgliche Arten wie Eibe und Buchsbaum. Für die eher einer Waldweidelandschaft nachempfundenen Landschaftsgärten im englischen Stil kamen z. B. breitkronige Arten mit buntblättrigen, schlitzblättrigen, drehwüchsigen oder hängewüchsigen Mutanten in Betracht. Für derartige, viel Raum erfordernde Gehölze gab es in den zeitgleichen Bürgergärten ebenso wie in den nur noch sehr kleinen Gärten und Vorgärten moderner Neubauten keinen Platz. Entsprechend wird neuerdings eine Fülle kleinwüchsiger, oftmals immergrüner und bodendeckender Mutanten bevorzugt. Derartige »pflegeleichte« Gärten kennzeichnen meist die heutigen Siedlungen am Stadtrand ebenso wie viele Pendlersiedlungen auf dem Lande. Angesichts des allgemeinen Wohlstandes geht die Bedeutung der Nutzgärten entsprechend zurück.

Die augenblickliche Renaissance der Idee vom Bauerngarten mag ebenso eine Reaktion auf die zunehmend eintöniger werdenden Gärten sein wie auch ein Resultat ökologischer Reflexionen. Mit ihrer bis weit in den Herbst vorhandenen Fülle leuchtender Blumen sorgen die vorwiegend aus Nordamerika und Ostasien stammenden Zierpflanzen des Bauerngartens bereits vereinzelt für eine neue Farbigkeit im Siedlungsbild.

Diese Beispiele zeigen, daß Gartenanlagen und die in ihnen wachsenden Pflanzenarten bzw. Zuchtformen Ausdruck und Bestandteil menschlicher Geschichte sind. Sie können daher als Indikatoren für bestimmte historische Bedingungen aufgefaßt werden. Zugleich wird aber auch deutlich, wie eng das Verhältnis des Menschen zum Garten geworden ist. Offensichtlich versucht der Mensch immer wieder, den Garten so zu gestalten, daß aus der Begegnung mit dieser von ihm gestalteten Natur Freude, Zufriedenheit und Glück erwachsen können.

Literatur

Albertus Magnus, 1891: De vegetabilibus et plantis libri VII. Opera omnia 10, ed. A. Borgnet

Allinger, G., 1950: Der deutsche Garten. Sein Wesen und seine Schönheit in alter und neuer Zeit. München: 300 S.

Andrae, C., 1989: Kaiserzeitliche bis spätmittelalterliche Pflanzenreste aus Düna, Kr. Osterode am Harz: Eine Zwischenbilanz. Diss. Bot. 133: 175−190

Behling, L., 1967: Die Pflanze in der mittelalterlichen Tafelmalerei. Köln/Graz: 221 S.

Behre, K.-E., 1978: Formenkreise von Prunus domestica L. von der Wikingerzeit bis in die frühe Neuzeit nach Fruchtsteinen aus Haithabu und Alt-Schleswig. Ber. Deutsch. Bot. Ges. 91: 161−179

Behre, K.-E., 1981: Pflanzenreste der Zeit um 1400 n. Chr. aus dem Lüneburger St.-Michaelis-Kloster. Nachr. Niedders. Urgeschichte 50: 321−327

Behre, K.-E., 1983: Ernährung und Umwelt der wikingerzeitlichen Siedlung Haithabu. Neumünster: 219 S.

Beranová, M., 1975: Zemědélská výroba v 11./14. století na území Československa. − Die landwirtschaftliche Produktion im 11.−14. Jahrhundert auf dem Territorium der Tschechoslowakei. Studie Archeol. ústavu Československ. Akad. VĚD v Brně 3, 1: 85 S.

Beranová, M., 1980: Zemedelství starých Slovanů. − Die Landwirtschaft der alten Slawen. Prag: 240 S.

Berndt, H., Neugebauer, W., 1968: Lübeck. Eine medizinhistorische Studie. Res Mediaevales, Karlshamn: 53−90

Berrall, J., 1978: The Garden − An illustrated history. Harmondsworth: 388 S.

Bertsch, K., 1927: Die Obstreste aus den Alemannengräbern von Oberflacht. Ber. Deutsch. Bot. Ges. 45: 23−30

Bertsch, K., 1941: Der Obstbau im vor- und frühgeschichtlichen Deutschland. Germanenerbe 6: 103−113

Brandt, P., 1927: Schaffende Arbeit und bildende Kunst im Altertum und Mittelalter. Leipzig: 324 S.

Brandt, P., 1928: Schaffende Arbeit und bildende Kunst vom Mittelalter bis zur Gegenwart. Leipzig: 348 S.

Brühl, C., 1971: Capitulare de villis. Codex Guelf. 254 Helmstadiensis der Herzog August Bibliothek. Wolfenbüttel

Carroll-Spillecke, M., 1989: ΚΗΠΟΣ − Der antike griechische Garten. Wohnen in der klassischen Polis III, München: 100 S.

Crisp, F., 1979: Mediaeval Gardens. New York: 139 S. (2. Aufl.)

Cunliffe, B., 1981: Roman gardens in Britain: A review of the evidence. In: Macdougall, E. B., Jashemski, W. F. (Ed.): Ancient Roman gardens. Washington: 108 S., S. 97−108

Delaissé, L. M. J., Liebaers, H., Masai, F., 1958: Mittelalterliche Miniaturen − Von der burgundischen Bibliothek zum Handschriftenkabinett der königlich belgischen Bibliothek. Brüssel: 215 S.

Dumitrache, M., Kliemann, K., Legant-Karau, G., Remann, M., Schneider M., Sommer, M., 1987: Zwischenbericht über die Großgrabung Alfstraße − Fischstraße − Schüsselbuden im Lübecker Altstadtkern 1985/86. Archäol. Korrespondenzbl. 17: 529−536

Fischer, H., 1929: Mittelalterliche Pflanzenkunde. München: 326 S. (Repr. 1967)

Fischer-Benzon, R. von, 1894: Altdeutsche Gartenflora. − Untersuchungen über die Nutzpflanzen des deutschen Mittelalters, ihre Wanderung und ihre Vorgeschichte im klassischen Altertum. Kiel u. Leipzig: 254 S., Reprint 1972: Walluf/Wiesbaden

Furttenbach, J., 1641: Architectura privata. Reprint, Hildesheim 1971

Gebhard, T., Sperber, H., 1978: Alte bäuerliche Geräte aus Süddeutschland. München: 191 S.

Gothein, M. L., 1926: Geschichte der Gartenkunst. 1. Von Ägypten bis zur Renaissance in Italien, Spanien und Portugal. Jena: 451 S.

Griessmair, B., Kompatscher, A., 1987: Vielgeliebter Bauerngarten. Bozen: 152 S.

Gyulai, F., 1988: Obst- und Weinfunde aus der Arpadenzeit (10. Jahrhundert) in Fonyód-Bélatelep am Balaton. Forsch. u. Ber. Vor- u. Frühgeschichte Baden-Württemberg 31: 395−402

Gyulai, F., 1989: Nutzpflanzen und Unkräuter aus der Arpadenzeit (10. Jahrhundert) im Siedlungsgebiet des Plattensees (Ungarn). Zeitschr. Archäol. Mittelalters 14/15 (1986/87): 173−176

Hajnalová, E., 1980: Aussagefähigkeit slawischer archäobotanischer Reste aus der Slowakei. Rapp. IIIᵉ Congr. Internat. d'Archéol. Slave, Bratislava 1975, Bd. 2: 125−132

Hajnalová, E., 1981: Cultivated plants at Pobedim, district Trencin, in the 9th Century A.D. Z. Archäol. 15: 205−208

Hamm, W., 1872: Das Ganze der Landwirtschaft in Bildern. Leipzig: 318 S. (Reprint Hannover 1985)

Hansen, W., 1984: Kalenderminiaturen der Stundenbücher. Mittelalterliches Leben im Jahreslauf. München: 292 S.

Harthan, J., 1977: Stundenbücher und ihre Eigentümer. Freiburg: 192 S.

Hartyányi, B., Nováki, G., 1975: Samen- und Fruchtfunde in Ungarn von der Neusteinzeit bis zum 18. Jahrhundert. Agrártörténeti Szemle 17. Supplementum: 1−65

Harvey, J., 1981: Mediaeval Gardens. Oregon: 199 S.

` Hecht, K., 1983: Der St. Galler Klosterplan. Sigmaringen: 362 S.

Hellwig, M., 1990: Paläo-ethnobotanische Untersuchungen an mittelalterlichen und frühneuzeitlichen Pflanzenresten aus Braunschweig, Diss. Bot. (156, 216 S.)

Hennebo, D., 1962: Geschichte der deutschen Gartenkunst 1: Gärten des Mittelalters. Hamburg: 196 S.

Hennebo, D., 1987: Gärten des Mittelalters. München: 204 S.

Hildegard von Bingen, 1974: Naturkunde, hrsg. v. P. Riethe. Salzburg: 176 S. (2. Aufl.)

Hopf, M., 1963: Walnüsse und Eßkastanie in Holzschalen als Beigaben im fränkischen Grab von Gellep. Jb. Röm.-Germ. Zentralmuseum Mainz 10: 200−203

Husa, V., 1971: Homo faber. Der Mensch und seine Arbeit. Die Arbeitswelt in der bildenden Kunst des 11. bis 17. Jahrhunderts. Prag: 227 S.

Huxley, A., 1978: An Illustrated History of Gardening. New York: 339 S.

Irsigler, F., 1982: Die Gestaltung der Kulturlandschaft am Niederrhein unter dem Einfluß städtischer Wirtschaft. In: Kellenbenz, H. (Ed.): Wirtschaftsentwicklung und Umweltbeeinflussung (14.−20. Jh.). Wiesbaden: 173−195

Jacomet, S., 1981: Die Burgstelle Friedberg bei Meilen am Zürichsee. 428. Die Hölzer und Früchte im Sodbrunnen. Zeitschr. Archäol. Mittelalters 9 (1981): 69−77

Jacquat, C., Pawlik, B., Schoch, W., 1982: Der Münsterhof in Zürich. XIII. Die mittelalterlichen Pflanzenfunde. Schweiz. Beitr. Kulturgesch. und Archäol. Mittelalters 10: 267−278

Janssen, W., 1986: Mittelalterliche Gartenkultur. Nahrung und Rekreation. In: Herrmann, B. (Hrsg.): Mensch und Umwelt im Mittelalter. Stuttgart: 288 S., S. 224−243

Jashemski, W. F., 1979: The gardens of Pompeii, Herculaneum and the villas destroyed by Vesuvius. New Rochelle: 372 S.

Jashemski, W. F., 1981: The Campanian Peristyle Garden. In: Macdougall, E. B., Jashemski, W. F. (Ed.): Ancient Roman gardens. Washington D.C.: 108 S., S. 29−48

Jensen, H. A., 1979: Seeds and other diaspores in medieval layers from Svendborg. The Archaeology of Svendborg 2: 101 S.

Jensen, H. A., 1986: Seeds and other diaspores in soil samples from Danish Town and Monastery Excavations, dated 700−1536 A. D. Biol. Skrifter 26: 99 S.

Klichowska, M., 1972: Rósliny naczyniowe w znaleziskach kulturowych polaki północno-zachodniej. − Vascular plants in the archaeological excavations of north-western Poland from the Neolithic to the early Middle Ages. Poznanskie tow. przyjacioł nauk, wydzial matem.-przyrodniczy, Prace kom. biol. 35, 2: 73 S.

Knörzer, K.H., 1971: Die bisherigen Obstfunde aus der frühmittelalterlichen Niederungsburg bei Haus Meer. Schriftenr. Kreis Grevenbroich 8: 131−186

Knörzer, K.H., 1975: Mittelalterliche und jüngere Pflanzenfunde aus Neuss am Rhein. Zeitschr. Archäol. Mittelalters 3: 129−181

Knörzer, K.H., 1979: Spätmittelalterliche Pflanzenreste aus der Burg Brüggen, Kr. Viersen. Bonner Jb. 179: 595−611

Knörzer, K.H., 1983: Mittelalterliche Pflanzenfunde unter dem Alten Markt in Duisburg. Duisburg im Mittelalter, Begleitheft zur Ausstellung, S. 78 ff.

Knörzer, K.H., 1987: Geschichte der synanthropen Vegetation von Köln. Kölner Jb. Vor- u. Frühgeschichte 20: 271−388

Körber-Grohne, U., 1978: Pollen-, Samen- und Holzbestimmungen aus der mittelalterlichen Siedlung unter der Oberen Vorstadt in Sindelfingen (Württemberg). Forsch. u. Ber. Archäol. Mittelalters Baden-Württemberg 3: 184−198

Körber-Grohne, U., 1979: Samen, Fruchtsteine und Druschreste aus der Wasserburg Eschelbronn bei Heidelberg (13. Jahrhundert). Forsch. u. Ber. Archäol. Mittelalters Baden-Württemberg 6: 113−127.

Kroeschell, K., 1984: Garten und Gärtner im mittelalterlichen Recht. In: Franz, G.: Geschichte des deutschen Gartenbaues. Stuttgart: 551 S., S. 99−111

Kroll, H., 1978: Kirschfunde aus dem 13./14. bis 16. Jahrhundert aus der Lübecker Innenstadt. Ber. Deutsch. Bot. Ges. 91: 181–185

Kroll, H., 1980: Mittelalterlich-frühneuzeitliches Steinobst aus Lübeck. Lübecker Schriften z. Archäol. u. Kulturgeschichte 3: 167–173

Küas, H., 1961: Spuren mittelalterlicher Landwirtschaft in Leipzig. Arbeits- u. Forschungsber. Sächs. Bodendenkmalpflege 9: 22–58

Küster, H., 1989: Mittelalterliche Pflanzenreste aus Konstanz am Bodensee. Diss. Bot. 133: 201–216

Lange, E., 1988: Obstreste aus dem Zisterzienserkloster Seehausen, Kreis Prenzlau. Gleditschia 16: 3–24

Lange, E., 1989 a: Mittelalterliche Pflanzenreste aus dem Stadtkern von Cottbus. Z. Archäol. 23: 123–133

Lange, E., 1989 b: Spätmittelalterliche Pflanzenreste von Gliechow, Kr. Calau. Ausgrabungen u. Funde 34: 101–102

Lynch, A., Paap, N., 1982: Untersuchungen an botanischen Funden aus der Lübecker Innenstadt. Ein Vorbericht. Lübecker Schriften z. Archäol. u. Kulturgeschichte: 339–360

Macdougall, E. B. (Ed.), 1986: Medieval gardens. Washington: 278 S.

Maczijewski, R., 1973: Spandauer Altstadt-Grabungen am Lindenufer. Ausgrabungen Berlin 3 (1972): 97–144

Maier, U., 1988: Pflanzenhaltige Bodenproben aus der mittelalterlichen Bischofsburg in Bruchsal. Forsch. u. Ber. Vor- u. Frühgeschichte Baden-Württemberg 31: 403–417

Marzell, H., 1974: Die Pflanzen des »Hortulus«. In: Des Walahfrid von der Reichenau Hortulus. Gedichte über die Kräuter seines Klostergartens vom Jahre 827. Insel Reichenau

Marzell, H., 1977: Wörterbuch der Pflanzennamen, Bd. 3, Stuttgart: 1555 Spalten

Meyvaert, P., 1986: The medieval monastic garden. In: Macdougall, E. B. (Ed.): Medieval gardens. Washington: 278 S., S. 23–53

Nissen, G., 1988: Alte Rosen. Heide: 124 S.

Opravil, E., 1963: Rostlinné nálezy z archeologického výzkumu středověké Opavy. – Mittelalterliche archäologische Pflanzenfunde in Opava. Časopis Slezského Muzea B 12: 18–29

Opravil, E., 1971: Großmährische und mittelalterliche Obst- und Gemüsepflanzen aus den böhmischen Ländern. Actes VII. Congr. Internat. Sciences Préhistoriques et Protohistoriques Prague 1966, 2: 1329–1333

Opravil, E., 1972 a: Rostliny z velkomoravského hradiště v Mikulčicich. – Les végétaux de bourgwall de la Grande-Moravie a Mikulčice. Studie Archeol. úst. Českosl. Akad. VĚD v Brně 1, 2: 39 S.

Opravil, E., 1972 b: Synantropní rostliny ze středověku Sezimova Ústí (jižní Čechy). – Synanthrope Pflanzen aus dem Mittelalter von Sezimovo Ústí (Südböhmen). Preslia 44: 37–46

Opravil, E., 1976: Archeobotanické nálezy z městského jádra Uherského Brodu. – Archäobotanische Funde aus dem Stadtkern des Uherský Brod. Studie Archeol. úst. Československé Akad. VĚD v Brně 3, 4: 59 S.

Opravil, E., 1984: Rostlinné zbytky ze dvora kupeckého domu v Olomouci (13.–17. stol). – Pflanzenreste aus dem Hof des Kaufmannshauses in Olomouc. Archeol. rozhl. 34: 194–202

Opravil, E., 1986: Rostlinné makrozbytky z historického jádra Prahy. – Pflanzliche Makroreste aus dem historischen Stadtkern von Prag. Archaeol. Pragensia 7: 237–271

Paap, N., 1982: Botanischer Beitrag zu archäologisch-baugeschichtlichen Beobachtungen und Teiluntersuchungen in Haus Engelsgrube 56 und seinen Nachbarhäusern in Lübeck. Lübecker Schrift. Archäol. Kunstgesch. 6: 172–183

Pietsch, M., 1983: Die römischen Eisenwerkzeuge von Saalburg, Feldberg und Zugmantel. Saalburg Jb. 39: 5–132

Pohanka, R., 1986: Die eisernen Agrargeräte der Römischen Kaiserzeit in Österreich. BAR Internat. Ser. 298: 389 S.

Rees, S. E., 1979: Agricultural implements in Prehistoric and Roman Britain. BAR British Ser. 69: 772 S.

Robert, N., 1981: Tulpen – nach den Miniaturen in der Österreichischen Nationalbibliothek. Bearb. v. A. Geus. Dortmund: 100 S.

Schröder-Lembke, G., 1984: Der Gartenbau in der Hausväterzeit. In: Franz, G.: Geschichte des deutschen Gartenbaues. Stuttgart: 551 S., S. 112–142

Schütte, S., 1984: Das neue Bild des alten Göttingen. Göttingen: 80 S.

Slavkovský, P., 1988: Rolnik a jeho práca. – Der Bauer und seine Arbeit. Traditionen der landwirtschaftlichen Produktion des slowakischen Volkes. Bratislava: 131 S.

Sörrensen, W., 1962: Studien zum St. Galler Klosterplan: Gärten und Pflanzen im Klosterplan. Mitt. vaterländ. Geschichte St. Gallen 42: 193−277

Stoffler, H.-D., 1978: Der Hortulus des Walahfrid Strabo. Sigmaringen: 102 S.

Taylor, C., 1983: The archaeology of gardens. Shire Archaeology 30: 72 S.

Tempír, Z., 1968: Archeologické nálezy zemědélských rostlin a plevelů v Čechach a na Moravě. − Archäologische Funde von landwirtschaftlichen Pflanzen und Unkräutern in Böhmen und Mähren. Věd. Práce Českosl. Zemĕd. Muzea 1968: 15−88

Tempír, Z., 1969: Archeologické nálezy zemědélských rostlin a plevelů na Slovensku. − Archeological finds of food plants and weeds in Slovakia. Agricultúra 8: 7−66

Thacker, C., 1979: Die Geschichte der Gärten. Zürich: 288 S.

Treue, W., Goldmann, K., Kellermann, R., Klemm, F., Schneider, K., Stromer, W. von, Wissner, A., Zirnbauer, H., 1965: Das Hausbuch der Mendelschen Zwölfbrüderstiftung zu Nürnberg. Deutsche Handwerkerbilder des 15. und 16. Jahrhunderts. München: 155 S.

Vince, J., 1984: Old farms. An illustrated guide. London: 160 S.

Vogellehner, D., 1984: Garten und Pflanzen im Mittelalter. In: Franz, G.: Geschichte des deutschen Gartenbaues. Stuttgart: 551 S., S. 69−98

Vogt, H.-J., 1975: Archäologische Beiträge zur Kenntnis der landwirtschaftlichen Produktionsinstrumente der Slawen in den brandenburgischen Bezirken. Ethnogr.-Archäol. Ztschr. 16: 491−503

Walliser, M., 1987: Die Privatgärten des Ludwigsburger Schlosses. Eine nicht alltägliche archäologische Untersuchung. Denkmalpflege Baden-Württemberg 16: 191−196

Wasylikowa, K., 1958: szczątki roślinne ze średniowiecznego zabytku Krakowa. − Plant Remains from a Mediaeval Historical Monument in Cracow. Monographia Botan. 7: 135−146

Wasylikowa, K., 1965: Makroskopowe szczątki roślin Znalezione w warstwie średniowiecznej na Rynku Glownym w Krakowie. − Macroscopic plant remains found in the mediaeval layer from the Rynek Główny (Main Market Place) in Cracow. Materały Archeologiczne 6: 191−196

Wasylikowa, K., 1978: Early and Late Medieval plant remains from Wawel Hill in Cracow (9−10th to 15th century A. D.). Ber. Deutsch. Bot. Ges. 91: 107−120

Wein, K., 1914: Deutschlands Gartenpflanzen um die Mitte des 16. Jahrh. Beih. Bot. Centralbl. 31

Wengel, T., 1985: Gartenkunst im Spiegel der Zeit. Innsbruck: 273 S.

Werneck, H. L., 1949: Ur- und frühgeschichtliche Kultur- und Nutzpflanzen in den Ostalpen und am Rande des Böhmer Waldes. Wels: 288 S.

Werneck, H. L., 1961: Ur- und frühgeschichtliche sowie mittelalterliche Kulturpflanzen und Hölzer aus den Ostalpen und dem südl. Böhmer Wald (Nachtrag 1949−1960). Archaeol. Austriaca 30: 68−117

White, K. D., 1970: Roman Farming. London: 536 S.

Willerding, U., 1978: Paläo-ethnobotanische Befunde an mittelalterlichen Pflanzenresten aus Süd-Niedersachsen, Nord-Hessen und dem östlichen Westfalen. Ber. Deutsch. Bot. Ges. 91: 129−160

Willerding, U., 1984a: Paläo-ethnobotanische Befunde und schriftliche sowie ikonographische Zeugnisse in Zentraleuropa. In: Zeist, W. van, Casparie, W. A.: Plants and Ancient Man. (Rotterdam/Boston): 344 S., S. 75−98

Willerding, U., 1984b: Ur- und Frühgeschichte des Gartenbaues. In: Franz, G.: Geschichte des deutschen Gartenbaues. Stuttgart: 551 S., S. 39−68

Willerding, U., 1984c: Paläo-ethnobotanische Befunde über Ernährung und Umwelt im Mittelalter Braunschweigs. Stadtarchäologie in Braunschweig. Forsch. Denkmalpflege Niedersachsen 3: 201−214

Willerding, U., 1986a: Paläo-ethnobotanische Befunde zum Mittelalter in Höxter/Weser. Neue Ausgrab. u. Forsch. Niedersachsen 17: 319−346

Willerding, U., 1986b: Zur Geschichte der Unkräuter Mitteleuropas. Göttinger Schriften z. Vor- u. Frühgeschichte 22: 382 S.

Willerding, U., 1987: Landnutzung und Ernährung. In: Denecke, D., Kühn, H.-M.: Göttingen − Geschichte einer Universitätsstadt. Bd. 1: Von den Anfängen bis zum Ende des Dreißigjährigen Krieges: 437−464

Willerding, U., 1989: Relikte alter Landnutzungsformen. In: Herrmann, B., Budde, A.: Natur und Geschichte − Naturwissenschaftliche und historische Beiträge zu einer ökologischen Grundbildung. Hannover: 207−224

Willerding, U., 1991: Erhaltung, Präsenz und Repräsentanz archäologischer Pflanzenreste. In: Zeist, W. van, Wasylikowa, K., Behre, K.-E.: Progress in Old World Palaeoethnobotany. Rotterdam (350 S., 25−51)

Wiswe, H., 1970: Kultur und Geschichte der Kochkunst. München: 224 S.

Zeist, W. van, 1970: Prehistoric and early historic food plants in the Netherlands. Palaeohistoria 14 (1968): 14–173

Zeist, W. van, Cappers, R., Neef, R., During, H., 1987: A palaeobotanical investigation of medieval occupation deposits in Leeuwarden, the Netherlands. Proceed. Kon. Ned. Akad. Wetensch. B 90: 371–426

Zeist, W. van, Roller, G.J. de, Palfenier-Vegter, R.M., Harsema, O.M., During, H., 1986: Plant remains from medieval sites in Drenthe, the Netherlands. Helinium 26: 226–274

Abbildungsnachweis

Abb. 87-89   Nach D. Hennebo, Die Gärten des Mittelalters (1987) Abb. S. 20. 32. 37

Abb. 90   Bildarchiv Preußischer Kulturbesitz Berlin

Abb. 91   Ulmer Museum

Abb. 92   Herzog August-Bibliothek, Wolfenbüttel

Abb. 93   Städtisches Museum, Göttingen

Abb. 94   Staatliche Kunstsammlung Kassel, Schloß Wilhelmshöhe

Abb. 95   Stadtarchäologie Göttingen

M. Carroll-Spillecke

Die Gärten in ihrer kulturhistorischen Perspektive

Gärten sind etwas Vergängliches, so vergänglich wie die Menschen, die sie schaffen, hegen und pflegen. Doch obwohl die physischen Reste von einst bewachsenen Flächen heute sehr spärlich sind, haben die Gärten von der Antike bis zum Mittelalter Spuren hinterlassen. Die Ergebnisse der hier präsentierten Untersuchungen verdeutlichen, daß der Mensch in vielen Kulturen der alten Welt den Garten in seinen Schriften und Bildern umschrieben und ihn für sich und seine Nachkommen erhalten hat. Die Quellenlage zu Gärten in den verschiedenen Ländern ist unterschiedlich ergiebig, insgesamt jedoch liegt uns eine Fülle an Belegen aus der Literatur, der Epigraphik, der Architektur, der Malerei, der Reliefskulptur und der archäologischen Forschung vor. Wie die Quellen erkennen lassen, ragten unter den Ländern der antiken Welt, die eine ausgeprägte Gartenbautradition vorweisen können, die Kulturen der Altägypter, der Römer und der Byzantiner heraus.

In Ägypten spielte der Garten eine bedeutende ökonomische Rolle im Wirtschaftsleben, und er lieferte zahlreiche lebenswichtige Produkte und nützliche Nebenprodukte. Der Garten wurde aber auch mit Lust und Wohlergehen assoziiert, mit göttlicher Güte verbunden. So wie in den Vorstellungen der Ägypter sich die Götter am schönen Tempelgarten erfreuten, so genoß der Pharao seinen Palastgarten. Die süßen Früchte und Düfte des Gartens wurden oft besungen. Auch im nächsten, besseren Leben hofften die Ägypter die sinnlichen Freuden und die schattige Ruhe des Gartens genießen zu können, wie zahlreiche Grabmalereien belegen. Wie kaum ein anderes Volk der Antike trotzten sie den mit Nilschlamm fruchtbar gemachten Gartenboden dem vordringenden Wüstensand ab und legten sogar in den Trockengebieten prächtige Gärten an, die künstlich bewässert und mit einem See oder Teich verziert wurden. Der Garten spielte im Leben, in der Symbolik und in der Ikonographie Ägyptens eine so wesentliche Rolle, daß man die Bewohner dieses Landes mit Recht ein Volk der Gartenliebhaber nennen könnte.

Im Vorderen Orient sucht man dagegen vergebens nach Gärten, die den lieblichen Ziergärten Ägyptens ähnlich gewesen wären. Der Garten, insbesondere der Baumgarten oder Hain, spielte im Alltagsleben eine eher praktische Rolle als Wirtschaftsfaktor. In dieser kargen, mit einem unerbittlichen Klima belasteten Region gediehen Gärten nur dort, wo Flüsse und Wasserläufe das notwendige Wasser zum Erhalt der Anlagen lieferten. Die Vorstellung des angenehmsten aller Aufenthaltsorte als kühler, im Schatten gelegener Garten hat ihre Wurzeln in diesen beschwerlichen Lebensbedingungen. Der Garten in Mesopotamien, ob Lustgarten der Reichen oder Wirtschaftsgarten breiterer Bevölkerungsschichten, war also in erster Linie ein Baumgarten. Ein Wahrzeichen des Vorderen Orients waren die großen Palmenplantagen. Wie in Ägypten standen Gärten unter dem Schutz der Götter, deren Wohnstätten damit verschönert wurden.

Im angrenzenden Persien setzte man das Leben mit dem Garten gleich. Dort, wo Bäume wuchsen, war Wasser, und Wasser war lebenswichtig im trockenen Klima Persiens. Wie in Mesopotamien legte man Gärten vorzugsweise in Form von Baumparks in einem grünen Gürtel um die Stadt an. Insbesondere der König und die Oberschicht bewohnten Paläste und Villen, die mit Baumpflanzungen ausgestattet waren. Das königliche Interesse galt vor allen Dingen den weitläufigen, von Tieren bevölkerten Baumparks, in denen der Monarch zum Zeitvertreib und zum Zeichen seiner gottgegebenen Macht auf Jagd ging. Auch die Götter besaßen Haine im Bereich ihrer Heiligtümer, die oft vom König gestiftet wurden.

Naturheiligtümer am Berg oder im offenen Gelände unterhielten die Minoer auf Kreta, doch werden die Kultplätze nicht immer mit umfangreichen Hainen bepflanzt gewesen sein. Darstellungen heiliger Orte zeigen oft nur einen einzelnen Baum, der den Mittelpunkt eines ausgeprägten Baumkultes bildete. Eine besondere Naturverbundenheit der Minoer spiegelt sich eindeutig in ihrer Kunst bei der Wiedergabe der Pflanzenwelt, doch ist die Frage ungelöst, ob es sich hier um die malerische Umsetzung von tatsächlichen, etwa in den Palästen vorhandenen Kunstgärten handelt oder ob die Bilder Ausdruck einer rein kultischen und symbolischen Auffassung der Natur und der Götterwelt sind. Bisher blieb uns die Archäologie der bronzezeitlichen Ägäis auch den Nachweis von Palast- oder Privatgärten schuldig.

Die Symbolik des Gartens, die Bildhaftmachung der Natur im Rhythmus der Jahreszeiten, steht bei den Gärten Zyperns im Vordergrund. Es handelt sich überwiegend um Haine oder Strauchpflanzungen in Heiligtümern verschiedener Fruchtbarkeitsgötter, deren Vorbilder die Naturheiligtümer des Vorderen Orients waren. Hier wird die göttliche Kraft der Natur zum Ausdruck gebracht. Leider beschränken sich die Hinweise aus den schriftlichen und archäologischen Quellen auf die in der Antike zum Teil sehr berühmten heiligen Haine, während wir über andere Aspekte der Gartenbaukultur Zyperns nicht informiert sind.

Anders ist die Quellenlage für Griechenland und die griechische Welt nach Homer bis in römische Zeit. Die mannigfaltigen Quellen über Gärten und insbesondere die Ergebnisse der archäologischen Forschung weisen auf eine deutliche Trennung in der Antike zwischen Stadt und Umland, zwischen bebautem Wohnraum für die Menschen und der diesen Raum umgebenden Natur hin. Eine nüchterne, praktische Auffassung der Griechen über die Rolle der Natur spiegelt sich in den Quellen und den Bodenbefunden wider. Oft mit Göttern assoziiert, galten Gärten und Haine als Bestandteil eines Heiligtums, umgaben dessen Tempel und Altäre. Gärten und Ländereien wurden aber auch im Rahmen des Kultes und ganz besonders im privaten Bereich als reine Nutzanlagen, als eine Nahrungs- und Einnahmequelle, angesehen. Die Griechen versuchten die Natur in ihren Gärten und Hainen mit Rationalität zu ordnen. Von einer besonders innigen Beziehung der Griechen zur Natur oder einer vorherrschenden Rolle der Natur in ihrer Kunst und Literatur kann keine Rede sein. Das Liebliche am Garten oder eine Lobpreisung der Pflanzungen um ihrer Schönheit willen sucht man im antiken Griechenland vergebens.

Welch einen Kontrast im Umgang mit Gärten bekunden die Kulturen der römischen und byzantinischen Welt. In Italien gab es kaum einen Bereich, in dem der Garten keine Rolle spielte. Die archäologische Erforschung der Vesuvstädte, die als repräsentativ für andere Kleinstädte des Römischen Reiches angesehen werden können, hat ergeben, daß fast alle Häuser mindestens einen Garten besaßen. Dort, wo Gärten im Zusammenhang mit den Mietshäusern nicht möglich waren, begnügte man sich mit bepflanzten Blumenkästen. Gärten zierten auch Tempel, Schulen und Gasthäuser, sie waren Bestandteil des öffentlichen, privaten und religiösen Lebens, und sie spielten eine große Rolle sowohl in der Wirtschaft wie auch in der Freizeitgestaltung. Hier finden wir den reinen Nutzgarten direkt neben dem Ziergarten, und beide gediehen dank intensiver, künstlicher Bewässerung. Gärten und Grünflächen prägten das Stadtbild.

In der byzantinischen Welt ist eine Übernahme der römischen Gartenbautradition deutlich erkennbar. Ein aufeinander abgestimmtes Wechselspiel von Ästhetik und Nutzen prägte sowohl die Privatgärten wie auch die mit Kirchen und Klöstern verbundenen Gärten. Die Freude der Byzantiner am Garten drückt sich in den zahlreichen bildlichen und literarischen Darstellungen von Gärten aus. Der irdische Garten erhielt in der christianisierten Welt eine auf diese Religion bezogene Bedeutung. Er symbolisierte den biblischen Garten Eden oder das Paradies. Als Gottes Schöpfung war der Garten ein Ort der Zuflucht und Harmonie.

Im frühen Mittelalter deuten die Funde in Osteuropa auf eine Übernahme oströmischer Gartenbautraditionen hin. In Mitteleuropa sprechen die Form des Klostergartens als Nachbildung des antiken Peristylgartens und die Vegetationsarten für eine Anwendung weströmischer Gartenbaukenntnisse. Trotz des Verstummens der Quellen vom Ende des Römischen Reiches bis zur frühmittelalterlichen Gründung und Ausbreitung von Klöstern und Klostergärten ist ersichtlich, daß der Gartenbau in Europa durch die Kenntnisse des römischen Gartenbaus wesentlich beeinflußt wurde. Nicht nur die Aussagen römischer Agrarschriftsteller wurden übernommen, auch gewisse Agrarbereiche wie der Anbau von Obst beruhen auf Traditionen der Antike. Die Gärten der Städte, Burgen und Klöster im Mittelalter sind in erster Linie Nutzgärten, die der Versorgung der Bevölkerung dienten, obwohl auch der Lustgarten in zunehmendem Maße für die vornehme Gesellschaft des Hohen und Späten Mittelalters an Bedeutung gewann. Doch der verspielte Umgang mit der Natur im Garten und die figurale Gestaltung von Bäumen und Hecken, wie wir sie in römischer Zeit kennen, treten zum ersten Male in der Barockzeit wieder auf.

Für räumliche Verbreitung und Intensität des Gartenbaus vergangener Epochen mögen zwei Faktoren eine bestimmende Rolle gespielt haben. Ein wichtiger Faktor sind sicherlich die Bodenbedingungen, verbunden mit klimatischen Voraussetzungen. Wenn der Boden und ausreichende Feuchtigkeit eine fruchtbare Grundlage bilden und viele Sonnentage das Wachstum von Pflanzen begünstigen, sind die idealen Voraussetzungen für Gärten gegeben. In Gegenden wie Campanien oder an den Ufern des Nil blühte und gedieh alles, was in Gärten angebaut wurde. Dort wo diese Bedingungen aber nicht herrschten, mußte die Bevölkerung eines Landes imstande sein, mit viel Fleiß und technischem Können den Boden durch Bewässerung, Düngen und Schutzvorkehrungen urbar zu machen. Hier zeichneten sich beispielsweise die Mesopotamier aus, aber auch in weniger begünstigten Regionen des Römischen oder Byzantinischen Reiches ermöglichten raffinierte Wasserversorgungsanlagen und Aquädukte Gärten selbst auf unwirtlichem Boden.

Zweitens wirkt die Religion in hohem Maße an der Verbreitung von Gärten. Pflanzen und vor allen Dingen Bäume galten in manchen Ländern als besonders heilig und waren ein Geschenk Gottes. Es war gleichzeitig Pflicht und Privileg der Menschen, sie liebevoll und respektvoll zu pflegen. Dies gilt besonders für von klimatischen Extremen gekennzeichnete Länder, wo Bäume für eine milde Umgebung sorgten. Schätzte der Mensch die Natur, so übertrug er seine Wertvorstellungen auf die göttliche Welt. Als Zeichen der Verehrung schmückte er die Heiligtümer der Götter mit wachsenden und blühenden Bäumen und Pflanzen. Darüber hinaus wurden Gärten für den Unterhalt des Kultes angelegt, die somit eine wichtige Einnahmequelle darstellten. Dazu gehörten auch die Gärten der Totentempel und Gräber. So vermochte die Religion auf entscheidende Weise die Verbreitung des Gartenbaus in einer Gesellschaft zu fördern.

Die Einstellung der Bevölkerung eines Kulturkreises zur Natur prägte die ihr vertraute Landschaft. Trotz Handel und Kleinindustrie waren alle hier besprochenen Kulturen Agrargesellschaften. Die Menschen in diesen Gesellschaften standen der Natur sehr nahe. Sie bekamen auch die Launen der Natur unmittelbar zu spüren. Gärten zu unterhalten, um von ihrer Milde und ihren Gaben profitieren zu können, bedeutete körperliche Anstrengung und die Überwindung natürlicher Hindernisse. Deswegen teilten viele Kulturen eine Vorstellung des Paradieses als blühender Garten, in dem harte physische Arbeit, Wind und Wetter keine Rolle spielen, in dem der Mensch in einem anderen Dasein im Einklang mit der Natur lebt. In dieser Hinsicht hätte sich ein die traditionellen Götter verehrender Ägypter kaum von einem Byzantiner christlichen Glaubens unterschieden. In ihrer beider Paradiesvisionen nimmt der Ort des Friedens die Gestalt eines baumbestandenen, mit Wasser versorgten Gartens an. Auch der im Westen lebende Christ des Mittelalters stellte sich das Paradies als einen ideal schönen, abgeschirmten Garten mit Rasen, Blumen, Bäumen und Wasser vor, das er als Ort der Glückseligkeit und Ruhe verstand. Das Bild der idealen Welt, das in der hebräischen und christlichen Religion zum Ausdruck gebracht wird, läßt sich von den landschaftlichen Gegebenheiten des vorderasiatischen Kulturraumes, den üppigen Palmenhainen und Lustgärten Mesopotamiens ableiten. Die Genesis verlegt das Paradies in den Orient und nennt die Ströme Tigris und Euphrat als Wasserquellen dieser idealen Gartenlandschaft.

Eine Art Paradies oder Elysium, aber nur für Heroen und Götter, existierte mindestens seit der späten Bronzezeit in der griechischen Mythologie. In diesem mythischen, am Atlasgebirge gelegenen baumbestandenen Garten der Hesperiden pflanzte höchstpersönlich die Göttin Hera den Baum der Unsterblichkeit, der goldene Äpfel trug. Obwohl sich der Glaube der Griechen und Römer an eine sorglose Existenz nach dem Tod in einer idealen Gartenlandschaft nicht nachweisen läßt, könnte der Wunsch, den Seelen der Toten eine andauernde Freude zu bereiten und gleichzeitig ihr Andenken zu ehren, bei der Anlage der in der griechischen und römischen Welt charakteristischen Grabgärten eine Rolle gespielt haben. Der Garten ist ja schon zu Lebzeiten eines Römers der beliebteste Ort zum Verweilen gewesen.

Schon in der frühen Vorzeit lernten die Menschen Pflanzen anzubauen. Über die Jahrhunderte und Jahrtausende sammelten sie immer mehr Erfahrung mit der gartenmäßigen Nutzung, Vermehrung und Pflege von Pflanzen. Der Garten, ohne den menschliches Leben nicht möglich gewesen wäre, wurde im langen Zeitraum der Geschichte zum Sinnbild für die untrennbare Verbindung von Mensch und Natur.

Über die Autoren

Dr. Jean-Claude HUGONOT: geb. 1949. Studium der Archäologie und Ägyptologie an den Universitäten in Brest, Straßburg und Heidelberg. 1978 M.A. in Ägyptologie. 1986 Promotion in Straßburg mit einer Arbeit über die Gärten des Vorderen Orients. Tätigkeit in der Bodendenkmalpflege und im Museumswesen in Baden-Württemberg.

Prof. Dr. Jean-Claude MARGUERON: Studium der Geschichte und Archäologie an der Sorbonne. 1977 Promotion mit einer Arbeit über die Palastarchitektur der Bronzezeit in Mesopotamien. Leiter der Grabungen in Senkéré/Larsa, Ras Shamra/Ugarit, Meskéné/Emar und Tell Hariri/Mari. 1969−1985 Professor der Vorderasiatischen Archäologie an der Université des Sciences Humaines in Straßburg. Seit 1985 Studiendirektor an der École Pratique des Hautes Études. Veröffentlichungen über Fragestellungen der Archäologie des Vorderen Orients und die unter seiner Leitung stehenden Ausgrabungen.

Dr. Trudy S. KAWAMI: geb. 1944. Studium der Kunstgeschichte an der University of Nebraska (B.A. 1966) und der University of Iowa (M.A. 1969). 1983 Promotion in Kunstgeschichte und Archäologie an der Columbia University in New York. Gegenwärtig als Universitätslehrerin an der New York University tätig. Autorin der Studie ›Monumental Art of the Parthian Period in Iran‹.

Prof. Dr. Jörg SCHÄFER: geb. 1926. Studium der Klassischen Altertumswissenschaften mit Schwerpunkt Klassische Archäologie in Bamberg und Tübingen. 1954 Promotion in Tübingen. 1963 Habilitation an der Universität Heidelberg. Wissenschaftlicher Referent am Deutschen Archäologischen Institut, Abteilung Athen. Seit 1969 als Universitätslehrer am Archäologischen Institut der Universität Heidelberg. Ausgrabungen in Zypern, Athen, Pergamon und Tiryns. Topographische und baugeschichtliche Forschungen in Griechenland und Kleinasien. Fellow of the Society of Antiquaries of London.

Prof. Dr. Vassos KARAGEORGHIS: geb. 1929. Studium der Klassischen Archäologie am University College, London, und der praktischen Archäologie am Institute of Archaeology, University of London. 1957 Promotion. 1952 zum Stellvertretenden Leiter, 1960 zum Leiter des Cyprus Museums ernannt. Seit 1963 Direktor des Antikendienstes Zyperns. Seit seiner Pensionierung 1989 als Berater im Bereich Kultur beim Präsidenten der Republik Zypern tätig. Leiter vieler Ausgrabungen auf Zypern. Autor zahlreicher Publikationen über die Archäologie und Geschichte der Insel.

Dr. Maureen CARROLL-SPILLECKE: geb. 1953. Studierte Altertumswissenschaften, Klassische Archäologie und Kunstgeschichte an der Brock University (Canada), Indiana University (U. S. A.) und der Freien Universität, Berlin. 1983 Promotion mit einer Arbeit über Landschaftsdarstellungen in der griechischen Reliefkunst. Seit 1985 Tätigkeit in der Bodendenkmalpflege und im Museumswesen in Baden-Württemberg und Nordrhein-Westfalen. Seit 1992 am Amt für Archäologische Bodendenkmalpflege in Köln tätig. Veröffentlichungen über griechische Kunst, die Gärten des antiken Griechenlands und die Archäologie des Mittelalters.

Prof. Dr. Wilhelmina F. JASHEMSKI: geb. 1910. Studium der Geschichte des Vorderen Orients, der Alten Geschichte und der Philologie an der University of Chicago. 1942 Promotion. Seither als Universitätslehrerin an der University of Maryland, College Park, tätig. Professor emeritus. Leiterin zahlreicher archäologischer Untersuchungen in den Gärten der Vesuvstädte, in der Villa Hadriana in Tivoli und in Tunesien. Viele Veröffentlichungen über die Verwaltung in den römischen Provinzen und antike römische Gärten.

Prof. Dr. Leslie BRUBAKER: geb. 1951. Studium der frühchristlichen, mittelalterlichen und byzantinischen Kunstgeschichte an der Pennsylvania State University (M. A. 1976), der Johns Hopkins University und am Dumbarton Oaks Center for Byzantine Studies. 1983 Promotion. 1983−1990 Lehrtätigkeit im Fachbereich Kunstgeschichte am Wheaton College, Norton (U. S. A.). Seit 1990 Associate Professor. Veröffentlichungen zu Themen der byzantinischen und mittelalterlichen Kunstgeschichte.

Prof. Dr. Antony R. LITTLEWOOD: geb. 1940. Studium an der University of Leeds (B. A. Altertumswissenschaften 1962) und von 1962−1964 an der University of Oxford (Senior Hastings Scholar am Queen's College). 1965 Promotion (B.Litt. in Literae Humaniores). Als Professor der Philologie an der University of Western Ontario (Canada) tätig. Autor mehrerer Publikationen über byzantinische Texte und Literatur einschließlich folgender Studien: ›Progymnasmata of Ioannes Geometres‹ (1972), ›Michaelis Pselli Oratoria Minora‹ (1985).

Prof. Dr. Ulrich WILLERDING: geb. 1932. Studium der Biologie, Geographie und Chemie in Göttingen und Tübingen. Promotion 1959. Gymnasiallehrer in Göttingen. Habilitation für das Fach Botanik in Göttingen 1971. Als Außerplanmäßiger Professor für Botanik seit 1976 tätig am Systematisch-Geobotanischen Institut der Universität Göttingen. Forschungen und Publikationen im Bereich der Paläo-Ethnobotanik und Umweltgeschichte.

PHILIPP VON ZABERN · KULTURGESCHICHTE DER ANTIKEN WELT

PHILIPP VON ZABERN · KULTURGESCHICHTE DER ANTIKEN WELT